Heckmann

Hohe Pfade des Unbedingten

Herausgegeben von
Rosemarie Würtenberg

Die zeitbedingte Rechtschreibung und Zeichensetzung im Manuskript des Verfassers wurden beibehalten. Für im Manuskript mit einem Pluszeichen angefügte Zeilen wurden leere Kreise als Aufzählungszeichen verwendet.

Friedrich-Karl Heckmann

Hohe Pfade des Unbedingten

Studien zur ganzheitlichen Wirklichkeit

Band III

IL-Verlag

Bibliografische Information der Deutschen Nationalbibliothek:
Die Deutsche Nationalbibliothek verzeichnet diese Publikation in der Deutschen Nationalbibliografie; detaillierte bibliografische Daten sind im Internet über http://dnb.dnb.de abrufbar.

Herstellung: BoD – Books on Demand, Norderstedt

ISBN: 978-3-924125-06-6

Inhalt

Anhang

Motto: Wer nicht fragt - sich selbst, den Älteren, den Weisen, sein Wissen und sein Wollen nicht in Frage stellt –, nicht den Mut findet zur Öffnung, Offenheit –, der erhält auch keine wegweisenden Antworten.

Die große, nie endende Aufgabe des Menschen ist es jedes Ding mit möglichst reinen Sinnen aufzunehmen; es wirken zu lassen, um dann in wirkendem Erkennen tiefer in das Wesen einzudringen. Wir können aufsteigen von der Trägheit zur Beweglichkeit, von gewohnheitsmäßiger Kaumbewußtheit zu bewußter Klarheit und Vernunft. Der Mensch ist die große Stufenleiter, das Werdende, der sein Wesen in die Sphären der Geistigkeit einfügen kann.

Aus der Erkenntnis gilt es, die Kraft zur Kritik, besonders zur weiteren Selbstkritik, der Scheidung und Unterscheidung zu schöpfen. Denn wir können nicht ins Licht schreiten, ohne die scharfen Schatten vieler mehr oder weniger großer Unvollkommenheiten oft schmerzhaft zu verspüren.

Mut –, das ist vor allem der nimmermüde Bau an sich selber, die Vervollkommnung von Leib, Seele und Geist: das Vorwärts, im Wissen um alles Schwere – und dann der Ausgleich widriger Einflüsse. – Demut, aber, das ist dann wieder jenes sich Anheimstellen und sich führen lassen von dem größeren „Mut", von der Kraft schicksalhafter Wirkungen.

- Es ist nie zu spät zu beginnen mit solchem befreienden Werk!

Vorwort eines Weggefährten

Eine Weltschau, die auf Erfahrung gründet, die durch Erfahrung zu überzeugter, zu überzeugender Gewissheit wird – für den Autor des vorliegenden Buches ist es Lebenswahrheit geworden, was Gautama Buddha, der Erleuchtete, vorgegeben hat. Nicht das Mahayana, das Große Fahrzeug, der zur Weltreligion gewordene Buddhismus ist gemeint, nicht das Vajrayana, nicht das von Magie, Gestus und Ritus verwandelte Diamantfahrzeug ist im Brennpunkt des Geschehens, sondern das urschlichte Hinayana, das Kleine Fahrzeug, das auf den historisch bezeugten Buddha und die getreulichen Überlieferungen seiner ersten Jünger zurückgeht, auf die Lehre der Leid-Bestimmtheit des Lebens, ihrer Ursache im Begehren und die gangbare Überwindung dessen durch die Vier Edlen Wahrheiten.

Nach jahrelangem Suchen, nach vielen, auch schwersten Irrwegen fand der willentlich Unbehauste, der einstige Fürstensohn in asketischer Übung die Erlösung, ihm widerfuhr die Erleuchtung unter einem Feigenbaum.

Friedrich-Karl Heckmann, 1922 in Breslau als Fabrikantensohn geboren, hatte früh schon den Buddha als Leitstern. Nach Abitur, Soldat und Kriegsgefangenschaft mit ersten übersinnlichen Erlebnissen, nach Studium und abgebrochener Referendarzeit als Lehrer ist er auf dem Wege zum Buddha – erst 1959 die Erfahrung im Äußeren durch eine tatsächliche Radfahrt nach Indien, dann 1961-1965 die Erfahrung des Inneren in der Nachfolge des Buddha.

200 Tage unentwegter Meditation in den burmesischen Bergen, in der traditionellen Sitz- und Umganghütte – hohe und tiefe Zustände des Geistes erfuhr er, Durchbruch in ein anderes Sein; dann in Ceylon der visionäre Aufriß einer „Hohen Flut", einer „Neuen Gemeinschaft" des Menschen auf einer grundlegend verwandelten Erde

Nach solcher Mönchszeit in Europa, in Hamburg zurückgekehrt, erfährt der Autor die große Konfrontation mit der chaos-schwangeren Moderne, was sich in seinen Schriften niederschlägt. In den ersten

Jahren der schriftstellerischen Umsetzung versucht Heckmann die befreiende Botschaft des Buddha in der vielfältigen, vielschichtigen Terminologie des Buddhismus zu vermitteln, ehe er sich, selbst dichterisch hochbegabt, zu einer durchgängigen Umsetzung in deutsche Begrifflichkeit entscheidet mit lediglich verbleibenden Grund-Orientierungen aus dem Buddhismus.

Stil und Fassung von Heckmanns Büchern sind auf diese Weise entstanden; die beiden, bisher veröffentlichten und noch erhältlichen Bände „Vom Pfad zur inneren Freiheit" und der Erlebnisband „Buddha und Mutter Erde" und nun der alles vollendende dritte Band.

Bewusst sind die verantwortlichen Herausgeber bei dem von hoher Genauigkeit bestimmten Original geblieben, auf Einblendungen verwandter Bereiche, etwa der Tiefenpsychologie, wurde verzichtet. Das unveränderte Manuskript ist deshalb ein Dokument der eigenständigen Buddha-Nachfolge des Autors geblieben – vielleicht auch im Hinblick auf eine mögliche wissenschaftliche Auswertung. Das Buch ist vielleicht wegen seiner allgemeinen Diktion auch ein Schlüssel nicht nur für das Individuum sondern auch für Schicksals-, für Völkergemeinschaften im Geschichtsprozeß.

Besonderer Dank gilt Rosemarie Würtenberg. Von den Vorbänden Heckmanns beeindruckt, kam sie auf den Autor dieses Vorwortes zu. Ich als Herausgeber der Vorbände, bin Jahrzehnte lang in unbedingter Freundschaft mit Friedrich-Karl Heckmann verbunden gewesen. Siebenundachtzig-jährig ist er im Jahre 2009 in der Eifel verstorben. Ich bin Erbe seines Nachlasses, allerdings selber Autor und knapp achtzigjährig noch mit der Vollendung eigener Schriften befasst. Rosemarie Würtenberg bin ich deshalb von ganzem Herzen dankbar, dass sie nicht nur die Digitalisierung des Manuskriptes übernommen hat, sondern auch die Veröffentlichung als ‚Book on Demand' ermöglicht. Sie hat mir damit in der Sorge um den großen, weisen Freund eine Belastung abgenommen.

Hanns-Günter Grosser
(im Januar 2021)

Mit wachsender innerer Freiheit wird notwendig auch die äußere Freiheit in natürlicher Weise zunehmen.

Vorwort des Verfassers

Dieser abschließende Band stellt den Höhepunkt und Abschluß der „ganz und gar praktischen Befreiungsversuche“ dar; eine Einführung in tiefere und tiefste Möglichkeiten des menschlichen Lebens. Es ist dann eine Steigerung und Vertiefung des „Pfades zur inneren Freiheit“, und zum Studium dieser Versuche wird ein besonders starkes Begreifen und Bemühen erforderlich sein, das durchaus nicht jedem, der dies liest, oder nicht jetzt gegeben oder möglich sein mag. Es ist das eine Arbeitsunterlage für ein langanhaltendes Selbststudium. Der „Pfad zur inneren Freiheit“ wird als Grundlage – und oft mehr als das – und zum gelegentlichen Rückgriff unentbehrlich sein. Der zweite Band „Buddha und Mutter Erde“ ist die farbig-lebendige Ausfüllung des Ganzen.

Es kann dieses alles genommen werden als Hinweis und Aufforderung; als Hilfe und Kontrollmöglichkeit. Das macht den „Pfad“ aus. Ob der Einzelne diesen großen Einsatz auf sich nimmt, schon nehmen kann, kann nur aus tieferer Erkenntnis und aus innerer Notwendigkeit entschieden werden. Denn es ist eine Umstellung nötig bis in die Tiefen des Wesens; eine Radikalität, ein wurzeltiefes Erkennen und Wandeln. Daß aber der recht Bemühte dahin kommen wird – einmal und immer wieder und besser –, daß aus der klarer werdenden Sicht heraus Entscheidungen jeder Art leichter fallen, ist sichere Erfahrung. Und auch, daß aus der zunehmenden Erleichterung des inneren auch die Lasten und Probleme des äußeren Lebens leichter zu bewältigen sein werden.

Man könnte sagen: sich selbst und alle „Helden“ überflüssig machen: das ist die Aufgabe dieser Schriften. Es geht für den Einzelnen viel weniger um das Lesen möglicher – auch beachtlicher Literatur, als um eine laufende Eigenerfahrung, Vergleichung und eine langsam wachsende Intuition, eine selbstschöpferische Entwicklung.

Die echte, ursprüngliche Lehre des Buddha liefert zwar die breite und tiefe Grundlage für diese hochpraktischen Schriften; sie wird jedoch in einer sehr freien und aufgelockerten, einer durchaus ungebundenen Weise angewandt, alles – und vor allem die Übung – aus langer eigener Erfahrung für die europäische Wesensart und die heutigen Gegebenheiten aufgeschlossen.

Diese Lehre wendet sich vor allem an das Wachbewußtsein, an die klare Erfahrung, das deutliche Erkennen; und das heißt, daß Gefühlshaftes, undeutlich Rauschhaftes, wie auch Dogmen und Riten im Licht der Wirklichkeit zurücktreten müssen. Der ernstlich Bemühte wird immer aufs Neue zu prüfen haben in tastender und testender Anwendung: beweglich, klug, geduldig, das, was für ihn gerade recht, hilfreich und möglich sein kann; was für ihn not-wendig ist; was wirklich Klarheit und Erleichterung bringt.

> Was die „Anderen“ (Umwelt, Mode, Ritus, System)
> auch immer denken und tun mögen –;
> „hier“ wird anders gedacht! Vielleicht:
> ganz anders wie die Anderen und doch nicht anders
> wie „es ist“.

Mögen diese Aphorismen ein erstes Licht auf das Kommende werfen:

- „Ein großer Philosoph (Menschheitslehrer – Verf.) ist unersetzlich als Ursprung des Wachwerdens ewiger Wahrheit in jedem, der ihm in seinen Gedanken begegnet.“ (Karl Jaspers)
- Der Mensch könnte den Weg in die größeren Freiheiten hinein nie finden, wäre nicht sein ganzes Dasein letztlich dieser Weg
- Menschliches Leben im Sinne der unbedingten Wirklichkeit ist nur das Leben des Einzelnen, ist nur mein Leben.
- Das eigene „Ich“, die innere Quelle aller Bindung wie aller Möglichkeiten der Befreiung, ist wirklich nur in der Einsamkeit zu finden und zu überwinden.

Friedrich-Karl Heckmann
(im September 1989)

Von der Schwierigkeit der Mitteilung

Etwas mehr Klarheit ist anzustreben über eine oft unbewußt bleibende Problematik zwischenmenschlicher geistiger Beziehungen. Aufzuzeigen ist, wie sehr die grundsätzlichen, die zeitbedingten und die persönlichen Schwierigkeiten das Verständnis zwischen Verfasser und Leser behindern. Bei solcher Klärung lassen sich Enttäuschungen vermeiden; Illusionen und Desillusionen über die Möglichkeiten und Wirkungen des geschriebenen Werkes. Es werden zuallermeist nur sehr, sehr wenige sein, die bereit sind, sich aufzuschließen und wirklich zuzuhören; noch weniger werden bereit sein, solchem in ihrem Denken und Handeln zu folgen. Und von denjenigen, die bereit sind, es zu versuchen, entsprechend zu handeln, haben noch weniger genügend persönliche Kraft und Freiheitsraum. Das Maß an persönlicher Gesamt-Kraft entscheidet, so Klarheit, Mut, Energie, Ausdauer, Selbstüberwindung.

Dazu vier Testfragen: „Was ist?“ – „Wie sage ich es?“ – „Wie höre ich es?“ – „Was bleibt und besteht?“ –

„**Was ist**“ vorhanden, wirklichkeitsgemäß, in der gegebenen Lage? Die Situation des Menschen, dieses weite Insgesamt des gegebenen persönlichen Augenblicks, ist ein schwankendes, höchst vielfältiges Geschehen. Es ist da eine fließende Veränderung der Vorgänge, der Begriffe und Bewertungen. Traditionen und Gewohnheiten wirken unentwegt mit hinein; Vorurteile und Mißverständnisse. Einwirkung ist es schließlich, unspürbare so oft, in der seelisch-geistigen Gesamtbeeinflussung durch die Umwelt, durch Zeitströmungen und durch das massenhafte (kollektive) Unbewußte.

So findet eine vielfältige und weitgehend unbemerkte Beeinflussung des Schreibenden und des Lesenden statt. Das gilt vor allem für die diese jüngste Zeit der immer noch steigenden Beanspruchung und Veräußerlichung. Zeit – Luft – Raum – Muße; wenn diese Lebensnotwendigkeiten nicht immer wieder verfügbar sein können, dann ist alle Mitteilung zwischen Menschen aufs Äußerste gefährdet – und der Mensch in seinen Grundlagen.

„**Wie sag‘ ich es**?“ – Eine große schwere Frage. – Der Dichter, als der Verdichter geistiger Bewegungen; der Verfasser, er „faßt es“ und gibt ihm die Fassung. Zeichen kann er vielleicht geben im Aufzeichnen und Aufzeigen; umgreifen die Probleme; selbst sie begreifen und Anderen darzustellen versuchen in begreifbaren Gedanken. Doch nur, was selbst verkraftet, durchlebt und grundsätzlich verwirklicht ist, das mag auch für den Nächsten zu verkraften sein und vielleicht helfende Ströme zuführen.

„**Wie höre ich es**?“ Das ist die Frage der Aufnahmebereitschaft und Aufnahmefähigkeit. Nicht besondere Vorkenntnisse, spezielle oder „höhere Bildung“ sind erforderlich, sondern Beweglichkeit, Einsatzbereitschaft, Unvoreingenommenheit, Experimentierfähigkeit – Mitarbeit eben. Ein Ideal ist es, frei zu werden von Vorurteilen. Nur im unentwegten Kampf gegen das Vorurteil in seinen tausend Erscheinungen, nur durch die, meist so schwierige Kunst des unbefangenen Hörens finden wir den rechten Zugang zum gesprochenen oder geschriebenen Wort und eine Ursprünglichkeit des Lebens. Frei werden, horchen, spüren, „sich baden“ im frisch anbrandenden Meer der Tatsächlichkeiten wie der Möglichkeiten und feineren Wellungen des Seins.

„**Was beharrt und bleibt**?“ Die vierte und letzte Testfrage zu den Voraussetzungen, Möglichkeiten und Notwendigkeiten zwischenmenschlicher Kontakte; im besonderen beim Schreiben und Lesen eines Buches. – Was bleibt –, was ist wesentlich, wesensbildend? Was hilft einem; was hilft weiter? – Was bleibt, wenn der Alltag und die Bedrängungen oder Banalitäten des Lebens unerbittlich an dem Gut zehren, das sich da bildete unter dem Einfluss von geistigen Aussagen, von Gesprächen und Büchern und eigener Erfahrung? Was beharrt, worauf beharren wir, wenn der unerbittliche Zahn der Zeit so vieles zernagt und zu Staub werden lässt? –

In diesem fließenden Dasein gibt es nur Übergänge bei Werten und Bewertungen; fließende Grenzen und Vermischungen. Daher ist es so sehr schwer, zu einem befriedigenden Kontakt geist-seelischer Art zu kommen. Alles Abteilen, Kategorisieren, Symbolisieren –, ja, unsere Sprache überhaupt – ist so oft nur ein Versuch der Klärung;

ein Versuch, sich an Worte und gewohnte Gefühle zu klammern, angesichts des Hintergründigen und des zumeist noch gar nicht zu Bewältigenden. Da ist Notwendigkeit und Hoffnung: es muss und kann kürzer, unmittelbarer, „offener" geschrieben, vertrauensvoller, wenn auch prüfender und scheidender zugleich gelesen werden. Schreiben wie Lesen, Sprechen und Hören können immer mehr zur Anregung echter Selbsttätigkeit werden; können hinführen zu steigender Selbständigkeit.

Schreiben, Sprechen und Lesen –, eine umfassende Dreiheit,
die Menschen, ihr Wesen so tiefgreifend bestimmt.
Das Höchste, aber, ist lebendiges Leben,
des Menschen einfach geschehendes Sein.
Und es mag Schreiben als Rhythmus,
Sprechen als Ton und Klang,
Leben als bewußtwerdende Schwingung
tiefer gesehen und strömend erlebt werden.
So mag ein neues Schreiben,
immer wieder neu zu finden sein und zu leben;
mag es dann „schwingend" sein, „tönend" und „sprechend" –;
wirkend, heilend, lösend und stillend zuletzt.
Schreiben, so, als das wahrhaft belebende Wort.

Hohes Vorbild mag werden eine Einheit von Schreiben,
von (bei sich selbst) Sprechen und lebendigem Sein.
Einheit dann auch von Literatur,
von Kunst, Philosophie, von Religion –
und von einer Freiheit des Menschen
vom unaufhörlich-wirkenden Drang und Wahn.
Nicht mehr fragen, nicht mehr klagen,
nur mehr sagen Wesenswort,
wenn die Zeit, die rechte Art;
wenn die Herzen offen,
wenn ein Wort zum Wesen wird
in des Geistes Tiefe.
Menschen wandeln sich im Wort,
Wunder ist geboren.

TEIL I DIE GRUNDSÄTZLICHEN GEGEBENHEITEN

Des Menschen Wesens-Bild

In aller Kürze richten wir den Blick auf das bisherige, das übliche, gewohnte Welt- und Menschenbild, das in langer Erstarrung lag, in einer Aushöhlung menschlich-geistiger Werte und Sinngehalte. Die menschliche „Welt", die westlich-hochzivilisierte, ist dem Äußerem, dem äußerlichen Nutzen und dem fast reinen Verstandesdenken unterworfen in einem langen und „leise aushöhlenden" Prozeß; die feineren Möglichkeiten verdrängend, verkümmernd –, so daß sie schließlich fast „in Vergessenheit" gerieten.

> Es geht so dahin und geht so daher
> in den tiefen Spuren der Zeit.

Das „Bild des Menschen" – in einer wirklichkeitsgemäßen Innerlichkeit, im Kernhaften, in seinem eigentlichen Wesen ist immer undeutlicher geworden – im „Treibsand", in der „Dunstglocke", in der unendenden Vielfalt der Angebote und Möglichkeiten jeglicher Art. Der Mensch wurde und wird zum „medialen Opfer" einer „Mediumistik" der fast alles durchdringenden Medien, vielfältigster und oft auch so „fein-geistiger" Art und Wirkung. Der Mensch trägt schwer an sich selbst, an seinen vergessenen und verdrängten Vergangenheiten; an einer unbewältigten Entwicklung; am Übermaß äußerer, materieller Wünsche und Belastungen; auch an einer, teils so materieller „Geistigkeit", einer Gefühlsheftigkeit auch, die zumeist fälschlich für rechte seelische Tiefe gehalten wird. Aufzuzeigen ist das Unstete und Leidhafte menschlicher Begehrlichkeiten, Verkrampfungen und Irrwege; und das angesichts der Ohnmacht gegenüber einer tausendfältig-bedrängenden, zur Unnatur gewordenen Welt und Umwelt. Die Tragik und Tragikomik solchen ungeistigen Daseins gilt es zu erkennen. Das Maß an „Freiheit", das den Heutigen scheinbar gegeben ist, wird immer deutlicher zur Schein-Freiheit –; zur tiefen Einbindung in den gewaltig-anonymen „Prozeß", dem wir heute ausgesetzt sind.

Wie so bunt dieses Treiben;
wie so ohne Grund; ohne Gründung,
Bestimmung und Stimme.

Sie haben dies und das,
so vieles und – so nichts.

Vom Leben gehetzt ...!

Es ist die entscheidende Aufgabe unserer Zeit, den tieferen Sinn für die Wirklichkeit des menschlichen Lebens zu wecken und damit Schicksalsfindung und Schicksalslösung zu erleichtern; Möglichkeiten einer Überwindung zu entwickeln und damit fein-innere Freuden menschlichen Daseins zu erfahren. Möglichkeiten müssen es sein, die den Menschen, trotz dieser Zeit, oder gerade durch sie, eine immer vollere Menschlichkeit erlangen lassen; eine Reife, die dem menschlichen Wesen als einem Geistigen entspricht. Um so manchen Ausweg aus Wirrnis, Krise, Chaos geht es. Von den immer stilleren Möglichkeiten dieses menschlichen Lebens, von der Wendung und Umkehr wird zu berichten sein; auch von der Abkehr, der grundsätzlichen und wirkenden Abkehr von den bunten, geschäftigen, oberflächlichen Wegen des gewöhnlichen heutigen Lebens.

Es ist wie ein Messer, das ansetzt zur Operation – klar, scharf und scheidend. Schmerzhaft ist das und bedrängend; doch es scheidet Unheilvolles von Heilem, schafft damit Möglichkeiten rechter Heilung. Auf des Messers Schneide scheiden sich die Geister. Wer wird sie ertragen können, die klingende Schärfe, die Trennschärfe; die klare Geistesschau? – Doch gleich hinter der scheidenden Schärfe ist das Andere zu finden; wir wissen es. Es sind die helfenden Kräfte, die den Weg säumen – unsichtbar zumeist und nur fein zu erspüren, zu erkennen, den Weg „aus Dunkel zum Licht“.

So einfach –, so zweifach
ist es – bleibt es.

Überstehen – ist alles!

Wir können ihn üben und erwerben, diesen tieferen Blick, den „Blick hindurch“, das Erkennen des Vordergründigen in seinen Fehlentwicklungen und der wesenhaft wirkenden Wirklichkeiten und Wahrheiten. Denn darum geht es vor allem, wenn die äußere Welt erkannt, relativiert und auf Abstand gebracht ist: der erkennende Blick auf die höchsteigene Wirklichkeit. Der Mensch ist sich selbst die größte, schwerste und schönste und im Letzten einzige Aufgabe. Dieses Wesen immer besser zu erforschen, wirklich „in den Griff zu bekommen“; das Leben als ein Dauer-Versuch; als der Versuch, sich für die Klarheiten, für wachsende Aufgaben und endlich für die mancherlei Freiheiten des Geistes zu bereiten.

> Selbsterfahrung und Selbsterkenntnis –, die entscheidende Notwendigkeit, Fähigkeit, die den Menschen erst zum Menschen machen kann, der Erfüllung seines Wesens, seiner Aufgabe der geistigen – und der gesamtheitlichen Befreiung näherbringen kann.

Unser großes und schwerwiegendes Anliegen: den Menschen so zu sehen, wie er ist –; und wie zu werden es ihm angezeigt ist von den Wenigen aller Zeiten –; wie er „jetzt und hier“ steht in seiner Schwäche, aber auch in einer grenzenlosen Offenheit gegenüber den Maßstäben und Gesetzen einer geistigen Wirklichkeit. Hier ist die Aufgabe und eben die Aufgabe dieser Schriften, der drei vorliegenden und der drei kleinen Schriften: Erforschung, Durchdringung und Aufschließung unserer eigenen Gesamt-Wirklichkeit, wie der Quellen, der Anstöße hintergründiger Wirklichkeit. Aufzuspüren, immer häufiger zu erfahren und zu erkennen die Kräfte, die Veränderungen, die bestimmenden Momente unseres körperlichen, wie unseres geistseelischen Geschehens: das gilt es – und so immer wieder, unermüdlich, klug, klar und auch bescheiden. Den Menschen als ein Geist-Wesen im kosmischen Geschehen zu sehen, zu erkennen, zu erfahren; als ein immer wieder „Neues“ auch; als die „Leuchtspur durch die Unendlichkeit“ in der Menschenwelt auftauchend, auf daß er gerade hier seine Fehler macht, Krisen durchleidet, aber auch seine weiten Möglichkeiten erprobt: Mit dem “fernen“ Blick, dem langen Atem und dem selbstlosen Herzen.

Es geht um eine „Nachfolge“, schicksalhaft Gegebenem nachzufolgen und das in zunehmender Offenheit und Aufmerksamkeit und ohne den riesigen Ballast geschichtlicher Untersuchung, „Rüstzeuges“ oder gar akademischer Bildung; aber auch ohne die fragwürdige Morgenröte von Ideologien und Romantizismen – gerade aus dem Bereich einer ausgeuferten „Esoterik“ und so mancher “Geisteswissenschaft“. Es geht um ein unmittelbares Angehen der Probleme dieses menschlichen Daseins. Es geht um **Lösungen** – und das um des „Überlebens“ willen. Eine Wissenschaft mag es werden um die „hautnahen“ Vorgänge, die den Menschen bestimmen. Eine Wissenschaft, die lebendig-schöpferisch ist; die Wissenschaft, die gültig ist und gültig bleibt; Werkzeuge bildet, die unmittelbar wirksam sind; die nicht mehr stumpf und unbrauchbar werden.

Wir stehen am Beginn eines „Zeitalters des Ausgleichs“ auf so sehr vielen Gebieten. Wir sehen solches schon auf den mehr äußerlich-materiellen Ebenen; doch es wird immer weiter und tiefer gehen. Ausgleichendes wird auch werden zwischen „Weltlichem“ (Äußerlichkeit) und „Religiösem“ (Verinnerlichung!) und hinführen zu einer Haltung der eindeutigen Verbundenheit mit den kosmischen Gesetzen, wie mit denen in der eigenen Brust. Feinere, schicksalhafte und lebendige Gesetze werden es sein, durchzogen von den Richtlinien, die sich aus „nahen und fernen Dingen“ ergeben und zusammensetzen.

> Der Zeichen viele sind am Horizont –;
> nehmen wir sie verbindlich!

In der Zusammenfassung (Synthese) zu vereinen gilt es **Intuition**, die feine Eingebung, mit der **Nüchternheit**; die alltäglich-menschlichen Belange mit hoher Moral und Ethik; das Suchen nach den feinen innerexistenziellen Grundlagen mit dem Wissen um die unumgänglichen äußerlichen, (natürlichen und gesellschaftlichen) – Gesetzlichkeiten und Notwendigkeiten dieses Lebens. Zu vereinen sind Extraversion und Introversion, die Ausschläge menschlicher Art und Auswirkung: Verinnerlichung – und Bewältigung der äußeren Welt – im Geist. Das ist das Ziel jeder rechten Lebenskunst und Lebensweisheit.

Es geht tiefer hinein in die heilenden Möglichkeiten. Es geht um die „Mittefindung“, um eine verläßliche Ausgewogenheit, eine Ruhe und Klarheit des menschlichen Geistes. Außen wird es langsam immer weniger. Innen tastet und wächst es weiter, erfährt es zunehmend Möglichkeiten und die Auswege aus dem Drang der Welt und den Schwächen des Ich.

Auch für solche, die äußerlich noch gar keine Möglichkeit einer Verwirklichung erkennen können, mag es doch immer hilfreich sein, sich mit den Gedanken und Praktiken der feineren und freieren Zustände menschlichen Seins zu befassen; sie zumindest als solche zu erkennen und anzuerkennen. Denn die Kraft eines zunehmenden Interesses und deutlicher werdender Wünsche – die beharrliche Richtung des Geistigen in neue Räume hinein – werden einmal alles bewirken.

Nach innen geht der Pfad,
wo Wesen sich gestalten will:
wo Wesen wartet auf des
Forschers und des Pflegers Hand.
Nach innen, tief, in manche
unbetret'ne Räume zu tasten
weiter sich, ist Menschenpflicht.

Die grundsätzlichen Gegebenheiten

Die Grundlagen, die einfachen Elemente sollen kurz aufgewiesen und geklärt werden. Der häufige Rückgriff auf das Gegebene, das Wirklichkeitsgemäße, mag fester Anhaltspunkt sein für Änderung und Besserung; die geistige Bewältigung, den Ausgriff auf weitere feine Erkenntnisse und Ergebnisse ermöglichen, erleichtern.

Da sind zunächst die unveränderlichen **Gesetze der Natur**, die den Menschen beeinflussen, ihn zwingen, ihn auch leiten; die helfen können, wenn sie erkannt und befolgt werden. Betroffen ist vor allem unser Körperliches; doch sind Gefühlshaushalt und Bewegungen des Geistigen zumeist ebenfalls berührt. So sind es – beispielhaft – vor allem die Schwerkraft und die Fliehkraft, Schwingungen und Strömungen, der Magnetismus; es ist die Wärme, Temperaturunterschiede; es sind Druckunterschiede, die im Körper etwa zu vielen lebensnotwendigen Ausgleichsbewegungen führen. Als besonderes und feinstes Beispiel einer verbundenen Auswirkung mögen der Blutstrom und die Nerven-Leitbahnen genannt sein. Hier wird die große, umfassende Abhängigkeit der menschlichen Natur – und damit verbunden auch der Gefühle und des Denkens von der Fülle physikalischer und chemischer Wirkungen und Vorgänge deutlich.

Unser Körper und alle Natur bestehen – nach schon uralter, einfacher und hilfreicher Betrachtung – tatsächlich aus den „vier Elementen“: Erde, das Feste; Wasser, das Flüssige; Luft, das Gasförmige, Strömende; Feuer, die Wärme und Hitze unserer körperlichen Vorgänge. Auf dieses Geschehen immer wieder und feiner zu achten, das bringt Hilfe, erhöht die Fähigkeit der Ausrichtung, lässt Körperliches und Geistiges immer besser in die uns gemäße „Ordnung“ des Geschehenden hineinfinden. Der Mensch muss sich fügen, muss feiner hineinfinden in den großen Gang von Tag und Nacht, in das Schwingen der zahlreichen körperlichen Notwendigkeiten, wie Schlaf, Bedarf an Nahrung und Flüssigkeiten, wie die notwendigen Bewegungen und die Zeiten der Ruhe und Entspannung. Ein Teil der Gesetze und Vorgänge in diesem Kosmos, dieser alles umfassenden, alles durchdringenden **Ordnung** ist im stofflichen, im grobstofflichen Bereich gelegen, ein anderer Teil im feinstofflichen Bereich

(Äther, Aura, Astrales) und schließlich sind es noch die – mit Einschränkung so zu nennenden – „geistigen“ Gesetze, die unser Leben in diesem Kosmos am tiefgreifendsten bestimmen; deren Auswirkungen unser „Geistmagnetfeld“ prägen und es dauernd verändern wie im folgenden ausgeführt.

„Der Mensch“ kann und muß am besten als ein, so gut wie unsichtbares „Geist-Magnetfeld“ bezeichnet werden, im Einzelnen bestimmt durch die Qualitäten seiner hauptsächlichen seelischen Neigungen, Triebe, Tendenzen, Affinitäten (= zu etwas hingezogen sein). Dieses Magnetfeld wurde aufgebaut „durch Äonen hin“ in der fast immer unbewussten Abfolge von mehr oder weniger heftigen oder auch sehr feinen Bejahungen und Verneinungen, welcher Art immer. Diese Spannungen (Tendenzen) sind das Zugrundeliegende, sind das Treibende, das „Färbende“, Verfärbende und sind zugleich das, was bisher so unklar die „Seele“ genannt wurde; dieses ewige Hin und Her, Auf und Ab von mehr oder weniger feinen, mehr oder weniger positiven oder negativen „Gefühlen“ und Spürungen. Aus diesen Spannungen, „Ausgreifungen“, Perioden, „Rhythmisierungen“ ergeben sich – nachdem eine neue Inkarnation stattgefunden hat – wieder die besonderen Eigenschaften, Temperamente, Typen, die Begabungen, wie die Schwächen und Dunkelheiten. Das ist die karmische Bindung des Menschen, seines inneren Wesens.

Aus diesem individuellen Karma, seiner ganz bestimmten Bindung, ergibt sich die alles bestimmende, alles einschließende, alles überschattende Tatsache eines wiederholten, eines (zuallermeist) fast endlos wiederholten Wiedererscheinens des Wesens auf einer der möglichen und sehr verschiedenen Daseins-Ebenen. Wie nämlich könnte es anders sein, daß der weitverzweigte und tiefverwurzelte feinstoffliche (!) Komplex eines solchen menschlichen Geist-Magnetfeldes „irgendwie“ auftauchte und wieder ganz verschwände, in einem Kosmos, in dem alles, aber auch alles voneinander bestimmt wird, voneinander abhängig geschieht und geschehen muss? – So ist der Mensch nicht nur der „Schmied“ seines eigenen Glücks und Unglückes, sondern auch der Wirker und Schaffer aller seiner, eben noch notwendigen Zukunft.

Karma und Reinkarnation – Gesetzlichkeiten und Hintergründe

Karma (Sanskrit) – das Getane, Geschaffene, das ist die umfassende Summe alles dessen, was von diesem einen Wesen irgendwann einmal gedacht, gefühlt, gesprochen und getan wurde. Es ist Ergebnis, wie lange immer vergangener und eben dauernd ablaufender Vorgänge geistiger Bewegungen mit den angehängten und anhängenden Bewertungen, so in Zu- und Abneigung (Ursache), wobei die eigentlichen Taten meist nur noch eine in der Auswirkung sehr untergeordnete Rolle spielen.

Die hauptsächlichen **Ursachen** sind:

- vor allem das, immer so tiefsitzende und beharrliche **Unwissen** über die Hintergründe und Gesetze des Daseins und deren Auswirkungen;
- die Fülle der **Wünsche**, des Begehrens, der Bevorzugungen, als Bindung und Unfreiheit und als Quelle von Angst, Verspannung und Unsicherheit;
- die vielen Formen der **Ablehnung** – meist schon Auswirkung von Wunsch und Begehren –, in Vorurteil, Zweifel, Verspannung, in Traurigkeit, Verzweiflung; mündend so oft in Ungerechtigkeiten, und eben auch den Arten der Gewalt;
- Mangel an **Aufmerksamkeit** und geistiger Klarheit, an Übersicht, woraus Unruhe und Vielfalt sowie neue Unwissenheit entstehen; Trägheit und Undeutlichkeit des Denkens und Fühlens; Mangel an Spannkraft, an Einsatzbereitschaft und Ausdauer:

Dieses alles wird und muss sich einmal auswirken, in sicher, gegenüber dem Ursprung, der Ursache, meist stark veränderter und vielfältig vermischter Art und Weise,

- als körperlich-gesundheitliche Eigenschaften oder Schwächen, so in der Grundanlage und in der augenblicklichen Lage und Verfassung; aus dem Erbgut der Eltern heraus entstehend, als „indirektes" Karma, sich auswirkend aber doch als „direktes" Karma, also gemäß der in unserem „Geist-Magnetfeld"

vorhandenen geist-seelischen Stärken und Schwächen, eben der Maße unseres eigenen Karmas;
- als die (meist halb- oder unterbewussten) Neigungen, Bevorzugungen, Gefühle, Leidenschaften dieses Lebens;
- als das Maß der geistigen Bewegungen und Beweglichkeit, nach stärker und schwächer, klarer oder dumpfer.

Karma, das einst, vor allem im Fühlen und Denken Geschaffene, findet Ausdruck und Auswirkung im gegenwärtigen und laufenden Erleben des Menschen und in seinen Antworten (Reaktionen) auf dieses Erleben. Und diese Antworten sind auch schon wieder neue Saat für folgendes Geschehen, erneuten Zwang –, wann auch immer, wie auch immer. Die Auswirkungen unseres Karmas erleben wir dauernd, in jedem Augenblick unseres Lebens. Als ein **Schaffsal** tritt alles Erleben (wieder) an den Menschen heran; einmal-Geschaffenes. Diese karmische Wechsel- und Dauerwirkung, das ist die alles entscheidende, die eigentliche und zentrale Beziehung von **Ursache** und **Wirkung**, fast immer unzerreißbare Kette, ein Geflecht, aus einer endlosen Folge von Wirkungen, Auswirkungen bestehend; Wirkungen, die aus verschieden tiefen Schichten des persönlichen, wie des allgemeinen (kollektiven) „Haushaltes" kommen. Körperliche, gesundheitliche Fehler der Vergangenheit können zu körperlichen Schwächen der Gegenwart führen, wie auch zu seelischen und geistigen Schwächen und Fehlleistungen; und daraus wieder zu körperlichen und nervlichen Schwächen und Krankheiten.

Das einst geschaffene Karma kann

- durch andere Menschen auf uns zu kommen, auch durch Tiere;
- in den jeweils gegebenen Umständen liegen;
- im eigenen Körperlichen hervortreten;
- im eigenen Handeln – in der Möglichkeit dazu, aber auch in Zwang und Zwiespältigkeit;
- im eigenen Fühlen, nach Freude, Leid oder Gleichgültigkeit;
- in der Fähigkeit zu denken, zu unterscheiden, zu entscheiden.

Karmisches Ergebnis und neues Wirken gehen fast untrennbar ineinander über: die „Tat" – das „Gewebe" – die Wirkung.

- Von christlich-abendländischer Seite wird es gelegentlich gesagt: im Gedanken der Wiedergeburten würde dem Menschen die „schöpferische Tragik der Einmaligkeit" genommen. Es ist nicht so; sondern gerade in der Anerkennung und im klarer, zusammenhängender werdenden Bewußtsein um die große Gesamttatsache des fortlaufenden Wiedererscheinens – in den Gesetzlichkeiten, im Auf und Ab – wird dem Menschen eine mächtige und fruchtbare Dauerverantwortung möglich – und nötig.

- Die **Empfängnis des Wesens** – in herkömmlicher naturwissenschaftlicher Auffassung ist es der Empfang des Samens. Für den Wissenden stellt es sich tiefgründiger dar. Anderes muss da sein, noch viel Entscheidenderes; der geistige Keim, das „umherschweifende" Seelenfeld, der Magnet-Kern, das „neue" Wesen, das zwangläufig und völlig unbewußt (!) auf eine gerade ihm jetzt karmisch möglichst genau entsprechende Lebenssituation zur „Wieder-Einfleischung" aus ist. Und mit diesem, so entscheidenden Zeitpunkt der Empfängnis ergibt sich auch der „Sprung" in eine, gegenüber dem vorherigen Leben freilich nur selten stärker veränderte Lebenslage. Mit dem vorübergehenden Ausscheiden im Tod und mit der folgenden Geburt ist die gesetzesmäßige Schwelle gegeben, an der die **karmische Gerechtigkeit** sich in größerem Maß auswirken kann und muß, als es im laufenden Leben wirklich werden kann. **Die inneren Veränderungen wirken sich auf Körper und Umstände aus.**

- Die „ursprüngliche Reinheit", die Leere des kleinkindlichen Geistes (tabula rasa, lat.), der Mangel an geistigen verstandes-mäßigen „Daten", an der Fähigkeit der Selbstbewußtheit und der Kombination –; gern und viel wird diese Aussage, dieser Denkansatz herkömmlich benutzt. Freilich ist da eine Art von „leerem Tisch" nach der Geburt, indem die materiell-physischen „Einzeichnungen" in den „Geist" erst nach und nach, unendlich mühsam erfolgen können und müssen. Doch was hinter der „Leere" und „Reinheit" steht an längst vorhandenen, sich immer weiter wandelnden Neigungen, Trieben, an Schwächen und Stärken, an

„Unreinheiten" eben (oder jedenfalls der Anlage (Disposition) zu alledem), *das* wird nicht gesehen, zumeist nicht einmal geahnt.

- Der Begriff „Kollektiv-Karma" wird häufig benutzt: Anteile des Einzel-Karmas also, die übergreifend sind und wirken; Züge des „Zeitgeistes", die den Einzelnen so oft zwingen, sich anders zu verhalten, wie es seiner eigenen Art (und innerem Zwang!) entspricht. Problematisch solches, denn vielleicht geht ja gerade das Karma, der „Trend" des Einzelnen, vieler sehr vieler einzelner „Individualisten" heute schon in eben diese Richtung einer „Kollektivierung", „Vermassung". Der Zwang der überall ablaufenden, sich immer mehr verselbständigenden Prozesse ist gewaltig; aber – wahrscheinlich – ergibt er sich eben doch nur aus einer Massierung sehr vieler derart laufender – ungünstiger, in etwa „unmenschlicher" Karmata. In dieser unserer Zeit haben die politisch und sozial derart „massenhaften" und vermassenden Verhältnisse zu einer gewaltigen und super-tragischen, einer immer auswegloseren Lage so vieler Menschen dieser Erde geführt. Das (scheinbar) Sinnlose der Geschehnisse ist ins Unerklärliche, ins „Dämonische" gesteigert durch eben ein unerhört massiertes und dramatisch verschlechtertes „Kollektiv-Karma". Die Atmosphäre der Ungeistigkeit, Maß- und Grenzenlosigkeit steht hinter allem.

- Wie steht es nun mit der – immer wieder so stark und dringend umdeutelten, umzweifelten, aber auch so sehr gesuchten **karmischen Gerechtigkeit** im Einzelnen? – So etwa, wenn es einem Menschen in der Gegenwart gut oder sogar sehr gut geht, hauptsächlich, aber auch innerlich, obwohl sein gegenwärtiger oder jüngst vergangener Lebenswandel dieser Güte seines Geschickes durchaus nicht entspricht –. Die Antwort lautet: dieser Mensch hat früher wahrscheinlich (lange) vor dem gegenwärtigen Leben Günstiges bewirkt. Er erfährt nun die Auswirkung dessen. Es besteht aber die andauernde Möglichkeit und Gefahr, daß er, aus den gegenwärtig angenehmen Umständen heraus, „naturnotwendig" zu einem immer größeren Leichtsinn und einer steigenden Bedenkenlosigkeit verleitet wird. Und *das* ist dann die vielberufene und so oft angezweifelte „Gerechtigkeit“ und sie zieht hier nur „ein wenig nach“ („Gottes Mühlen mahlen langsam, aber trefflich fein!“); doch es muß dann notwendig, gesetzlich umso übler kommen. Und solches alles gilt umgekehrt für einen guten und bemühten Menschen, der viele Schwierigkeiten hat und diese anscheinend so gar nicht verdient. Er muß ungutes Karma „abdienen“ und schafft damit im günstigsten Fall das Bessere.

Die Fülle der Wünsche und Vorlieben wie der Abneigungen, aber auch der „Sünden“, also aktiver Verfehlungen, wie dann auch künftiger Aufgaben und Möglichkeiten (einer Befreiung seiner selbst wie Anderer) haben den Menschen, sein Geist-Magnetfeld, eben hierhergezogen. Und nur „hier“ ist die rechte Auflösung und Bewältigung möglich. Daß ein Mensch in eine Umgebung kommt, die ihm in sehr vielem nicht entspricht oder nicht zu entsprechen scheint (!), ist eine oft gestellte Frage zum Karma. Hier haben wir die Tatsache, daß eben jeder (letztlich) sein eigener Erbe ist, sein muß; und daß gewisse Anziehungen und Notwendigkeiten ihn „eben doch“ hierherkommen ließen.

Karma: Du bist der Erbe deiner eigenen Vergangenheit.

Über die Möglichkeiten und Wege, die vielen Schritte zu der Freiheit hin – handeln diese Schriften in praktischer Eindringlichkeit.

- Leben – das ist gleich einer Geistmagnetbahn.
- Die „Linie“ des Geist-Magnetfeldes, die im Augenblick „hier“ bewußt wird; das sind – „Wir“, ist unser Bewußtsein, unser Leben; ewig sich wandelnd und nur als „Leuchtfunkenbahn“ sich gleichbleibend.
- Der geistige Vorgang von Bewußtwerdung und Bewußtsein – das ist der überhaupt entscheidende Bereich, der entscheidende Vorgang des Menschen und seiner möglichen Entwicklung.
- Das **Bewußtsein**; hier flammt es auf in ungeheurer Schnelligkeit und mehr oder weniger automatisch. Hier und hier allein sind „Wir“ eigentlich nur. Ich und Bewußtsein sind – genaugenommen

– Eines. Wenn sich nicht fast ununterbrochen gewisse „Ich-Regungen“, Ich-Wissungen, Ich-Erinnerungen einblenden würden in den Ablauf, so wäre „das Alles“, was wir da von uns denken, so gut wie nicht mehr vorhanden.

- Das kleine Kind lernt ganz langsam, ein bewußtes „Ich“ aufzubauen. Beim Tier ist es eben nicht vorhanden, dieses Selbstbewußtsein, Ich-Bewußtsein. In der Definition: Bewußtsein ist ein reflexives (= mehr oder weniger rückwärtsgewandtes) zusammenraffendes Bewußtwerden und Erkennen von Gegebenheiten und Erinnerungen; von Gegenwart und von wieder bewußt werdenden Erfahrungen; Bewußtsein ist gelagert um dieses imaginäre, nur eingebildete Hilfsbewußtsein des „Ich“.
- Die **Gegenwart**; ein weiteres Sammel- und Allerweltswort. Der Sinn des Begriffes: die „Ich-Zone“ wartet einem Reiz, der dauernd ablaufenden Kette von Reizen entgegen. Das „Ich“ ist an die Gegenwart gebunden, und da diese nur durch die Entflammung des „Ich“, oder besser des Bewußtwerdens, in jedem Augenblick entsteht, müssen der „Strom der Zeit“ und unser „Ich“ in einer Art enger Verkettung stehen. Unter „Gegenwart“ verstehen wir gewöhnlich kleinere Zeiträume vor oder nach der **wirklichen** Gegenwart: die uns jetzt und hier berührt; die aufkommt und erlebt wird, und verlischt.
- Die **Zukunft**; sie kommt uns nicht im Augenblick, sondern tritt meist schon sehr viel eher in uns ein; eher jedenfalls, als wir zuallermeist ahnen. Ja, sie ist schon lange „da“; da, irgendwo, und wir müssen die feineren Sinne zu betätigen und zu schulen suchen, um einmal Kommendes erfassen zu können. Was einem scheinbar aus der Zukunft entgegentritt, das ist längst vorbereitet im eigenen **Schaffsal**, in der von uns selbst geschaffenen Vergangenheit.
- Vergangenheit, Gegenwart, Zukunft – wie schwierig diese herkömmlichen Worte! – Es gibt gar nichts anderes wie ein „Gegenwarten“ gegenüber dem Strom der Bewußtwerdungen, Gefühle und Regungen des Wollens. Alles ist Gegenwart; auch Erinnerungen, wie Vorstellungen von Künftigem, sind immer nur in der ganz persönlichen Gegenwart zu erleben.

- Da, wo wir eigentlich sind, sein sollten, sind wir fast nie: mit unserer Bewußtwerdefähigkeit, nämlich im Spüren und Warten auf die wirklichkeitsgemäßen Störungen, „Belichtungen“, Erregungen; auf die Ereignisse und „Daten“; in der Gegenwart also, in der Mitte unseres letztlich ja alles entscheidenden Bewußtseins.
- Stillen und Klären das Innere: Klärung der „Welt“ wird folgen; Erklärung auch – seiner selbst wie der Welt.

Der Gesamtvorgang der Bewußtwerdung und des Bewußtseins

– mag eindringlich und wirklichkeitsgemäß beleuchtet werden, zumal hiermit die Grundvoraussetzung für karmische Belastung wie Entlastung gegeben ist.

Beim (Im) Vorgang des Bewußtwerdens haben wir die einzige Möglichkeit, unmittelbar steuernd und verändernd einzugreifen in das Grundgeschehen und damit unseren gesamten inneren „Haushalt“ weitgehend zu beeinflussen.

Eine starke Entwicklung unseres Oberbewußtseins, unserer geistigen Möglichkeiten, ist durchaus nötig für die einsetzende umfassende, einmal alles einschließende Bewegung auf die Mitte eines inneren Friedens hin; für die zunehmende Beherrschung und zeitweilige Auflösung der unendenden und oft so hinderlichen und nutzlosen Vorgänge des Denkens. Die nachfolgenden, oft fast wissenschaftlichen Formulierungen dienen nicht nur der Schulung des lebendigen Verstandes, sondern noch mehr der Durchschauung dieser meist fast automatischen Vorgänge – und der Vorbereitung der wirklichen Klärung und tiefdringenden Übung.

Es geht um den grundsätzlichen und um den tatsächlichen Vorgang der Bewußtwerdung bei der Aufnahme der Sinnesreize und bei der Wiedergabe (Erinnerung). Exakt und streng wissenschaftlich wird man die wirkliche und wirklichkeitsgemäße Art der Kräfte, der Abläufe und der Folgen höchstens annähernd klären können; eben, weil dieses alles nur am „lebenden Objekt“ und nur in erheblicher und anhaltender Dichte erforscht werden kann. Dazu kommen

Schnelligkeit und Verwobenheit (Komplexheit) der Abläufe, wie die Tatsache der persönlichen, objektiven „Färbung" des Beobachters. Daß der Mensch, der Bewußtwerdende, so selten etwas von diesen Vorgängen erfassen, geschweige erkennen kann: er ist sich selbst zu nahe, steht sich selbst im Weg. Also müßte „er" schon zeitweise fast frei sein von alledem, von inneren Färbungen, Spannungen, Wünschen; frei jedenfalls im unmittelbaren Bewußtsein und Gemüt. Und hier möge man versuchen, über den unwirklichen Charakter des bisherigen und üblichen Bildes vom Menschen, Bewußtsein, Ich und Welt nachzudenken, nachzuspüren. In zunehmend klarer und reifer werdendem Geschehen, Üben, Erkennen wird manches aus dem Nachfolgenden in direkter Erfahrung erfaßt werden können.

Der Gesamtverlauf der Bewußtwerdung und der inneren Antworten (Reaktionen) kann in einer Kette von fünf sich folgenden Gliedern (Bereichen) gesehen werden (frei nach buddhistischer Überlieferung).

Anstoß durch die äußeren, stofflichen, materiellen, die feinstofflich-unsichtbaren und die geistigen Vorgänge und durch das Unterbewußte – alles über die fünf Sinnesbahnen und die geistigen Aufkommungen, die Erinnerung als sechste „Sinnesbahn".

1. Weitgehend unbewußte „**Berührung**" mit den eigenen „Tendenzen" und den daraus sich ergebenden Empfindungen und Gefühlen.
2. **Aufkommen** der Dinge der fünf Sinnesbahnen im Bewußtsein (Wahrnehmung), sowie hier auch das Wiederaufkommen „abgelegter" einfacher Erinnerungen aus dem Gedächtnis; und dieses überwiegend als Anstöße innerer Bilder.
3. Die **Bearbeitung**, „Verdauung" und Verknüpfung des Materials der sechs (!) Bahnen durch das betastende „innere Sprechen" (Sinnen und Erwägen), die Bewegtheiten im Bewußtsein.
4. Das **Eingehen** der neuen (alten) Erfahrungen, der stark vermischten Erfahrungen, in die momentan mehr oder weniger unbewußten Schichten des Bewußtseins.

Erst in längerer innerer Schulung wird man solches zunehmend fruchtbar machen können; denn das Ganze ist ein geradezu kolossales Beziehungsgefüge, ist ein Super-Relais; eine Welt von Schaltungen jeder Art. Beginn und Ende einer Kette sind durchaus nicht zu finden. Es ist eine in etwa vollkommene Elektronik, für die leider gewöhnlich nur allgemeine Begriffe wie Geist, Intellekt oder Nervensystem gebraucht werden. Das folgende Schema mag das Geschehen in einfacher Weise verdeutlichen. Es kann aber erst in eingehender Übung verständlicher werden.

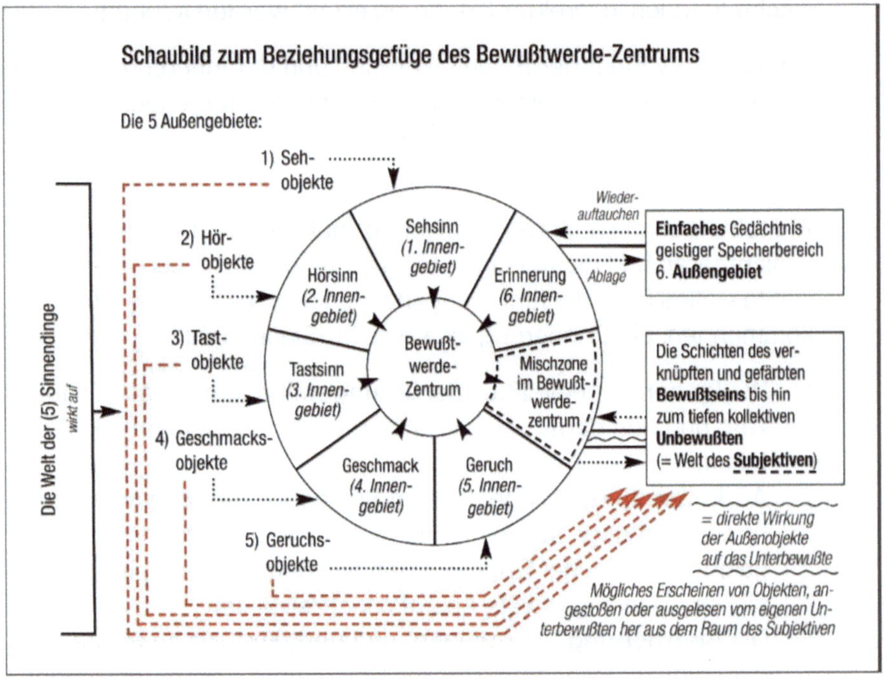

Schaubild zum Beziehungsgefüge des Bewußtwerde-Zentrums

Diese Kurzfassung der Gesamtreihe kann genauer durchleuchtet werden.

1. Der Vorgang der Aufnahme (passiver Teil des Ganzen) beginnt jeweils mit ersten, fast immer tief unterbewußten Anstößen.

Aufkommendes (Objekte) der fünf Sinne (Sehen, Hören, ...) und der „Strom“, der aus dem Gedächtnis als Erinnerung aufkommenden Bilder, wirken auf das vorhandene Spannungsgefüge (Tendenzen) ein. Eine vielfältig-verbundene (kombinierte) Berührung und Wirkung der sechs Objektgruppen auf die Tendenzen findet statt: die zuallermeist hilflos-unter(un-)bewußte oder doch völlig neigungsgelenkte „Annahme“ dieser Reize. Und was wäre das anderes wie der Weg des geringsten Widerstandes? – Denn unser Bewußtsein ist nichts Gleichmäßiges, sondern ist der blitzschnelle Ablauf vieler, sehr kurzer Momente im Bewußtsein. Nach buddhistischer Erklärung sind es 16-17 Momente, kleinste Einheiten in der Sekunde, von denen – je nach Konzentration, Klarheit, Abstand und Reife – ein größerer Teil im „Dunklen“ bleibt; also unter der Schwelle des Bewußtwerdens. Aber auch das Gegenteil, die fast totale Nutzung dieser Momente ist möglich, so etwa beim Akrobaten, beim Hochleistungssport, vielleicht auch bei manchem Künstler. Solches kann durchaus in der „klaren Stille“ beobachtet werden; und es ist so geschehen. Man kann (u.a.) erkennen, daß diese kleinsten Einheiten der Bewußtwerdung tatsächlich aufeinander folgen; daß eben nicht mehrere Momente, Wahrnehmungen, auch verschiedener Sinnesbereiche zur selben Zeit „da“ sind, sein können.

2. Die Reaktion, die Antwort auf diese „Berührung“ – ebenfalls noch weitgehend unterbewußt – ist eine Einzel- oder eher Gesamtempfindung; wobei Empfindung „Gefühl“ vorzuziehen ist. Gefühl ist schon aktiv, ist Verbindung, ist von Dauer und immer schon wunschhaft gelenkt. Es gehört aber auch das Gefühlvolle grundsätzlich zu dieser zweiten Stufe, nur ist es eben bereits länger bewegt; so etwa in der kreisenden Wiederholung von Selbstbemitleidung. Auf dieser Stufe werden die mehr oder weniger tief eingelagerten Grundneigungen (Tendenzen) anfänglich spürbar und erkennbar. Es findet hier eine Fülle von unterschwelligen „Sortiervorgängen“ statt; es ist ein „Suchvorgang“ zweifellos und logisch. Eine ungeheure Vorformung allen inneren Sprechens (und damit Denkens), äußeren Redens und Handelns findet im „Geistigen“ und im Gefühlsbereich statt. Dieses „interior consciousness“ ist tatsächlich eine ganze „Welt“, derzeit unbelichtet, einfach so vorhanden als der innergeistige Mikro-

Kosmos; es ist die Ungeheuerlichkeit des Weltmeeres im Vergleich zu seiner dünnen Oberfläche.

3. Auf der dritten Stufe beginnt die eigentliche „Belichtung“, das erste „Betasten“ der Objekte der sechs Außengebiete in den sechs Innengebieten (Schema), die dann jeweils (sehr kurz) einzeln im zentralen Bewußtsein erscheinen: die Wahrnehmung. Der normale, in sehr langer Gewöhnung geschulte Geist, das Geistbewußtsein, rafft zusammen und „belichtet“ kleine Teile, Teil-Verbindungen der unterschwellig wahrgenommen und angenommen und ja bereits gefärbten Objekte. Nur in dieser fast automatisch-zusammenraffenden Weise kann gewöhnlich der Beginn der eigentlichen Bewußtwerdung vor sich gehen.

Diese Wahrnehmung, – aber noch nicht die rechte klare Bewußtwerdung – ist weitgehend eine „Spiegelung“ (passiv). Die Objekte sind auf dieser Stufe noch kaum zu erfassen. Sie sind noch mehr oder weniger „Stofflich-Materielles“ feinster Art und Form und nur eine frühe Stufe von immer wieder neuem (rein-geistigem) Begreifen.

Auf dieser Stufe laufen auch die geistigen Anregungen aus dem Gedächtnis (= 6. äußeres Gebiet) ein, wo alles, was mit den fünf Sinnen wahrgenommen wurde, in einfachen Vorstellungen aufgespeichert ist. Es sind dies geistige Bilder von Dingen, von Handlungen, von einfachen Situationen.

Das Gedächtnis muß grundsätzlich in fünf, den Sinnenbahnen entsprechende Bereiche aufgeteilt sein; doch kann man nach längeren Prüfungen und feinsten Beobachtungen immer wieder feststellen, daß die Erinnerungen fast immer in Verbindungen erscheinen. Die optischen „Sehkonserven“ sind in der Menge und der Stärke von der bei weitem größten Bedeutung. Der Sehsinn ist – und nicht nur bei „visuellen Typen“ – der bei Aufnahme und Wiedergabe ganz überragende Sinnesbereich. Es ist deutlich, wie so sehr wichtig (und damit beeinflussend und auch gefährlich!) die Wirkungen des Gesehenen auf den inneren Haushalt (Begehren, Spannungen) sind, so vor allem Fernsehen, Kino, Illustrierte.

Der Speicherbereich, das Gedächtnis, gibt seinen Inhalt im Vorgang der Erinnerung wieder her, mit einem mehr oder weniger großen Abstand zur Aufnahme, aber auch in einer fast unmittelbaren Folge von Aufnahme und kreisend sich anschließenden „Erinnerungen". Das geistige Bildmaterial wird im derzeit nicht Bewußten durch Interesse sehr verschiedener Stärke angeleuchtet und kommt aus dem 6. „äußeren" Gebiet wieder nach „innen", in das Innere des Bewußtwerde-Zentrums (Schema).

Die Erinnerungen tauchen zuerst und hauptsächlich als Bild auf, auch als „Wort-Bild"; denn im feinsten ruhenden Beobachten wird es deutlich, daß auch das Gelesene und Geschriebene (und sogar das Gehörte) zweifellos als ein feines „elektrisch-magnetisches" geistiges Bild aufgespeichert ist. Erinnerungen (als Bildaufkommen) werden von allen fünf Außensinnen her angeregt. Hören eines äußeren Tones – entsprechendes inneres Bild einer Szene von früher taucht auf (unmerkbar meist!) – und dann Aufkommen wiederum von Hör-Konserven ähnlicher Art. Es erfolgt ein Sich-gegenseitig-Mitziehen (Nach-sich-Ziehen) der Eindrücke aller (jeweiligen) sechs Sinnesbereiche. Sie sind stark miteinander verknüpft! So etwa kann ein Ton „innen" alles Mögliche anderer Sinnesbereiche anstoßen und hervorziehen.

Ein Gefühl (Stimmung), das mit einer Situation (= Bild-Gedächtnis) verbunden wurde, kommt auch bei Wiedererinnerung häufig mit auf, wenn auch langsam sich abschwächend; so vor allem durch die Kontrolle/Bewußtheit, die das Gefühl notwendig „entreizt"; durch Vernunft und Nüchternheit. Aufbewahrung und Deutlichkeit der Wiedergabe der Gedächtniskonserven sind von vielen Bedingungen abhängig; von der Dauer der Einwirkung, dem Interesse, dem Zustand des Menschen.

Töne (Ton-Erinnerungen), Gerüche, Geschmäcke und Tastungen können nicht direkt „als etwas" wieder aufsteigen, sondern werden von Bild-Konserven (auch von Wort-Bildern") und von eingelaufenen Gefühlen angestoßen, sind an diese gebunden. Die Erinnerungen aus dem Raum der vier anderen Sinne sind jeweilige Neukombinationen. Vor allem die Ton-Erinnerungen, das Singen etwa, sind ein feinstes, eingelaufenes, halbbewußtes, zumeist blitzschnelles inneres Tasten, Formen und Anklingen-Lassen, recht ähnlich dem „inneren Sprechen". Es ist eine Art von fast unbewußter vergleichender Erfahrung; ein unterbewußtes Wissen und Harmoniegefühl (etwa), mögen hierbei die entscheidende Rolle spielen. Das gehört schon zur nächsten Stufe.

Ein sehr, sehr sonderbarer, erstaunlicher und eben noch fast gar nicht erforschter Vorgang; ein unerhört feiner und komplexer Vorgang, das ist es schon: Er-innerung.

4. Der Vorgang der wahren Aufnahme (Verdauung, Verstauung, Verknüpfung) der Eindrücke der sechs Bahnen setzt auf der vierten Stufe, den eigentlichen geistigen Bewegtheiten im engeren Sinn ein. Neben den körperlichen Bewegtheiten und den tendenzgebundenen und -getönten Bewegungen von Gefühl und Gemüt, sind die sprachlichen Bewegtheiten, das schon gut bekannte „innere Sprechen" der vielen Stufen und Grade, das Sinnen und Erwägen, der ganz entscheidende Teil der Vorgänge. Dieses Vergleichen, Kombinieren und immer erneute – oft so sehr rasche und weitgehend unbewußte, unkontrollierte Bewerten all dieser Inhalte, das sind die Wirkungen von Erfahrung, Verstand und Vernunft, freilich in ihrer Gefühlsbetonung (!) im „Ja" oder „Nein", und in ihren so weitverschiedenen Ausprägungen. Das ist das eigentliche Denken. Aber dieses „Denken" ist genaugenommen, von einem wieder nur zum Teil von bewußtem, willentlichem Abtasten der Unterschiede und Veränderungen auf allen sechs Sinnesbahnen bestimmt.

In diesen Vorgängen wird das Geschehen aktiv (wenn auch nicht oder kaum kontrolliert), so im Bewegen, Betasten, Vergleichen und beginnenden Wollen. Alles spätere fertige und zusammengesetzte Erkannthaben, die Erfahrungen, Wissungen und geistigen Fähigkeiten, der ganze Speicher unseres Bewußtseins stammt aus der Fülle dieses mehr oder weniger bewußten „Be-Greifens".

Der Strom der Wahrnehmungen und zunehmenden Erkennungen muß, um wirksam in das wieder größtenteils oder doch zeitweise unterbewußte „Feld" eingehen zu können, dauernd vom abtastenden „inneren Sprechen" durchwoben sein.

Auch das Verstehen von Gelesenem – im Vorgang des Lebens selbst – ist nur möglich durch dauerndes begleitendes „inneres Sprechen“. Dieses läuft ungeheuer schnell ab und liegt jeweils ganz kurz vor dem richtigen Erfassen und inneren vor sich Hin-Sprechen (!) der Worte. Und nicht anders ist es mit dem Sprechen, dem Aussprechen! Denken, Sprechen und auch Schreiben sind auch komplizierte Kombinationen vor allem von (1) auftreffenden Eindrücken, (2) momentanen Erinnerungen, (3) eingelaufenen Assoziationen (Verbindungen), (4) „Inspirationen“ von den Tendenzen her und (5) von Intellektkontrolle (= Erfahrung, Skepsis, Berechnung etwa).

> „Wir denken alle, indem wir innerlich sprechen, wenn auch dieser leise Mitklang des Wortes die innen geschauten (!) oder gehörten Dinge oft nur begleitet wie Nebelhauch die schwebende Welle.“ (Carl Ludwig Schleich)

Hier haben wir die, nun schon besser bekannte Tatsache und Erfahrung, daß alles Denken, jedes gesprochene Wort, jedes geschriebene Wort, jede Handlung, jedes Tun schlechthin – innen erheblich vorgearbeitet, vorgetastet wird. Alles Sprechen, Lesen, ja, auch Denken, ist jedes Mal wieder ein Zusammensuchen und Kombinieren in „Bildern“, auch mit Übung schneller werdend. Wer immer feiner innerlich „hinschauen“ lernt, der wird einmal dahin kommen, daß er merkt, wie alles „souveräne“, scheinbar willentliche Aussprechen von Worten und Schreiben Stück für Stück, ganz kurz vorher im Bewußtwerde-Zentrum erscheinend, dort richtig „abgelesen“ wird.

Wir sind weitgehend von den inneren Bildern (und Wortbildern) beherrscht und wissen es nicht. Diese jeweils primären (zuerst kommenden) Bilder bewirken das Mitziehen der inneren und dann der äußeren Sprechbewegungen.

Mit dem lebhaften „inneren Sprechen“ findet auch die Verknüpfung mit bereits im Bewußtseinsfeld, im Gedächtnis vorhandenen Vorstellungen, Begriffen, Situationen und Bild-Kombinationen statt; und zugleich die Schaffung, Bahnung oder nur Vertiefung von Assoziationsketten („Bahnen“). Hier, beim „inneren Sprechen“ und Betasten, entscheidet sich alles: die Qualität, Deutlichkeit, Verfügbarkeit der aufgenommenen oder aufgekommenen Eindrücke; unser ganzer geistiger Haushalt; Freiheit, Unfreiheit und diese sprachlichen Bewegtheiten sind auch wieder nur Manifestationen, Ausdrucksform also (mehr ruhend oder mehr aktiv) der zugrundeliegenden Tendenzen, Neigungen und Färbungen. Je stärker und reifer dabei die Fähigkeit des Betreffenden zur „gegenwärtigen Achtsamkeit" und zur Situationsbewußtwerdung ist, umso deutlicher wird das Erfassen der Einzelheiten wie auch der Zusammenhänge; eben aus dem größer werdenden Abstand zum Prozeß, dem „vorbeiströmenden Gang der Dinge".

5. Der fünfte und letzte Bereich, das „Bewußtsein" (vinnana, Pali), ist die eigentliche geistige Welt des Einzelnen, die sich aus mehreren Stufen und Ebenen der Bewußtheit zusammensetzt. Dieser Bereich ist gewöhnlicherweise fast nicht zugänglich; er wird es aber zunehmend mehr. Es ist das „Gedächtnis langer Zeiten", wie ein „Vorratsraum" zu denken für alle aufgenommenen, vom „inneren Sprechen", vom Erwägen und Kombinieren betasteten und „kombinierten Kombinationsprodukte" aus den Wahrnehmungen (3. Stufe). Hier aber sind die an sich neutralen „Dinge" der dritten Stufe mit neuen Bewertungen und Gefühlsbesetzungen eingeordnet und zum „Netz" verknüpft. Hier liegt auch das Relais, besser die Relierung, die Schaltung zu einer nicht unmittelbar zugänglichen Welt. Mit zunehmendem Aufschluß dieser Tiefenwelten mag der Anschluß an höhere Geistesbahnen (astral, mental), sowie an das „kollektive" (unbewußte) Bewußtsein erfolgen; und möglicherweise auch ein „direkter" geistiger Zugang zu anderen Menschen (Wesen). Der Bereich der Magie im weiteren und engeren Sinn ist hier zu erschließen. Dieses Gesamt-Bewußtsein (vinnana) ist *das* vom „Menschen", was weitergeht durch die Daseinsformen; und es ist auch unser gesamtes Karma, welches das Wesen immer begleitet.

Eine kurze Zusammenfassung der Vorgänge der fünf Hauptbereiche zeigt dieses: zu dem passiven Aufnehmen, Speichern („primitives Bild-Gedächtnis") und der Wiedergabe (Erinnern), muß immer die Fülle der inneren Tastungen, des inneren Sprechens und Bewertens kommen, um das tendenzengetönte Bild (Kombination) einer

„wirklichen“ Welt zu erhalten, die überwiegend im Unterbewußtsein gelagert ist.

> „Das also ist der Kreislauf alles Geistigen: Umsatz von Empfindungen in Begriffe, dieser zu Motiven (= Antriebe, Verf.) und Befreiung von der Hirnspannung der Motive durch die Aussage oder Handlung.“ (C.L. Schleich)

Im Überblick zeigt sich, daß unser Inneres, Geistiges, ein Ablaufgeschehen ist, einer unübersehbaren Fülle und Folge von unendlich vielen Anstößen und Wirkungen, die wieder zu neuen Wirkungen – Einwirkungen und Auswirkungen führen. Der Mensch, sein Geistiges und Gefühlsmäßiges ist *bestimmt* (terminiert), ist variabel festgelegt (konditioniert) von einem Geschehen, das weitgehend im Halb- oder Unbewußten verläuft. Denn fast alle vor allem inneren „Anstöße“ erscheinen wie von selbst und auch die Reaktionen sind nur selten wirklich gewollt und bewußt gesteuert, können es fast nicht sein! Anstoß und Reaktion, die Antwort als unendliche Kette; in Wirklichkeit ist aber (so gut wie) alles nur Reaktion! Solide Erkenntnis einer fast wissenschaftlichen Art mag uns zum einen als eine halbwegs verläßliche, anwendbare Hilfe in der „großen Flut“ dieses Lebens dienen; mag zum anderen aber – und das deutlich und immer wieder –, vor allem den Strebenden zu einem sich Bescheiden und einer Bescheidenheit in der Beurteilung seiner selbst, der Anderen veranlassen –; eben auf seinem „Pfad zur inneren Freiheit“.

Sittlichkeit und Ethik

Hier liegt ein weiterer entscheidender Bereich menschlichen Wesens und Lebens – den Menschen prägend in der Tiefe, und auf Dauer seine karmische Färbung; eine weite Stufenleiter, von sehr einfachen, naiven Weisen bis zu religiös hochentwickelten eines „Gut-Seins“, bei sich selbst wie gegenüber den Mitmenschen. Sittlichkeit, Moral, das meint die mehr allgemeinen Gesetze einer „bürgerlichen“ Moral; die Nichtübertretung gesellschaftsbedingter Gesetze. Im engeren Sinn sind es die Tugendgebote einer Religion oder

Weltanschauung, etwa die „Zehn Gebote". Aber es gibt auch höhere, die persönliche und reifebedingte Moral und Sittlichkeit, so etwa die Anerkennung und Befolgung der vielen, sogenannten „ungeschriebenen Gesetze", die einen Kodex tieferen Anstandes, der Menschlichkeit und Menschenliebe darstellen, wie sie teils in der „Bergpredigt" mit eingeschlossen sind.

Hier erreichen wir den weiten und kaum begrenzten Bereich der **Ethik** (griech., ethos) –, (auch) Sitte, Sittlichkeit, edle Haltung, höhere Moral, Takt, „ungeschriebene Gesetze". Die Übernahme einer ethischen Haltung meint vor allem die freiwillige, die fein-bewegliche Einordnung in die gegebenen menschlichen oder natürlichen Gesetzlichkeiten und Umstände. In der charakterlich-psychologischen Stufenleiter steht sie über der Moral.

Über solches alles noch hinausgehende innere Haltungen finden wir hier und da als reife Innerlichkeit, die deutlich das Leidhafte des Lebens und um die tiefen Gesetze der Wirklichkeit weiß. Da sind die Formen einer selbstlosen Liebe, der gütigen Zuwendung und des Erbarmens, die unter aufrichtigem Befolgen einer Religion, unter Idealisten, Menschenfreunden immer zu finden sind. Man kann sagen, daß eine solche „Stufenfolge" sittlicher Maßstäbe vor allem bestimmt ist von dem Maß, in dem der Einzelne sein „Ego" zurückzustellen und sich der Mitwelt in guter hilfreicher, edler und selbstloser Haltung zuzuwenden lernt.

Es geht um eine Entwicklung der menschlichen Möglichkeiten, derart, daß Sittlichkeit, Menschlichkeit, Ethik und eine echte Religiosität sich immer mehr verweben, immer natürlicher werden und dann auch immer innerlicher. Es ist eine Entwicklung, die – ganz im Sinn der drei Bände – auf dem Wege einer geistigen Verselbständigung und Befreiung des Menschen liegt. Wenn Sittlichkeit und Ethik immer besser zur selbstverständlichen inneren Haltung werden, dann ist die breite verläßliche Grundlage erreicht, auch für viele weitere Abenteuer auf dem Weg einer Menschlichkeit und Geistigkeit, die einmal weit führen mögen auf die „Mitte des Menschen" zu, in der sich Ruhe, Klarheit, Frieden ausbreiten werden.

Diese Haltungen und die Wege dahin sind – nach meinem langen Erfahren und Erkennen – am überzeugendsten in der Lehre des Buddha dargestellt. Da sind einmal die Tugendregeln, besser Übungsanweisungen, so für Laien und Mönche; Aufweisungen ethischer Lebenshaltung, tiefmenschlicher **Tauglichkeit**. Hier sind die unumgänglichen Grundlagen gegeben, die notwendige saubere und klare Basis für entscheidende, dem Menschen mögliche „höhere" Bemühungen und Verwandlungen. Nur ein Beispiel möge das zeigen. So sind diese „Tugendregeln" nie in der Form eines Verbotes oder der Warnung gefaßt, sondern wenden sich an das Verständnis, die Einsicht – die Selbständigkeit des Einzelnen. Das Wichtigste dazu: „Ich habe die Übungsregel auf mich genommen, kein lebendes Wesen zu töten oder zu schädigen; ... nichts Ungegebenes zu nehmen; ... abzustehen von unwahrer, grober Rede, ... vom Hintertragen, ... von unnützer Rede („Plappern und Plaudern")." –

Eine große Gefahr droht in diesem weiten Bereich vor allem von den Wirkungen des „Gutseins" und der Tugendhaftigkeit: Einbildung und Überheblichkeit, falsche Sicherheit, gefährliche Illusionen lauern hinter der ausdrücklichen und ausführlichen Befolgung vieler Tugendregeln; so etwa vorzeitiges Mindern der Bemühung, Herabsehen auf Andere und der unheilsame Glaube an „himmlisches Verdienst". Nur, wer sehr auf der Hut ist, mag den feineren und langfristig abträglichen Wirkungen solcher Bemühung im „Tugendwerk" entgehen können.

Und noch ein weiteres echtes und schweres Problem, ein Dilemma: wie kann man die engeren und strengeren Regeln wirklich einhalten und durchhalten, und zwar auch in ihren tieferen und feineren Bezügen, wie sie vom Buddha genannt sind. Eine Frage, gestellt von Kritikern, von Sich-Bemühenden und von ehrlichen Buddhisten selbst. – Es ist hierauf – in Kürze und nach besten Wissen – nur so zu antworten: man kann die Tugendregeln wirklich nicht in alle Einzelheiten hinein durchhalten; so beim Schädigen und Zerstören von kleinen Tieren und Pflanzen, etwa beim Camping und auf Wanderungen, bei der Gartenbestellung und Nahrungszubereitung; fahrlässig (kollektive) Schädigung oder Tötung, auch von Mitmenschen, so durch Nachlässigkeiten oder Irrtümer, die andere gefährden; geistig-seelische Verletzungen gewollter oder ungewollter Art; die Verweigerung von Bitten; Erziehungsmaßnahmen vieler Art gegenüber Kindern oder auch Erwachsenen, als ein, oft unumgänglicher Akt und Verstoß zugleich gegen Milde, Freundlichkeit, Erbarmen oder Gelassenheit; mangelnde Wahrheit, Wahrhaftigkeit der Rede und Antwort in ihren feineren Formen, so bei Notlügen, höflichen Phrasen oder lieben Gewohnheiten.

Zunächst einmal hat der Buddha (vor allem für seine Mönche) einige Stufungen für die Bewertung von **Übertretungen** dieser ethischen Regeln aufgestellt. So etwa zur Frage der Schädigung und Tötung: Kleinst-Tiere; Tiere, die dem Menschen nahestehen (Haus, Arbeits- und Schlachttiere); die Menschen selbst. Man kann und muß diese Verhaltensweisungen weit mehr dem Geist nach grundsätzlich auffassen. Man sollte sich häufiger der *allgemeinen* leidhaften Verflochtenheit und Abhängigkeit, wie mehr auch noch der eigenen Ohnmacht und so mancher vorhandener Schwächen bewußt sein. Es ist vom Buddha dieses entscheidende überliefert, daß derjenige besser daran ist, der solche Regeln und Tugenden zwar aus Schwäche oder dem Zwang der schlechten Lage übertritt, der es aber erkennt, spürt und auch darunter leidet (Gewissen). Dieser ist besser daran als jener, der sich an die Regeln anklammert oder auch zurzeit schicksalsmäßig begünstigt ist, der aber doch in seiner **Gesinnung** häufiger sündigt und es im Verborgenen vielleicht auch wirklich tut; der sich solche Problematik aber nicht oder kaum eingesteht.

In unserer inneren Haltung und Gesinnung, *da* gilt es, diese Gesetze der Moral, der Menschlichkeit, der Vernunft und letztlich der Freiheit des Wesens – und gerade die schwierigen, vielleicht häufiger noch übertretenen, durchzuhalten, sie immer besser zu klären und zu bejahen. Denn der Stand des Menschen und sein menschlich-kosmischer Auf- oder Abstieg entscheidet sich überwiegend im Inneren. Auch die, zu recht hochverehrten Tugendregeln sind – wie alle Gesetze und Gebote mehr äußerer Art – eben nur Notmaßnahmen; sind Hilfe und Abwehr gegenüber der mächtigen Fülle des Düsteren und des Verlockenden.

Als die feinste – und wohl auch schwerste Weise der Selbstschulung, zugleich Güte und Offenheit der Mitwelt –, mag der Bereich, die Übungsfolge der vier „göttlichen Verweilungen“, der „Strahlungen“ (Brahma-vihara) kurz berührt sein. Gewiß ist solches auch in anderen Religionen, Philosophien reichlich vorhanden, ist aber vom Buddha in breiter Systematik und feinster Innerlichkeit für die lebendige Übung aufgeschlossen.

Diese *inneren* Übungen – mit inneren und äußeren Auswirkungen – sind die immer wieder zu erneuernde Grundlage für alle weiteren, „höheren“ Bemühungen auf dem Pfad der Befreiung. Es ist die Reinigung, Erhellung und damit Entspannung unseres tieferen Wesens durch ein umfassend-feines und gütiges Verhältnis zu unserer, vor allem näheren Umwelt. Es ist das ein großer Bereich, von frühen Formen mehr äußerlicher und handgreiflicher Freundlichkeit, Hilfe, Liebe und Güte, bis hin zu jenen wahren, zentralen und von Buddha gemeinten Weisen der „göttergleichen Reinigung der Welt“ (Verf.) wie seiner selbst. Je höher und weiter man in diesem Bereich fortschreitet, umso kühler und neutraler wird es. Die üblichen „Gefühle“ werden da zuallermeist aufgelöst und müssen es sein, wenn es sich einmal um die rechten meditativ-kontemplativen „Strahlungen“ (!) handeln soll. (Ausführliches siehe im Kapitel „Zur Lebensnähe und Helferkraft der Lehre des Buddha“).

TEIL II ENTSCHEIDUNG – BEREITUNG – ÜBERWINDUNG

Wichtige und Wesenhafte Begriffe und ihre tiefere Deutung

> „Ein Wort ist etwas unendlich Rohes; es faßt Millionen Beziehungen mit einem Griff zusammen und ballt sie wie einen Klumpen Erde. Bald wird die Erde trocken und hart – die Kugel bleibt als rotes drastisches Ganzes, aber die Millionen Teilchen, daraus sie besteht, sind als solche so gut wie vergessen.“ (Christian Morgenstern, „Stufen“)

> „Und immer, wenn Begriffe fehlen, da stellt ein Wort zur rechten Zeit sich ein.“ (Goethe)

Von ernüchternder Ironie ist dieses letzte Wort und somit gerade recht, um die Atmosphäre der Oberflächlichkeit und hohen Undeutlichkeit anzureißen, in der die heutige Sprache, das geistige Leben überhaupt und so oft auch der Einzelne stehen.

> „Unter bürgerlich verstehe ich das, worin sich der Mensch bisher geborgen gefühlt hat. Bürgerlich ist vor allem unsere Sprache.“ (Morgenstern)

Es geht um eine weitere wichtige Grundlage für alles geistige Leben. Des Menschen Wesen ist geprägt durch die Sprache, die Begriffe, die Ausdrücke. Es gibt viele langeingewurzelte Gewohnheiten im Denken und Sprechen, nach denen Worte und Begriffe angewandt und oft sehr oberflächlich verstanden werden; ungeprüft und kaum begriffen. Und es gibt auch so etwas wie eine allgemein (kollektive) Halluzination, Täuschung von Worten und Begriffen; eine tiefgreifende Verfälschung also. Es geht um Voraussetzungen und Anregungen zur Erforschung und Durchleuchtung der **Weisheit** der Sprache, wie der Unweisheit der Gewohnheitssprache, der Oberflächlichkeit unseres Denkens. Es geht darum, viel zu definieren, zu umreißen, zu bezeichnen, zunächst wichtigste Begriffe dieses Daseins. Wir müssen wieder zu feineren Nuancierungen kommen, zu einem Gefühl und Unterscheidungs-Vermögen für Werte und Hintergründe, für „Tonart“, Lebendigkeit und Erfülltheit der Sprache und der Worte. Sich Zeit nehmen, gelegentlich, zu eingehenderer Durchleuchtung eines Wortes, eines **Begriffes**. Häufiger ausschwingen und ruhen lassen den prüfend-spürenden Sinn auf dem tieferen Anklang, der tieferen Bedeutung wesentlicher Wort-Begriffe.

Der **Begriff**: was man begreifen sollte, könnte, müßte; be-greifen mit Gespür und Verstand; es fassen, umgreifen, begreifen. Der Begriff als Umreißung eines Tatbestandes oder Gegenstandes. Durch einen Begriff kann vieles einbegriffen sein.

Es geht um tiefere – oft auch so offenliegende Bedeutungsfülle und Weisheit, vor allem der deutschen Sprache; aber auch vieler wichtiger Begriffe aus dem Alt-Griechischen und dem Lateinischen. Es ist ein buntes und weitgespanntes Thema; notwendig ein Stückwerk, aphoristisch, ergänzungsbedürftig, Ergänzung fordernd: offen der schöpferischen Wertung durch den Bemühten.

Die meisten solcher wichtigen Begriffe, Zustände, Haltungen (siehe auch den Abschnitt „Über das Helfen und die Problematik des Helfens") sind praktisch und theoretisch möglich und zu sehen; in der greifbaren Wirklichkeit stehend, oder als das latente (verborgene), das geistige, in Wirklichkeit lebensbestimmende Moment. Um Klärung geht es, an – für den Freiheitspfad wichtigen Beispielen; und das in aller Kürze. Es folgen zunächst einige grundlegende Begriffe der deutschen Sprache „lebenswichtiger" Bedeutung, die sehr abgenutzt sind, oberflächlich im Gebrauchswert.

- Eine Definition (lat. definire, genauer abgrenzen, näher bezeichnen) ist die Aussage über Wesen, Bestimmung, Ziel eines Begriffes. Es ist eine Festlegung der in dem Begriff eingeschlossenen Möglichkeiten.

Zufall; der nicht „zufällig" so stark abgenutzte Begriff. Christian Morgenstern nannte ihn ein „gestorbenes Wort" und auch das am meisten korrumpierte, verdorbene, gebrochene Wort unserer Sprache. Heute denkt man sich entweder gar nichts dabei, benutzt es als Verlegenheitswort; oder man spricht vom „blinden" Zufall; daß dies und das also zustößt, zufällt, *ohne* Sinn, ohne Voraussetzung und Ursache: willkürlich und sinnlos. Hier liegt ein entscheidender Grundirrtum des Menschen, vor allem des westlichen, „aufgeklärten" Menschen; die entscheidende Vertrauenslosigkeit und das Nichtwissen um eine alles beherrschende **kosmische Gerechtigkeit**. „Alle Sünden der Menschheit" und dieser Zeit können einem einfallen, wenn man den heutigen Gebrauchswert auch nur oberflächlich vergleicht mit der unauslotbaren Tiefe und umfassenden Gewalt daseinsmäßiger Vorgänge, die hinter diesem Wort auftauchen.

Friedrich Schiller sagte einmal, daß es durchaus kein „bloßes Ohngefähr" gäbe, eben, daß alles seinen Grund, seine Herkunft und seine Folge hat. Zu-fallen: das ist gemeint. Es fällt mir etwas zu, das mir „gesetzmäßig“ zukommt; meinem charakterlichen Wesen gemäß ist; oder auch war, wenn inzwischen eine Wandlung eingetreten ist. *Alles*, was mir begegnet, das fällt eben zu aus sehr vielen Quellen und Hintergründen. Es fällt unbedingt gesetzmäßig zu, ist Ergebnis irgendwelcher, oft längst vergangener, längst vergessener und in der karmischen Auswirkung erheblich miteinander vermischter Taten, Gefühle und Gedanken der eigenen Person. Es ist das größte Gesetz, daß alles Durchziehende, alles Bestimmende, daß kein „Jota“ verloren geht in der ungeheuren Gerechtigkeit kosmischer Abläufe – im Außen wie im Innen. Es sind die „Mühlen Gottes“, die alles mahlen – „trefflich fein“. Was nun der Mensch mit den „Zufällen“ anfängt, mit dem „kleinen Schicksal“, das ist entscheidend und ist Weg und Möglichkeit der leichteren Bewältigung und auch Auflösung von schicksalhaften Lasten.

Schicksal; ein weiteres „Riesenwort“ von zumeist erbärmlicher Unklarheit und Verwaschenheit. Wenig mehr ist zu sagen, denn Zufall und Schicksal bedeuten in dieser tiefen Sicht fast dasselbe; sie gehören eng zusammen. Von „wo“ werden sie geschickt die schicksalhaften Dinge und Vorgänge? – Nach östlicher Weisheit – und auch in der tiefsten geistigen Tradition des Abendlandes – sind „Zufall“ und „Schicksal“ nur Auswirkung vergangener Gedanken, Worte und Taten. Es ist die Gerechtigkeit schlechthin und unbedingt.

„Schicksal“ – wer schickte es noch? – Es mag immer deutlicher werden, daß man viel eher von einem „Schaffsal“ jedes Einzelnen sprechen kann, dem Karma, dem einmal Getanen. Jeder ist wirklich seines „Glückes“ Schmied: hier liegt tiefste und vergängliche Weisheit, jenseits von Meinungen, Philosophien und Religionen. Es ist das Gesetz der Wirklichkeit! Der Mensch steht in seinem Schicksals-Feld – weiß aber zuallermeist nur sehr wenig davon.

Gott – eigentlich das unbedingte Gute, Gerechte, Wissende. Für den Abendländer zuallermeist ein naives, menschengemachtes Bild; ein sehr Undeutliches, das Unbegreifliche an sich. – Als das „höchste Gut“, jenseits allen Menschendenkens, so wird es philosophisch gesehen; das Absolute auch, der „erste Beweger“ oder das „Principium“; das, was am Anfang war und ewig währt. Und hier besteht wirklich weisheitsvolle Verbindung zwischen mehr personal gedachtem „Gott“ und dem ganz unpersönlichen „Hintergrund“, der alles durchflutenden unveränderlichen **All-Energie**. Für den Tiefersehenden ist „Gott“ ein Sammelbegriff von weiter Vielfalt, so etwa feinere Regionen, Spannungsebenen hoher und höchster Geistwesen.

Himmel – das Heimliche, Heim, anheimelnd. Herkömmlich: das höchste und schönste „Heim“, welches das Wesen erreichen kann. Denn darüber hinaus wird es immer neutraler, unbegrifflicher, immer unerfaßlicher. Für den durchdringenden Blick gibt es – wenn schon *dieses* Wort – viele „Himmel“, himmlische Sphären und Bereiche feinerer Wesenheiten. Und solches kann „überall“ sein und nicht nur „oben im Himmel“.

Engel – der christliche Begriff. Man kann solche feineren, fast immer unsichtbaren Wesenheiten als durchaus wirklich, eben als „real“ ansehen. Es sind Wesen, die in „himmlische Ebenen aufstiegen“ und dann einen Zug und eine Kraft haben, sich unter Umständen dem irdischen Geschehen so weit zu „nähern“, daß eine Einwirkung, vor allem freilich auf sehr feine Menschenseelen erfolgen kann; so die „Schutzengel“. „Engel“ ist also – wie alles im Dasein, im Kosmos – ein fließender Begriff und Vorgang; durchaus ein „Hin und Her“, „Auf und Ab“ innerhalb der irdischen und der feinstofflichen Ebenen. Ein Engel ist derzeit erhoben und erhaben, aber noch nicht ganz frei geworden von der Idee des personalen Eigenwesens und damit nicht frei vom Zwang der Daseinsrunden.

Hölle; Anklang zu Höhle; und wohl auch zu heulen. Ein sehr altes Wort, das zähe immer wieder und vor allem bei unverbildeten Völkern und bei intuitiven Einzelnen auftaucht. Ein Begriff voll mächtiger daseinsmäßiger Wahrheit und Drohung. Schwerer Fluch: „fahr‘ zur Hölle!“ – Man kann dabei von dunklen, höhlenartigen Daseinsebenen sprechen, die von einer dichten, quälend-dichten, qualvoll-gefesselten, aussichtslosen und peinigenden Art des „Lebens“ sind. „Hölle“ geschieht so oft aber auch innerhalb irdischen Lebens.

Die christliche „**Gnade**“ fügt sich den vorherigen Begriffen zwanglos an. Gnade wird üblich, herkömmlich als ein Unverdientes gesehen, als eine Gunst höherer Mächte. Auch von tiefer daseinsmäßiger Sicht her kann man von begnadeten Momenten oder Zeiten sprechen, von gnädigen Fügungen, von einem gnadenvollen Tod etwa. Es kommt „Gnade" so sehr oft überraschend, ganz unvermittelt, unerwartet, anscheinend unverdient. Man sollte es weit eher als eine sehr gute Möglichkeit und Fügung sehen, die sich weitgehend zwangsläufig aus dem bisherigen Lebensgang oder früheren Leben des Betreffenden ergibt. Gnade des Schicksals oder Gunst der derzeit insgesamt „zufallenden" Umstände, äußerer, wie aber viel mehr innerer Art; zeitweilige Harmonie auch der Anteile des Menschen.

„Heiliger Geist"; das dritte und entscheidende (und doch so unklare) Symbol der christlichen Kirche. Es steht für etwas, was uns allen zwar dauernd „irgendwie" zugänglich ist, wovon wir nie wirklich ausgeschlossen sind, was aber doch nur selten und nur dem feineren und stilleren Wesen wahrnehmbar werden kann. Es sind die leichteren Elemente, die feineren und hohen Geister („Götter"), die uns umweben. – **„Den heilen Geist empfangen als ständig feinen Gast"**: das wäre die rechte, die wahrhaft lauschende und bereite Haltung und Einstellung.

Wir kommen zur Betrachtung einiger entscheidender Schlüsselworte des aus dem Griechisch-Lateinischen stammenden Wortschatzes, die von erheblicher Tiefen- und Breitenwirkung sind; mit denen sich der ganze Vorgang des Lebens und des Weges in die Freiheiten hinein erläutern und begleiten läßt. Es sind heute „Fremdworte", ganz eingedeutscht, doch kaum verstanden zumeist.

Existenz (lat.); wörtlich das Heraus-Stehende; nicht im Inneren stehend; nicht in der „Mitte"; nicht in der inneren Freiheit. Wir verstehen darunter etwa: das Vorhandensein, Dasein, Sein, Hiersein, Leben (mehr äußeres), Umkreis, Wirklichkeit; Auskommen, Lebensunterhalt. Es ist ein Allerweltswort; verkompliziert u.a. in der „Existenzphilosophie".

Subjekt (lat.); das Unterliegende, Unterstellte. Ein philosophisch schwierig zu erklärender Begriff. Das Subjekt, das ist der Mensch, der Einzelne (german subject = deutscher Staatsbürger). Im übertragenden Sinn: das, was *zugrunde* liegt, was alles Leben ausmacht; denn ohne Subjekt auch keine Welt. Das Sub-jekt ist „unterworfen" dem Zwang der äußeren Geschehnisse und Zufälle, wie dem innen aufkommenden und meist so sehr regen Strom der neigungsbedingten Inhalte. Das Subjekt wird getragen und zugleich fortgerissen vom Prozeß seiner Abhängigkeiten. Es ist ein wahrhaft riesiger und „wabernder" Prozeß, dieser subjektive Bereich eines jeden. Und er ist verführerisch; denn es ist zumeist der Weg des geringsten Widerstandes. Es ist der Bereich, in dem das Subjekt sich wohlfühlt, zu Hause ist; etwas darstellt – oder darzustellen glaubt.

Objekt - das Entgegenstehende, das, worauf das Subjekt bezogen ist; der Bezugspunkt. Der Strom der Objekte stellt sich uns entgegen, hindernd so oft, wenn auch in vielleicht nur sehr feiner, oft kaum spürbarer Weise. Objekt, das ist Hindernis und Widerstand, an dem sich das Subjekt immer wieder erproben kann und muß, um sein eigenes Wesen finden zu können. Und es ist auch notwendige Ergänzung, ist Halt so oft und entscheidende menschliche Aufgabe.

Das „Subjekt"; der reifende und nach-denkende Mensch, überschreitet seine kleinen Grenzen (das Subjektive), wenn er zunehmenden Abstand gewinnt zum „Ich" und zur „Welt"; zu *der* Welt nämlich, die von seinen Wünschen und Befürchtungen gefärbt ist. Mit der Reifung des Wesens fallen langsam die subjektiven Hüllen und Illusionen; das „Objekt", das Entgegenstehende, die Fülle der Objekte wird deutlicher, eindeutiger. Der Mensch denkt, spricht, handelt jetzt, aus wachsendem Abstand: objektiv, „gegenüberstehend" –, sich selbst und den Objekten.

Prozeß (lat., procedere, vorüberziehen); der *Vorgang*, Prozession, der religiöse Umzug. Einen gerichtlichen Prozeß anstrengen; vor den Schranken des Gerichts also „vorüberziehen". – Kurzen Prozeß machen, den betreffenden Vorgang (Geschehnis) also abschneiden, beenden. – Das ganze Dasein ist eine einzige ungeheuerliche Fülle eng miteinander verwobener Prozesse jeder Größenordnung und Bedeutung. „Es" zieht an „uns", an unserem Bewußtsein nämlich, vorüber; mischt sich zuallermeist in wirrer Form zu unserem schwankenden Erleben.

Relativität (lat., refere, relatus; wörtlich: zurückbringen, wieder hintragen); relativ: rückbezüglich, abhängig, bedingt; also nicht *absolut*, sondern verbunden, verknüpft. Zwei Dingen stehen in Relation, in einem Verhältnis zueinander. Der vielleicht umfassendste Begriff dieser Welt, da praktisch alles relativ ist, bis auf das undeutliche christliche „summum bonum“ (höchstes Heil), das Tao und das buddhistische **Nirwana**; diese als das „Ungeschaffene“, Immer-Daseiende, Außerdimensionale, Absolute, als die Freiheit von allen Trübungen weltlicher und überweltlicher Art –; wie auch der **Welt-Äther** (eternus, lat., ewig-seiend), als dem Nirwana durchaus vergleichbare Entsprechung im (fein-)materiellen Bereich; denn im Äther zeigt sich, genaugenommen keine materielle Beschaffenheit mehr! Der Welt-Äther ist das Ungeformte, das „Strömende“, das „Leere“, das zu totaler Ruhe Gekommene (= absoluter Nullpunkt).

Motiv (lat., movers, motum); das Bewegende, der Antrieb wie auch das Bewegte (!); materielle und geistige (seelische) Motive; unbewußte Motive. Aus dem Wort geht das Getriebene (Motor), zuallermeist so sehr Unfreie unseres Daseins hervor. In dem Begriff liegt eine Wucht, ein Zwingendes; liegt das Unpersönliche, Anonymität (griech., Namenlosigkeit!).

Die **Periode** (griech.); Durchgang, Kreislauf, Umwandlung. periodisch, Periodizität; das ist eine regelmäßige Wiederkehr des Gleichen, oder besser des Ähnlichen; oder noch besser, des sich Auf- oder Abwärts-Entwickelnden, des sich ständig Verändernden. Fast alles Natürliche verläuft in Perioden. – Eine Zeitperiode, als allgemeiner Begriff unbestimmter Länge.

Das **Datum**, die **Daten** (lat., dare, datum, geben); das Gegebene; das, was im Augenblick gegeben ist; womit ich es zu tun habe. – Viele Daten (Tatsachen, Fakten, Gegebenheiten) für die Lösung einer Aufgabe verwenden und verarbeiten. – Im übertragenen Sinn sind die **Lebens-Daten** das, was sich „irgendwo“ in und um unser Gehirn niedergeschlagen hat als ein, wenn auch noch so feines Datum, als eine Einzeichnung, als „Bild“ und als Spannung; Daten, die vom Körperlichen wie vom Geistigen des Menschen – bewußter, weit mehr aber unbewußt verarbeitet werden.

Einige Fremdworte aus dem menschlichen und geistig-seelischen Bereich.

Sympathie (griech., Mit-Schmerz); wörtlich also das Mitfühlen des Schmerzes, des Leidens, der immer wieder durchbrechenden Leidhaftigkeit menschlichen Lebens. – „Er ist mir sympathisch!" Das heißt; ich schwinge mit ihm, ähnlich oder gleich; stehe unter dem Eindruck der Leidhaftigkeit, vor allem seelisch-menschlicher Art. – Wie sehr wurde auch dieses zentrale Wort verdreht, verzuckert und verwässert in der oberflächlichen Alltagssprache!

Engagement; hier im übertragenen Sinn: ich habe mich zu stark engagiert. Bei irgendetwas „in Gage" stehen, im Verdienst, damit in Abhängigkeit. Wir engagieren uns fast ununterbrochen an und mit irgendetwas aus dem vorüberflutenden Prozeß. Englisch: engagement, die Verlobung.

Identifikation (lat.), identifizieren – „sich selbst gleichmachen" (dem Bejahten, Verehrten, Benötigten). Sich im Anderen wiedersehen; untertauchen im Bild des Anderen; unter Umständen sich ausliefern auf Gedeih und Verderb. Wie alles, so hat die Identifikation zwei oder besser viele Seiten; ganz nach der Güte des Gegenstandes der Identifikation und nach der Reife dessen, der sich identifiziert.

Faszination; fasces (lat.); die Rutenbündel; fasziniert = gebündelt (!), zusammengehalten – mehr oder weniger unfreiwillig. So ist es mit der Faszination! „Völlig fasziniert starrt er auf das Bild": das ist harte und alltägliche Wirklichkeit, derer sich der „freie" Mensch sehr häufig bewußt werden sollte. Diese Zeit hat das Suggestiv-Faszinierende bis ins Letzte getrieben.

Genie, der Genius (lat.), der „Schutzgeist"; genus, das Geschlecht, der Ursprung; gennaó (griech.), ich erzeuge, bringe hervor. Genie also vor allem als das „Neues Erzeugende", das Hervorbringende; auch das „Offene". Das Genie ist grundsätzlich, vor allem innerlich, offen für alles Neue; es zeigt Wege auf und Möglichkeiten.

Heroik, Heroismus, der Heros, heroisch (griech.), heldenhaft. Anklänge zu Herold, Herr und den verwandten Worten. Zwei Seiten kann man jeweils erkennen: den mehr aktiven „Helden", der vor allem mit Mut und Größe vorangeht und den stillen, passiven, eben mehr in-sich gekehrten Typ, für den ein selbstloses Tragen, Dulden, Helfen vorherrscht. Heroik, das ist ein ungeheures Aufraffen, und zwar ein länger währendes; ein Wunsch, ein Wille über sich hinaus; es ist ein unbedingter Einsatz.

Omen (lat.), das Zeichen; Anzeichen für Tieferes, das sich ausdrücken will. Hier die Verbindung zum verwandten Schlüsselwort **nomen**, der Name. Im nomen wird das Omen zu Gestalt, zur greifbaren Be-Deutung. Omen – das ist ein zentraler Wortklang: OM-en; das OM in „Allem", als „innerste Mitte". Das OM als Tiefenwort indischer Mystik. Es ist der in jeder Hinsicht ausgewogene Laut. „Ominös" – sonderbar, undurchsichtig; „schicksalsumwittert".

Es folgen weitere Kern-Begriffe, sowohl unserer Umgangssprache wie der Alltagspsychologie, in denen wieder vieles von der Fragwürdigkeit unserer Zeit anklingt. Es sind Begriffe, die auch eine wesentliche Bedeutung für die Forschungen, Erkenntnisse und Übungen auf dem „freiheitlichen" inneren Weg haben.

Geist – welch' ein unklares Sammelwort! Den abgegrenzten „Geist" gibt es gar nicht. Nahe stehen die folgenden: Verstand, Intellekt, Denken, Gespür, Kombination, Vernunft; hohes Gefühl, das Ideal. Für den Tieferschauenden gibt es eine Reihe geistiger Fähigkeiten: wahrnehmen, fühlen, erkennen; ins Gedächtnis nehmen, erinnern, geistig betrachten; planen, voraussehen; wollen, sich ausdrücken. Der „Geist", das Geist-Magnetfeld umfaßt auch das Riesen-Reservoir des Gedächtnisses, des irgendwann Aufgenommenen. Dieses tritt in der Fülle der (meist kaum bewußten) Bilder wieder ins momentane Geist-Bewußtsein. Die just vorhandenen „Tendenzen" tasten ab, wählen aus, formen aufs Neue. Die geistigen Bewegungen, das ständige Abtasten des außen und innen Gegebenen: das ist überhaupt „der Mensch", das ist sein Geist, ist sein ständig sich wandelndes Wesen.

Seele; ein sehr Unbestimmtes. In unserem Zusammenhang das „Feld" der Neigungen und Bindungen – von fein und hell bis gröber und dunkel –; die oft schon lange vorhandene Bewertung; und deren Ausdruck dann als Gefühl; als „Herz" und „Gemüt". „Seele", als ein wesentlicher Teil des geist-magnetischen Spannungsfeldes; der mehr undeutliche, gefühlvolle, eben ausgesprochen subjektive Bereich. Dieses Seelenfeld ist es, das nach dem Tode weiterbesteht und das nächste Leben aufbaut und bestimmt.

Bewußtsein; (hier als gegenwärtiges Bewußtsein) – ein weiteres Super-Sammelwort. Es ist eng verknüpft mit „Geist" und „Verstand". Es steigt etwas auf, wird ergriffen (Wahrnehmung), wird bewußt. Verwandte und erhellende Begriffe seien genannt, um die Vielschichtigkeit aufzuzeigen; die Schwierigkeit der Deutung: bewußtwerden, bewußtmachen, Bewußthaftigkeit; hinrichten, einstellen, wahrnehmen, umkreisen, beharren, prüfen. Diese ermöglichen erst das Bewußtsein, das deutlichere Bewußtwerden. Konzentration, Meditation, Kontemplation – die ganze innere Übung; auch diese sind nur Worte, Hilfskonstruktionen, Zustände besonderen Bewußtseins; fließende Übergänge, nach dem Maß an Klarheit, Stärke, Tiefe. Viele Arten und Stufen gibt es zwischen dumpfer Halbbewußtheit und sehr hoher Klarheit und „Überbewußtheit", so in den Stufen der „gegenwärtigen Achtsamkeit" mit den „Hellblicksmomenten".

Eindruck; „ich habe den Eindruck" – wo? –; „irgendwo" in meiner Hirnregion. Irgendeine feine Reaktion muß stattgefunden haben, als Ergebnis des von außen oder aus innerer Erfahrung, aus dem Gedächtnis kommenden Reizes und Anstoßes. Vielleicht eine Art von Filmaufnahme in der Nukleinsubstanz der Ganglien; eine Fotographie der Erlebnisse; denn *bildhaft* ist alles Aufgespeicherte!

Denken; das innerliche Bedenken, Erwägen, Sich-Besinnen; das Hin- und Herwenden der Inhalte; begleitet zuallermeist von feineren Formen des „inneren Sprechens". Im Begriff „Denken" liegt der Charakter des Fortgesetzten und Zielgerichteten. Es ist das dauernde „Abtasten", die Verknüpfung und Kombination von Faktoren der Erinnerung (Vergangenheit), des momentanen Geschehens und von Wünschen oder kommenden Möglichkeiten durch die Tendenzen, Gefühle, den Willen und die Erkenntnis. Der Verstand, das Denken ist die Vereinigung vieler Bewußtseinsmomente. Je besser die

Fähigkeit zur Konzentration (Hinrichtung, Vereinheitlichung), umso besser und klarer wird das Denken nach der „Roten Linie“ (Methodik), die Einordnung (Systematik), die Verbindung (Kombination) und die mehr oder weniger schöpferische Entschlußfassung (Synthese, Intuition, Willen).

Verstand und – Denken reifen zur abwägenden Vernunft,
bis hin zur großen Tugend der Besonnenheit.

Aus Erfahrung, Erinnerung und Denken entsteht **Wissen;** im Griechischen ist es dasselbe Wort wie sehen; und es bedeutet auch „erwägen“; ein Ausdruck, der so geistig klingt, aber im Lateinischen und Deutschen den gleichen Stamm hat wie „wägen“; und das heißt ja: etwas wiegen, abwiegen. – Denken und Wissen sind m Griechischen und Lateinischen auch verwandt mit „scheinen“ (Idee, Imago). Bilder erscheinen, unwesentliche so oft, störende Trugbilder auch. Denken und Wissen sind ein dauerndes und meist sehr unvollkommenes Abwägen, ein „wildes Hin und Her“; sind ein Schein und zuallermeist noch kein **Sein**.

Wille, wollen; das ist die Energie, die sich aus einem Wissen und aus verstärkten und fortgesetzten inneren Hinneigungen, Bevorzugungen, aus dem Wunsch nach Verbesserung der Lage oder der Verhütung schlechterer Lagen ergibt. Wille ist nicht frei, ist fast immer bedingt; durch die Fülle der Anstöße, Mängel, Blindheiten, Wünsche; der Bedingtheiten eben.

Die „**Aura**“ eines Menschen, jedes Wesens, auch der Pflanzen und anderer Dinge, ist die feinkörperliche (feinstoffliche), dem gewöhnlichen Blick fast immer unsichtbare Sphäre, die das Wesen in „fließend-schwebender“ Weise umgibt. Die Aura kann von großer Unterschiedlichkeit sein; von dunkel oder schwach bis groß und leuchtend. Die vielleicht langsam zunehmende Möglichkeit, „hier“ etwas wahrzunehmen, unser eigenes „Feld“ wie das anderer, das wäre jene, schon kurz gestreifte „Feinkörper-Spürfähigkeit“. Dieses feinsinnliche Spüren mag sich dann auch auf die umgebenden „Äther“, das überall um uns Schwebende, beziehen und so unsere große „All-Heimat“ einbeziehen in das sich erweiternde Bewußtsein.

Gewissen; das (einstmals) Gewiesene; ein Wissen doch wohl, aus einmal Gewußtem heraus aufsteigend. Denn ohne früheres – jüngst erfahrenes, bis hin zu tief unterbewußtem Wissen, kann auch kein Ge-Wissen sein. Gewissen im höheren Sinn, das ist die häufige feine Reaktion meiner tief-innen erreichten jeweiligen Reife und Moral auf, vor allem mein eigenes Denken, Reden und Handeln. Gewissen: der Stand von Freiheit und Reife, von Weite und Tiefe des eigenen Wesens; der große Maßstab, vor allem gegenüber sich selbst.

Person, **Persönlichkeit**; personare (lat.), hindurchtönen. So kommt es aus der Weisheit der Antike und so ist es ursprünglich und in Wirklichkeit gemeint. Die wahre Persönlichkeit liegt eben nicht im nur „Persönlichen", im Ichhaften und verstandesmäßig begrenzten Bereich. Es ist vielmehr das „Höhere", das „Tiefere", das diesem Menschen schicksalhaft Zugedachte und Notwendige, welches dem Horchenden „zufällt". Es kann sich dann ein Bereich, eine „Aura" entwickeln, die das „wesentliche Wesen" dieses Menschen – als Persönlichkeit – widerspiegelt. Es wird aber auch einen fließenden Übergang geben zwischen der lebendigen Persönlichkeit und einem sich verhärtenden Ich-Komplex. – Persönlichkeit ist also nicht gleich dem „Ich", sondern gleich einem „Werte-Feld", das sich über lange Zeit, durch unermüdlichen Einsatz und mit dem Einströmen aus höheren Ebenen bilden konnte.

Idee (video, id; lat.); das (innerlich-geistig) Gesehene; und dann auch (vom idios, griech.) das „Sehr-Besondere" das „Ganz-Eigene"; das im Inneren Aufgekommene. Der Idealist sieht sein Ideal innerlich vor sich. Der Künstler, Dichter, Erfinder „sieht" die Ansätze eines künftigen Werkes oft schon lange, vielleicht nur in Andeutungen voraus, sieht sie also „irgendwie" in sich selbst.

Das **Schöpferische**; schöpfen – woraus, woher? – Schöpfen aus „irgendwo" vorhandenen Quellen, Schätzen. Kreativ, inspirativ, intuitiv: eine Steigerung entscheidender Begriffe. In der schöpferischen Phase (oder Moment) ist der Geist „abgehoben" oder wie „überwältigt"; er steht „mitten drin"; es geht manches – das Erwünschte, Umkreiste – wie von selbst. – Schöpferisches kann auf sehr vielen

Stufen, in vielen Wertigkeiten vor sich gehen. Oft mag es im Kleinen und Einfachen gegeben sein; mitten im Alltag.

Gewohnheit; Gewöhnung, Gewohntheit –; wie deutlich kommt hier der Charakter der Wohnung, des Wohnens in den gewohnten geistigen Inhalten und Gemeinplätzen heraus. Gewohnheit ist bis zu einem gewissen Grad wichtig, doch immer wieder muß, müßte dieses ausgeglichen werden in einer zunehmenden Bereitschaft zu Prüfung und Umstellung; zum Offenbleiben für Ungewohntes – das Überwinden falscher Routine. – Gute Gewohnheiten geben einen Rahmen; „Im Horchen auf die Stunde" aber ergibt sich fruchtbare Ab-weichung. Auch solches „Stunde-Spüren" kann zu einer elastischen und allerbesten Gewohnheit werden.

Aufräumen – außen wie innen –; Raum schaffen; aufgeräumter Stimmung sein und damit „Raum" haben für andere; „Raum" für sich selbst und damit für ein tiefer gehendes Aufräumen von sonst fast unbetretenen „Räumen". So sehr vieles ist immer wieder aufzuräumen, zu entrümpeln, zu entschlacken; denn das übliche Leben des heutigen Menschen ist geprägt vom Unverdauten, Zuvielen, Übertriebenen, Unklaren – und das außen wie innen. Diese große Daueraufgabe erfordert Klarheit, Abstand, Mut und Bescheidenheit.

Geständnis; gestehen; jemandem Auge in Auge gegenüberstehen; zum Geschehenen stehen; sich der Problematik stellen. – Die **Beichte**, beichten; be(r)ichten – dem Anderen, dem Tagebuch. Anklang und Sinnverknüpfung auch zu richten; man selbst tut es (in rechter Weise!), oder der Andere, der „Beichtvater", richtet, spricht recht. – Sinngemäßer Anklang und Sinnverknüpfung zwischen beichten und be(l)ichten. Wir belichten unser Innerstes, unsere Vergangenheit; für uns selbst vorzüglich und dann – be(r)ichtend für den Anderen.

Vertrauen; auch hier wieder der starke und sinngemäße Anklang zu tragen: vertrauen und vertragen; trauen und tragen; jemandem etwas anvertrauen oder mit etwas betrauen; jemandem etwas antragen oder etwas übertragen. Und was anderes läge wohl im Akt des rechten Vertrauens, als daß ich – im Anhören der Not – nicht nur eine

Last mitübernehme, sondern daß ich auch dem Anderen eine Last gesteigerter Verantwortlichkeit übertrage. – Das tiefste Vertrauen – das „kosmische Vertrauen“ gegenüber dem Gang des Schicksals.

Geduld; die vielen Möglichkeiten und Bedeutungen: Erdulden, Duldsamkeit, Duldung, Dulder. Geduld – das ist vor allem sich selbst gegenüber; dulden – mehr gegenüber den Umständen; Duldsamkeit – gegenüber den Mitmenschen. Gewiß sind diese drei Hauptbereiche untereinander nicht klar abgegrenzt. Immer liegt das „Tragen“ darin und damit auch die Leid- und Lasthaftigkeit solchen Tragens, das ja durchaus und kaum abreißend unser Leben ausmacht.

Demut; ein schillernder und nicht leicht zu klärender Begriff. De-Mut: ein „herabgesetzter“ Mut; der Gegensatz von Hochmut und Stolz. Die rechte Demut ist ein Erstaunliches. Es ist ein Zentralbegriff auf dem Wege des Suchers nach der inneren Freiheit. Es ist eine besondere Art des Mutes. Mut und Einsatz, nicht für das Eigene, sondern im Dienst für ein (sehr verschiedenes) Übergeordnetes. Es ist auch: hinnehmen – ertragen – annehmen; eine Stufenleiter feiner Art. Duldsamkeit, Geduld, Erdulden spiegeln sich darin. Es ist auch Bescheidenheit, Anspruchslosigkeit; Zurückstehen, eine „Scheuheit“, Unterordnung notfalls, Anpassung und Sanftheit; und das ist *Nicht*-Kritik! – Und im höchsten Sinn ist es noch mehr: das Gehen-Lassen so vieler Dinge, das Loslassen und sich nicht mehr aktiv-drängend Einmischen in die Vorgänge; ein Teil des rechten Gleichmutes also schließlich auch. Eine zentrale Haltung und Tugend – so, recht gesehen.

Anschauung; An-Schauung: wie ich die Dinge anschaue. So wird meine Anschauung (Auffassung), Weltanschauung, Meinung. Anschauung, das ist tiefe Weisheit der Sprache; denn alle „Anschauung“ ist tatsächlich nichts anderes wie ein immer wieder neues und fast völlig ungewußtes Erschauen und Bewegen von inneren Bildern, mit sich langsamer oder schneller wandelnden Bewertungen der „Bilder“. – Aus der Auffassung (noch oberflächlich, alltäglich) wird die rechte Anschauung, die länger bleibende und bestimmende, die zum festesten Halt werden kann.

„**Haltung**", vor allem als die innere Haltung. Ich halte etwas fest in mir, in meinem Gemüt und Gewissen; erhalte es mir, anderen, und das für länger. In der „Haltung" drückt sich das Gehaltene aus, was für länger oder für immer festgehalten wird. „Haltung" wird immer mehr zum inneren Halt. Freilich wird die Haltung zumeist durch einen von außerhalb angenommen Halt bedingt: – Lehre, Person, Gemeinschaft, Erfolg –. Doch eine immer wieder im eigenen Inneren gefundene Haltung, Festigkeit, Klarheit ist es, die letztlich „alles" bedeutet.

Aufgabe. Wenn man eine wirkliche Aufgabe hat oder bekam, oder zu einer Aufgabe genötigt ist, wenn also ein freiwilliges oder unfreiwilliges Engagement (= Indienststellung) vorhanden ist, so wird damit auch eine, oft weitgehende Aufgabe des „Ichs", der persönlichen Wünsche und Rücksichten einhergehen. Die Aufgabe nötigt einen zur Auf-Gabe vieler, meist kleiner und kleinlicher Gesichtspunkte und charakterlicher Schwächen. Die Aufgabe erfüllt den Menschen, füllt viele Zeiten und Räume seines Lebensganges. Sie bringt Erfüllung dem langdringlichen Sehnen und Suchen. Die rechte Aufgabe wird so schließlich zum Wesen des Betreffenden; – das „Ich" löst sich, tritt zurück, gibt Raum für Übergeordnetes. So mögen in der rechten, oft schweren Aufgabe Läuterung und Frieden liegen.

Wir haben den Höhepunkt der Wanderung durch die Welt der Begriffe, die Welt des Geistes und der geistigen Befreiung erreicht und stehen vor einem Abschnitt von tiefster Bedeutung. Es sei versucht, die Kernbegriffe des meditativen, freiheitszugewandten Geschehens kurz zu durchleuchten und dabei tief in die praktischen Belange der inneren Vervollkommnung einzudringen.

Separare (lat.), sich absondern; separat, ein sehr „eingebürgertes" und sehr verflachtes Fremdwort. Es ist erstaunlich, daß man „separare" zwanglos auch mit „sich bereiten, sich vorbereiten", eventuell mit „sich bewahren", übersetzen kann. Welche Parallelen! Sich absondern, das ist heute oft besonders nötig, um sich bereiten und bewahren zu können.

Askese (griech., Übung); die rechte Askese ist nicht gewollte Selbstquälerei, sondern ist sowohl freiwillige Übung und Steigerung wie auch Entsagung, Verzicht – zur Steigerung oder Vertiefung gewisser Möglichkeiten oder Freiheiten. Askese ist vor allem **Widerstand** gegen Trägheit, Gewohnheit, Schwäche, Gehen-lassen; das häufige Sich-Überwinden, sich selbst „die Sporen geben". Es ist der beständige Versuch bewußter Korrektur, gezielter Beschränkung und Entsagung; als ein „Beschneiden" des Wuchernden, Eindämmung des Ich- und Welthaften. Mit der „Askese" geht es gegen den „Strom" der Gewohnheiten: der Weg des „größeren Widerstandes"! Und das ist freilich ein Ungewöhnliches, ein Erschwertes, ist ein sehr einfaches oder auch unattraktives Tun oder Lassen. Es ist das Leben als Übung, als ein großes dauerndes Experiment. Rechte Askese sollte freiwillig sein, im klaren Wissen stehen und auch in einer Befriedigung, manchmal einer Freudigkeit, die das Entsagen (dann) leicht werden läßt.

Sublimation (lat.); Verfeinerung. Wörtlich: unter der Grenze bleiben; oder die „Schwelle" für die Bewußtwerdung eines Geschehens herabsetzen. Und das ist eine Verfeinerung von Bewußtsein und Gewissen. – Im Sinn dieser Versuche ist es der geistig-seelische Vorgang des „Ausweichens" unserer Wünsche und Befriedigungen von gröber auf feine. Der Ersatz, etwa, von Fleischnahrung durch pflanzliche Kost; des Kriminalromans durch die Lektüre stillender und erhebender Schriften. Aber Sublimation ist Verfeinerung und noch nicht Befreiung! Sie kann diese sogar verhindern.

Läuterung; lauter, läutern; erläutern. „So lauter wie Kristall". Immer klarer, reiner, durchsichtiger werden, so daß man die Anderen nicht mehr bedrängen wird durch unruhige und unreine Strahlungen und Schwingungen; und daß man selbst nicht mehr „getroffen" werden kann von den unzähligen möglichen Wirkungen der Unlauterkeit in den umgebenden Bereichen.

Indifferenz (lat.); das „Nicht-dazwischen-Sein"; nichts dazwischen tragen (!); Desinteresse, nicht interessiert sein; also Neutralität, Gleichgewicht und Gleichmut (und nur selten Gleichgültigkeit). Es ist vor allem die Haltung einer rechten und heilen **Nüchternheit**, die aus einer Selbständigkeit herauswächst und in Gleichmut handelt. Aus dem Lateinischen: „Heilige Indifferenz" (sancta indifferentia). Diese rechte Nüchternheit ist Voraussetzung für den entscheidenden Abstand zum Prozeß des Vorüberfließenden.

Geistigkeit (wie ich es sehe, auffasse, erfuhr) –, das eigentliche Geistige des Menschen, seiner Art und Auffassung –, das ist beileibe nicht gleich „Denken“, Verstand, Wissen, Erinnerung, nicht das „innere Sprechen“! Es ist vielmehr eine Gesamtlebenshaltung, die sich immer besser speist, herleitet aus einem Nicht-Materiellen, Nicht-„Welthaften“ –, eben aus feinen inneren und auch äußeren Dingen und Anstößen; aus vor allem eigener innerer und äußerer Erfahrung, immer neuem Erfahren, aus einer geistigen (damit *freiheitlichen*) Vorgabe; einer Zielhaftigkeit; in einer **Überwindung** hemmender, die geistige Freiheit, das Frei-Werden einschränkender oder verhindernder Dinge. „Geistigkeit“ also (wieder) zusammengesetzt! So aus: Bescheidenheit, Geduld, feinerer Wahrnehmung, In-Frage-Stellen des Bisherigen, der Routine; Überwindung des „Materiellen“ (Denkens!) der Vielfalt – und letztlich der Ichhaftigkeit; der (teils so) feinen inneren Neigungen oder auch nur Bewegungen.

Information, besser, In-Formation: in eine Form, Verfassung bringen – den geistigen Haushalt (!). Dieser gewaltige Zwang hinter „alledem“ wird heute kaum noch erkannt, wird toleriert, ja, für „einfach lebensnotwendig“ gehalten. Auch viele feinere Information stört – notwendig noch das wirklich innere Werden, Wachsen, Sich-Lösen. Viel besser also die **Ex-Formation**, die Herauslösung aus den Begrenzungen des Üblichen; das „Verlassen der Form“ zugunsten einer inner-schicksalhaften, wahrhaft geistigen Formung, Umformung und einmal des „Form-Lassens“!

- Die Ausformung des „Eigenen“, Feineren, Höheren, Freieren.
- Aus dem Geschehenden (schöpferisch) etwas „formen“.
- Sich aus dem Geschehenden, Zwingenden heraus-bewegen!

Drei Wege, drei Möglichkeiten, Leben zu bewältigen, zu erfüllen, zu überwinden.

Konzentration: die Hinrichtung auf ein Zentrum, die Zusammenfassung der Kräfte des Geistigen, der Aufmerksamkeit. Die allmähliche oder durch einen energischen Willensakt, oder durch ein besonderes Interesse hervorgerufene Ausschaltung möglichst aller Vorstellungsbilder und äußerer Störungen, die einem bestimmten Gedankengang, der Hinrichtung (Konzentration) auf ein Objekt oder der inneren Stille entgegenwirken. Sie steht auf einer anderen Ebene wie Meditation, die prüfende, bewegte Art der inneren Übung, und wie Kontemplation als still hingegebene Weise. Sie ist bestes und unentbehrliches Hilfsmittel, Mittel zum Zweck. Solche starke Hinrichtung rechter Art kann hinführen zu manchen ungewöhnlichen Erfahrungen (Magie) und auch zu den Freiheiten des Seins.

Meditation –, mederi, (lat.), helfen, abhelfen, erleichtern, heilen; meditari, nachdenken über, sinnen, sich vorbereiten, sich üben: Worte von umgreifender Bedeutung, größter Wichtigkeit. Es ist innere, vor allem auf das Innere gerichtete Besinnung und Heilung; der Versuch der Mittefindung des Geistigen in sich selbst. Und solches kann nur gelingen, wenn der Abstand wächst zu den äußeren und inneren Vorgängen; aus der immer besseren Durchschauung der Gegebenheiten. Meditation ist vor allem **Übung der inneren Klärung**. In ihren frühen, noch aktiveren Weisen ist es Prüfen, Erwägen, Vergleichen; in den stilleren Weisen ist es Stillen, Lösen, Abwenden; denn die „Mitte" liegt tief innen. Es gibt eine Verwandtschaft zu manchen Arten des rechten Betens; zu den stillen und nüchternen Arten. Aber Meditation ist nie eine Form der Bitte, sondern der (bescheidene und geduldige) **Weg des prüfenden inneren Bemühens**.

Kontemplation; sie ist eng verbunden mit Meditation und umgreift deren lassende (passive) Weisen. „Beim oder im Tempel", das ist die wörtliche Übersetzung des lateinischen Wortes; im stillen Bezirk weilen, zu weilen versuchen; teils ganz abgeschaltet, so in sich versunken, oder auch in ein „Objekt". Der Meditierende weicht hier ganz zurück von allem Wollen und Sich-Hinrichten auf etwas. Er wird (mehr oder weniger) „eins" mit dem Gespürten, Gesehenen, Gehörten, das sein Bewußtsein ausfüllt.

Intuition (lat.); wörtlich: die „In-Gott-Befindlichkeit"; innerlich unter der Einwirkung des „Göttlichen" stehend; den Einstrom schöpferischer Tiefen aufnehmend und bewußtmachend. Intuition ist alles, was ich (zunächst) ohne Wirken von Verstand und Kritik in mir oder in meiner Umwelt erspüre und erkenne. Es ist ein direktes Erkennen. Vorbereitet wird die Intuition in den untergründigen und weitestgehend unbewußten Regionen schöpferischen Kräfte des „Ich“, sowie möglicher „kooperierender mitwirkender Geistfelder“ anderer Ebenen. Intuition ist der echte, der geniale, der „göttliche“ Anstoß, durch den der Mensch – nicht der einzelne kleine und begrenzte Intellekt – weit über sich hinauswachsen kann.

Odem; altes Wort für Atem. Das OD, ein indo-arisches Schlüsselwort hoher (Stärke, Potenz). Es ist das der psycho-physische innere, höhere, tiefere Atem; es ist höhere Schwingungsebene; es ist Auswirkung des „strömenden Perpetuum mobile hinter den Dingen“ (Verf.). – Od-em: sich bewußt mit dem Atem und der geistigen Bewußtheit dem „aus der Mitte“ strömenden fein-stofflichen OD zuwenden.

Luminos; lumen (lat.), das Lichthafte, Leuchtende, Durchleuchtige. Ein ganz besonderer Begriff, der etwas sehr Feines, etwas von innen her Erleuchtendes meint. Auf den Menschen bezogen, mag es dabei um eine geistige, seelische Luminosität gehen; ein feines und nur sehr feinsinnigen Menschen sicht- oder spürbares inneres Leuchten-Schwingen; ein Herausleuchten aus höherer „Ebene“.

Transzendenz; transzendieren, darüber hinausgehen, darüber hinaussteigen. Es ist das ethisch-seelisch-bewußtseinsmäßige „Darüber-hinaus“ und die Erreichung höherer Ebenen der Bewußtheit.

OM oder **AUM** – Ur-Silbe, Ur-Laut! Es ist die kosmische Schwingung-Strahlung-Kraft, die letztlich aller Bewegung zugrunde liegt: die letzte Wirklichkeit im geistig-materiellen Kosmos. Diese kosmische Kraft ist beim Menschen vor allem im Gehirn gespeichert, schwingt aber durch den ganzen Körper; ist ein Quell unendlicher Energie. Die ganze Natur ist eine Objektwerdung des AUM, dem „ersten, dem Ur-Wort“. Diese Schwingung kann vom Menschen innerlich wahrgenommen werden als ein mächtiges Brausen, als überhoher „Über-Ton“, als ein „tonloser Ton“; sich steigernd mit dem langgeduldigen Üben und Reifen. Es ist auch so wie eine „Stimme der vielen Wasser“ (Yogananda). Auch als Licht und Gespür tritt es vielleicht einmal hervor. – Das sogenannte OD, das der bewußt und innerlich lebende Mensch spürend aufnehmen kann, ist eine uns „näher" liegende, noch feinstoffliche Auswirkung, des all-gewaltigen, uns ferneren unstofflich-geistigen OM.

Ausgeglichenheit; Leidenschaften und triebhafter Wille haben sich beruhigt, wie die Wellen und Strömungen des Meeres einmal zur Ruhe kommen; haben sich ausgeglichen wie die Stufen einer Schleuse. Die unumgänglichen tausendfältigen Schwankungen dieses Lebens, der Menschenwelt, sind immer geringer geworden. Die „Feuer" und „Wasser" im Menschen kamen zur Ruhe. Und das ist Freiheit vom Andrang der „Welt"; ist Freiheit von Begehren und Furcht, von den unendlichen Wollungen des „Ich".

Erleuchtung – Erwachung – Befreiung – Erlöschung – Wunsch- und Wahnversiegung: mächtige Begriffe von entscheidender Bedeutung; Worte der letzten Entscheidung. – um der Klarheit willen in einem derart hohen Bereich sind hier Erklärungen versucht. Erleuchtung: sehr viel benutzt in den „Offenbarungsreligionen" und vor allem im Westen. Ein sehr weites Durchschauen und Überschauen des Daseins in seinen Zusammenhängen; wie unbedingt auch der „inneren Welt" der eigenen Person. Nach der Lehre des Buddha kann man es als die gewaltigste Begleiterscheinung (!) der Befreiung ansehen und wird dann eher „Erwachung" genannt. Erleuchtung, Erlösung, Erwachung umgreifen aber nicht das, was vom Buddha aufgewiesen und vom Menschen zu erreichen ist. Das ist schließlich die Erlöschung, die Versiegung aller Triebe und Neigungen, die **Wunschversiegung**; und dann die Erlösung von allem, doch immer wieder vordergründigen und ichhaften Denken, Deuteln, von der geistigen Unruhe – als die **Wahnversiegung**; welche beide zusammen das **Nirwana** ausmachen.

Heiligkeit – sie fügt sich in das Obige ein. Sehr Verschiedenes wird darunter verstanden. Hier – und nach der Lehre des Buddha – kann es nur die endgültige Befreiung von Wunsch, Trieb, Tendenz und vom Wahn der Ichheit sein. Solches schließt freilich ein die vollständige und unbegrenzte Güte gegen alle Wesen und das totale Erbarmen; aber auch die höchste und unweltliche Freude und den unerschütterlichen Gleichmut. Das Maß an „Erleuchtung“, also an „magischer“ Überschau und Fähigkeit wird sehr unterschiedlich sein und kaum je irgend stärker ausgeprägt. – In aller Schlichtheit gesagt: es ist das Heil-Werden des ganzen Menschen; seiner geistigen Regungen – ganz einfach so. Und darauf weisen wunderbare Worte vieler Sprachen und Kulturen wie: heilige Einfalt; heilige Einsamkeit; heilige Nüchternheit; heiliger Gleichmut.

Das Vorliegende ist ein Versuch; offen der Prüfung im Denken und vor allem in der eigenen Erfahrung; offen der Ergänzung

Entscheidungen

– Du, Mensch, ein Wesen immer in Entscheidung!

Wir müssen heute in sehr hohem Maß und in tiefer Gefahr von einer Gefangenschaft des Menschen sprechen. Ein Ungeheuerliches, ein Übermaß, ein Übertäubendes, das die Geisteswelt, vor allem des westlichen Menschen überschwemmt, überzuckert, überdreht – zutiefst verändert hat –; in einer Gefangenschaft. Da sind die ungeheuerlichen Worte, Begriffe: Gewohnheit, Routine, Standard, Anspruch, Voreingenommenheit, Vorurteil, Information, Faszination, Identifikation; die Medien in ganzer Wucht, ihren alles durchdringenden „Ausstrahlungen" der Überfülle und der Mittelmäßigkeit.

Die Fülle der „Fragen", Fragen aus dem geistigen Hintergrund her, drängt hervor, drängt den Menschen und sein tieferes Wesen –, zwingt ihn, – den Nachdenklichen – rasch zunehmend und unerbittlich, auf Antworten zu sinnen und solche unverzüglich umzusetzen im Sinn dessen, was in den vorliegenden drei Bänden zur geistigen Freiheit des Menschen aufgezeigt ist.

Die entscheidenden Antworten sind einerseits nicht schwer zu finden; sie liegen vor in der Vielzahl von Mahnungen, Ratschlägen, Wegweisern, die aus berufenem Munde immer gegeben wurden. Doch zwischen einem Verstehen, auch Annehmen, für gut heißen – und einer wirklichen, wirkenden, sich rasch auswirkenden Entscheidung und daraus folgenden Wendungen, Wandlungen, mag ein tiefer Spalt klaffen. Denn des Menschen Wesen ist zuallermeist schwer verhaftet alledem, wozu seine Umwelt ihn bringt und zwingt, und alledem, was ihm aus den weiten Tiefen seines Inneren ankommt als ein schwerer, undeutlicher und zäh haftender Wirrwarr der Ichhaftigkeit. Und so sind gewöhnlich nur wenige bereit zuzuhören, noch weniger bereit und in der Lage, in ihrem Denken und Handeln derartigen – beanspruchenden Anregungen zu folgen, und noch weniger haben bereits genügend persönliche Kraft, um solches alles oder einiges davon wirklich durchzuhalten, Verwandlung zu wirken.

Es ist die persönliche **Kraft**, die entscheidet, wieweit ein Suchender und sich Mühender die Anregungen und Hinweise, die Erfahrungen eines Anderen wird nutzen können; daseinsverändernd, wesensbefreiend befolgen und verwerten. Und dieses Gesamt an Kraft, diese menschliche Gesamt-Kraft, sie mag sich zusammensetzen aus vielen Anteilen; so vor allem aus der gegebenen und erworbenen „Natur"-Kraft, der momentanen Vital-Kraft; der vorhandenen Geisteskraft und der seelischen Stärke; aus der Möglichkeit, umgebende „Geist-Felder" und (mitwirkende, kooperierende) Geistwesen zu erspüren und zu nutzen; der All-Kraft, schließlich, sich immer besser zu öffnen. Sehr vieles ist in den ersten beiden Bänden gesagt, aufgezeigt zur Lage der Menschheit in unerhörter Dramatik, Tragik, Tragikomik, Groteske; in Absurdität – tiefgehender Verantwortungslosigkeit. So gut wie unumkehrbar vieles, eben aussichtslos, ohne die Fülle der „Hoffnungen", so erscheint es dem klar-tiefen Blick. – *Hier* wird der „Weg hinaus" noch einmal in Deutlichkeit und Breite dargestellt. Ist es nicht – in einer traurig-wirren Weltminute so, daß für den „Aufgewachten", den schon Wissenden, ein anderer Weg mehr sinnvoll ist als der einer unbeirrbaren, unermüdlichen, folgerichtigen Schulung und Lösung, vielleicht schon einer längerfristig endgültigen Lösung aus den Banden dieses Menschenseins? –

Es mag gesehen werden, daß der Mensch
in der Existenz stehend, dem „Heraus-Gefallen-Sein",
die „innere Linie" findet, Einheit, Mitte –;
„In-sistenz", das Ruhen im eigenen Bewußtsein.
Und der Weg von der In-Formation – notwendig der Existenz, –
geht zu „Ex-Formation", Herausnahme aus dem „Prozeß",
hin bis in die wachsende Freiheit des Lösens und Aufgebens
und in die feine Genügsamkeit in sich selbst.

Du Mensch im Wahne deines kleinen Ich,
im Wahne alles deines aufgebauten,
auch immer oberflächlichen Bestrebens, Wirkens
im Sinnenhaften noch gebund'ner Triebe.
Du, Mensch im Wahn und Drang des Daseins,
Wahn und Drang veräußerlichter Lebensbahn;
so aufgeputscht und wieder aufgemöbelt
von einer Überfülle, ständig lenkend ab,
in Blendung, rauschhafter Vernebelung;
von innerer Leere und von Angst bestimmt.

Schau, du, schau' einmal wirklich näher hin,
erkenne den Geschehensgang, dich selbst:
das Wesens-Gebäude, in Äonen aufgebaut
in aller seiner Vielfalt, bunten Pracht,
das dich schon immer aussichtsloser
und in der Tiefe fest ergriffen hat,
umsponnen, abgedrängt zutief geblendet
und abgelenkt von jenen wahren Werten
und weiten Möglichkeiten eines Menschenseins,
die immer tragen können der Befreiung zu.
Vernimm es, Mensch, vernimm den Ruf
der tiefen Seele, der dich oft berührt;
vernimm es, wartend still und in Geduld.

So, laß denn gehen vieles, laß es fahren,
das Wirre, Irre, Dunkelheit in dir,
was dich so lange schon im Banne hält,
im künstlichen Geschehen einer wirren Welt.

Und wenn dann einmal dir die Tränen kommen,
die deine Tiefe wahrhaft rühren auf;
wenn Stille dringt in dir und Friedens Tiefe;
wenn ein Erkennen leuchtet auf – von selbst,
das sich dann breitet über Geist und Seele –,
dann mag der Weg sich wahrhaft öffnen – weit.

Wunder-Wende –

Herabstürzend und alles Ding,
reinigend und heilend alles Ding,
verwandelnd in ein neues alles Ding.

Aus der Katastrophe, (der) Katharsis, Metamorphose,
aus diesen drei gewaltigen, grundprägenden
altgriechischen Sinn- und Schicksalsworten
entsteht, löst sich heraus, ist da –
die Wunder-Wende, Verwandlung-Neuwerdung
menschlichen Erdengeschickes, an Grenzen gelangt.
Unüberschreitbar, unerbittlich, im Gesetz stehend;
und das aus hoher, allgültiger Macht.

Mensch steht immer in Wende und Wunder,
weiß es nur nicht, spürt Tieferes kaum,
denn die Furcht ist im Wege, die Tiefenangst,
daß Schicksal sich zeige, daß Wesen aufbräche,
daß tiefe Wandlung irdisch' Geschick erfaßte;
daß er den „Augen der Götter" ausgesetzt sei.
„in aspectu aeternitatis",
so –, unmittelbar im Anblick, dem Erfahren
übermächtiger Kräfte und Wirkungen,
die alles irdische Wesen, verwandeln
in einer ungreifbar-kosmischen Dimension.

Und der Mensch hat gewiß ein „Übermaß" an **Verantwortung** – so gegenüber sich selbst, den anderen Menschen und Wesen – und so gegenüber der Vergangenheit, so den Fehlern und Aufbrüchen einer Gegenwart – fordernd, unerbittlich; gegenüber einer Zukunft, die überall vor ihm steht – als Möglichkeit und Verheißung, wie als ein unerbittlich Apokalyptisches (Verhülltes offenbarend!), das keine Ausflüchte mehr zuläßt.

Im Grunde steht der Mensch fast immer – während der Tage, der Stunden und der Augenblicke in der Entscheidung: so zwischen (etwas mehr) Raffung, Disziplin, Ichlosigkeit, Entsagung und: (etwas mehr) Nachlassen, Begehren, Laschheit. Daß er nachgibt, – der Weg des geringsten Widerstandes –, ist Anzeige der Schwäche. Und solches Schwanken und Sich-Raffen, Nachgeben und Abweichen, solches alles geht – sehr weit, bis ins Feinste hinein, auch in der stillen Verinnerlichung.

Das Leben ist ein dauernder Zwie-Weg zwischen den Möglichkeiten; und das – diese gewisse Freiheit der Entscheidung, das macht die wirkliche Größe und die weiten Möglichkeiten menschlichen Lebens aus. Zugleich aber ist es die fast unaufhörliche Leidhaftigkeit, daß er zu schwierigen und so oft lästigen Entscheidungen und Handlungen genötigt ist. Je mehr noch die Vielfalt das Einzeldasein regiert, der Zwang des „Allgemeinen", solange wird das Individuum, die Einzel-Seele, der Mensch als ein Werdendes, ein sich Befreiendes auch, zerrissen und zermahlen in der Vorläufigkeit und Hilflosigkeit der kleinen Entscheidungen. Zu meiden aber das Neue, die Vielfalt – wie Lao-Tse sagt –, „Vollendung erreichen", das ist *alles*; ist auch der „Weg zu Gott", zurück zu den Ursprüngen des Seins.

Die **Überwindung des Zweifels** –, in der stetigen Prüfung und Probung, im Erkennen, Erfahren, im Versagen und Überwinden – in der zunehmenden Lösung aus den Banden alter Ichhaftigkeit. Die Überwindung des Zweifels, des kleinen Zweifelns und Verzweifelns, – es kann nur geschehen aus einem, sich bildenden Grundvertrauen, das allem Willen, aller Entschließung immer wieder gute Grundlage sein wird.

Wenn der Mensch nun geschieden hat – in der klaren Erkenntnis – zwischen Unheilem und Heilsamem, so wird er auch Schritte zu tun haben, die Schritte in die Scheidung hinein, die Abscheidung; Abschied von so vielem und Hinwendung zu den „Quellen", zu den einfachen und geistbestimmten Weisen, Lebensweisen. Es ist das Leben als Entscheidung, als immer erneute Entscheidung – und Entschließung auch. Und mit solchen tiefen und weitreichenden Entscheidungen und Entschließungen ist der Mensch auf dem guten Weg einer wirklichen zunehmenden Willensfreiheit; einer Lösung aus den tausend Banden.

Die große und vertrauensvolle Entschlossenheit – das ist der dann durchgehende innere Zug, der sich mit „Wucht", aber auch mit einer gewissen Unbestimmtheit in die Stromrichtung eines inneren Einsatzes gestellt hat.

Wahre und tiefgehende Überwindung von Schwanken, Zweifeln, Kleinmut, inneren Bedrückungen aber kann wohl nur erst aus einer langen und geduldigen Einstellung auf die „kosmischen Hintergründe" hervorgehen; ein immer feineres Hinspüren auf helfende, ja, rettende Winke und Fügungen.

Denn erst, wenn unser Inneres sich in ein solches kosmisches Vertrauen hineingefunden hat, werden sich Stärke und Stetigkeit, Helligkeit und Frieden im täglichen Leben einstellen.

Die **Größe des Seins** mag sich anzeigen, immer wieder einmal, in Stunden der Stille, wenn der ruhige innere Blick über Vergangenes und Gegenwärtiges schweift; Linien spürend und erkennend, Zusammenhänge, „Führungen" – Hilfen! Wenn man spürt, daß es so gar nicht umsonst war – alles Mühen, Erproben, Erfahren und immer wieder Weiterwandern. Ein langer Weg mag zurückliegen für jeden von uns, auch vor uns immer wieder Prüfungen, Ungewißheiten; doch es wächst die Zuversicht, daß wir die mancherlei Ziele erreichen werden; daß unser „Pfad" immer wieder in der „Ordnung" liegen, immer deutlicher den großen Frieden spiegeln wird. Wenn der Mensch sich in seinem Wesen, in seinen wesentlichen Lebenshaltungen einmal wahrhaft entschieden hat, wenn er wirklich weiß, welchem „Herrn er dienen" sollte und kann, dann geht es den Weg durch eine weiter, freier und sicherer werdende Landschaft. Vielleicht wird ihm dann ein wachsendes Gespür für das Absolute des Seins möglich werden; sicheres Gespür, ahnendes Wissen vom Ziel des Menschen in einer wirklichen Freiheit.

Entscheidungen waren nötig bis zu diesem Punkt als die starke Grundlage für alles Kommende. Nun geht es die weiteren Schritte und Wege: Bereitung, Überwindung und dann die Bewährung, die geduldig-kluge – in unserm täglichen Sein.

Zielgerichtet schreitet er
über feine Brücken;
Herz ist voll und Geist ist leer –
Zweifel bleibt zurück.

Bereitungen – Vorbereitungen: Lehrer und Schüler, Helfen

– Bereit sein ist Alles.

Wir sind dabei, uns Ziele zu stellen; „vordergründige", „mittelgründige" und „hintergründige"; und „irgendwo" auch noch das letzte Ziel endgültiger Freiheit von Geist und Sein. Und vor den Zielen erscheint der **Weg der Schulung**, den wir hier erkennen wollen; allgemein, wie dann ganz für die eigene Person. Es ist ein Weg, der gebahnt und begleitet wird notwendig von einer Vielzahl von Anregungen, Regeln, Hilfen, – klar, nüchtern, anwendbar, eigentlich handwerklich im besten Sinn.

Zur Vorbereitung der höheren Praxis

– Übersicht, Ansporn und Ausblick.

Dies ist eine kurze Zusammenfassung von bisher auch schon berührten besonderen Bereichen und Anwendungen in fort-schreitendem Pfadgeschehen, die in den folgenden Versuchen bis in die „hautnahe" Praxis, Erfahrung und Erreichung durchgeführt werden.

In den ersten beiden Bänden ist fast alles gesagt, was für diesen Weg nötig ist. Es geht nun aber für jeden Bemühten um Verstetigung und Vertiefung der unermeßlichen Übung und Wandlung. „Meditation" – so als Schulung, Übung, Stillung, Lösung des Geistigen – ist ein sehr Vielgliedriges und Vielschichtiges; ist ein Netzwerk aus Bewegungen, Beobachtungen, Störungen und Befreiungen. Aber es wird auch immer einfacher – gesetzmäßig – mit dem größer werdenden Abstand zum vorüberfließenden Prozeß. Hier ist die siebengliedrige Einteilung als Vorbereitung und laufender Anhalt.

1. Gewinnung von **Interesse** an der stillen Schulung; am Beobachten und Wandeln in seinen vielen Einzelheiten.
2. Der **„technische" Bereich**; das Kennenlernen der notwendigen feinen Einstellungen, der rechten Zeiten und der hinderlichen oder förderlichen Veränderungen während und nach der Schulung. Die klaren handwerklichen Voraussetzungen.

   - „Aber es gibt auch eine Technik des (stilleren) Lebens; es gibt sogar Techniken, nach der ‚Gnade' zu suchen."
   - „... gewisse Voraussetzungen, Lebensbedingungen und Lebensweisen (sind) für die innere und äußere Harmonie zuträglicher als andere. Tatsächlich gibt es bestimmte Wege, denen man folgen kann. Einer davon ist die Vereinfachung des Lebens." (zweimal A. Morrow Lindbergh, „Muscheln in meiner Hand")

3. Die **Begriffsmeditation** verschiedener Art, dient der Selbstbeeinflussung, als Vorbereitung und Ausgleichsstreben für mancherlei Schwächen und Schwankungen.
4. Die „**Hohe Schule der Überwindung";** als gezielte Übungen der Geduld und Ausdauer, von geistiger Abwendung und Überwindung.
5. Die **Entwicklung der inneren Sinne** und Möglichkeiten: das Horchen, Schauen, Spüren und Ahnen. Das intuitive Leben und der Bereich der „Magie", der praktischen, alltäglichen, der ganz natürlichen Magie, die dauernd um uns und in uns da ist. Man kann das Gespür für die Vorgänge anderer Ebenen fördern. Oft umschwebt uns ein feines Gespür und Ahnen, dem man Raum für weitere Hinweise geben sollte.
6. **Samadhi für den Alltag** und im Alltag; eines der hohen und doch ganz nüchternen Ziele, die hinter diesen Versuchen und Studien stehen. Es sind das kontrollierbare und beherrschte Weisen einer wachbewußten Vertiefung oder Versenkung.
7. Der **durchdringende Anblick**, der Wirklichkeitsblick – in der Situation und in der Rückschau; die „unerbittliche" Sicht des Lebens. Es ist der durchdringende Blick, der die Dinge so sieht,

wie sie wirklich sind: unbeständig – lasthaft – kernlos; Abhängigkeit in jeder Hinsicht; Unfreiheit.

- Die innere Wissenschaft; die Technik des Weges;
- der innere Prüfblick, die große Nüchternheit;
- „Trainierbarkeit" und „Intervallarbeit".

Im Überblick ergeben sich mir, als einstigem Sportler und Übungsleiter, der auch um die Sportmedizin weiß, diese sonderbaren Begriffe, scheinbar so ungeistig und doch von großer Bedeutung für eine breitgefächerte und langanhaltende „innere Gymnastik". Es gibt eine Trainierbarkeit, eine systematische Steigerung, gerade auch des menschlichen Geistes. Die Intervallarbeit – der häufige Wechsel zwischen Anspannung und Entspannung – ist ein Hauptschlüssel, um eine Leistung zwangloser und natürlicher zu gestalten und zu steigern. Meditation und Konzentration, das ganze Programm der Übung, Läuterung und Stillung also in einem fließenden Wechsel häufiger, aber nicht zu langer Bemühungen, die von schöpferischen Pausen, so auch von körperlicher Bewegung unterbrochen und aufgelockert werden.

Eine weitere Gesamterfahrung sei hier noch erwähnt, die sich in den Rahmen der nüchternen Erfordernisse des Weges einfügt. Wichtiger als Erlebnisse, Interessantes, Zustände ungewöhnlicher Freude, ist die Deutlichkeit unseres Bewußtwerdens; ist die Stetigkeit und Verläßlichkeit unserer Gefühle und unserer inneren Reaktionen; und damit des ganzen Lebens. Und dazu ist eine entscheidende Voraussetzung und Hilfe, daß man es lernt, die gewohnten und gewöhnlichen Tätigkeiten, Begegnungen und Gespräche auszulassen; daß man die Routine unterbricht; den augenblicklichen Gang ganz bewußt sieht, vollzieht – oder ihn auch aussetzt. Aber es ist auch die Begegnung mit Menschen und Geschehnissen, die zur notwendigen Prüfung und Auflockerung wird. Entzug wie das Sich-Aussetzen können das fördern, was wir das horchende, prüfende und tastende Leben nennen wollen.

Ein aphoristischer Ausblick

- Es mag eine große Freude sein zu erkennen, daß der Pfad der Befreiung, auf dem viele Größere und Freiere sich bemüht haben, stets offen ist für denjenigen, der gewillt ist, ihn zu beschreiten. Aber es gilt hier und jetzt auch ernst zu machen; es gilt, mancherlei einzusetzen und vieles aufzugeben.
- Unser entscheidendes Lebensziel sollte die eigene Persönlichkeit sein.
- Du selbst bist der Weg; lerne immer wieder von Neuem gehen.
- Selbst ist der Weg herauszutasten, immer feiner im Horchen, Spüren und tiefen Erschauen.
- Das Individuelle, die eigenen Notwendigkeiten und Schritte, die eigenen Möglichkeiten, Grenzen; hier hat der allgemeine Ratschlag, die Erfahrung Anderer ihre Grenzen. Sich selbst sehen lernen; sich selbst „auf den Fersen bleiben", das ist große und unverzichtbare Technik und Kunst. Das ganze Leben ist ein Rhythmus, ein Auf und Ab, ein ständiger Wechsel; und so muß sich die Schulung solchem anpassen – in Energie, Findigkeit und Ausdauer. Erst der genaue Blick auf die Lage bringt die feine, die wirkende Hilfe.
- Stets und ständig im Experiment; spüren, herausfinden, erfahren, bestätigt werden.
- Begrüßenswert alles, was uns wieder ein Spielzeug aus der Hand nimmt, die Hohlheit einer Einbildung aufweist und uns so auf uns selbst beschränkt.
- Den Wert der kleinen, unscheinbaren Gelegenheiten erkennen und nutzen lernen.
- Nur wer die Kunst des Wartens gelernt hat, findet weiter. Fortschritt und Erfolg wechseln immer wieder mit Flauheit und Enttäuschung. Ohne die große Geduld geht es gar nicht!
- Tun, rechtes heilendes Tun, das ist vor allem auch ein Sich-Gedulden, ein Warten; und es ist damit ein Abtragen der vielen Lasten und „Schulden" – oft von lange her.
- Freiheit wächst und ist da, wo man immer besser und ungezwungener den Gesetzen der Freiheit gemäß denken und handeln kann.

- Es ist der weite Blick, der lange Atem und das kühle Herz.

Diese kurze Zusammenfassung der Voraussetzungen des Freiheitspfades möge Dauerhilfe sein, als Erinnerung, Ordnung, Übersicht und Kontrolle. Möge klar sein, *wie* wichtig es ist – neben mancher raschen und ungeplanten Lösung (Spontanität und Improvisation) beim täglichen Bemühen – immer wieder die Notwendigkeit von Planung, Kontrolle und Geduld und steter Wiederholung vor Augen zu haben.

Lehrer und Schüler nun

– eine tiefe und in dieser Zeit dringende Frage; eine Problematik aus den Bereichen menschlicher Steigerung und Vertiefung. Sehr weit hat sich unsere Zeit von einem möglichen notwendigen, wirklich fruchtbaren Verhältnis zwischen Lehrendem und Lernendem (der mancherlei Arten) entfernt. Denn Autorität ist ins Zwielicht geraten – im Widerspruch zur Zeitströmung stehend –; und gerade sie ist der eine Grundpfeiler eines Lehr- und Bildungsverhältnisses von besonderer Art, im Geben und Nehmen. Gemeint ist eine geistgegründete Autorität, die im Vertrauen steht; ein menschliches und tiefer begründetes Vertrauen auf beiden Seiten. Ein solches ist der andere Grundpfeiler.

Der rechte Lehrer im allgemein menschlichen Sinn wird Züge des Väterlichen, wie auch des Mütterlichen an sich, in sich haben. Vertrauenswürdigkeit wird er haben; Überlegenheit rechter Art, Abstand zu sich selbst und die Reife des Weisen in seiner Lebenshaltung. Ihm wird (weiter) eine Elastizität zu eigen sein, eine Fähigkeit der Umstellung und der Einstellung auf Menschen in ihren Lagen und Schwierigkeiten. Dieser Lehrer – Ratgeber, Helfer, Kamerad, Freund, Weiser, **Mensch** – hat vor allem drei Eigenschaften:

Er ist er selbst – das zuvörderst – und steht in seiner eigenen Wurzelkraft und Aufgabe; horcht – auf die tieferen Notwendigkeiten und auf die feinen Hinweise; er sorgt (schließlich) – und das aus dem immer wieder notwendigen Abstand heraus.

Ein „Schüler", ein zu Schulender; das jüngere, unwissendere, ungebildetere, karmisch noch mehr belastete Menschenwesen, das in die „unteren Klassen" der Schule dieses Lebens zu gehen hat und geprüft wird – einmal immer wieder – auf seine Fortschritte und seine Fehlentwicklungen hin. Der Schüler braucht vieles: ein offenes Ohr, offenes Auge, offenes Herz; Vertrauen und Hinhorchen. Und dann muß er fähig sein zu prüfen, anzunehmen und umzusetzen. Der rechte „Schüler" muß so manches mitbringen an Wissen, Lebenswissen, Gehalten und Durchdringungen; an klar-scheidenden Erfahrungen. Denn bei einem vergeistigten und heilsamen Lehrer-Schüler-Verhältnis geht es um Steigerungen, geht es um laufende, wenn auch noch so bescheidene **Befreiungen**. Ein solcher Schüler läßt sich nicht ziehen oder stoßen, mühsam hier und dort hin. Er wartet ab in feiner Spannung, spürt es auf, hört tief hindurch und verarbeitet das Gehörte und Erlebte. Ein Schüler dieser Art löst sich auch einmal aus seinem Schüler-Sein und wird selber zum Prüfenden, Lehrenden, Gebenden. Allerdings nur da, wo er dem rechten Lehrer und Menschen gegenübersteht, der beweglich und bescheiden, eben selbstlos hört und spürt, gibt und auch nimmt.

Das Verhältnis von Lehrer und Schüler müßte sich immer wieder ausgleichen und entspannen. Neue Weisen sind sich immer wieder zu erschließen und das vor allem im Bereich der menschlichen, zutief, guten, edlen (ethischen) inneren Voraussetzungen; auch in den gesellschaftlichen Verflechtungen. Möglichkeiten und Schwierigkeiten mehr äußerer Art beim Zusammenleben und Aufeinanderwirken zwischen einem (mehr oder weniger) Lehrenden und einem oder mehreren Aufnehmenden und Sich-Übenden sind nicht einmal so sehr eine Frage des bestimmten Vorgehens, auch nicht so sehr der (begrenzten) Güte des Lehrenden, sondern es ist oft eine Frage der Umstände und der äußeren Voraussetzungen; wie dann und überragend wichtig, eine Frage der Ausdauer; der Länge der Ungestörtheit des Zusammenkommens oder Zusammenseins. Die wahre Tiefenwirkung ist zuallermeist erst im längeren wirklichen Zusammenleben zu erreichen.

Es ist zunächst die Möglichkeit eines nur gelegentlichen, dann eines häufigen Treffens und Austausches gegeben, Doch es wird mehr anzustreben sein auf dem Weg in hohe Möglichkeiten hinein. Gruppen, allerkleinste Grüppchen werden sich bilden müssen und auch bilden; kleine „Kristalle“, die da wachsen um werthafte Punkte, Gebilde, Ideen, Menschen. Leichter wird es sein, wenn nur zwei oder drei sich zusammentun, vor allem, solange es noch gegen den „Zeitgeist“ ist, solche unbürgerlichen, abseitigen, avantgardistischen (wörtlich: vorausblickend!) geistigen Bestrebungen und Lebensweisen wirklich zu praktizieren.

Bei großer wachsender Einfachheit, Anspruchslosigkeit, Unbürgerlichkeit wird es erstaunlich wenig sein, was noch gebraucht wird. Manches ist da, geschenkt, „fällt zu“ oder muß in Kurzeinsätzen verdient werden. Ein gewisses Wagnis, eine Entsagung ist dabei eine förderliche und reifende Bedingung. – Der Kontakt zur Umwelt muß ein fein-harmloser, wohlwollender und bescheidener sein; wenn auch fest, natürlich, selbstverständlich und seiner selbst sicher.

Eine entscheidende innere Voraussetzung wird immer wieder ein geistig-sucherischer Schwung sein; weiter eine überdurchschnittlich tiefe und starke Anschauung; eine Lebenseinstellung vom grundsätzlichem Lebensernst um den zu gehenden Weg. Eine tiefwurzelnde Einfachheit und natürliche Anspruchslosigkeit – materiell, seelisch, – geistig – wird nötig sein; Zufriedenheit auch, um die mancherlei Erschwernisse hinnehmen zu können. Wünschenswert ist die Fähigkeit, in zunehmender zeitweiser Einsamkeit ausharren zu können, mit immer weniger, dabei umso wesenhafteren Abwechslungen auszukommen.

Eine große Bescheidenheit endlich – bezüglich seiner selbst, des bisher Erreichten; ein Sich-nicht-ausruhen-Wollen auf irgendwelchen Lorbeeren. All das bringt eine karmische Erleichterung mit sich; denn ohne eine solche mag es auch dem sehr Bemühten und Begeisterten schwer werden, den weiten Blick, den langen Atem aufzubringen und durchzuhalten.

Innere Schwierigkeiten entstehen zum Teil aus den genannten äußeren Gegebenheiten, der menschlichen wie der materiellen Umwelt. Das Vertrauen wird immer wieder auf die Probe gestellt und kann leicht ins Wanken geraten; Vertrauen zum Lehrer, Helfer, zu Wegkameraden; zur grundsätzlichen Möglichkeit der angestrebten Freiheiten; zur derzeitigen Lebenslage; zu sich selbst.

Hauptschwierigkeiten sind:

- Die größte Schwierigkeit bei dem Versuch, das wahre Lehrer-Schüler-Verhältnis zu entwickeln, ist die Tatsache, daß leider oft ein erhebliches Mißverhältnis besteht zwischen Lehrwilligkeit und Lehrfähigkeit, zwischen Lernwilligkeit und Lernfähigkeit.
- Rechter Schüler sein, das ist ebenso schwer wie rechter Lehrer sein. Beides kann man auch nicht „sein", sondern man kann es nur immer wieder neu und besser zu werden versuchen.
- Wir alle stehen in der „Schule des Lebens" und da wird jeder zurechtgewiesen und so oft zurechtgestoßen.
- Der Klügere aber, der Weise-Werdende, versucht so manche dieser vielen Klassen des auf- und abpendelnden Lebens zu überspringen.

- o Der rechte Weg der Geistesschulung in innerer Übung – Meditation und tiefer Lösung, das ist die mögliche Abkürzung und Raffung des eigenen Schicksals auf ein weit kürzeres Maß.
- o Einer Vollendung zu: Schüler wie Lehrer.

Über das **Helfen und die Problematik** des Helfens nachzudenken, mag eine entscheidende Aufgabe sein.

„Edel sei der Mensch, hilfreich und gut";

so sagt es Goethe. Wenn nun das Helfen, die verschiedensten Mithilfen beim Tragen der Lasten des Lebens, die edelste und menschlichste Aufgabe ist, so läßt sich doch keinesfalls die Vielzahl der grundsätzlichen, wie der jeweiligen Schwierigkeiten übersehen und unterschätzen, die sich um das Wesen der Hilfe auftun. In welcher Weise, wie, wo, wann, warum und wieweit einer helfen kann, will, muß oder darf, das ist immer eine schwierige Frage.

„Denn im Grunde und gerade in den wichtigsten Dingen, sind wir namenlos allein. Und damit einer dem anderen raten oder gar helfen kann, muß viel geschehen, muß viel gelingen; eine ganze Konstellation von Dingen muß eintreten, damit es einmal glückt." (Rainer Maria Rilke)

Jeder weiß darum oder ahnt es nur; wenn er einmal still und ehrlich bei sich selber ist; wenn er vom Schicksal oder von der unmittelbaren Wirkung eigener Fehler geschüttelt wird. Doch es ist diese Tatsache unseres Lebens in Wirklichkeit nichts Bedrückendes; denn dieses letztliche Alleinsein des Menschen, seine Individualität, bringt ihm gerade die Möglichkeit einer so erstrebenswerten Selbständigkeit; bringt ihn der wahren Mündigkeit des Menschlichen näher.

Der Mensch steht in seines eigenen Schicksals Bahnen, und es wird immer wieder einer – oft erheblichen Anstrengung, einer Überwindung bedürfen, um aus den eigenen Geleisen herauszutreten und sich wirklich einem Nächsten zu widmen. – „Liebe deinen Nächsten, gerade so, wie du dich selbst liebst." Wer sich nicht selbst lieben kann mit der rechten und immer reiferen Liebe, der wird auch nicht viel Hilfreiches für andere bewirken können.

Über allen Ansätzen und Möglichkeiten des Eingreifens und Helfens, der Karitas im weitesten Sinn, wird immer die schwierigere Frage stehen, inwieweit rechte Eigenliebe und rechte Nächstenliebe, Selbstvervollkommnung und der Einsatz für die Mitwelt zu vereinbaren sind, in welchem Verhältnis sie stehen. Und es ist oft keine unnötige Entscheidung oder nur eine Frage des „natürlichen" und von der allgemeinen Moral her negativ bewerteten Egoismus. Es scheint vielmehr und besonders heute, im Zeitalter der rasch zunehmenden Entfaltung der Persönlichkeit immer deutlicher zu werden, daß in dieser Fragestellung ein echtes Dilemma liegt, dem wir uns nicht entziehen können. Diese Problematik wird den einigermaßen verantwortungsbewußten Menschen ohnehin sein ganzes Leben begleiten.

Im Akt der Hilfeleistung liegt häufig eine Gefahr verborgen; die Möglichkeit der Selbstverlierung, der Minderung der vielleicht schon erreichten „**Mittehaftigkeit**"; die Möglichkeit des Irrtums und der Vergeblichkeit. Und das gilt für den Helfenden, wie für den Hilfe Empfangenden. Es ist die immer wieder schwere Frage, wo und wann man selbst unsicherer, wirrer, ja hilfsbedürftiger wird und vielleicht hier und da Ungutes tut bei den Versuchen, anderen zu helfen. Es ist eine erwiesene Tatsache, daß der Mensch, der ganz in der zivilisatorischen Gesellschaft steht, – zuallermeist im Niveau absinkt gegenüber dem mehr für sich Stehenden, der viele Fragen und Aufgaben wesentlich in Selbstverantwortung zu lösen sucht. –

So ist es auch eine Grundgefahr der meisten Gruppen und Kreise – selbst von feiner geistiger Art –, daß sie den Einzelnen in seiner schicksalhaften Entwicklung behindern können. In solchen Kreisen wird oft ein gesteigerter Optimismus, ein erhöhtes und daseinsmäßig meist unberechtigtes Sicherheitsgefühl herrschen. Es ist das eine Art von Euphorie, eine Übersteigerung und damit Verblendung und Dämpfung der Problematik des Einzelschicksals; wie auch ein Überspielen der tatsächlichen Schwierigkeiten und der menschlichen Fragwürdigkeit als solcher. Optimismus, Begeisterung, Euphorie sind zumeist mit Schwäche oder in ihrer Wirkung mit einer Schwächung verbunden.

Wir sind eingebunden in dieses ewige Wechselspiel zwischen Ich und Du. Es geht dabei um eine immer bessere Ausbildung des „Grenzgefühls"; ein Gespür dafür, wann ich wirklich und damit sinnvoll aufgerufen bin zu einer stärkeren Beschäftigung mit der Umwelt und zu möglicher Hilfe; und wann es letztlich doch nur schädlich wäre. Der Mensch muß unermüdlich und immer deutlicher zu erkennen versuchen, ob es sich bei der Hilfe noch um vielleicht recht versteckte Formen von Eitelkeit, um Ersatzbefriedigungen oder sonstige Formen von mehr oder weniger selbstischem oder unnötigem Eifer handelt; um Selbsttäuschungen über die Echtheit und Reinheit, die Selbstlosigkeit der eigenen Motive zum Helfen. Deshalb mag er Prüfungen in den Kontakt einschalten und vor allem, wenn er sich ausgesprochen als Helfender fühlt.

Über aller Hilfe – diese immer wieder erschwerend und verwirrend – steht die so weite Verschiedenartigkeit der Menschen, ihrer

Charaktere und Schicksale; der seelischen Lage und besonderer Verstrickungen in die Umwelt. Charakterunterschied, Kontakt und Wahrhaftigkeit, das ist eine schwere Frage; eine leidvoll beklemmende, weil sie so gut wie unaufhebbar ist. Man weiß wohl darum, wagt es kaum anzurühren. Das Anstrengendste aber im Leben, das ist wohl die Unaufrichtigkeit in ihren vielen möglichen und so oft notwendigen Formen. Es sind Notlügen und Verklemmungen, so vor allem aus der Sorge heraus, den Anderen verletzen zu können, oder auch selbst in Schwierigkeiten zu kommen.

Es gibt viele Möglichkeiten falschen Verstehens. Ich verstehe die Art und Aussagen des Anderen falsch. Aus Mißverständnissen können erhebliche Übel und Fehlhandlungen erwachsen. Wir wissen um die vielen Arten einer falschen Rücksicht. Sie mag falsch sein, aus Unkenntnis und Mangel an Übersicht; aus Furcht oder Angst vor irgendwelchen Folgen für sich oder für den Anderen (übertriebene Identifikation oder auch Schwäche für den Anderen); aus falschen Rücksichten auf geltende Regeln, auf die „Schicklichkeit“ oder Ähnliches; aus Kopflosigkeit; aus üblen Absichten oder auch Ichsucht.

Auch im Raum der Duldsamkeit (Toleranz), dieser für jedes Zusammenleben so wesentlichen Fähigkeit, wird es oft zu oberflächlichen und gewohnheitsmäßigen Formen einer kaum mehr gespürten „Anerkennung von irgendetwas“ kommen. Duldung kann auch gegenüber üblen Dingen oder Menschen, in falscher Weise angewandt werden; und das aus Unkenntnis, Feigheit oder einfach aus einer allgemeinen und verbreiteten Trägheit.

Wir wissen um die Schwierigkeiten, Mißverständnisse und Beeinflussungen, die sich für den Tieferdenkenden um das **Schenken** und im weiteren Sinn auch um helfendes Schenken auftun. Und alles, was für mehr äußeres und gewohnheitsmäßiges Schenken gilt, gilt sehr oft auch für das Helfen und für feinere Beziehungen. Echtes Helfen, das wäre das Schenken eines Teiles seiner selbst.

Trotz der mancherlei belastenden Faktoren, trotz der Schwierigkeiten, die sich einer tiefergreifenden Lebenshilfe entgegenstellen, muß und wird es immer wieder gelingen, die allgemeinen Schranken, den Nebel, wie die unglücklichen Gegebenheiten und die Fehleinstellungen des Einzelnen zu überwinden. Es muß und wird immer wieder zur Begegnung, zu Reibung und Austausch kommen; und im Verlauf auch – meist mehr oder weniger unfreiwillig – zu helferischen Akten und Entgegenahme wertvoller Gaben seitens des gerade Bedürftigen. So schwer es ist, daß der Eine bereit wird für das Helfen, so schwer mag es sein, bereit zu werden für die Notwendigkeit einer Wandlung; für die Last bitterer Erkenntnisse: für die große Bescheidenheit; da liegt alles einbegriffen.

> „Nur Gesunde können helfen. Deshalb müssen erst die Fremdstoffe weitgehend aus uns heraus, ehe wir sie aus Anderen entfernen können." (Johannes Müller)

> Es ist gewiß eine hohe Entwicklungsstufe nötig, oder doch eine starke augenblickliche Lage, um überhaupt rechte und umgreifende Hilfe leisten zu können.

Es geht hier um einige entscheidende Grundlagen und seelisch-menschliche Voraussetzungen des Helfens und der helfenden Haltung; und vor allem für den, welchen es äußerlich oder innerlich drängt, einen hilfreichen Einfluß auf seine Mitwelt zu nehmen. Es geht um wesentliche Ansätze zu echtem Helfen im geistigen Bereich einer wachsenden und reifenden Menschlichkeit und Freiheit.

Verstehen; vom Anklang her ein Für-Stehen, für jemanden stehen; ein Beistehen. Was wäre schon allein das einfache und echte Verstehen anderes, wie ein manchmal so sehr wirksamer Beistand in der Schwierigkeit des Anderen. Verstehen – sich in die Lage des Anderen hineinversetzen; sich vorstellen, was wohl in ihm vorgeht. Und schließlich ist es auch ein sich vor den Anderen stellen; sich zunächst im Geist vor diesen da stellen, um ihm Halt und Schutz zu bieten. Rechtes Verstehen versetzt sich in den Anderen, bleibt aber dabei frei, geht nicht im Anderen unter. Ein Verstehender ist also kein Danebenstehender, sondern ein Mitstehender; das einsichtige Auge für das andere Wesen. Es geht zumeist nicht um die vielen Arten möglicher Kritik, sondern um tieferes Erkennen und Verstehen. Sobald man einen Zustand der Unvollkommenheit erkennt, wenn man mit jemandem zusammenkommt, tritt diese Unvollkommenheit als eine Spannung ins Bewußtsein. Bevor in der eigenen Natur – und später in der des Anderen Harmonie eintreten kann, muß dieser Zustand aufgelöst werden. Und dazu ist liebevolles Verstehen die einzige Möglichkeit; ist das umfassende Lösungsmittel.

Im Augenblick des Verstehens erlischt der Mensch, sein Eigensein, gleichsam für Augenblicke –, und das ist auf beiden Seiten des helferischen Aktes möglich. Der Rat, die Hilfe, die gute Stunde, bilden eine Aura von sympathischer, mit-leidender Art und Dichte. Der Mensch ist offen und angeschlossen an mächtige Kraftelemente seines tieferen Seins. Wirkliches und anhaltendes Verstehen aber ist auch bei aller möglichen Sympathie, Rücksichtnahme und Gelöstheit, doch nur durch ein selbstständiges Urteil möglich, das gespeist wird vom klaren Verstand wie von fein-fühlsamem Gespür.

Die **Rücksicht** nun; hier ist es noch deutlicher. Auf den Anderen und seine Lage zurückzusehen; den eigenen Vorwärtsdrang für einige Zeit zurückzustellen: das ist es. Viele Stufen und Schattierungen gibt es im Bereich der Rücksicht. Vom einfachen Vorlassen des Älteren oder Hilfsbedürftigen, über ein etwa rücksichtsvolles Schweigen, bis zu tiefer und länger wirkenden Rücksichtnahmen: daß ich die Bedürfnisse, Eigenarten, Schwächen eines Anderen berücksichtige; und darin liegt mehr und manchmal sehr viel. Ich beziehe das Wesen des Anderen für eine Zeit in meinem Lebensgang ein.

Der Kontakt mit den Anderen; Kon-Takt, da ist Mitschwingen und feiner werdendes Gespür. Wenn man einmal und immer öfter dahin kommt, daß man im Gespräch – zu Zwecken des Helfens im weiteren Sinn – nicht mehr die tiefere Kontrolle verliert. Und die beherrschte Zurückhaltung; dann ist viel gewonnen. Möglichst wenig von sich sagen, das ist eine weitere goldene Regel. Es ist meist unnötig, oft bedrängt es den Anderen; jener kommt wenig zu Wort, somit kann man auch nicht erkennen, was vielleicht zu erkennen wäre. Aber es ist oft recht schwer zu schweigen, wenn „nichts“ oder wirklich nichts gesagt wird vom Anderen. Es tut einem vielleicht leid, es ist unangenehm; die eigenen Anliegen sind deutlicher zu merken.

Toleranz endlich; vom lateinischen ferre – tragen. Tolerieren, das ist hinnehmen – gelten lassen – anerkennen; in dieser Steigerung liegt sehr viel. Vom bloßen Erkennen zum rechten Anerkennen kann es noch ein großes Stück sein. Ganz einfach ist es zunächst das **Tragen**; das Ertragen der Art und Weise des Anderen. In der rechten Toleranz liegt das zeitweise Mit-Tragen eines Teiles der Lebenslast des Nächsten. Toleranz, Duldsamkeit, das heißt auch, keine Urteile mehr abgeben, auf daß sich erst einmal eine umgreifende Atmosphäre des Vertrauens ausbreiten kann.

Verstehen, Rücksicht, Duldsamkeit sind Vorformen des Helfens; meist noch unausgesprochene geistig-seelische Vorformen und Voraussetzungen für eine weitergehende Hilfe. Die Wirkungen werden in einer Bereinigung der Lage, einer Klärung und Annäherung auf der Grundlage eines wachsenden Vertrauens bestehen. Den Anderen und seine Lage erst einmal „stehenlassen"; die Gegebenheiten und Vorgänge auf sich wirken lassen; entgegenkommende Gesten und Handlungen vollziehen: drei Schritte auf dem Wege aufkeimender Möglichkeiten des Helfens. Nur so kann sich zunehmendes Vertrauensverhältnis entwickeln, ein Sich-Vertragen zunächst; ein Sich-Anvertrauen in der Folge.

Es ist schon so: erst wer nichts mehr will, niemanden mehr belehren und bekehren will, der kann die Zeit ermessen, wann es sinnvoll ist, dem oder den Anderen etwas zu sagen. So gehören starke eigene Zurückhaltung und ein tiefer Blick für das Gemüt des Anderen untrennbar zusammen und bilden die Grundlage für die rechtzeitige Rede und wirkliche Hilfe. Wenn man zurzeit ganz ohne Furcht, Begehren und Eigensucht ist, dann ist eine sehr große Möglichkeit zur Hilfe gegeben. Ein Geist, dem die Scheuklappen der Selbstsucht abgenommen sind, ist frei geworden, an und für Andere zu denken und leichter mit dem Schwierigen fertig zu werden.

Als großes und ideales Gesetz gilt: der Andere muß sich irgendwie an einen wenden, ehe man reden darf. Und wenn es einem „das Herz abdrückte", so ist es doch besser zu schweigen und ihn mit dem Licht eines neuen, anderen problemloseren Lebens zu bestrahlen, solange, bis er fragt. Dann erst ist er zugänglich; dann erst ist Reife gegeben. Man darf nicht sagen: Halt Freund; ich will dir den Splitter herausziehen! Sondern er muß sagen: Halt Freund, zieh' du ihn mir heraus! – Das ist eine klare, aber schwere Forderung.

Selten gilt es aber auch, den natürlichen und erheblichen Egoismus des Menschen anfänglich zu nutzen durch Anruf, ja, Schock und dann durch Hinweis auf mögliche Verbesserungen seines Geschickes. Anruf und Warnung können unerläßlich sein wegen der harten und unumgänglichen Gesetzlichkeiten, die das menschliche Leben regieren; und wegen drohender Gefahren, die aus ihrer Nichtbeachtung erwachsen. Denn: „wie das Gesetz es befiehlt", so müssen wir leben; im Horchen, im Lernen und im Durchhalten.

Wo man hoffen kann, durch Aussprechen der gewiß so oft so sehr bedingten Wahrheit etwas zu bessern, ist man dazu verpflichtet. Doch freilich –, *wie* schwer ist solches Ermessen und Ausführen! Es dem Anderen sagen können, ohne daß jener ärgerlich, kleinmütig oder neidisch wird; welche Forderung und welche selten-hohe Möglichkeit fruchtbarer Einwirkung. Denn je mehr Schonung gegenüber dem Anderen nötig ist, je mehr „Umwege", umso weniger unmittelbar lebendige Förderung und echter Tiefenverkehr werden möglich sein. Und was ist nicht alles Schonung in dem heutigen so sehr gekünstelten Lebensablauf! „Beinahe alles", ist man versucht zu sagen. Und noch nicht einmal immer Schonung mag es sein, sondern Unwissen, Feigheit und Gleichgültigkeit, Ichhaftigkeit oder gar üble Berechnung.

Aus unseren drei Kernworten – Verstehen, Rücksicht, Ertragen/Toleranz – weht zunächst eine kühlere Luft, als es bei den Worten Liebe, Güte, Mitleid oder Hilfsbereitschaft der Fall ist. Aber in dieser Kühle liegt auch eine überwiegend günstige Voraussetzung. Denn aus diesem etwas kühleren und damit oft wirklichkeitsnäheren Betrachten und Handeln, kann und wird sich oft der Ansatz zu einer besser angepaßten, geplanten und vernunftgemäßen Stützung und Hilfe ergeben, als aus den genannten Begriffen einer mehr gefühlsvollen Bindung an die Lage jenes Nächsten.

Der rechte Verstehende, wie der recht sich Verstanden-Fühlende werden weiterwachsen können im Maß der Verbreiterung und der Bereicherung der Selbst- und Umweltkenntnis. – Die rechte Rücksicht wird den zunächst Gebenden reifen vor allem im Bereich von Geduld, Feinheit und Bescheidenheit; wird den empfangenden Teil reifen, vor allem im Bereich eines feinen Aufmerkens und Antwortens –; im Bereich der Dankbarkeit und in dem Wunsch, solche feineren Dinge und Rücksichten nun auch an Andere weiterzugeben. – Der recht Ertragende wird seine menschlichen Möglichkeiten, seine Welt- und Menschenkenntnis erweitern. Der solche geduldige Hinnahme Empfangende wird wachsen an Vertrauen, Lockerheit, Selbstvertrauen, wie in Bescheidenheit; auch in einem Gefühl allgemeiner Verpflichtung und dem Wunsch, nun seinerseits besser und öfter hinnehmen, anerkennen und ertragen zu können.

Ein durchaus wechselseitiges Verhältnis ist es, das sich ergibt aus der Betrachtung und der Anwendung dieser entscheidenden Voraussetzungen und Grundlagen des rechten Helfens. Es ist ein Geben und Nehmen, hin und her. Wohl dem, der zum Geben willens und in der Lage ist und der zugleich offen und bereit ist und bleibt für alle feineren Möglichkeiten und Segnungen, die sich eröffnen im Raum der rechten, gütigen und vernunftgemäßen Begegnung mit seiner Umwelt. – Wohl dem, der zum rechten Annehmen bereit und offen ist, der daraus lernt für sich zunächst; der einen Ansporn mitnimmt, um selber besser hineinzuwachsen in eine gebende Haltung des zunehmenden Vertrauens, der Rücksicht und Duldung.

Als eine letzte und kühlste Weise wird sich in unserer Zeit nicht selten eine Haltung wachsenden Abstandes zum immer wirrer werdenden und oft so hoffnungslos dahinfließenden Gang der „Welt“ ergeben: die Resignation; die rechte Rücknahme, die sich fein und wissend zurücknimmt auf die „innere Linie“ einer Haltung wartender und abwartender Geduld und Duldung. Lebendige Weisheit kann hier zugrunde liegen, das Wissen um die häufige Unmöglichkeit eines direkt helferischen Einsatzes. Es geht um das zunehmend feinere Verstehen und die Duldung zwischen den so sehr verschiedenen Menschenwesen. Es geht um Offenheit und Bereitschaft, um menschliche Bereitschaft zum Hinhorchen und Hinsehen; zum Prüfen, wie dann zum Ertragen jener Andersartigkeiten. Die beste Art des Helfens, das wäre gelöst-offene Bereitschaft, zusammen und im Wechsel mit schwebend-abfedernder Zurückhaltung, die spürt und weiß, wann es recht, wann genug und wann es unmöglich ist. Feines Gespür ist not, immer feiner, eine Offenheit, eine immer wieder von Neuem unbefangene Haltung. Und dann ist es ein sich klärendes und reifer werdendes Vertrauen. Das wäre es; und solches auf „beiden Seiten der Hilfe".

- Der Nachdenklich-Spürsame wird sich deshalb so schwer tun mit Helfen, weil er weiß und erfuhr, daß es dabei immer um ein Eingreifen in das Schicksal des Anderen geht.
- Viel mehr verstehen – den Anderen und das Geschehen;
viel mehr ruhen – im Außen wie Innen;
viel mehr loslassen – in der Begegnung wie in der Stille.
- Das große Ideal: wenn die Beeinflussung der Umwelt mehr und mehr durch die gesamte Art und Einstellung des Menschen geschehen kann. Einstellung, Haltung, Stimmung (Stimme!) sind es, die beispielhafte Tiefenwirkung, auch auf die unbewußteren Schichten Anderer auswirken können.
- Die Beeinflussung der Umwelt durch ein mehr und mehr von Innen her leuchtendes Wesen.

Überwindungen – Abseitiges, „Nichtstun", Nicht-Ich, Abwendung
– stehen vor uns immer wieder.

Es wächst das Überwindende – aus der tieferen Erkenntnis um das **Wesen des Menschen**; aus der Pflege und Bewährung der **einfachen Dinge** und Gegebenheiten; aus den vielerlei **Entscheidungen**, die das Leben dauernd erfordert; aus der geduldigen **Bereitung** und **Bereitschaft** –, die zusammen die Überwindungen des Ichhaften vorbereiten.

Hemmung, Leid, Unvollkommenheit – sie begleiten den Menschen auf dem langen Weg – zu sich selbst, zu Einheit und Stille. Denn aus

Unvollkommenheit, Leid und zweifelndem Suchen heraus nur kann es wachsen – das Überwindende.

Der großen Einfachheit des menschlichen Seins kommen wir näher auf diesem Weg, auf vielen Stufen, auf- und abführend, in Aufschwung und Erschlaffung. Das menschliche „Ich" beginnt immer deutlicher zu werden dem klaren Blick. In Ablegen und Überwinden wird das „Ich" durchsichtiger, vielleicht auch leichter, weniger verletzbar. Zwischen, oft mühevoller Übung und der Freude des Überwindens wandelt sich das Wesen, der Kern; der Mensch wird wesentlicher und menschlicher zugleich. Mühen und Kämpfen einen sich mit der Erleichterung; werden zur tiefen Selbstverständlichkeit dieses Pfades in die Freiheiten.

> Herrschaft in der eigenen Person,
> das ist Aufgabe, ist Ziel;
> Zwischenziel
> auf dem Weg der Bereitung und Befreiung.

Von „Abseitigen" in dieser Zeit – ist zu handeln.

> „Die Leute haben (mit Hilfe von Konventionen) alles nach dem Leichten hin gelöst und nach des Leichten leichtester Seite. Es ist aber klar, daß wir uns an das Schwere halten müssen." „...es ist gut, einsam zu sein, denn Einsamkeit ist schwer ..." (Rainer Maria Rilke)

> „Für einige, vorerst nur wenige Menschen ist das Gefängnis des Alltäglichen und des Festgelegten, wie das oberflächliche Dahinleben unerträglich. Sie ziehen es mehr und mehr vor, sich den Zufällen und Einfällen in der Weite einer ungewisseren und unbegrenzteren Einsamkeit auszusetzen, als in den mancherlei vordergründigen Sicherheiten zu verharren, in welche sich die Meisten gar zu gern einhüllen." (Rilke)

> „Daß das menschliche Leben im strengen Sinne, eben seiner Unübertragbarkeit wegen im Wesentlichen radikale Einsamkeit ist." (José Ortega y Gasset)

„So muß man schon der ‚Welt' in radikaler Weise den Rücken kehren können." (Ortega y Gasset)

Dem stehen entgegen so manche Auffassung der modernen Welt, wie „Lebensfreude", Drang nach Geselligkeit, „interessierte Aufgeschlossenheit" und „Informiertheit".

„Wenn das Bedürfnis nach Einsamkeit verdächtig ist, wenn man sich entschuldigen, verbergen muß wie ein geheimes Laster. (Fast) Jede Tendenz, Stimme, der Druck der Außenwelt ist gegen diese neue Art der Verinnerlichung gerichtet." (Morrow Lindbergh, „Muscheln in meiner Hand")

In dieser Welt zu sein und doch nicht Untertan dem Treiben und Getriebenwerden: ein sehr alter Vorentscheid für alles Streben nach Verinnerlichung und Vervollkommnung geistiger Art, für alles Streben, das über diese Welt hinausgerichtet ist. Die Haltung, welche diesem Vorsatz zugrunde liegt, meint nicht, gegen den Strom angehen; sie bedeutet so etwas, wie „irgendwo" abseits zu leben, wo es weniger „strömt und treibt". Unser Wort bedeutet vor allem eine zurückgenommene Haltung, ein teil- oder zeitweises Beiseite-Stehen. Es ist das Eingeständnis der gefährlichen und zerrenden Übermacht und „Untermacht" der Zeitverhältnisse. Die in diesen Versuchen immer wieder angesprochene höhere Haltung zunehmender Verantwortung des Einzelnen, ist durchaus in der Einsamkeit des Gewissens begründet. Es kann sich von hier aus, im Bewußtsein der eigenen Verantwortung, den zumeist übertriebenen Forderungen der allgemeinen Sitte und bürgerlichen Gesetzlichkeit entgegenstellen.

Aus dieser Notwendigkeit zur Vereinsamung, zur Tarnung und zum Ausweichen vor dem „Strom der Zeit" haben sich einige Formen und Weisen besonderen Lebens ergeben. Entgegen stehen solche den Hauptgefahren wie Hetze, Oberflächlichkeit und gesellschaftlicher Zwang vor allem. Da ist der „Waldgänger"; er hat erstrangig stille und verdeckte Züge in seinem Bild, in seinem Leben, die sich nur kaum einmal zu gezieltem geistigen Tun steigern werden. Die Aufgabe seines „Wald-Daseins" erfordert eine erhebliche Arbeit an sich, am eigenen Lebensgang. Eine schöpferische Unruhe und Wachsamkeit werden ihm zu eigen sein; eine bleibende Aufgeschlossenheit.

Bei Karl Jaspers („Die maßgebenden Menschen") heißt es: „Der große Philosoph (und zunehmend auch jeder ernstlich auf dem Pfad Befindliche) hat eine innere Unabhängigkeit gewonnen, der die Starrheit fehlt. Die Unabhängigkeit im Wagen der ständigen zeitlichen Unruhe und im Gewinn der absoluten Ruhe. Diese Unabhängigkeit ist bleibende Aufgeschlossenheit."

Er kann es ertragen, anders zu sein wie Andere, ohne dieses zu begehren. Einsamkeit hält er aus! Er hat nicht den Stolz der Einzigkeit, sondern die Kraft des unabhängigen Sich-Wandelns. Seine Wirkung und Auswirkung wird eine überwiegend mittelbare sein; eine Wirkung auf das „Ganze", auf die „Hintergründe", das unsichtbar-unbewußte Geschehen der Zeit.

Als eine Zwischenform, in der Mitte von „Welt-" und „Waldgänger", an beiden beteiligt, zeigt sich der „Grenzgänger". Er wird sich (pendelnd) zwischen „Wald" und den mancherlei Zuständen der Zeit aufhalten. Er muß pendeln, muß noch pendeln, aus verbliebener Abhängigkeit oder aus Klugheit; auch aus dem Gespür einer Aufgabe am „sterbenden Geschlecht": Wandlung und Verwandlung des Menschen in seine wahre Geistigkeit hinein.

Und es ist der „Durchbruchstyp" zu nennen. Ein solcher wird lange in Stille und Einsamkeit stehen und sich selbst bereiten in mancherlei „Durchbrüchen". Er wird irgendwann auch hervortreten, wenn endgültig reif geworden, durchgebrochen zu den mancherlei entscheidenden Erfahrungen und Verwandlungen; und wenn die Zeit reif wurde, reif für Abbruch, Aufbruch und Umbruch. – Und schließlich gibt es da noch ein kaum Erkennbares; selten genug und sehr fern: den „Überschreitenden", der abgelöst ist vom Getriebe, von Kontakt; von Vorbereitung auch; von „Grenze" und „Wald" sogar.

Man kann diese alle, im Gegensatz zu den Weltmenschen, wohl auch die Desillusionierten, die Ent-täuschten nennen, die Wesen ohne Brillen, Scheuklappen und Zerrspiegel. Sie leben „nur noch so", so auf Abbruch oder „auf Abruf". Sie leben „am Rande der spätbürgerlichen, vorkatastrophalen Gesellschaft dahin“ (Verf.). Sie sind auf der Wacht an so manchen sonderbar-verwegenen Orten; denn Wachsamkeit ist die wahre und immer deutlicher werdende Hauptaufgabe dieser Weltminute.

> Wenn das hintergründige Schicksal will, daß ich etwas Bestimmtes tun oder lassen soll, wofür die Umstände und mein Inneres reif wurden, findet es auch den Weg, es mich wissen zu lassen.

Weniges zur Lebenshaltung der Abseitigen in dieser wirren Zeit. – Sie leben allein oder zu sehr wenigen zusammen; durchaus nicht immer am selben Ort, in mäßiger Entfernung; aber schicksalsmäßig, aurisch, gespürsmäßig verbunden. Sie leben besonders und damit gefährlich-gefährdet, wie gefährdend – das Ungeistige und das Aufgeblähte; leben anders wie die Anderen in fast jedem Ding; sie leben vernunftgemäß und ausgerichtet (dem höheren Gesetz eingepasst).

- Mut mit einer tief-geistigen Art, ist allerdings eine entscheidende Eigenschaft für höher-geistige Entwicklung.

Eine entscheidende Frage ist es, wieviel Anerkennung, Geltung braucht man von der Umwelt her, was fast immer mit überzogener Selbstbestätigung verbunden ist; oder, wie groß ist die Unabhängigkeit geworden, eine Eigensicht und rechte Eigengeltung; gestützt freilich durch gültige Bestätigungen aus der Welt geistiger Erfahrungen und Gesetze. Es mag wie bei „kommunizierenden Röhren“ (Physik) sein, die in unmittelbarer Verbindung stehen: innere (berechtigte oder unberechtigte) Unsicherheit und Schwächegefühle (Minderwertigkeits-Komplex) werden den Bedarf nach Anerkennung deutlich erhöhen; ein Maß an ruhiger Sicherheit wird dieses Bedürfnis herabsetzen. Solche tiefliegenden Gefühle (Komplexe) können zum Versuch des Über-Ausgleichs (Kompensation) führen und dann zu einer Blindheit gegenüber den eigenen Schwächen und Einbildungen, – Illusionen –, den Abfälschungen und Verfälschungen!

Und der Mensch hat gewiß ein „Übermaß“ an **Verantwortung** – so gegenüber sich selbst, den anderen Menschen und Wesen – und so gegenüber der Vergangenheit, so gegenüber den Fehlern, wie gegenüber den Aufbrüchen und Steigerungen einer Gegenwart – fordernd, unerbittlich; gegenüber einer Zukunft, die überall vor ihm steht – als Möglichkeit und Verheißung, wie als ein unerbittlich Apokalyptisches (Verhülltes offenbarend!), das keine Ausflüchte mehr zuläßt.

Gefahren sind gegeben, neben den mehr äußeren, denen die Waldgänger auszuweichen bemüht sind, wichtiger noch die inneren, innerseelischen (psychologischen). So manches gefährdet die Abseitigen: Verkrampfung und Irrtum etwa; Selbstüberschätzung oder übermäßige Kritik des Äußeren.

Sehr entscheidend das häufige Sich-selber-Testen auf die mancherlei (meist verborgenen) Schwächen hin; und so auch auf die Formen der Furcht, auch der vor dem Tode.

Es gelten vordringlich die Tugenden der Tarnung, Schonung, Geduld und Mäßigung; des Sich-Stärkens und Sich-Bewahrens. Der Mensch hat in der (zeitweisen) Einsamkeit größere Kraft und Freiheit und Wirksamkeit. Stille ist not, und aus der kraftvollen Stille heraus gute Gedanken, reine Strahlungen. In dieser Stille vollzieht sich eine vielfältige Kristallisation gereinigter Kräfte und Strebungen: die wahre weiße Magie.

Eine neue Doppelhaltung ist not: Offenheit nach „innen“ zunächst; und dann auch die Offenheit nach außen; eine bewegliche Bereitschaft für mögliche Kontakte, für Hilfe, Weisung, geistseelische Stützung der Umwelt. Eine Doppelhaltung auch so: eine feingehaltende, wartende Geduld; und auch ein Sichvorwärtsstoßen, ein drängendes Nichtvergessen der entscheidenden Aufgaben. Ein Zeithaben ist es (in kühler Ruhe) und auch ein Sich-gedrängt-Fühlen.

Vorbereitet sein auf den Ruf der „Enthebung“ und auf den Anruf zur Leistung (welcher Art auch immer) bei der „großen Verwaltung allen Seins“.

Wir wollen uns nicht damit zufriedengeben, kümmerlich von der Hoffnung auf eine zukünftige oder jenseitige Vervollkommnung zu leben. Wir brauchen sie jetzt! Unsere Bestimmung ist es eine solche, jeweils mögliche Vollkommenheit im Erkennbaren und Spürbaren zu verwirklichen.

Wandlungen stehen unmittelbar bevor, die noch umpflügender, durchschütternder, langwirkender sein werden als heute erwartet. Wer könnte solches (noch) aufrichtig und wirklich bezweifeln? – Auf solche Wandlungen und Verwandlungen äußerer, wie innerer Art bereiten sich manche Kräfte im Stillen vor. Wenn wir schon vom Zeitalter des Ausgleichs auf vielen Gebieten sprachen, so wird es noch weiter und tiefer gehen. Ausgleich wird kommen zwischen „Weltlichem“ (Äußerlichkeit) und „Religiösem“ (Verinnerlichung!) und hinführen zu einer Haltung der eindeutigen Verbundenheit mit den kosmischen Gesetzen und denen in der eigenen Brust. Feinere, schicksalhafte und lebendige Gesetze werden es sein, durchzogen von den Richtlinien, die sich aus den nahen und den fernen Dingen und Vorgängen ergeben und zusammensetzen.

Nehmen wir die mancherlei Zeichen verbindlich, so verbindlich, wie es möglich wird in jedermanns Lage; und auch diese ersten noch vereinzelten beispielhaften Lebensformen. Entscheidend mag nicht sein, daß sich tatsächlich viele in ordensähnliche Kleinstgemeinschaften einreihen. Es geht vielmehr darum, daß möglichst viele von denen die aufgewacht sind, die vom Aufbruch erfaßt wurden, sich diesen Ideen und Möglichkeiten erst mal öffnen. Solche Öffnung könnte darin bestehen, daß einfache anwendbare Ansätze geprüft werden; daß man solches vergleicht und in Beziehung setzt zu Ideen, die vielleicht im eigenen Inneren schon einmal aufgekommen sind oder anderweitig erfahren wurden: sei es in der Literatur, im wahrhaftigen Buch, oder – besser in der lebendigen Wirklichkeit.

Vom Mut zum geplanten Nichtstun

– auch das eine Frage, Problematik, eine Möglichkeit, die in den Raum von Entscheidung, Bereitung und Überwindung gehört, dem Vorhergehenden nahtlos sich einpassend.

„Es ist das vielfache Leben, vor dem die Weisen warnen.“ (China)

„Die geheime Macht des echten Weisen: Ruhe, Ergebung, Leere, Nichtshaben, Untätigkeit." (Weisheit aus China)

„Die Leute haben alle etwas zu tun; nur ich bin müßig – wie ein Taugenichts." (Lao-Tse)

Rechter Müßiggang ist vieler Lasten und aller Lasten Ende.

„Der eigentliche Mensch ist noch nicht da, und darum auch noch nicht die ihm eigentümliche Lebensweise." (Johannes Müller)

Der Mensch hat diese erstaunliche, wunderbare, fast „unnatürliche" Möglichkeit, sich zeitweise aus der Versklavung durch die Umstände zu lösen.

Das „geplante Nichtstun"; Tun –; Nichtstun –; wie ist es damit? – Eine umrißhafte Deutung kann so aussehen: Nichtstun soll stehen gleich kaum noch Übliches tun. Geplant, das bedeutet gewollt, durchdacht; vernunftmäßig und ethisch ausgerichtet.

Der Mensch hat sich klar bewußt und aus einer gewissen Reife heraus vom Gewohnten zurückgezogen und versucht, ein Leben der rechten Selbstschulung zu führen. Und das heißt: Selbsterkenntnis, Selbstfindung, Nutzung des noch notwendigen Alltags als Übung und Überwindung hin zu Einkehr und Stille. Ohne rechte Innenwendung, ohne diese wachsende Bemühung um Abstand zum vorüberflutenden Geschehen, wird es schwer, zu schwer sein, die Planung wie das „Nichtstun" durchzuhalten. Es wird zumeist noch tätig sein, jedoch ohne Drang und Zwang; ohne die übliche Energie und Ausdehnung. Es wird sich keine Lasten mehr aufbürden, wo nicht das „Schicksal" eben sein eigenes Karma ihm solche auferlegt. Feines Spüren und Prüfen ist not!

Ein derart besonderes, zurückgezogenes Dasein versteht sich als Lebensweise schöpferischer Muße, der Freiheit vom „Muß", vom eisernen Muß der Umwelt und vom Muß der eigenen Bedürfnisse. Dieses geplante Nichtstun erfordert eine hohe Beweglichkeit im Denken und Handeln; es ist eine, wenn auch nicht leichte Möglichkeit des Überlebens in dieser Zeit! Dabei wird man immer wieder erfahren, wie groß die Gefahr der Selbsthochschätzung, der

Selbstüberschätzung ist und die Entwicklung gefährdet; und wie dann Kleinmut, Furcht, Feigheit, Gefühle der Minderwertigkeit und der Schwäche den Strebenden hindern können. Es wird ein Mut nötig sein und eine Ausdauer, ein langer Atem, ein mittleres Maß auch, um jenes stufenweise „Herabschalten" und Ausscheiden auf immer stillere Stufen in natürlicher Weise zu ermöglichen.

Es geht bei allen diesen Bemühungen vornehmlich um eine Erschließung des neuen und immer wachsenden Bereiches der **Offenheit** – Bereitschaft, Wachheit, Elastizität: das Nicht-festgelegt-Sein. Diese Offenheit ist ein rechtes den Dingen Entgegenwarten, ein gelöstes Entgegenspüren. Und eine solche Haltung ist nur in einer Lebensweise möglich, die einem viel freie Zeit läßt und Gelegenheit für ein langatmiges Wartenkönnen: die Art und die Atmosphäre des „geplanten Nichtstun". Es ist eine Lebensweise der Innenwendung bei Abkehr von Aufgaben in der Welt: Insistenz nicht Existenz! In der Gegenwart zu leben, in der dauernden Gegenwart, in Erfüllung der gesetzten Haltungen und Aufgaben – außen wie innen –, das ist jenes zweckfreie „Nichtstun", dem zwar ein Plan unterliegt, das aber doch von einem „größeren Plan" gelenkt wird. Es ist eine Planung voll geheimer Weisheit, dauernd und wechselvoll angepaßt den Notwendigkeiten der eigenen Entwicklung und Befreiung; und solches damit auch auf die Mitwelt gerichtet. Es ist ein Leben in der Zeitlosigkeit, das sich mißt und vergleicht am Ablauf der inneren, charakterlichen Vorgänge und Werthaftigkeiten; an den Antworten der eigenen Seelentiefe auf den vorüberziehenden Strom der Ereignisse, Anregungen und Gefühle. Es ist Ex-Formation, nicht mehr In-Formation!

> Die Stunde spüren – im Rahmen des „Geplanten" –
> und sie zu nutzen als Werkstatt der Freiheit: das ist Gebot.
> Löse dich vom Eignen, löse dich zutief;
> steh' im Schweigen –, die Tiefe rief.

Der Bereich des „Nicht-Ich" – schließt sich hier an,

ein Bereich entscheidender Erfahrungen, Forschungen, Erprobungen und Überwindungen. Vor Augen haben wollen wir, daß es sich um schwerwiegende Erfahrungen und Erkenntnisse handelt, die den ganzen Horizont des Menschen verwandeln können; und daß es nur in längerer und klar-nüchterner Bemühung zur wahrhaft hilfreichen Wirklichkeit werden kann.

Anatta (Pali): ohne festen und bleibenden Kern und Gehalt einer Person, eines Wesens; kein souveränes Ich; keine unveränderliche Seele; ein ewiger Prozeß nur sich dauernd wandelnder Strebungen und Wirkungen. Wie tief wirksam wäre es, wenn es gelänge, diesem Begriff, der Tatsache der Nicht-Ichheit von der praktischen und alltäglichen Seite näher zu kommen. Das gewöhnliche Bewußtsein ist jedoch bestimmt durch: Nichtverdauung, Nichtverwertung, Verdrängung, unbewußte Furcht vor der Klarheit, Leere-Angst; durch Überkommenes (Traditionen), Gewohnheit und den Zwang des Alltages. Es ist das sehr hohe „Eingelaufensein“ des alltäglichen Lebensganges und der persönlichen Bedürfnisse, welche das Erkennen der Ich-losigkeit verhindern. Und dann ist es vor allem der Ichdünkel als das stärkste aller Wohlgefühle. Die Überwindung der Ichhaftigkeit und der Ichbindung der vielen Arten ist tatsächlich der feine und entscheidende Schlüssel auf dem Weg der Lösung und Erlösung.

Es liegt also durchaus eine Fülle von Schwierigkeiten vor (1) dem verstandesmäßigen Erkennen, (2) dem tiefen Erfassen und – Annehmen – und (3) der Verwirklichung der Wunschlosigkeit und Ichlosigkeit. Zunehmende rechte Freude, Befriedigung und Erleichterung können dabei erst dann aufkommen, wenn schwankende Unbeständigkeit und Unvollkommenheit des Daseins tief erkannt und angenommen sind; die Überwindung eingesetzt hat. Erst der Leidbereite und Leidüberwindende wird zunehmende Freude erleben bei der sich vertiefenden Erkenntnis und Erfahrung dieses – letztlich und eindringlich betrachtet – ichlosen Charakters der eigenen Person.

Zur tiefdringenden und praktischen Beleuchtung von „Ich“ und „Nicht-Ich“:

- Jedes „Ich“ wächst erst nach der Geburt aus unendlich vielen kleinen Reizmomenten von völliger Dumpfheit bis zum klaren und zumeist am stärksten zufriedenstellenden Gefühl des „Ich bin Ich". Erlernbar, erwerbbar also ist es, aufzubauen erst aus der Fülle der inneren und äußeren Gegebenheiten.

- Das „Ich" ist das tiefgelagerte Innengefühl; das, was man spürt und merkt, wenn man, sehr kurz oder etwas länger aufmerkt, „bei sich" ist, Abstand gewinnt zum Prozeß. Es ist dieses sonderbare „Ich bin", aber doch nur angewöhnt, antrainiert aus dem Zwang der Selbsterhaltung, und das in der großen Länge der Übungszeit dieses Lebens.
- Das „Ich" ist ein gefühlsmäßiges Bewußtwerden des immer neuen Aufleuchtens einer bestimmten Zone des zentralen Bewußtseins, in der die Außen- und die Innenreize sich berühren.
- Das „Ich" muß also, um seine ganze Bewußtheit, seine Einheit und eine gewisse Ruhe zu wahren, im Wachzustand eine Art von Dauer, eine Kette einander folgender Ereignisse erkennen und teilweise bewahren. Es ist das innere Gefühl der Beständigkeit, einer durchlaufenden Folge, der tiefunterbewußt verankerte und umgreifende Zwang zu geistiger Selbstbehauptung.
- Der Mensch ist vor allem eine Dauer-Anpassung an die Fülle der Vorgänge; eine meist so sehr mühsame, vielfach unbewußte Anpassung an den Zwang der Umstände. Da ist keine irgendwie unabhängige Mitte, keine bleibende Einheit.
- Es sind ja nur Daten und Strebungen! Es sind Aufkommungen – Andrängungen – Eindringungen – Vorstellungen – Bildungen von einem durchaus abhängigen und unbeständigen Charakter.
- Der Strom des Werdens und der Schein der Ichheit: das ist es, was vorüberzieht am menschlichem Bewußtsein.
- Es sind vor allem das Merken der Gegebenheit, Wissen und Wille, Angst und Sorge, oder auch gefühlvolle Begeisterung, die das „Ich" erscheinen lassen, in der ständigen Inbezugsetzung und Vergleichung mit Anderen. Und das ist die reine Veräußerung, das ewige Interesse an dieser Außenwelt.
- Ich wäre gar nicht, wenn ich mich mir nicht dauernd vorstellte; dauernd die ängstlich-stolze, meist unbewußte Verbindung suchte und aufrechterhielte.

○ Der jeweilige – bereits gefärbte Bewußtseinsinhalt macht in Wirklichkeit das jeweilige „Ich", die augenblickliche Haltung der Person aus.

- Der Ich-Wahn ist die In-Eins-Setzung des wahrnehmenden Geistfeldes mit dem Vorgang der Wahrnehmung.
- Das wahrnehmende Bewußtsein ist an sich reiner Geist, der aber fast immer durch die Vielzahl von Gefühlen und inneren Bewegungen bestimmt ist.

Von der Überwindung in der meditativen Praxis

Man muß sich schon an diese mancherlei „Ichlosigkeiten" gewöhnen, sie bedenken, merken, spüren. Es ist ein langer Weg der Umgewöhnung; und es sind – zu Zeiten – gezielte Bemühungen nötig. Das Ichgefühl als ein durchlaufendes Gefühl einer festen Einheit ist nur ein ganz grobes, undeutliches Bewußtsein. Beim immer näheren Hinschauen ergeben sich vielleicht mancherlei „Auflösungen" des Erlebnis-Ichs und der begleitenden gewohnheitsmäßigen Gefühle. Die drei großen Kennzeichen allen Seins treten deutlicher hervor, treten immer häufiger an die Stelle des „Ich". Und auch die eigenen Schwächen, Bezwingungen, Spannungen werden deutlicher, wenn man loszulassen beginnt vom Gefühl und vom Schein-Wissen einer einheitlichen, abgerundeten und unabhängigen Persönlichkeit. Eine solche Selbstentfremdung kann aber auch zwiespältig wirken, kann sich negativ auswirken, wenn das alles noch nicht zur Reife kam, noch nicht verkraftet werden kann. So gilt es denn, erst einmal so manches „Ureigene", auch Verborgene, Verdrängte herauszuarbeiten, um es schrittweise zu lösen. Das ist die rechte Selbstentfremdung, die Auflösung von Ichhaftigkeit und Ichgefühl.

Es ergibt sich der Abstand zum „Ich" (Geistbewußtsein, citta); es wird häufiger in seinem Erscheinen (Bewegtheiten, Gefühle, Körperlich-Nervliches) erfahren. Eine Art von Ichlosigkeit kann als Wirklichkeit erlebt werden; vor allem in der Gedankenruhe, wenn ohne inneres Sprechen und ohne die „Bilder" aus dem Gedächtnis. Die rechte „Mitte" wird erfahrbarer und bestimmender, der vor allem Unabhängigkeit und leise Freude eigentümlich sind.

Das Zentrum der Bewußtwerdung, hinter dem mittleren Gesicht, ist Ursprung des Ichgefühls, der Empfindung und der ersten Willensregungen; und das wie ein Beobachter einer Welt von Dingen ringsum.

Der zunehmend stärkeren und stilleren Einkehr und Beobachtung werden immer mehr Teile, Dinge, Schichten der eigenen Person zum „Nicht-Ich"; bis es einmal – vielleicht für sehr kurze Zeit – auch dieser letzte eingebildete Ich-Bereich selbst werden kann.

Es geht um das häufige Erspüren, Merken, Beobachten dieser, meist nur so sehr geringen Bewegungen, Veränderungen, Antriebe, die sich von diesem Willens-Zentrum her ergeben. Es geht also zuvörderst immer wieder um den möglichen zeitweisen **Abstand** zu diesen inneren Feinst-Vorgängen (dazu vor allem Teil III „Die Pfeiler der Freiheit"). Man merkt dann manchmal, wie erste Unruhe, Bedrückung, Leere, Schmerz, Wunsch aufkommen, oder auch nur noch ein geringstes Gefühl von „Ich". Und man merkt vielleicht einmal etwas von dem, was als der reine Zustand des Bewußtseins bezeichnet werden kann (mehr dazu an Erfahrungen und Erkenntnis im vorletzten Kapitel „Von der Freiheit des inneren Seins und Bewußtseins" vonTeil V dieses Buches).

- Das „Ich" entsteht aus dem (auch ansatzweisen) inneren Sprechen (anfänglichem Wollen!); es endet fast ganz, wenn einmal völlige Entspannung und feine Bewußtheit des Gesicht-Mund-Bereiches möglich wird.
- Wenn man „abschaltet", kann man den Körper verhältnismäßig einfach und häufig als das reale Nicht-Ich erleben. Und abschalten, das heißt, nichts wollen, augenblicklich ganz passiv werden und spüren, was „das da" ist.
- Wenn die Ich-Vorstellung einmal nicht mehr gebraucht wird –, dann ist volle Reife gegeben.
- Im Spüren des Nicht-Ich tritt unmittelbar Erleichterung auf und zwar aus der sich ergebenden Hemmung von Neigung, Trieb und Wollen. Es ergibt sich eine seelisch-geistige und dann und dann auch eine leibliche Leichtigkeit.
- Die rechte Ichlosigkeit –, das ist zugleich auch eine Selbstlosigkeit, in der das Selbstische, das Egozentrische, immer wieder überstiegen wird – in das Erspüren der Mitwelt hinein: das klare, einfache, das rechte Mitgefühl.

Irgendwann einmal endet das Spiel der Abertausend Illusionen endgültig. Wie sollte es anders sein? – Aber sich bereiten, sich vorbereiten, sich selbst überwinden in der Vielzahl der kleinen alltäglichen und inneren Schritte und Spürungen: das ist es. Alle wirkliche Auflösung erfolgt langsam und in vielen Stufen; und das umso mehr im Fall der langverwurzelten, triebgebundenen Gefühle unseres kleinen jubelnden oder leidenden – unwirklichen „Ich".

Die folgenden Kapitel sind insgesamt und in vielen Einzelheiten dem praktischen Weg und dem tiefen Erkennen dieser letztlichen Ichlosigkeit gewidmet.

Um die rechte und wirkende Anwendung

– und Entsagung geht es einem Menschen, der sich selbst erkannt hat, die Welt und auch schon die Gesetze in diesem Prozeß; der sich entschieden, tiefer bereitet und auch schon so manches überwunden hat an Wünschen und Illusionen; der sich auf dem „Pfad" befindet, hinein in die große Erleichterung und Vergeistigung.

Man weiß wohl, daß es in diesem Menschenleben kein bleibendes Gut gibt; daß es alles begrenzt ist und daß es sich erschöpft. Und wenn es einmal erschöpft ist, dann enthüllt sich die nackte Notwendigkeit – Vergänglichkeit – Not und Wesenlosigkeit alles nach außen gerichteten Lebens und Strebens. Aber sobald diese Wahrheit in etwa deutlich zu werden beginnt, deckt man sie – unwillkürlich zumeist, mit Illusionen und Selbstbetrug zu. Diese Grunderkenntnis ist so sehr hilfreich, ist freilich auch gefährlich für den, dem das übliche (und das übliche „geistige") Leben noch erstrebenswerter erscheint als der tatsächliche Gang in Wirklichkeit und wachsende Freiheit hinein. Um solches zunehmend ertragen zu können, muß man diese Freiheit schon mehr lieben als das Leben herkömmlicher Arten.

Es sei auch deutlich gesagt, daß noch wichtiger als Abwendung, Entsagung und Überwindung der weltlichen, äußeren Angehungen das Erkennen, Durchdringen und Überwinden der gesamten Ich-Verfestigung ist. Und es wird deutlicher werden, daß „Ich" und „Welt" letztlich in Eins gehen. Das „Ich“ ist eben nur jenes „Stückchen Welt“, an das wir uns geübt-gewöhnt haben vom Babyalter an; die Antwort der Tendenzen auf die Signale, die das Bewußtsein auf den fünf äußeren Bahnen und aus dem Gedächtnis erreichen.

Bei aller Klarheit einzelner oder weiterreichender Abwendung – hauptsächlich bei und von sich selbst, geht es darum, daß man das Leidhafte und Schwache immer wieder sehen kann und doch nicht – für mehr als kurze Zeit – unfroh wird oder in Verzweiflung gerät. Wenn man spürt, daß einem das Aufgeben und Loslassen der verschiedenen Arten da und dort oder zu Zeiten oder überhaupt noch recht schwerfällt, dann kommt es darauf an, daß man nicht doch wieder die Flinte ins Korn wirft. Geduld haben, sich Zeit lassen, sich elastisch einstellen auf das oft so grausam-unerbittliche Auf und Ab der gegenwärtigen kurzzeitigen Lebensbahn. Denn wir sind fast immer den verschiedenen Schwankungen unserer eigenen Lebensbahn ausgesetzt, wie erst denen des äußeren Lebens. Diese sind fast nicht beherrschbar; sind ein wesentlicher Teil der weltweiten Unvollkommenheit des Daseins.

- „Dem Unterscheidenden ist alles gleich leidvoll, (nicht wirklich erstrebenswert), weil alles Leid verursacht – als Folge oder als Vorgefühl des Glücksverlustes, oder als neue Sehnsucht, die unter dem Eindruck des Glückes entsteht; und auch als Gegeneinander-Wirken der Qualitäten.“ (Zwiespalt von Begehren und Gewissen etwa, Verf.)
- „Darum halten die Yogins die Gesamtheit dieser Eindrücke, seien es nun gute oder schlechte, für Leid bewirkende Hindernisse, die der Seele den Weg zur Freiheit versperren.“ (zweimal: Patanjali, „Yoga-Sutras“, II/15, II/12).

Es geht darum, daß sich aus dieser persönlichen „Kampfsituation“ heraus nicht Ablehnungen, Unfreundlichkeiten und Härten gegenüber der Mitwelt ergeben. Es muß und kann im Gegenteil so sein, daß sich aus der hautnahen Erkenntnis der Unvollkommenheiten der Körperlichkeit und aus der Klarheit über die oft so langwierigen eigenen geistigen Schwächen, eine zunehmende Bescheidung nach außen hin und eine zunehmende Bescheidenheit oder auch

Erbarmen gegenüber Anderen ergeben. Und hier ist gewiß ein Ansatzpunkt für den (häufigen) Einsatz der Übung im durchdringenden Wohlwollen, in Güte und Erbarmen, in Freudigkeit und Gleichmut: den vier „göttlichen Verweilungen“. Denn diese Haltungen des Inneren sind das Öl auf den Wogen und im knirschenden Getriebe. Sie sind bester Ausgleich für gefahrdrohende Härte nach innen wie nach außen. (siehe Kapitel „Zur Lebensnähe und Helferkraft der Lehre des Buddha“).

- Es gilt, die Zusammenstöße zwischen Ich und Welt, zwischen Geistigkeit und Wirklichkeit, Idealität und Realität verstehen zu lernen; und zu versuchen, nicht anders sein zu wollen, wie der eigene Stand (Standort, Schicksal), die eigenen Gesetzlichkeiten es einem nahelegen oder vorschreiben.
- Sich von nichts und niemanden mehr ablenken, beunruhigen, bestimmen, tyrannisieren lassen in der tiefinneren Stimmung und Haltung.
- Eine starke Geist-magische Kraft, ist der Wille, allein gelassen zu werden. Dort, wo du bist, wird Einsamkeit sein.
- Askese geistiger Art kann man als eine Übung in zunehmender wissender Klarheit gegenüber sehr vielem Erleben bezeichnen. Es ist (doch immer wieder) das letztlich entscheidende Mittel, um zu einer tiefgreifenden Entreizung und einem Gleichmut gegenüber dem Lebenstraum zu kommen.
- Askese ist vor allem Widerstand gegen Trägheit, Gewohnheit, Schwäche, Gehen-Lassen; das häufige Sich-Überwinden. Es ist der beständige Versuch bewußter Veränderung, gezielter Beschränkung und Entsagung; so als ein Beschneiden des Wuchernden, Eindämmung des Ich- und Welthaften.
- Um Beschränkung der Interessen bemüht sein und zwar mit Tiefen- und Dauerwirkung.

o Abstand zur Umwelt – so viel leichter als zu sich selbst. Bewußter Abstand – das entscheidende Reife-Zeichen; ein „fester Stand“ im Wirrwarr und Überfluß des Geschehens; denn: zunehmender Abstand ist gleich abnehmender Reizwirkung, Desinteresse: Abstand. Immer deutlicher wird der Charakter des Unwirklichen und des Hinderlich-Unheilsamen.

- Das viele „Eigene“ – im inneren Bild, so Gefühl und Neigung, inneres Sprechen, Planen, Sorgen – gilt es zu erkennen, immer wieder und zu überwinden; es lockerzulassen und zu spüren, wieviel leichter dann alles werden kann.
- Vom Direkt-aufs-Korn-Nehmen des Wunschhaften; diese Ablenkungen und Schwächen unmittelbar spüren; ja, sie fast „herauslocken“ und sie dann mit gezielten Erkennungen und Spürungen, mit den klaren Erfahrungen der Vergangenheit ausschalten und sie dauerhaft beenden .... mit viel Geduld!
- So nutzen der starke Zugriff der Erkenntnis, sowie die stete Übung im Loslassen und Aufgeben, schließlich das Hängen und Wähnen ab, bis es einmal ganz versiegt. Es ist ein natürliches Wachstum, ein Entwachsen. „Denn so, wie wir die Unzahl von Dingen einmal und unzählige Male ergriffen und bejaht haben, so müssen wir sie auch allmählich wieder abbauen und abwickeln.“ (Nyanaponika Mahathera)
- Im langgeduldigen und klugen Abdienen, Überwinden und Ablegen der fast unendlichen karmischen Lasten, Verdunklungen, entstehen die zunehmende Leichterung und Erlösung.

  „So wird der Mensch mit der Zeit immer unbekümmerter um die Welt der Erscheinungen, da er erfährt, daß er aus seinem Innren alles erlangen kann, dessen er wirklich bedarf.“ (Adela Curtis, „Die neue Mystik“)

Und doch: er braucht diese Erdenwelt, die Materie, den Körper – Störung und Reibung – geradezu für seinen sehr eigenen Weg der Vervollkommung, der Überwindung und Befreiung.

- Das „Endsal“ mag ein solcher anstreben, vor sich haben und nicht mehr Labsal, Trübsal, Mühsal –, „Schicksal“ und „Schaffsal“.
- Der Gewöhnliche ist glücklich durch die Erfüllung von Wünschen und Abwesenheit von Bedrängnis: abhängiges Glück! – Der Sich-Befreiende empfindet Glück, besser Wohl, Frieden – ohne „Erfüllung“; eben bei der Abwesenheit von Wunsch und Erfüllung.

- „Lös“ –, das ist die genial-einfache Formel des „Pfades“. Es schließt alles Entscheidende mit ein: Entspannung, Beherrschung, Öffnung, Heiterkeit, Klarheit und Ruhe. Lös – dich, es! Lös auf; lös ab.
- Nur wer das eigene Bewußtsein und die geistigen Kräfte, Möglichkeiten gelöst hat vom Begehren und vom Krampf, vom Wollen und Deuteln, von unnötigen Bezügen zur Welt, nur der kann „Sonne“ sein (solarità); kann sonnenhaft leben, sein; unabhängig, abgelöst, kreisend in der einfachen Wirklichkeit.

Man kann immer wieder an die nichtweltlichen oder nicht sinnenhaften Befriedigungen denken; an das Körpergespür der Leichtigkeit; das Spüren und Erlauschen der mächtigen Spannung höherer und freierer Ebenen (OM, Lebens-Grundenergie, das strömende tiefinnere Brausen des „lautlosen Tones“ – Tonus); an die Erkenntnis der Zusammenhänge an die wachsende geistige Unabhängigkeit; an die herrlich-grenzenlose, tiefe Gelöstheit, Sammlung und Ruhe der Vertiefungen. Das ist die leichte Seite der Abwendung!

- Zwischen Freude über eigene Fortschritte und der „Abkehr“ immer wieder zu wechseln: große Klugheit!
- „So kennt rechtes Lassen kein Bedauern, denn ein Neues, Besseres trat bereits an die Stelle des Aufgegebenen: das Glück der Ledigung, die innere Heiterkeit des Erkennens, die Leuchtkraft eines geläuterten und gesammelten Bewußtseins.“
(Nyanaponika Mahathera)

„Man muß wie Pilger wandeln,
frei, bloß und wahrlich leer.
Viel haben, halten, handeln,
macht unsern Gang nur schwer.
Wer will, der trag‘ sich tot;
wir reisen abgeschieden,
mit wenigem zufrieden,
wir brauchen‘s nur zur Not.“ (Gerhard Tersteegen)

Ein schwerwiegendes, ein tiefschürfendes Sinngedicht –;
klar-einfach, säuberlich;
ohne Umschweife eine Haltung darstellend,
die allem „Normal-Menschlichen"
(zumal dieser Zeit) entgegensteht.

„Man muß ..." – man muß schon ...,
wenn man auf die Freiheit zuwandern möchte.
Ohne ein Entsagen geht es nicht. Es ist ein „Muß", das geschildert wird.
„Wie ein Pilger" – das meint:
nur der, der aufgebrochen ist,
der die „Stätten" verlassen hat;
sein Heim im Wandern, im (sich) „Wandeln" sieht.
Einer, der sich „abgewandt" hat; zwischen Weisem, Mönch, Asketen und „Welt-Wanderer" mitten inne.

„Frei, bloß und wahrlich leer"- von der „Welt" ... und noch mehr und tiefgreifend vom „Ich", vom Ichhaften, von Geltung und Selbstbehauptung; eben Freiheit suchend; auf das „bloße Sein" gestellt; „bloß": in der Einfachheit stehend; „wahrlich leer" –, wahrlich, „wahr und wahrhaftig"; leer von der Tausendfalt der Inhalte, die sich ausgebreitet haben, unübersehbar, „fressend", unersättlich, übermächtig so oft.

Sich immer wieder „begeben" dem „Brot" und den „Spielen" –, der Sklaverei des Üblichen; sich hingeben dem Still-Einfachen, das wächst, „wachsen will" aus Wurzeln, Hintergründen her, die „personare", die äußere Hülle „durchtönen", so sie sich lockert und löst, sich begibt der Vielfalt.
„Viel haben, halten, handeln ..."; „haben": Äußeres und Inneres; es „sicher haben", verfügbar; sich absichernd; Bürgerliches leben und halten; Geltung geben, zumessen dem „Eigentum dieser Welt".

„Halten" – fest halten; sich daran festhalten;
Halt suchen in den Fiktionen und Illusionen eines Eigentums.
„Handeln" – nicht abwarten; nicht stillhalten

in den Aktivitäten des „Ego“,
damit sich behaupten, Geltung erlangen.

„Macht unsern Gang ...“ – der Weg, die „Pflicht“, die Freiheit leuchten auf. Der „Pfad“, der „Gang“, als das Einzige, letztlich der Mühe werte. Die Bewältigung der eigenen Innerlichkeit, in der immer zunehmenden „Erleuchtung“: *die* Alternative

„Das leichte Ende leuchtet auf“!
„Nur schwer“: gar nicht anders, wenn von der Freiheit her betrachtet.
„Wer will...:“ – die ungeheuerliche Haltung der Entscheidung; die Rücksicht fiel – vieles bleibt zurück, für den, der es wirklich will –, nicht mehr anders kann.
„... der trag‘ sich tot“ (!) –, hier ist das Gesetz, eben „nackt und bloß“. Wir werden das, wohin sich das Bewußtsein, unser inneres Wesen bewegt; worin es lebt. Denn „du bist deines Schicksals Schmied“! – Und es geht so, daß der Mensch „abnimmt“ (zum „Tode“ hin) an geistig-feineren Möglichkeiten, an Freiheit, wenn er sich nicht entzieht dem „großen Drang“.
„Wir reisen abgeschieden“; „wir“ – das kleine Häuflein der Entschlossenen. Da geht es entschieden, ohne zurückzublicken weiter auf der „großen Reise“.
„Abgeschieden“ (Eckhart!) –, getrennt, fast schon gelöst von der Vielfalt; so ganz für sich, im Bannkreis des Stillen.
„Mit wenigem zufrieden“ –, eben, weil man weiß, daß fast alles Last ist; daß „wenig ... mehr“ ist; das meiste doch (auch den Bemühten) abhält vom Entscheidenden.
„Neues meiden – Vollendung erreichen!“ (Lao-Tse)
„zufrieden“ –, das ist letztlich die Haltung dessen, der „angekommen“ ist: bei der Wunschlosigkeit, der Bedürfnislosigkeit, der Geltungslosigkeit.
„Wir brauchen‘s nur zur Not.“ Wir erfahren und erkennen immer besser das wahrhaft Not-Wendige; um die Notdurft zu decken; Schaden abzuwenden; die Möglichkeiten des Ganges zur Freiheit zu erhalten, so gut und solange immer möglich und nötig.

Das Ende des Suchens, des Irrens;
das Ende von Wunsch und Wahn;
das Leben in der Entscheidung und in der Scheidung;
der klaren Unterscheidung zwischen „Pfad" und „Sinn"
und alledem, was trügt, nicht trägt;
was blendet, nicht leuchtet; was nicht ist und nicht sein kann –
vor der Ewigkeit.

Fremdheit und Entfremdung – schwerwiegende Begriffe.

Tief eingedrungen sind wir in die Bereiche der Wandlung; haben uns weiter und weiter vom Üblichen entfernt, gedanklich zunächst und immer zunehmend auch mit dem ganzen Leben – in der aus-dauernder werdenden Übung. Wie wäre es dabei anders möglich, als daß Einsamkeit und Gefühle der Fremdheit und Entfremdung – gegenüber der „Welt", der Mitwelt, wie auch gegen sich selbst, immer wieder einmal – und manchmal bedrängend aufkämen.

Zu dieser tiefgehenden Frage von Fremdheit und Entfremdung gibt es so vieles zu erproben und zu erfahren. Die Herauslösung geht in vielen Stufen vor sich. Mit der Absonderung und dem wachsenden inneren und äußeren Abstand wächst auch die Entfremdung. So wird ein solcher eben auch mehr und mehr „fremd" sich selbst gegenüber –, dem Eingebildeten, Illusionären; dem aus geistmagnetischen Spannungen gebildeten, sogenannten menschlichen kleinen Ich.

Einsamkeit ist um den Menschen vom Ursprung her; das Individuum ist das Unteilbare, letztlich Unübertragbare; und so wird es auch scheinbar einsamer um die Lebensbahn im Fortschreiten auf den Pfaden. Aber auch der Fortschreitende flüchtet noch zu leicht in das Bekannte, in Verbindung und Verbindlichkeit, in der Beziehungen Fülle, in Wärme und Nähe. Und der Einzelne bleibt ja auch mit der „societas" verbunden, mit den gesellschaftlich-zivilisatorischen Notwendigkeiten in ihren helfenden und hindernden Umständen.

Schwer ist – wir erkannten es – der wirklichkeitsgemäße Weg, der Eigenweg, die oft so mühsame Weg-**Findung** und Weg-**Bahnung** auf den Spuren des eigenen Geschickes, der eigenen Bestimmung. Eine Stärke ist not, eine schicksalsmäßige Stärke; die Energie zu einer wirklichen Vereinfachung, Vereinsamung und Entfremdung als das stärkste, das einzige *Mittel* wahrer Selbstfindung, aber nicht als Zweck an sich.

Je näher man sich selbst kommt, um so fremder wird man fast aller Umwelt.

Doch es gilt auch, daß nur, wer sich selbst ein guter Freund und Helfer sein lernte, recht und immer tiefer, dann auch echt und wirklich Freund und vielleicht geistig-menschlicher Helfer für manchen Anderen wird sein können. Und wer dann zu sich selbst, zu seinem langsam vergehend-vergangenen kleinen Selbst immer mehr Abstand gewinnt, fremder wird in der rechten nüchternen Weise –, wer fähiger wird, wirklich aufzugeben, um den wird es immer eindeutiger, sicherer und heller. Hier eröffnet sich der **Zielbereich** dieser Stufen einer rechten Entsagung und Vereinsamung.

Und es schließt nun eine solche rechte Entfremdung gewiß nicht aus, daß der „Entfremdete" der Mitwelt gegenüber wohlwollend, duldsam und hilfsbereit sein kann und einfach muß. Ja, hier, in der anderen, stillen Art, der verwandelten Weise des Fortschreitens, hier mag und sollte es hervortreten, hervorströmen, die verwandelte und verwandelnde **Güte gegenüber allem Lebendigen.** Und wenn es diese Umwelt, langsam zunehmend immer besser vertragen, verdauen, *nutzen* könnte, all dieses ungewöhnlich Neue! Wenn Bereiche dieser Umwelt miteinbezogen, hineingezogen werden in den langsam anwachsenden, immer klarer und mächtiger werdenden Strom neuer, unumgänglicher und heilsamer Entwicklungen –, dann könnten Fremdheit und Entfremdung sich wandeln in eine Reife, in ein gegenseitiges Verstehen, Helfen und vielleicht auch Miteinander-Gehen: Wegkameradschaft.Der Weg ist offen – in die Vereinzelung hinein, wie auch in die klare, nüchterne und feine Gemeinschaftlichkeit vieler strebender und sich mühender Wesen: die **Gemeinschaft der Einzelnen.**

TEIL III DIE PFEILER DER FREIHEIT

Die Entscheidung ist gefallen; die Bereitung, die Vor-Bereitung hat längst begonnen; die Überwindung des Hindernden – außen wie innen – hat begonnen, ist entscheidende Hilfe geworden. Vor uns – noch im Undeutlichen – die „Pfeiler der Freiheit", die unbedingten Voraussetzungen, der große Rahmen für den Pfad; die „Hohen Pfade", die aus „Allzumenschlichem" hinausführen können und werden.

Die große Achtsamkeit, **der tiefe Blick auf das Geschehende**; der Blick, der langsam klarer wird und selbständiger: Satipatthana.

- Die tiefe Sammlung und innere Stille, die **Hingabe an das Geschehende**: Samadhi.
- Die weite und tiefe **Beeinflußung des inneren Wesens** durch Wort, Begriff, Klang und Bedeutung: die **Wesens-Wirkworte**.
- Die Bereiche einer Geist-Magie, die das Dasein des Menschen durchzieht als eine sonderbare Schulung und **Möglichkeit der Erweiterung**, der Belebung, aber auch der Überwindung des Unvollkommenen.
- Das große „**Lös**" schließlich –, das Durchbrechende, der Durchbruch durch vorletzte und letzte Schranken, die vor dem Bereich der Freiheit stehen: Krise (Scheidung) – Katharsis (Reinigung) – Metamorphose (Verwandlung). Der Gang ins Un-Bedingte, das Anrühren der „Welt an sich"; die Lösung aus den Fesseln von Gewohnheit, Furcht, Verstand und Hochmut.
- Wenn man den **Mut** findet, nicht immer wieder nur „dies und das", anscheinend so Sinnvoll-Wertvolle zu tun, sondern einfach dazusitzen, zu spüren, zu lösen, zu horchen auf den Körper, auf die Unruhe, auf das „Ich", auf Langeweile und Unmut; aber auch auf die kleinen Winke, Befriedungen, Erlösungen aus der Fron des Gegebenen; und des Aufgebauten; und des Ausweichens in die Überzahl der Ablenkungen: dann ist der Mensch, ein Wesen, auf dem Weg in die Erfüllung tiefreichender Freiheit.

Schulung des Geistes und Erfolg in der gegenwärtigen Achtsamkeit und Bewußtseinsklarheit

– in Anlehnung an das Satipatthana, die inner-klare Hauptübung des buddhistischen Freiheits-Pfades: der erste und entscheidende Pfeiler.

Dieses ist eine umfassende Durchleuchtung und Anwendung des so entscheidenden Bereiches der Bemühungen um ein zunehmend klares Zustands-Bewußtsein. Es ist die Übung und Fähigkeit in der unmittelbaren Aufmerksamkeit und Bewußtwerdung (sati), sowie die der Widerspiegelung der dauernd abrollenden inneren Verbindungen. Dieser ganze große Bereich des inneren Wirkens ist in gleicher Weise von mehr punktförmigen (konzentrativen) wie von bewegt-vergleichenden (meditativen) Bemühungen durchzogen; sei es zunächst nur

als Gewinnung von Abstand zur Gesamtlage oder
zur Bewältigung einer Schwierigkeit,
zu tiefer Lösung und Ruhe,
zur Ausbildung von Achtsamkeit und Bewußtheit,
zur Stärkung des Willens,
zum Gewinnen von Wissen über sich selbst und das Dasein.

Diese besondere Art der Einstellung (Konzentration), das ist **Hinrichtung** der Wahrnehmung, der Bewußtwerdung, des ganzen inneren Geschehens auf eine gewisse augenblickliche Mitte, einen Ausschnitt des Erscheinenden. Die richtige Übung in der gegenwärtigen Achtsamkeit ist das Merken, Erkennen und zunehmende Beherrschen von immer mehr Anstößen, die gewöhnlich mehr oder weniger unbewußt und von selbst ablaufen. Sati (Pali), das ist das deutliche gegenwärtige Bewußtsein. Und es wird sich damit ein zunehmender Abstand zur Gesamtlage ergeben und damit wachsende Klarheit, Nüchternheit, feineres Erkennen und auch Beherrschung. Es ist so, daß Begeisterung, Gefühl, „Seelisches" häufig recht hinderlich sein werden für den Weg einer echten und ausdauernden Wandlung in der Tiefe. Nur jenes Bewußtsein erlangt und bewahrt Einheit und durchsichtige Wirklichkeit, das ohne

Verdrängungen auskommt, ohne das so gewohnte Übersehen und Vertuschen. Statt üblichem „Fern-Sehen“ mag es sich dabei um ein „Nah-Sehen“ handeln. „Sich selbst“ nahe sein und sich dabei auch zunehmend „fern“ sein, im wachsenden Abstand eben. Hier liegt die unvergleichliche Spanne, die alles umschließt, alles kennzeichnet, alles ausmacht und entscheidet: die Frage der wirklichen Unabhängigkeit und Standfestigkeit des persönlichen Wesens.

Denn wahre, freie Persönlichkeit, das bedeutet Einheit des Bewußtseins und „Herrschaft im eigenen Haus“

Satipatthana, das ist die langgeduldige Übung und Erfahrung, eine immer klarer werdende Bewußthaftigkeit, ein immer größerer Abstand zu den inneren Bewegungen des Ichhaften. Es ist ein durchdringendes, ein wirklichkeitsgemäßes eigenes Erfahren und Erkennen des Daseins, so als Ich und als Welt.

Hier folgt zunächst eine freie Einführung in die überlieferte Art der Übungen aus langer Selbsterfahrung, eingestellt auf Art und Möglichkeit heutiger Menschen. Man kann den Begriff und den Inhalt dieser großen Dauerübung mit einer ganzen Reihe entscheidender Begriffe übersetzen, erklären und ausfüllen: Wachheit, Bewußtheit, Gegenwart des Geistes, Aufmerksamkeit, Klarheit, Hinrichtung, Achtsamkeit, Wachsamkeit, Beherrschung und auch Besonnenheit. Das Haupterfordernis ist eine stark gerichtete (konzentrierte) und doch gelöste Beobachtung, das hilfreiche „Festbinden“ (= Yoga) der Aufmerksamkeit an den Dingen der vier Hauptgruppierungen.

1. Das Erblicken, Spüren oder Merken (Tastwahrnehmungen) des Körperlichen.
2. Das Merken der aufkommenden Empfindungen und Gefühle verschiedenster Art und Güte (vedana und cittasankhara).
3. Beobachtung und sehr feine, „tastende“ Bewertung der Zustände des gesamten „Gemütes“ (Geist = citta), als einer größeren Einheit unserer seelischen Bewegungen.
4. Beobachtung und unmittelbares Bewerten des Gesamtablaufes der geistigen Vorgänge, der Erscheinungen (dhamma), Bilder,

Anstöße und Reizungen. Und das ist zugleich die Beobachtung der Regungen des „Ich".

Es ist das eine Aufmerksamkeit und Beobachtung, die sich willentlich und bewußt auf Dinge und Vorgänge vieler Art hinrichtet. Und mit dem immer klareren Herausarbeiten der Wirklichkeit, mittels Durchdringung eines oder mehrerer Gegenstände, ergibt sich Erkenntnis und Erfahrung der Unbeständigkeit allen Seins, der Bedränglichkeit und der zumeist nur sehr geringen Beeinflußbarkeit und Beherrschbarkeit der entscheidenden Vorgänge des Lebens: Alterung, Begrenztheit, Zerfall. In dieser rechten Beobachtung, Bewußtwerdung, Durchdringung und zunehmenden Beherrschung wird fast jeder Vorgang – ob körperlich oder seelisch, äußerlich oder innerlich – erheblich bis ganz „entblättert"; wird zunehmend abgestoppt und auf seine wirklichkeitsgemäßen, seine wirklichen Grundbestandteile zurückgeführt. Die Hauptaufgabe dieser Bemühungen ist die zunehmende Durchdringung und das Erkennen der Abhängigkeit aller Ich-Regungen und damit auch „Auflösung" des Ich-Gebildes.

- Meditation, die **innere Übung**; ein ungeheuer Vielgliedriges, Vielschichtiges; ein weites Netzwerk von Bewegungen, Beobachtungen, Störungen, Treibungen und Befreiungen.
- Bewußtwerdungen finden *nur* innen statt; sind ganz in der persönlichen, eben mehr oder weniger begrenzten Psyche gelagert. Das jeweils gegenwärtige Bewußtsein kann gewöhnlich nur so sehr wenig erfassen. Das ist großes Leiden, die Unvollkommenheit schlechthin.
- Es ist so, daß viele Bemühte, der Übung an sich Geöffnete, zehren von vergangenem Erfolg; von einmal oder öfter Erreichtem; große Gefahr, da man so nicht wirklich in der lebendig sich wandelnden Gegenwart stehen und sie nutzen kann.

Diese Art der inneren Übung ist vor allem ein spürsames inneres Stillhalten. Die langsam zunehmende Fähigkeit der klaren Beobachtung und Bewußtwerdung ist erst die Vorbedingung und allgemeinere Vorstufe zum daseinsbeherrschenden Satipatthana, der Gesamtübung in immer durchgehender, immer stillerer, ichloserer

Beobachtung der Abläufe. In der rechten Übung findet eine zunehmende Hinrichtung auf gewisse, langsam sich vereinzelnde, sich vereinheitlichende Dinge, Vorgänge oder Begriffe statt. Das gewöhnliche Denken tritt weitgehend zurück, jedenfalls bei einer einigermaßen rechten Übung dieser inneren Bewußtwerdung.

Wer recht aufgebaut hat, vom Grunde her, bei wem eine gewisse Reife gegeben ist, der wird mit diesen Übungen – zäh und geduldig angewandt – wahrlich Unerwartetes und Umwälzendes erreichen können. Nicht umsonst hat der Buddha vom „einzigen Weg" gesprochen; eine Übersetzung, die freilich nicht ganz eindeutig ist (so auch einzigartig, allein zu gehen, einheitlich, zur Einheit führend), die aber zeigen mag, daß dieses der einzige Weg ist, der tatsächlich in die noch zu beschreibenden echten höheren Pfade und Befreiungen hineinführt.

Der volle (ideale) Vorgang der Beobachtung verläuft in den vier Bereichen jeweils in vier einfachen Schritten:

1. Den Körper (das Gefühl, das Gemüt, die geistigen Bewegungen), im Ganzen wie im Einzelnen, als Tatsache und Veränderung spüren; da ist „er", ist „es";
2. den Ablauf der besonderen Bewegung, so vor allem den Atem nach Schnelligkeit, Deutlichkeit und auch im Verhältnis von Ein- und Ausatmung zueinander immer deutlicher und zusammenhängender merken;
3. das Gesamtgespür (auch der gesamten übrigen Körperlichkeit) erfassen und – mit der zunehmenden **Weite** der Einstellung – auch Einzelheiten spüren, erfassen. Man ist hier in der Lage, mit der Aufmerksamkeit zu wandern und sie doch nicht zu verlieren. Auf dieser Stufe geht es unmittelbarer, spürsamer, umfassender, in etwa „hellspürend" vor sich;
4. das Abklingen der Vorgänge merken und es dann in der feinen Weise dieses verinnerlichten Zustandes fördern.

Bei der Betrachtung der Empfindungen und Gefühle (2. Gesamtstufe, vedana), handelt es sich durchaus nicht um Gefühle unserer landläufigen Art; denn solche haben bei dieser nüchternen Übung keinen Platz mehr. Alle solche stärkeren Gefühlsbewegungen, Gefühlshaftigkeiten oder gar Ärgernisse und Kümmernisse, sollen und müssen zeitweise eingestellt und teilweise schon aufgelöst sein, wenn man mit einer, auch nur einigermaßen rechten Übung dieser gegenwärtigen Achtsamkeit auf den Ablauf des Alltags, wie der inneren Vorgänge beginnt.

Es geht um die Betrachtung der Artung der meist gefühlsmäßigen Aufkommungen nach heilsam, unheilsam oder unbestimmt. Es geht um die feine Bewertung, wie auch um das Ablassen von geringeren Empfindungen, den *Ansätzen* zu Gefühlen also; so etwa der Unpäßlichkeit, des Hungers oder der Fülle des Magens; der allgemeinen Freude oder Bedrückung, der Zuneigung oder Abneigung, auch gegenüber den Übungen selbst; und dann um das Merken von feinen langsam deutlicher werdenden Beunruhigungen, Störungen, Ichhaftigkeiten. Es geht auch um Scheidung in sinnenhafte und in unsinnenhafte Regungen und Gefühle.

Die gefühlshaften Aufkommungen, Vorgänge, Färbungen –, sie stammen aus dem „wabernden" Riesenbereich, dem so unheimlich lange schon eingewohnten Bereich der gefühlsmäßigen Bewertungen, des Für und Wider, der Tendenzen, der Neigungen und Abneigungen: (handgreifliche) Verfälschung einer Wirklichkeit, die nur dem immer klar-kühler werdenden Geist einsichtig werden kann.

Bei der **dritten Stufe** geht es um den Bereich des gesamten Gestimmtseins. Nachdem die Empfindungen und Gefühle fast ganz abgeklungen sind, ist es die Betrachtung und dann die bloße Feststellung des allgemeinen Zustandes des Gemütes, des „Geistes" (citta), des inneren Haushaltes. Ein Gemüt oder auch einen einheitlichen Gemütszustand gibt es in Wirklichkeit nicht. Es ist diese nur das Gesamt der eintreffenden Eindrücke, zusammen mit der unmittelbaren Wirkung (und Tönung!) auf das Nervensystem (Solarplexus, Herznerven), auf das Bewußtsein und auf die „dahinter lauernden Tendenzen". Man merkt die Befindlichkeit des eigenen Ichs nach: gröber oder feiner; begehrlicher oder abständiger; gespannter oder gelöster; träger oder wacher; unaufmerksamer oder aufmerksamer; dunkler oder heller. Vor allem mögen Zustände einer freudevollen

Befreiung deutlich werden. Auf dieser dritten Stufe ist der Abstand gewachsen zu den überwiegend ungewollten und unfreien inneren Bewegungen und Bedrängungen.

Die **vierte Stufe** ist ein Übungsbereich der Reife. Stille und Klarheit, sie sind erworben, und das gewöhnliche Interesse an den Vorgängen ist (zeitweilig) tatsächlich völlig abgeklungen. Es geht darum, die inneren und äußeren Dinge und geringeren Geschehnisse weitgehend und insgesamt – in ihrem Vorüberströmen am Bewußtsein – in die sehr feine neutrale Beobachtung (Bemerken) hineinzunehmen und möglichst abzutun. Immer deutlicher treten die Hauptkennzeichen des Daseins hervor: Unbestand, Bedrängnis, Unbeherrschbarkeit; dann auch die „Kräfte“ – Vertrauen, Energie, Achtsamkeit, Sammlung, Wissen; und die „Hemmungen“ – Zweifel, Trägheit, Unachtsamkeit, innere Unruhe, Unwissen.

Die geistigen Bewegungen, das ständige „Abtasten“ des außen und innen Gegebenen: das ist überhaupt „der Mensch“, ist sein ständig sich wandelndes Wesen. Der aufnehmende (rezeptive) Teil des Geistigen, das sind die fünf „inneren Sinnes-Tore“ (Buddha) und das sechste, das „Tor“ für das von innen aufkommende „Geistige“. – Der wiedergebende, der tätige und willensbetonte Teil, das ist die „sprachliche Bewegtheit“, das innere Sprechen und Umkreisen; das Denken und Wollen.

- Wenn man „losläßt“, etwa ohne ichhafte Teilnahme hinschaut, hinspürt, dann sieht man die Dinge (Natur, Mitwelt, Selbst) und auch den Atem, mit einem Mal sehr genau vor sich.
- Weniges hier noch zu den **Vorbereitungen** der eindringlichen Übungsfolge. Als breite Vorarbeit zu den besonderen Übungen dient immer wieder und bestens die zunehmende Klarbewußtheit bei sehr vielen Dingen und Vorgängen des äußeren Lebens, bei den körperlichen Vorgängen, wie bei zunächst gröberen seelischen Regungen. Immer mehr Dinge mit Bewußtsein und Willen zu tun (lassen!), das ist letztlich der Weg zu steigender Freiheit des Menschen. Zu diesem Zweck mag so oft wie möglich die kurze (oder längere) Zustandsbewußtwerdung eingesetzt werden: Was ist jetzt ...? Was ist „außen“ ...?‘ – Aber viel wichtiger

noch „innen“; und *wie* ist es vor dem Hintergrund der erworbenen Anschauung? Wir befinden uns dann auf dem „Sati-Kontrollstand“ und im größeren Abstand zum vorüberflutenden Geschehen. Besonders wichtig und hilfreich ist es, den Vorgang des Essens häufig genauer bewußt zu verfolgen. Es ist die Fülle unbewußter Abläufe, aber wichtiger sind noch die vielfältigen kleineren Vorlieben dabei.

- Mensch = Bewußtsein; besser Bewußtheit, auch Bewußtwerdung. Der andauernde umfassende Strom der Aufkommungen ist – im Feinsten und vom Freiesten her – das wahre Leiden: die ewige Unruhe. Zugleich ist es aber auch Notwendigkeit und Hilfe auf dem langen Weg der Befreiung.

Die beiden entscheidenden Begriffe und Haltungen für unser ganzes Leben, wie viel mehr für die besonders vorbereitete und eine Zeit andauernde Übung in Ruhestellung (als Mahnung zu sich selbst): sei *gegenwärtig* mit der Aufmerksamkeit, im deutlichen Bewußtwerden; sei nüchtern, unbeeinflußt beim Prüfen und Scheiden; also nahe dem Ideal des „gleichschwebenden Abstandes“. Zeit, Tag und Stunde erspüren –, die inneren und äußeren Gegebenheiten; das spart Zeit und Kraft, erspart Enttäuschung und Vergeblichkeit des Bemühens. Und diese zuletzt genannten Haltungen und Einstellungen werden auch den guten Raum geben für ein mehr horchendes, für ein spürsames Leben. Häufiger spüren feines Geschehen – ganz gelöst: das Leben aus der „Mitte“, in dem der ichhafte Wille zurückgenommen ist. Der „Mensch“, das Bewußtsein, ist dann häufig im Inneren gelagert und bewahrt.

An dieser Stelle sei noch einmal deutlich erinnert an den hohen Wert und die Notwendigkeit einer gezielten und regelmäßigen, gewiß verfeinerten Körperschulung (siehe „Gymnastik“ in Teil II vom Vorband „Vom Pfad zur inneren Freiheit“). Besonders vor einer „Sitzung“ sollten leichte Spannungen, Dehnungen, Entlastungen erfolgen; so vor allem für die beanspruchten Gelenke und Muskeln. Unmittelbare Vorbereitung schon im Sitz, ist ein „Einschwingen“ des Körperlichen; dann eine sehr bewußte und stärkere Atmung; und auch etwas Akupressur (Punktmassage) an den Händen (Finger), an Gesicht und Hals; woraus sich manchmal ein stärkeres Gähnen ergeben wird.

Als gute direkte Vorübung, Einstimmung, sowie Abwechslung bei längeren regelmäßigen Übungen in Sitz- und Ruhehaltung dient die **Geh-Übung**: das langsame achtsame Hin- und Hergehen auf einer kurzen Strecke von etwa 5 bis 20 Metern; aber auch noch kürzer, so etwa auf einem kleinen Teppich. Das geht, weil die „Schritte" mit Nutzen *sehr* klein sein können (u.U. weniger als eine Fußlänge). Man sollte dabei kaum gestört werden. Die Hände liegen ineinander auf dem untersten Rücken, und eine Hand faßt die andere am Gelenk; die Arme können aber auch einfach entspannt herabhängen. Die Augen sind wenig geöffnet, der Blick eher nach innen gekehrt, auf das Gespür des gesamten Ablaufes. Erst die fast geschlossenen Augen ermöglichen eine hohe oft erstaunliche „Vereinigung" mit der fließenden Bewegung und manchen Einzelheiten. Die Blickrichtung mag leicht wechseln. Man kann auf den Vorgang „bewegter Körper" achten, oder die Bewegung der Beine, der Füße vor allem, klarer und zusammenhängender mit dem Körpertastgespür verfolgen; so bis in eine Reihe von „Zeiten" hinein: (1) Abdruck = Verlagerung des Gewichts und heben der Ferse; (2) Vorführen: besonders wichtig der „Start" und das Ziehen aus Hüfte und Oberschenkel heraus. Im besten Fall merkt man bei dieser sehr kurzen Bewegung fast unwillkürlich eine Art von Ablauf in mehreren kleinen Stufen. Nach dem Aufsetzen (3) möge man die neue Stellung kurz bemerken. Häufiger möge man auch vor Beginn der jeweiligen Bewegung kurz verharren; den Anstoß merken! Besonders wichtig und hilfreich wird das langsame Drehen auf der Stelle (!) sein. Bei den inneren Anstößen zu dieser recht schwierigen Drehbewegung tut sich einiges; ist Entscheidendes zu beobachten und zu erkennen. Hier, wie bei sehr vielen anderen Bewegungen, geht es darum, daß man den Anstoß (Impuls), Wunsch oder Drang eben vor der jeweiligen Bewegung merkt, dann kurz verharrt, wartet, es *bewußt* tut! Man wird dann manchmal erkennen, *wie* eine Entscheidung fällt; nämlich sie fällt „tief innen"! Sie fällt aus dem „Bild", der gegenwärtigen Stellung, dem angehängten Wunsch und dem Bild der neuen Stellung. – Das (sehr) langsame Gehen wird sicherer und gleichgewichtiger, indem man etwas breiter geht.

Wir nennen dieses spürende Hinmerken das „Positionsbewußtsein"; und dieses ist wichtig, nicht dagegen ein genaues und vielleicht krampfhaftes Üben und Konzentrieren. Man sollte den gelegentlich sehr langsamen Fluß der Bewegungen kommen lassen, so wie Stimmung, Umstände, Zeit es nahelegen. Beim Gehen, wie bei der Beobachtung der Atmung, gilt das Gesetz: je unruhiger oder je müder man ist, umso energischer und rascher sollte der Einsatz sein. Nach dem Gehen sollte man sich, möglichst achtsam, gleich in den Sitz begeben.

Über die vielen Möglichkeiten der meditativen Ruhehaltung wurde bereits ausführlich gehandelt (1. und 2. Band). Bei der Handhaltung sollte ausprobiert werden. Gefaltete Hände werden meist selbst einen Druck ergeben; bei Ineinanderlegen mag eine leichte Verspannung eintreten, freilich nur, wenn der Geist, das innere Sprechen arbeitet, also nicht ruhig ist. Man kann die Hände getrennt auf die Oberschenkel legen, oder am besten ganz zwanglos vor sich liegen lassen. Das Besondere sollte jeweils bemerkt werden. Hier geht es nur noch um das Beste in der übenden Haltung. Und es werden für den schon besser Geübten durchaus noch andere Haltungen in Frage kommen, wie die im 1. und 2. Band genannten; Zwischenformen, ganz nach der eigenen Notwendigkeit. So ist etwa bei wach-energischem Zustand auch einmal ein Liegen oder Fastliegen möglich. Vor allem aber kommt der Sitz in einem bequemen Sessel (o.ä.) in Frage und auch in einem einfachen (alten) Liegestuhl ohne Fußteil. Dabei muß der untere Rücken gut gestützt sein, mit ein oder zwei festen kleinen Kissen, und der Kopf aufrecht gehalten werden.

In stärker gelöstem oder auch ermüdetem Zustand kann man es einmal im Stehen versuchen. Für den, der möglichst den ganzen Alltag in den Gang der „Rücknahme" und Übung einbezieht, ist letztlich fast jede Haltung möglich; etwa Sitz am Schreibtisch, Arme auf der Tischplatte; und bei manchen Arten der Tätigkeit. Auch in etwas ungewöhnlicher oder unbequemer Haltung kann man gelegentlich verharren und beobachten, wenn man sich einer solchen bewußt wird.

Bei der Übung im Ruhesitz geht es um:

- Sitzen mit geringstem Aufwand, Anstrengung, Spannung; also möglichst ohne Störungen aus dem Körperlichen;
- eine unter Umständen längere Zeit des Sitzens;
- Zufriedenheit beim Sitzen, um Unruhe zu vermeiden;
- Vermeidung des Dumpf-Werdens: eine gewisse Raffung also.

Diese Punkte sind unvergleichlich viel wichtiger als alle möglichen rituellen, speziellen, konstruierten Regeln. Es geht um häufige und feine Anpassung an die eigene Lage; eine Beweglichkeit, ein geschicktes und geduldiges Versuchen und Verändern.

In der Übung

Am Anfang mag es nützlich sein, das fein deutlich werdende, oft nur sehr geringe Ungleichgewicht des in Ruhehaltung befindlichen Körpers zu erspüren; später und tiefwirksam, die Unvollkommenheit und Ungleichgewichtigkeit der Beobachtung selbst! – Es gibt eine fast dauernde Notwendigkeit der feinen Anpassung an die Veränderungen des Körperlichen in Spannung, Belastung, geringen Schmerzen, Müdigkeit. Es geht um häufige Körperpositions-Bewußtwerdungen, wie – und noch wichtiger um die „seelische Zustandsgleichung". Die jeweilige körperliche Haltung dient als gute Möglichkeit der Beherrschung und eines allgemeinen Tastgefühls; es erleichtert auch immer die Beobachtung der Atembewegungen am Magen, Sonnengeflecht, am Mund oder an der Nase. Es ist ein Gesamtkörpergespür (sitzende Haltung plus innere Gesamt-Tastung), zusammen mit dem Atem eine umfassende Bewußtwerdung. Den Tastsinn „einzuschalten", ist meist entscheidend bei der Abweisung von Störungen aus dem Inneren. Man kann merken, daß letztlich alle Sinne auf irgendeiner Art von Tastung beruhen, wenn ein immer feinerer Zustand der inneren Aufmerksamkeit erreicht wird. Und dieses innere Tast-Bewußtsein merkt vor allem auch die Veränderungen durch den Vorgang der Atmung.

Wichtig und hilfreich ist das Merken und Beobachten des von selbst eintretenden, sehr langsamen Zusammensinkens des Körpers im aufrechten Sitz, so vor allem in der Wirbelsäule. Wenn nötig, möge man eine langsame und bewußte Änderung vornehmen. Es kann körperliche Müdigkeit die Ursache sein – echte oder falsche (!), und eine solche, meist kaum erkannte Art der Dumpfheit beruht oft auf einem Sauerstoffmangel im Gehirn; der entscheidende Grund auch für zunehmende geistige Unruhe und Abweichung für die Unmöglichkeit, die feinen Belästigungen in der Übung zu überkommen. Die Aufmerksamkeit richtet sich auf die dumpfen oder leicht schmerzenden Stellen über den Augen, an den Schläfen, und meist wird ein Gähnen ausgelöst.

Zu Beginn und während der Übung, in schwächeren Phasen vor allem, sollte man eine „Innervation" einsetzen: das fein-intensive Hineinspüren, das „Durchpulsen" vieler Teile des Körperlichen. Es ist eine feine Anspannung, die aber wesentlich im Bereich nervlich-geistiger Energie gelegen ist. Nützlich kann es sein, wenn man zu Beginn oder während des Übens eine gewisse muskuläre Anspannung einsetzt, so in den Händen, im Gesäß und unteren Rücken, sowie am Mund; und das auch dann, wenn vielleicht nichts zu kämpfen ist. Es bedeutet immer einen Energiezuwachs, eine Anregung und Wachsamkeit; auch ein Überwinden noch verborgener Müdigkeit. Es ist eine gute Kreislaufanregung, eine Verstärkung der wirksamen Elemente der Atemluft-Aufnahme. Es geht über eine stärkere Bewußtheit und Anspannung zu einer Verlangsamung der Vorgänge und dann zur Entspannung; eben wieder die Innervierung, eine Durchpulsung des ganzen körperlichen Geschehens.

> Wenn man sich echt wohlfühlt, (wieder) in „Form" ist, dann ist zumeist innere Ruhe, Aufmerksamkeit und Zufriedenheit; dann sind äußere Störungen so gut wie nicht mehr vorhanden.

Das Körperliche ist immer wieder die entscheidend hilfreiche Möglichkeit auf dem Weg in stillere und ichlosere Bereiche. So kann man sich auf kleinere körperliche Beschwerden richten, diese voll annehmen oder gar zur Übung nutzen. Denn solche Bedrängnisse – in der

Übung deutlich verstärkt wahrnehmbar – sind oft der Grund für Bewußtseins-Unruhe und Ablenkung.

Es sei noch einmal deutlich hingewiesen auf die entscheidende Bedeutung der rechten, der durchdringenden Anschauung, der ersten Stufe des Achtpfades. Solches deutliche Erkennen und Erinnern der Wirklichkeit, Gesetzlichkeit und Unvollkommenheit des Daseins, zusammen mit dem lebendigen, dem fast immer so unbeständigen Augenblick, sollte stete Begleitung der Übungen werden. Es sollte immer farbiger, wirklichkeitsgemäßer erkannt sein und das innere Leben immer eindeutiger bestimmen; sollte die Einsatzbereitschaft erhöhen. So wird oft durchaus tätiger Denk-Einsatz nötig sein, um den Motor anzuwerfen, um das Stillere in Gang zu bringen. Erfinderisch und beweglich muß es zugehen – vor wie auch in der Übungszeit.

Bei vielen Gelegenheiten, aber vor allem im Ruhesitz, ist es hilfreich, die wirklichkeitsgemäße Trennung von Körperlichem und Geistigem zu merken, zu erkennen; wie das Geistbewußtsein die Anstöße gibt, auch die kleinste Bewegung noch lenkt. Die Aufmerksamkeit ist dabei aus Abstand auf den betreffenden Teil des Körperlichen gerichtet. – Noch einmal ganz klar: der „Geist", das Selbstbewußtsein, nimmt seinen Ausgang von den „Bildern" des Inneren her. Fühlen, Denken und Handeln sind abhängig. Es ist ein blitzschnelles Abtasten der Bilder und Wortbilder (!), das jeder kleinsten Entscheidung, bewußter oder unbewußter vorausgehen muß. Es gilt also, möglichst oft im Geistbewußtsein zu leben und zu spüren; bewußt als Geist mit dem Körper handeln; sich auch einmal so wie neben dem Körper befinden (!).

Körper; – Geist? – Was ist das überhaupt, wenn genau bedacht? Wo sind die Übergänge, wo die Unterschiede? Ist alles nur „Geist-Elektrik"?! – Die Übergänge erscheinen durchaus fließend dem lang-geduldig forschenden Blick; fließend bis zum allerfeinsten Stofflichen noch.

> Großartige Formel: wenn der Geist sich auf den Körper richtet, bessert oder heilt er den Körper wie auch sich selbst.

Störungen und Möglichkeiten der Überwindung

Wir müssen uns immer wieder klar werden, daß die bei weitem größte und hartnäckigste Quelle der Störung und Ablenkung das eigene Innere ist mit der Riesenfülle von fast laufend auftauchenden Erinnerungen, Wünschen, Fragen. Und diese Bilder, Bildverbindungen, die es eindeutig sind, Fetzen meist nur, sie ziehen die feine innere Aufmerksamkeit so oft ab von der gewollten klaren Bewußthaftigkeit. Man kann die immer feinere Geduld üben, den Geist, die Aufmerksamkeit immer wieder zurückführen zum Objekt, oder doch zur allgemeinen Wachheit, zum Kontrollturm, in den Abstand. Abstand ist aber – auch im günstigsten Fall – nur kurzzeitig möglich, in einigen der rasenden Momente des Bewußtseins. Abstand zum Inneren und „Ich“ – geschehen also sehr abhängig und begrenzt. Bei etwas längerer Abweichung kann man danach kurz prüfen, wo etwa der Beginn, der Anknüpfungspunkt lag und wie das Hauptinteresse war. „Desinteresse“ wird als Wirkwort oft von großem Nutzen sein: Abstand! Man sollte versuchen, die Ausreißer immer früher festzustellen, und man kann Freude empfinden, wenn es gelang, längere Zeit gleichmütig-bewußt zu verharren. Unsere gesamte innere Zuständlichkeit muß umgeschult werden, lange und zäh; anders geht es nicht.

> Aufmerksamkeit, Bewußtheit, innere Beweglichkeit in der Anpassung an das gerade Gegebene; die Fähigkeit des Erkennens und Vergleichens, des Prüfen und Einordnens.

Es gilt, beständig die Tätigkeit der Einbildungskraft in sich selber aufzuhalten, welche die Achtsamkeit oder auch die „Leere“, die zugrundeliegende, eigentlich gegebene Leere zu verdrängen sucht; erkennen – entreizen – lösen – still verharren. Hier liegt das Gesetz und die laufende Hauptaufgabe jeder echten inneren, das Wesen wandelnden Bemühung: Wunschlos bewußt werden der Ausflüchte vor der Erfahrung der eigenen Unruhe, Vielfalt, Zerrissenheit und auch der „Nichtheit“; denn die Reinigung und Entspannung der tieferen Schichten kann nur geschehen, wenn der Prozeß des so gewohnten und meist so unwesentlichen inneren Sprechens, des Bewegens von Erinnerung und Wollen zeitweise endet.

Wenn man zu Beginn einer Sitzung noch zu unruhig ist, um mit der eigentlichen, mehr zusammenhängenden Betrachtung beginnen zu können, durch innere Bilder, äußere Geräusche, durch körperliche Empfindungen abgelenkt wird, kann man solches sogleich als Hilfe nutzen, es deutlicher zu machen und etwas festzuhalten; eben zur Beruhigung, Verstetigung, und folgenden Hinlenkung auf das gewählte Geschehen. Bewußt werdende Geräusche – geduldig hingenommen – mögen hilfreich sein; Geduld und Einstellung werden geschult. Es geht darum, erst einmal von der groben Unruhe wegzukommen, einer noch gröberen als die, welche einem weiterhin (und noch lange) von innen her aufsteigen wird. Es dient der Innenwendung und Abstandgewinnung zum Alltäglichen und Umgebenden, wenn man zu Beginn möglichst ganz auf einen von drei Sinnen zu gehen versucht:

- Spüren des Körperlichen,
- Schauen von inneren Bildern, Helligkeiten und ähnlichem,
- Lauschen auf feine äußere und mögliche innere Töne (Tonus, OM; „Sphärenklänge").

- ○ Es ist immer wieder verblüffend: der große Unterschied in der Empfindlichkeit gegenüber äußeren und – mit steigender Reife – auch gegenüber inneren Störungen; je nach Lage des Gemütes, der Stimmung.

Man kann gegen Trägheit wie gegen Unruhe – die beiden Haupthindernisse auf dem inneren Weg – anfangs einen vertieften, leicht verstärkten Atem einsetzen, etwa in der Art des einfachen Yoga-Atems:

1. bewußtes langsames und vertieftes Atmen;
2. mäßig verstärktes Einatmen, zunehmend verlängertes Halten des Atems und ein ruhig verlängertes Lassen des Atems. Es ist das Willensschulung, Beruhigung und Förderung der leiblichen und seelischen Gesundheit in einem Vorgang.
3. Bei Unruhe und Abweichungen kann man die Atemzüge fein-innerlich zählen, und zwar möglichst auf die Ausatmung oder in der Atempause. Man wird ohnehin bei „dreizehn" meist die „zehn" von selbst weglassen. Wenn man das auch nur bei den

ersten 20 bis 30 Abläufen möglichst genau durchhält, so ist man schon in einem größeren Abstand zur Welt, zur eigenen Unruhe und Trägheit. Eine gewisse Automatik setzt ein, und eine solche kann manchmal recht weit führen (Samadhi). Bei mir ging es meist so: die Einatmung, mit einem leichten Steigen der Aufmerksamkeit, ist zu aktiv für eine Zählung; beim Gehenlassen tut es sich zwangslos, daß man in etwa merkt und in stillster Weise sagt, eher noch denkt: „aus“ und „fünf“.

4. Die wichtigste Weise, wenn es schon stiller und entspannter wurde: leicht verlängertes Gehenlassen des Atems und *nicht* mehr irgend willentliches Atemholen. Das ist schwierig, sollte aber immer geübt werden. Es kann sehr fein und sehr „fern“ – ichlos werden.

Ein ganzer Bereich für sich ist die Spürung des Mundraumes in vielen Einzelheiten. Solches dient immer der Wachheit und ist mit einer feinen Energie verbunden. Hier liegt so viel von dem, was man „den Menschen“ nennt: Wollen, Sprechen, Verbinden. In der Physiologie (Kunde der natürlichen Vorgänge) und der Psychologie wird vom „Reflexbogen“ gesprochen, der sich (in etwa) zwischen den beiden Jochbögen erstreckt und den mittleren Bereich des Gesichtes, vor allem Mund-Oberkiefer einschließt. Hier liegt die Anteilnahme, der **Wille** des Menschen. Der Reflexbogen verbindet die Bilder mit der Bewegtheit des inneren Sprechens – und hierin liegt das überhaupt entscheidende Geschehen. Es bedeutet – die Fähigkeit und Möglichkeit, Aufkommendes zu verknüpfen, mit Verstand und Willen „einzugreifen“ in das Geschehen; ist aber zugleich die ständige – und so schwer zu erkennende – Möglichkeit, Gefahr der Fesselung oder Zerstreuung; auch des Vergessens; das Außerachtlassen der feinen Linie innerer Beherrschung und Freiheit.

Die Unterbrechung oder die Beherrschung dieser, fast nie bewußten Bewegtheit des inneren Sprechens durch Bewußtheit und Hinrichtung auf die obere Mund- und Wangenpartie, ist der einfache, unmittelbare, der entscheidende, aber nicht leichte Weg zu innerer Ruhe und Unabhängigkeit. Es gilt, den inneren Dialog genauer zu untersuchen, ins erkennende Bewußtsein zu bringen, um von daher zu bremsen, zu entreizen; eben stiller zu werden. Man kann merken, innerlich sehen (!), wenn man ausschließlich hinschaut, wie das „Wollen“ (Mundraum) solches formuliert und leise ausspricht. Man kann auch erkennen und sehen, wie die Worte, schon Teile des Wortes oder Buchstaben im inneren Blickfeld erscheinen und dort „abgelesen“ werden. Man möge versuchen, aus einer Entspannung und Leere heraus, willentlich Worte, Buchstaben, Bilder zu formen, „dort hinzustellen“. Man wird merken, daß solches kaum (nicht) geht, sondern daß sich fast alles schon aus einer tieferen Schicht der geistigen Vorgänge aus einer unerhört feinen Verformung ergibt: die fast völlige Abhängigkeit „des Menschen“ und seines Willens von „irgendwo“ bereits vorhandenen und verbundenen Bildern und Gefühlen der Erinnerung.

Daß man das „Ich“, die Antriebe und das Ich-Denken wirklich beobachten kann, ist der entscheidende Beweis dafür, daß es kein Ich gibt, sondern nur vielerlei Bewegungen, Kräfte, Neigungen und Erinnerungen. Denn nicht ein Ich ist es, das die Bilder und das Sprechen merkt und beobachtet, sondern das gegenwärtige **Sati** –, die Möglichkeit des begrenzten und sehr schwankenden Abstandes zum eigenen Inneren, das den Strom der Dinge und die Anteilnahme daran, aus dem augenblicklichen Abstand heraus unterbricht.

> Es ist alles zusammengesetzt und in ständiger Veränderung: Seele, Geist, Ich, Gemüt, Gefühl.

Wenn man einen Gegenstand oder Zustand betrachtet, so auch die Ansätze des „Ichs“, und es dann möglich wird – oder einfach geschieht –, das betastende (begreifende) innere Sprechen wirklich fortzulassen, dann ist die, eben noch vorhandene Kenntnis des Betreffenden nicht mehr da. Hier liegt ein entscheidender, aber nicht leicht zu vollziehender Beweis für den, nicht von einem unabhängigen und festen Ich gesteuerten Ablauf der Vorgänge: Ichlosigkeit!

- Ein Wunsch (Begehren oder Abwehr) ist eine Spannung – im Seelischen, – im Körperlichen. Diese Spannung wird mehr oder weniger stark eine Störung erzeugen – wie fein auch immer – im großen Strömen der kosmischen Kräfte; und auch in den „seelischen“ Bewegungen (Anstöße, Eingebungen, Inspiration,

Intuition), die aus einer Tiefe des Seins in unser Wesen gelangen wollen und können.
- Wenn der Wunsch zum Denken endet –; dann endet so manches Hinderliche; eben auch das (Herum-)Denken.

Fortschritt und feinere Erfahrungen

Die Beobachtung (Spürung) der von der Atmung verursachten Bewegungen des Körperlichen sind der auf die Dauer nützlichste Gegenstand. Die Bewegungen am oberen Magen sind am deutlichsten und (wenn derart beachtet) auch der Gesundheit am förderlichsten, in der Bauchatmung und der Hinrichtung auf das so wichtige Sonnengeflecht. Wenn man einfach abschaltet, oder sich auf einen bestimmten Tast-Punkt des Körpers (Mundraum etwa) richtet – oder, wenn man gar nichts mehr will –, dann tritt die Bewegung der Magendecke oder anderer, vom Atem verursachter Bewegungen, Veränderungen klarer ins Bewußtsein. Denn dieses ist – im Zustand wirklicher Entspannung und Beschwerdefreiheit – die einzige deutlich bleibende Bewegung (Veränderung). Auch die genauere Bemerkung der Ausatmung bis zum feinsten Ende wird möglich. Der Lungenraum und die Herzregion (als Bereich besonderer Empfindungen), wie der Nasenraum sind weitere hilfreiche Möglichkeiten für das achtsame Spüren, das Bemerken des Atems und für die Sammlung. Wenn die Übung fortgeschritten, der Zustand sehr gelöst ist, der Atem ganz nüchtern gemerkt wird, dann ist – wirklichkeitsgemäß – nur noch ein feiner Wärme-Unterschied an und in der Nase vorhanden; nicht mehr „Ein“ und „Aus“ als Bewegung. Etwas deutlicher bleibt – auch bei großer Ruhe und Entspannung – die feinste Bewegung am Zwerchfell.

Infolge solcher Bemühungen mag man die Bewegung der Magendecke immer feiner spüren, was anfangs und immer wieder, gar nicht so einfach ist: Anfang – Ende; Stärke – Abschwächung; Schwankungen; Deutlichkeit; Willenseinsatz oder zunehmende Entspannung und Automatik. Es geht in den meisten Lagen um eine große Beweglichkeit, eine Anpassung an die, leider nicht einfache und für das feine Merken rasch wechselnde Lage. Es geht um eine häufig erneuerte Scharfeinstellung des „Aufmerksamkeits-Strahles" (Verf.) auf die Bewegung selbst. Fast jeder Atemzug ist etwas anders, oder wird auch nur anders wahrgenommen. Andere Teile der Atembewegung treten hervor, es geht um den Wunsch an einem (jedesmal) immer wieder besseren, klareren Merken, Spüren, Erfassen des Ablaufes. Man kann diesen Aufmerksamkeits-Strahl, das die Stelle spürende Bewußtwerden, solange üben, bis es die erwünschten oder eben aufgekommenen Stellen deutlich orten kann. Der Atem trifft auf seinem, auch längeren Weg manche andere Stelle, was man merken kann.

In der stillen Übung werden auch sehr feine Reizungen, Jucken oder Veränderungen immer deutlicher im feinsten Körpergespür; kleinste Störungen, die zu einer starken Hilfe werden können gegen die geistige (Gefühls-) Unruhe. Sogar das Schwanken, „Flackern", Vibrieren der Wahrnehmung selbst wird deutlicher und wird zu einem Hilfsmittel immer tieferer Hinrichtung und Erkenntnis und auch zur Überwindung. Es ist das Gesetz der dauernden fließenden Veränderung.

Ein sehr genaues Hinsehen, Hinspüren ist schon erforderlich – jedenfalls von Zeit zu Zeit. Denn es gibt so vieles zu bemerken im Verlauf längerer Beobachtungen dieses einfachen Geschehens. Es geht um ein steigendes Interesse an diesen stillen Vorgängen. Es entsteht Freude an der Klarheit der Bewegung; Freude an besserer Beobachtung; auch an den Schwankungen in der Deutlichkeit der Beobachtung selbst; Freude auch an der einfachen Stille. Und es sollten Wohl- und Glücksgefühl durchaus bemerkt, ja, hervorgerufen werden! Freude mag auch entstehen aus einer zunehmenden Harmonie der Atembewegungen, wie dann aus der Tatsache, daß diese eine dauernde kleine Erleichterung und Erlösung sind – von der, allerdings fast nie bemerkten Spannung (Leid); des kurzzeitigen Mangels am Ende der Ausatmung oder des Druckes bei der Einatmung. Aus der jeweiligen geringen unterschwelligen Bedrängnis heraus geschieht der (fast) automatische Vorgang überhaupt erst!

Angenehm oder belastend, wie man es auch empfindet, es ist zumeist noch viel Einbildung dabei. Freude und Zufriedenheit können oft auch hinderlich werden, das möge deutlich sein. In reiferen

Stadien des „Pfades“ wird die Bewegung bei längerer Beobachtung manchmal durchaus zur Belästigung, zur Last; und solches ist sehr weitgehende feinste Wirklichkeit im Vorgang des Lebens.

- Erst in der Einsamkeit achtsamer Innenwendung (Meditation) merkt man, mehr oder weniger deutlich, das tatsächliche Angenehme wie das Unangenehme; reale Last wie echtes Wohlgefühl („Glück“) treten hervor.
- Je stärker noch Wille und Beherrschung gegenwärtig sind in der Übung selbst, umso stärker kann Erkenntnis und dann Abwendung und Überwindung wirksam werden.

Wichtig ist es, die Zeit nach der Ausatmung, die im Fortschreiten länger wird, zu beachten. Hier ist die Möglichkeit, daß die Geistesunruhe immer wieder einbricht. Man sollte an ein oder mehrere Ersatzobjekte denken, die im Fall einer sehr undeutlichen Wahrnehmung des Atems oder der zu langen Pause einspringen; oder wenn der Atem einmal zu ruhig geworden ist. Als solche etwa: die Tastung der Hauptsitzhaltung; die wirklichkeitsgemäße Schwere des Körperlichen; der Mundraum in seiner ganz leichten Anspannung, besonders Oberlippe, obere Zähne; die Nasenspitze (schwierig); eine große Zehe, wenn diese kalt oder deutlich warm ist. Man kann das eine oder andere „Wirkwort“ benutzen (siehe im Kapitel „Wesens-Wirkworte“); man kann auf ein (das) inneres Tönen achten; schließlich auf die derzeitige allgemeine Tönung des Gemütes. Es ist das der gespürsmäßige Zustand, die fein deutlich werdende Stimmung. – Auch die Pause nach der Ausatmung ist zu verwenden. Man kann warten auf die nächste Bewegung. Wenn man die Bewegung (Tastung) der Ausatmung bis zum letzten Ende verfolgt, dann merkt man, daß die Pause meist doch nicht so lang ist. Und ein Letztes wäre hier, daß man sich nur auf die Pause, die Ruhe und Stille richtet und diese ganz bejaht; dann wird die Atembewegung sehr deutlich, ist aber im Fortschreiten eine Störung der gelösten Ruhe und völligen Entspannung.

Aber es mag auch der eine oder andere tiefere Atemzug angesetzt werden, um die Wachheit und die Sauerstoffversorgung der Kopfregion anzuregen: hierher gehört das gewußte und intensive Gähnen, das erst wieder richtig gelernt werden muß (dazu mehr im Kapitel „Studien zur Selbsthilfe und Selbstheilung des Menschen"). Für mich hat sich auch die Einstellung auf ein undeutliches Schweregefühl und Hindernis an der obersten Magengrube bewährt, das oft – wenn auch sehr fein – erst gemerkt wird, wenn man die Aufmerksamkeit auf diesen mittehaften Bereich richtet.

Es gilt, den Atemapparat (den ganzen Körper, ganzen Menschen) immer wieder zu entspannen, da nur so eine eindeutige Beobachtung möglich ist. Dann wird die Einatmung sehr gering, denn der Bedarf sinkt auf das Notwendige. Ein feines, nur inneres Lächeln ist eine starke Hilfe für diese körperliche und geistige Entspannung. In einer solchen bemerkt man die Bewegung vor allem im Bereich des Bauches, sehr tief also. Man wird dann auch die feinsten Veränderungen (und schon den Drang danach) spüren und merken; so etwa den Ansatz zu den seltenen Schluckbewegungen (Speichel); minimale Vorgänge an den Hauptporen, als Jucken oder Brennen; sogar noch die allerfeinsten Bewegungen des Augapfels. Man kann sehr weit gehen mit solcher Entspannung, und wenn es wirklich einmal (fast) von allein atmet, eben ganz ohne Willen, dann ist ein starker, echter und tiefer Zustand erreicht. Solches führt vielleicht über das Satipatthana hinaus ins angrenzende allgemeine Samadhi hinein. Eine solche tiefe Ruhe wird erreicht, wenn das ganze „Ich" sich mehr und mehr entspannt – im tiefen Nicht-Wollen und Nicht-Tun.

> Die besondere „Ruhe", das ist jenes entspannte und wunschlose Wartenkönnen, das Verharren im Gang der unendlichen Aufkommungen, das ruhende Sein. Doch ist solches nicht ohne weiteres auch gleich Harmonie und Glücksgefühl.

Man kann auch auf nur einen Sinn gehen (bei geschlossenen Augen), beim Hören, Tastgefühl, Riechen. Man kann Dauer-Hörübungen einschalten und wird dabei wieder der Unbeständigkeit und Unvollkommenheit dieses Sinnes, des Hörbewußtseins, gewahr werden. Wenn äußere Geräusche stören, kann man sich über innere Unruhe hinweghelfen, wenn man die Störungen geduldig und gelöst bemerkt.

Im Alltag, wie mehr noch in der Sitzung mag man das üben, was ich den „ruhigen Blick“ nenne; das ruhige längere Festhalten eines Punktes oder eines etwas breiteren Bereiches; und dabei genau merken, was sich tut, was sich verändert, vor allem im Inneren, dem dabei stark zurückgenommenen Blick und Gespür. Man kann feststellen, wie lange man etwa ausharren kann, ohne mit den Augenlidern zu klappen. Das ist ein gewisser Anhaltspunkt für die innere Ruhe. Am Morgen, bei Mattheit und bei manchen Unpäßlichkeiten dauert es vielleicht lange, bis man einigermaßen stillhalten kann. Feine Salzabsonderungen reizen die Schleimhaut. Solches ist auch Vorübung für das Üben mit (leicht) geöffneten Augen und ist große Hilfe bei innerer Unruhe.

Um möglichste Ruhestellung des Sehapparates, als dem wichtigsten Sinn, geht es immer wieder und bei manchen Gelegenheiten. Damit nötigt man die inneren Bewegungen – mindestens für eine Zeit auch zur Ruhe. Schaut man etwas länger auf einen Punkt (Bereich), so tritt wirklich tiefere Ruhe ein. Hierbei kann auch der jeweilige, oft nur sehr geringe Gesichtsausdruck beachtet werden, der ja den Gemütszustand widergibt (!); ob er verspannt ist oder schlapp; ob er von Freude, Kampf oder Gleichmut bestimmt ist.

Es ist vor allem immer wieder das „Bild des Bewußtseins“, der Zustand des Gemütes, eben dieses Ichgebildes, der gemerkt werden sollte; denn da sitzt alles, zeigt sich Entscheidendes im Gang der inneren Zuständlichkeit. Und es ist so, daß nur selten ein einheitliches und für eine, auch nur kurze Zeit anhaltendes Bewußtseins-Bild vorhanden sein wird. Es kommen viele andere Bilder, Bildfetzen, unterschiedlichste Spürungen, und Gefühle, die leider sehr willkürlich und unbeherrscht sind, die jede rechte innere Übung entscheidend behindern müssen. Es ist das große Leiden: der fast immer (auch nachts im Traum) währende Strom geistiger Erinnerungen und oft wirrer Verbindungen mit angehängten Gefühlen; der eigentliche „sechste Sinn“ also. Und es ist so, daß jede bildhafte Aufkommung einen „ruhenden“ Wunsch (oder mehrere) darstellt! Und fast immer setzt dann das, oft nur fetzenhafte innere Sprechen und „Betasten“ ein, das ich als den jeweiligen verborgenen geistigen Wunsch bezeichne; soweit solches nämlich ohne Prüfung durch die, vielleicht nur ganz kurze „rechte Anschauung“ verläuft; eben, daß solches sinnlos und hinderlich sein muß.

> Jedes „Bild“ und jede Regung, die aufkommt, ist letztlich ein mehr oder weniger tief lagernder Wunsch.

> Kein inneres Wünschen mehr; dann wird der Atem, der Körper, das eigene Innere wie von selbst und mühelos wahrgenommen und verfolgt.

Eine entscheidende Hilfe ist (fast) immer das Unangenehme; es zu merken, zu erkennen, es auszuhalten und schließlich zu nutzen bei der Überwindung von Ichhaftem und Welthaftem. Ist eine Minderung des Befindens (Indisposition), Dumpfheit (Kopf) oder Bedrängnis vorhanden; oder auch nur stärkeres Körpergespür, sollte man es merken, sich darauf richten, durchstehen, es bewältigen. Das ist hochwirksame Schulung und Läuterung. Schmerzen auch feinste störende Körpergefühle (Tastungen) können als Heilwirkungen dienen. Viele Unpäßlichkeiten können bald gemildert oder beseitigt werden, wenn man etwa eine oder beide Hände auf das Sonnengeflecht legt (oberste Magengrube, Handbreite über dem Nabel) denn; man kann die Hände auf Stirn oder Schläfen legen, – und es ergibt sich häufig intensives Gähnen, wodurch viele Zustände rasch gebessert werden können.

Wenn Unpäßlichkeit oder Unruhe zu sehr bedrängen, sollte man ruhig und bewußt die Haltung verändern oder auch aufstehen und etwas umhergehen. Oft sind es geringe Bedränglichkeiten vom Magen-Darm oder den Magennerven her.

- Leiden (empfinden) – so sehr relativ; abhängig vom augenblicklichen Zustand, der Durchblutung des Gehirns (vor allem), vom „Gemüt“ und „Gelagertsein“.

Das größte Leiden, das ist wirklich das so häufige innere Durcheinander von Geist und Gemüt und der oft ganz automatische Ablauf des bildernden Bewußtseins. Nichts ist so unbeständig wie der Ablauf der geistigen Bewußtseinsmomente, sagte der Buddha mit großem Nachdruck. Hier ist das mittlere Geschehen die entscheidende

Aufgabe. Hier oder nirgends entscheidet sich alles! Es gilt: so oft wie möglich (fast) regungslos mit geschlossenen Augen zu verharren und zu merken, was sich tut.

- In jeder rechten stillen Übung sind stets (mehr oder weniger) alle drei Teile anwesend und wirksam: Konzentration, als das Sich-Hinrichten und Sich-Mühen; Meditation, als das Umkreisen und feine Beurteilen; Kontemplation, als das Hineinruhen.

- Wenn der tiefdringende Wunsch, nach innen zu schauen da ist, dann wird es leichter: das klar-bewußte Üben und Erkennen; das Erkennen des (gerade) Seienden.

- Nur immer wieder zu prüfen dein eigenes Bewußtseinsbild!

- Es gibt so viele feine Unterschiede und Gesetzlichkeiten beim inneren Sprechen und Bewegen.

- Stein um Stein am Haus eines neuen leidenschaftslosen Lebens setzend, nähert sich der Mensch in vielen kleinen Schritten jener wahren Selbstbeherrschtheit, in der die Gedanken und Gefühle ihm völlig zu Diensten sein werden, so wie es Hände und Füße sind.

- Wisse: Wunschversiegung wird Wunder wirken.

- Nur der, vor allem innerlich ganz Zufriedene hat die Unruhe und Eile (auch beim Herumdenken), sowie das undeutliche Gefühl von Langeweile überwunden.

- Eine Wachsamkeit, die nicht mehr beherrschte Aufmerksamkeit ist, sondern ein gelöstes, unbeeinflußtes Gewahrwerden, wunschlos und ohne inneres Streben.

- Mit wachsendem Abstand wird der Blick klarer, deutlicher und freier; werden die Dinge (Daten) kleiner, unbedeutender, bis sie einmal – in der Vertiefung mancher Art dem Blick ganz entschwinden.

- Wenn „Es“ zur Notwendigkeit wurde, die Innenwendung, die Stille, die Loslösung, dann ist eine Reife gegeben; dann ist „Es“ kein Zwang mehr, sondern Befriedigung, ist oft Freude und manchmal Frieden.

- Mit den Worten **Entspannung** und **Lösung** ist fast alles umgriffen, was den Menschen seiner Erfüllung, Befriedung und Befreiung näherbringen kann.

- Es gibt nur ein einziges, ein leuchtendes und lebendiges Bewußtsein von der Wirklichkeit; ein Zustand der vollständigen Freiheit von der Fülle der Voraussetzungen, alten Vorstellungen, Vergleichungen; Freiheit von jeder Art der tausendfältigen Einschläferung des Not-Wendigen.

- Hohe Klarheit und tiefe Ruhe sind schönster Ausdruck der Nähe zum Ziel.

Es ist das vorliegende, das große und entscheidende Gebiet der echten und mittehaften inneren Übung, über die alles wirklich Befreiende laufen kann. Es ist Grundlage, Unterbau für alle weitergehenden Bemühungen, Erfahrungen, Erkenntnisse und Befreiungen. Es ist zugleich schon der so sehr fein-vielfältige, der mit fast allen Möglichkeiten begabte Weg und Pfad selbst; ist schon wachsende Freiheit, ist Befriedigung in sich selbst; ist in sehr vielen Fällen das, was der Betreffende in diesem Leben *wirklich* tun kann. Für den Menschen, der in der Tiefe bereits auf die hohen Freiheiten ausgerichtet ist, erbringt der geschilderte Übungsbereich fast schon „alles“: Erfahrung, Stillung, Befriedigung, Übersicht, zeitliche Befreiung; Unabhängigkeit: der solide Pfad der Wirklichkeit, – und des Heiles. Hier in der Fülle der Aufgaben des „einzigen Weges“ liegt die entscheidende Kontaktzone, die Drehscheibe in die drei Geleise hinein, die zu den höchsten Möglichkeiten und Freiheiten des Menschen hinführen: rechte und „weiße“ Magie, völlige Stillung, Versenkung und zeitweise Befreiung im übersinnlichen Samadhi; die mehreren Durchbrüche in die letzte und außerweltliche Freiheit der Beendigung (Nirwana).

Kontemplation – die Einswerdung des Menschen

– Die Durchdringung der entscheidenden Praxis des eigentlichen Freiheitspfades nähert sich mit dem Bereich der kontemplativen Bemühungen und Erfahrungen ihrem Höhepunkt: der zweite Pfeiler der Freiheit

Rechte Vertiefung, Versenkung, Tiefruhe, Einswerdung, „Instase“: **Samadhi**. Sam-adhi (Pali), das „Engzusammenstehende“, die Vereinfachung, Vereinheitlichung. Konzentrierung und vor allem: die zunehmende Stillung und Stille des Lebens. Ein gewaltiger, vielfältiger und sich wandelnder Bereich, über viele Vorstufen sich aufbauend zu dem Immer-Stilleren; eine Hinwendung zu immer feineren und wunschlosen Wahrnehmungen. Es ist ein wirkliches Zurücktreten von „Welt“ und bald auch mehr vom „Ich“.

Es ist eine entscheidende Tatsache, daß man den Weg der endgültigen Befreiung keinesfalls als eine bloße Folge von Stufen ansehen kann. Es ist nicht so, daß man sich anfangs mit der Praxis der drei höheren Stufen – und vor allem der Konzentration und Kontemplation – erheblich zurückhalten müßte, sie am besten erstmal meiden sollte. Natürlich muß sich dieser hohe Bereich aus der Vielzahl beharrlicher und aufbauender Bemühungen heraus entwickeln: gewährende Haltung (Milde), Tugend im Alltag, Erkenntnis und rechte Anschauung, Maß, Geduld, Energie, Begrenzung, Entsagung und zunehmende Vereinheitlichung; eine entscheidende Reihe von Freiheitsbegriffen! Es möge deutlich sein, daß sich das Kontemplative, jene sonderbare Stille und Tiefe, zumeist ergeben wird aus beharrlichen Bemühungen in Beherrschung, Achtsamkeit und längerem Verharren im Ruhesitz. Es mag das Kontemplative auch dem anfänglich Bemühten einmal aufkommen – spontan, unerwartet, ungewollt, vielleicht aus einer zufälligen Gelöstheit des Wesens heraus. Auch das ist dann gut, bejahenswert: aber man mag vor Augen haben, daß es sich um glückliche Gelegenheiten handeln wird, die geduldig „unterbaut“ werden müssen im täglichen Bemühen.

Und gewiß wird es sich für den mehr im Anfang Stehenden teils um andere Dinge, Übungen, Erlebnisse im Bereich der Vertiefungen handeln wie für den Erfahrenen. Aber üben und versuchen, das sollte und könnte man schon auf frühen Strecken des Pfades; denn es gibt viel, sehr viel zu erfahren, zu üben, umzugewöhnen und zu überwinden auf diesem langen Weg. Und ganz entscheidend sind – die ersten feinen Erfahrungen, Freuden und Befriedigungen, die aus Erlebnissen dieser Verinnerlichung (Samadhi) hervorgehen;

Wenn auch Stille und innere Ruhe noch recht störbar und vorübergehend sein mögen, eben unter dem Einfluß der wechselnden äußeren und inneren Gegebenheiten. So spielen vor allem die häufigeren kleinen gesundheitlichen Störungen eine erhebliche Rolle. Es mag aber sein, daß man einmal, fast unversehens, in eine Weise tieferer „Enthebung“ hineingleitet. Zeichen eines (auch anfänglichen) Samadhi rechter Art wird es sein, daß man sich irgendwie des Besonderen dieser Lage bewußt wird; daß man eine gewisse Freudigkeit, ja, ein „Entzücken“ bei diesem Feineren empfindet. Es wird sich solches natürlich viel leichter im Raum von Freizeit und Muße ereignen können: aber auch bei einfachen gewohnten Tätigkeiten kann man einmal in eine solche feine Welt- und Ichvergessenheit hineingeraten; so bei einer sehr gesammelten und körperlich nicht beanspruchenden Tätigkeit, bei der Hingabe an eine bejahte, geliebte oder auch an eine gleichgültige Arbeit.

Die Formen und Inhalte des Samadhi sind sehr verschieden und können sehr verschieden verstanden und genutzt werden. Recht verschieden mag man auch die mancherlei Stufen und Tönungen im Laufe seines Lebens, seines Weges, im Maß der eigenen Reifung erleben. Grundsätzlich ist es so, daß alle anfänglich stärker gefühlsbetonten Bewegungen immer mehr abklingen, sich ausgewogener und gelassener äußern. Es ist die gesetzmäßige Entwicklung, daß wir immer ausgeglichener werden, im Erlebnis selbst, wie in der Betrachtung und der Wertung des Erlebnisses. Und solches wird nicht nur vom Gesamtverlauf der Reifung abhängen, sondern auch unter dem Einfluß von kurz- oder mittelfristigen Schwankungen unseres Befindens (Rhythmen, Periodik) und der äußeren Einflüsse stehen.

Die vom Buddha aufgezeigten vier Stufen der Vertiefung sind eindeutig etwas ganz Besonderes und sind unterschieden von den mancherlei ähnlichen Weisen der Versenkung, Ekstase, Vision, wie sie zumeist aus Esoterik, Yoga, Religion, Mystik und Magie bekannt sind. Diese Vertiefungsstufen sind Erlebnisbereiche, in denen sich – in der echten und klaren Form – eben nichts, aber auch gar nichts „Neues“ aus der Welt der sechs (wenn auch verfeinerten) Sinne und des Gefühls mehr einstellt, sondern wo es eindeutig nur abnehmen kann. Gewiß sind da abklingende freudige Gefühlsmomente feinüberweltlicher Art. Gewiß wird auch das zurzeit leitende Objekt (Atmung, Tastung, Licht) auch in den echten Vertiefungen noch allerlei Veränderungen erfahren; so jedenfalls in der persönlichen Beobachtung und Bewertung. Denn man verliert dieses Gespür – in einer derart günstigen Lage zumeist nicht und bleibt in einer gewissen, sich erheblich verfeinernden Bewußtheit und einer zunehmenden Beherrschung. Man kann sagen: im Samadhi ist man (fast) ganz mit dem augenblicklichen Gespür verbunden; im rechten Satipatthana dagegen ist wohl der Atem (oder anderes) stark gegenwärtig (Abstand zum Üblichen), aber doch auch ein federnder Abstand zum Gegenstand (Objekt) selbst gegeben; und eben auch eine ganze Reihe von Momenten der Erkenntnis. Man kann sagen: **wahres Wissen entsteht erst durch die Verbindung von echtem (zumindest anfänglichem) Samadhi mit der immer wieder aufkommenden tiefbewußten Klarblicks-Erkenntnis.**

Besondere Bemerkungen zu den vier Stufen der Vertiefung

- Entspannt man den Körper, geht der Geist mit.
  Entspannt man den Geist, geht der Körper mit.
  Bei nur leicht lächelnder Miene (Mund), können Geist
  und Gemüt nicht anders wie entspannt und freundlich sein:

Die erste Stufe entsteht vor allem und natürlicherweise auf der Grundlage einer aufsteigenden und zunehmenden nicht sinnlich-weltlich gerichteten Freudigkeit, die sich aus mehreren Ansätzen ergeben kann; aus Zufriedenheit über den eigenen augenblicklichen oder Gesamtzustand; aus Freude über ein feineres Erkennen; aus bloßer starker Sammlung (Konzentration) und den sich daraus ergebenden Zuständen der Ruhe, Leichtigkeit oder Kraft. Es wird wieder vor allem der Atem sein, der ohne weiteres verfolgt wird und eine Art von „Abschalten“ ermöglicht. Diese Stufe ist dann vor allem gleich dem Betrachten des vorhandenen (aufgekommenen) Zustandes mittels eines begrenzten freudigen Sinnens und Umkreisens.

Die zweite Stufe bringt zunächst das Ende der inneren sprachlichen Bewegtheiten und damit ein noch wesentlich stärkeres Wohl oder gar Entzücken, das einen – weil so ungewohnt – leicht wieder zurückwerfen kann. Hier wird etwa inneres Leuchten, große Leichtigkeit und ein Erhobensein erlebt. Der Atem wird kaum noch gespürt. Es ist sicher so, daß die Reinigung der tieferen Ebenen des Wesens fast nur erfolgen kann, wenn der Vorgang des Bedenkens, Formens und Benennens zeitweise endet.

Die dritte Stufe bringt die Überwindung der großen Freudigkeit, als einem Hindernis in dieser vertieften Weise des Seins; sie bringt zunehmende Klarheit und erneute Bindung an das gewählte Objekt. Die hier noch vorhandenen Gefühle und Empfindungen haben so gut wie nichts mehr mit irgendeiner üblichen Betrachtung zu tun. Hier entsteht ein Gefühl überlegener Beherrschung des Ganzen. Die Macht der Dinge, wie auch der inneren Bilder ist (fast) überwunden: die „zeitliche Erlösung“.

Über die vierte Stufe ist nur wenig zu sagen. Bei ihrem (so sehr, sehr seltenen) Eintritt wird das vorhandene innere, schon fast völlige Gleichgewicht noch einmal einer feinen, starken Belastung ausgesetzt. Eine letzte mächtige Freude will von selbst durchbrechen. Hier gilt: loslassen und sonst gar nichts! Hier, in diesem Tiefen- und Reinheitsbereich des geistigen Daseins geschieht etwas sehr Besonderes. Die feinsten Reste des Gefühlshaften erlöschen, die Atembewegungen enden in der Vollendung dieses Zustandes. Dieser

Atemstopp – im Indischen oft beschrieben – ist nichts Außernatürliches. Er ergibt sich aus völliger Entspannung und einer gänzlich gelösten Haltung des Bewußtseins. Ob dabei Reste des Atemvorganges sind oder nicht, mag wohl nicht gänzlich zu klären sein, spielt hierbei jedoch keine Rolle. Es ist das ein völlig einheitlich gewordener Wille und Bewußtsein des Menschen; und damit werden Zeit, Raum und Bewußtsein auf eine nicht mehr wahrnehmbare Form verringert. Die noch vorhandene Empfindung und Bewußtwerdung ist von einer gleichsam schwebenden oder schwimmenden Art; es ist Weite, Stille, Unendlichkeit des Weltmeeres.

Wieweit aus dieser vierten Stufe der Vertiefung sich auch noch die sogenannten „formlosen“, gänzlich unsinnenhaften Stufen ergeben (haben), ist mir nicht eindeutig deutlich geworden. Die „Unendlichkeit des Raumes und der Zeit“; die „Grenzscheide möglicher Wahrnehmung“ und die „Weder-Wahrnehmung-noch-Nichtwahrnehmung“; und schließlich die „Aufhebung von Wahrnehmung und Bewußtsein“ (alles nach dem Buddha), die dann überhaupt nur für den Arahant (Heiliger, Befreiter) möglich sein wird. Ich habe einige Zustände erlebt, in denen man nicht schlief und doch so gut wie ganz in einer Unendlichkeit verharrte.

Hier – und vor allem nach einiger Beherrschung der dritten und vierten Stufe – ist auch die mächtige „Mehrfachschaltstelle“, der ganz entscheidende Punkt erreicht, von dem es dann (in gesonderten Bemühungen) in mindestens drei große Richtungen gehen kann: zur Magie (= siddhis, höhere Kräfte), wozu ja auch die „Rückerinnerung“ gerechnet wird; zur „überhimmlischen“ Welt der Beendigung jeglicher, auch innerer Bewegung (formlose Vertiefungen, arupa jhana); zur Freiheit (locuttara) der mancherlei Stufen, eben dem „edlen überweltlichen Pfad“ (ariya magga; alles nach dem Buddha und eigenen Erfahrungen).

Impulse des Erkennens und sehr feinen Lenkens sind auch in den Stufen der Vertiefung vorhanden; und zwar nur, weil im Fortschreiten, in der immer größeren Vereinheitlichung, die Beweglichkeit des Bewußtseins (nicht des Denkens!) immer feiner, leichter möglich wird. Im rechten Samadhi muß (müßte) Beherrschung bleiben und ein geringes Bedenken; in der vierten Stufe eben nur sehr bedingt. Diese Kontrolle ist wahrscheinlich nur ein jeweils sehr kurzer Zwischenzustand in etwas geringerer Vertiefung; eine Art von Hellsicht auf den eigenen Zustand hin.

Sofern dieses alles stehen mag, so ist es doch etwas „Natürliches" und auch ein fließender Vorgang. Es ist kein plötzlicher Sprung in irgendeinen, ganz anderen Zustand, von dem dann überhaupt nichts mehr beschrieben werden könnte. Solches „Andere", das mögen gewisse Dumpfheiten sehr besonderer Art oder völlige Erstarrung (Katalepsie) sein; Ausschaltungen des Bewußtseins durch zu hohe Konzentration (ohne die Reife!), Verkrampfung, Sauerstoffmangel und auch schlafähnliche Zustände. Auch eine Überatmung, Überladung mit Sauerstoff durch längere starke Einatmung wird, oft (teils echte, aber ganz unreife) Zustände auf anderen Bewußtseinsebenen mit sich bringen; was heute von „psychischen Machern" voll genutzt wird. Es mag sich auch – und nicht zu selten – um Erlebnisse aus der persönlichen subjektiven Ebene handeln, die so leicht den Anschein von echten, allgemeingültigen Erfahrungen haben. Es mag sich um starke Autosuggestion oder Selbsthypnose handeln.

Die einigermaßen beherrschten Vertiefungen sind Zustände, die durchaus mit einem zunehmenden Maß an Bewußtheit, Beherrschung, ja, leichter Bewegungsfähigkeit verbunden sind. Und das ist das große Ziel; die wachbewußte Vertiefung, die freilich nicht die tiefsten und stillsten Grade der Ablösung erreichen wird.

Diese tiefgelösten Momente oder Zeiten der „Ruhe" und des Abstandes gilt es übend zu erleben und langsam immer besser, in den sich allerdings erheblich wandelnden Alltag hineinzunehmen.

Zur unmittelbaren Vorbereitung von Vertiefung und Versenkung

- „Nimm dir Zeit – und dann vergiß sie:
  das ist Ewigkeit".

Daß dieser kurze und wunderbar treffende Spruch von Goethe ausgesprochen werden konnte, ist erstaunlich. Denn hier sind die beiden entscheidenden Punkte ausgedrückt: viel Zeit und Muße und die, so ausführlich behandelte Bemühung um Überwindung der inneren Unruhe und Bewegung.

- Leib und Geist sollten leicht sein, unbeschwert; dann die rechte Heiterkeit!
- Das Geistig-Nervliche muß ohne Spannung sein; und was immer die beste Art ist, sich derart von Spannung zu befreien, das ist – jetzt und hier – geeignet als weiterer Schritt. Man muß ein Gefühl zunehmend vollkommener Freiheit und Ausdehnung haben, fast, wie wenn der Körper sich tatsächlich ausdehnte.
- Zeit, Tag und Stunde spüren! Zu entwickeln ein Gespür, das offen und beweglich die Gelegenheiten kommen läßt.
- Auf die Stunde der Gnade warten, harren, da die Dinge in Eins kommen; still, wunschlos, aufmerksam und bereit.
- Samadhi-Zustände müssen im klaren Entschluß vorbereitet werden, damit kein Absinken in halbbewußte Zustände eintreten kann. Die ganze Lebenshaltung wird zur Vorbereitung.

In der Situation

Es geht um die Ruhigstellung des Körpers und im Verfolg auch der seelischen wie der geistigen Bewegungen. Es geht um die feine Beobachtung der Wirkungen dieser Ruhigstellung.

Die Frage der offenen oder geschlossenen Augen ist beim Samadhi ähnlich, aber noch bedeutungsvoller als beim Übungsbereich der gegenwärtigen Achtsamkeit. Die offenen Augen bringen manchmal raschere Sammlung, Festigung, ein Starrwerden mit sich; aber es ergeben sich auch andere Zustände (innere Bilder, Farbsehen, Hellsehen, beginnende Magie) als bei der rechten nüchternen Stillung (jhana). Diese – und so vor allem bei der Beobachtung des Atems – werden überwiegend bei zwanglos (fast) geschlossenen Augen erreicht. Die ausführlich geschilderte achtsame Spürung des Atems und die folgende gelöste und immer feinere „Schau“ beim Verfolgen der Strömung, ist die entscheidende Übungsweise auch für die Erreichung von tieferen Sammlungszuständen. Als günstig mag sich hierfür die Hinrichtung auf den sehr feinen Luftstrom an und in der Nase erweisen. Man spürt den feinen Kältereiz der einströmenden Luft. Besonders stark kann es werden, wenn man sich auf nur ein Nasenloch richten kann, wobei auch noch genau gemerkt werden kann, an welchen Stellen im ganzen Nasengang sich die Aufmerksamkeit gerade befindet.

Durch Schauen – außen, aber vor allem innen, ziemlich hoch – werden langsam alle die vielen inneren Bilder und andere Störungen ausgeschaltet. Es ergibt sich häufig eine feine einheitliche innere Farbigkeit, anfangs unruhig, in der Vervollkommnung zunehmend „stehender" und den Blick ausfüllender. Es geht um ein Ruhigwerden des gesamten Sehapparates bei offenen wie bei geschlossenen Augen; und solches möglichst ohne Müdigkeit! Und das wird zumeist durch feines Hinspüren „neben" den Atem erreicht; so etwa auf feine Lichter, feines Tastgespür um Mund und Augen. Das wäre in etwa ein Loslassen auch noch des gewählten Objektes; eine Art von letzter Lösung in einen Zustand von Freiheit.

Hierher gehören auch die Kasina-Übungen des späteren Buddhismus: ein Schauen auf mäßig große Scheiben von etwa Erd-, Wasser- und Feuer-Art (Sonne). – Auch ein Verschwimmenlassen des starrer werdenden Blickes (bei offenen Augen) ergibt diesen wachsenden und entscheidenden Abstand. Erst bei Teilerstarrung treten die mancherlei Bilder (dann anders als aus der Erinnerung) und „stehenden Lichter" auf. Das ist ein rein geistiger Blick! Körperliches und Denken sind dabei ausgeschaltet, bleiben zurück.

Um bei manchen dieser Zustände des noch allgemeinen Samadhi den Schlaf- oder Halbschlafzuständen vorzubeugen, ist ein starker fein körperlicher Tonus (Spannungston, -zustand) erforderlich. Übungen zur Erhöhung der Spannung und der Schwingung des Nervensystems sind vor allem: Anspannung von Teilen des Körperlichen, auch von kleinen Stellen – und anschließende gezielte Entspannung; Anspannungen besonders am Gesicht (Stirn, Mund, Schläfen); Reiben des Gesichtes, vor allem um die Augen und anschließendes starkes Gähnen; Fäuste bilden und nach einigen Sekunden wieder öffnen; intensives Atmen mit breitgezogenem Mund. Eine geistige Möglichkeit zur Überwindung von Müdigkeit wird sein, die Inhalte des Samadhi, wie Entzücken, Glücksgefühl, Gleichmut, in der gewöhnlichen Übung als Objekte und willentliche Spürungen zu wählen. Auch mag man bei derart feinen Zuständen häufiger die Trennung, das wirklichkeitsgemäße Nebeneinander und Nacheinander von Geistigem (= Anstoß) und Körperlichem (= Reaktion) in der Bewußtwerdung merken. In der Kontemplation mag es sein, daß der Körper „schläft", und der Geist in wacher Spannung ist.

- Auch bei tiefen Versenkungen, Verschwimmungen, Lösungen, Ent-Ichungen, sollte möglichst ein Teil der Feinbewußtheit bewahrt werden.
- Wenn die inneren Antippungen durch Geistbilder (=Erinnerungen) keinerlei Anteil und nicht die geringsten Gefühlswirkungen mehr auslösen, dann ist Stille, ist Freiheit. Dann ist jene besondere Ruhe gegeben, in der und aus der heraus sich wesenhafte Tiefe des Menschen wirklich reinigen und verwandeln kann.
- Ein ganz stiller, unbeeinflußter Zustand, von dem aus die Bewegungen, Reize, Bedrückungen und Gefühle nur mehr als fremd, fern, unwesentlich erscheinen.
- Mit wachsendem Abstand wird der Blick klarer, freier, deutlicher; werden die Dinge („Daten") kleiner, unbedeutender, bis sie einmal dem Blick ganz entschwinden.
- Die Einigung spüren und erleben mit allen Fasern! Zeit und Raum enden in der Contemplatio. „Auf der Wolke sitzen" – in der Schwere- und Zeitlosigkeit.
- Es ist das eine Einigung der Lebensvorgänge; es ist das Erreichen einer anderen, neuen Ebene des Bewußtseins; ein tieferes Begreifen von Zeit und Zeitablauf; ein ganz neues Spüren und Begreifen von Ich; es ist so etwas wie „ewiges Leben" – im zeitlichen Erlebnis.
- Es ist eine Art von wachbewußter Versenkung, ein Herausgehobensein; die Eröffnung eines grenzenlosen Seins; es ist der reinste und sicherste Zustand; die völlige Stille des Geistes im „Überbewußtsein".

- „Duality ends in the tranquility of the moment of being. – Absence of interest, stillness of life without interest; no time!" (Krishnamurti)
- Im Zustand des Samadhi ist die Lebenskraft gesammelt; und daher ergibt sich das so sehr besondere Wohl.

Samadhi als Lebenshaltung

Die Bemühungen mit einer (regelrechten), eng begrenzten Hinrichtung sind zumeist nur der Beginn des Samadhi und auch Voraussetzung für den möglichen Eintritt in tiefere Stufen. In der Folge stellen sich Lösung, Loslassen, Hingabe, eine feine Weite ein. So werden feine und gemäße Stimmungen, im stillen Zimmer oder in abendlicher Natur etwa, Zeiten, in denen „nichts weiter" zu tun ist (!), dem feinen Vor-Samadhi allgemeiner Art einen guten Vorschub leisten. Das Günstigste ist es, wenn sich eine Haltung, Stimmung und Verfassung stiller Besonnenheit und häufiger leichter und natürlicher Vertiefung durch unseren Alltag zieht. Der Abstand ist erheblich gewachsen zum Treiben und Getriebenwerden, zu Unruhe und Vielfalt. Die immer häufigere und langsam zusammenhängendere Innenwendung (Introversion) findet statt.

- Als echte Gegenwirkung zum tausendfältigen Begehren muß das natürliche, anhaltende, breite Samadhi kommen; die abgesicherte, durchkraftete, vollgewordene, die innen befriedete Haltung.
- Die nach Außen gerichteten Triebe und Neigungen gehen über in ein Verlangen, das nach Innen gewendet ist.
- Dann gilt es, alle Gelegenheiten bewußt zu weitgehender Entspannung zu nutzen.
- Zu Zeiten nicht denken, – sich still versenken ...
- Es zu lernen, zeitweise fast ohne Phänomene (äußere und innere Erscheinungen) zufrieden sein können. Und hier scheiden sich die Geister; hier zeigt es sich, ob schon eine rechte, tragfähige Grundlage für die Stille gegeben ist.

- „Ich wählte vormals Ort und Zeit
  zum Beten und zur Einsamkeit.
  Nun bet‘ ich immer im stillen Sinn,
  und bin ich einsam, wo ich bin.“ (G. Tersteegen)
- Einfach im Zustand eines großen Gleichmutes dahinleben.
- Immer häufiger in der Einigung stehen.
- Die ruhende Haltung; die Einigung bewußt machen.

Es geht also – und das vor allem und entscheidend um die klarbewußten und anhaltenden Zustände der „Heraushebung“, der „Instase“ (oder auch Ek-stase“ rechter Art!), des Herausgehobenseins; der wachbewußten Vertiefung allgemeiner Art im alltäglichen Gang. Es ist das ein natürliches, ein selbstverständliches Samadhi; und die beste Haltung für die Bewahrung solcher Zustände und für die Vorbereitung noch feinerer, ist der „Gang des stillen Strömens“; dann nämlich, wenn Mühen, Dulden und entsagendes Lassen einmal fast überflüssig wurden. Doch dieser „Normal-Gang“, wahrlich und letztlich, dieses verhalten-horchende Leben aus der Mitte – das „Dem-Herzen-Folgen-Können“, wird notwendig immer wieder unterbrochen. Es tritt Trübung auf, Hinderung, und man muß dann auf „Dulden“ gehen und auch wieder auf Mühen oder auf Lassen; auf die Haltung der Abwehr also oder des Abgleitenlassens der bedrängenden inneren und äußeren Umstände.

- Dulden = die Last der Aufkommungen spüren und aushalten;
- Mühen und Lassen = das Hangen an den (oder die Abwehr der) Aufkommungen (wieder) aufgeben;
- Strömen = gelassen mit den Aufkommungen mitgehen; sie oft schon nicht mehr als Last oder Bedrängnis spüren.

Schon im Bisherigen klangen die Begriffe „Frucht“ und „Ernte“ an: Art und Wertigkeit der Ergebnisse unserer Bemühungen. Hier sei noch Weniges aber Entscheidendes angeleuchtet aus einem Raum, der freilich „weit vorn“ liegt im hellen Bereich; wenn wir auch nicht wissen „wo“. Man kann und sollte hierzu möglichst nur solches sagen, das man irgendwie selbst erfahren oder erspürt hat; wenn das auch eine Forderung und Voraussetzung von nur bedingtem Wert ist. In diesem Bereich ist das Erleben noch stärker persönlich getönt und gestimmt, wird also den Anderen verstandes- und gefühlsmäßig nur schwer zugänglich sein. Diese Vorgänge und Zustände, um die es hier geht, sind solche, in denen das Bewußtsein keineswegs schwindet, man völlig wach ist, und eben nur die innere Wandlung da ist und damit ein anderes Verhältnis zum Leben, eine andere Erfahrung der Umwelt. Ein Zustand, eine Haltung, die vertiefter und gelöster ist als echtes Satipatthana (Klarbewußtheit) reiferer Stufen; die aber zugleich wacher, bewußter, beherrschter ist als vollständiges Samadhi.

Es gibt die Fragen:

1. Was ist es, das den Eintritt dieser Erlebnisse fördert?
2. Wie kommt es zum Eintritt selbst?
3. Wie ist es mit dem Erlebnis selbst?
4. Warum weicht das Erlebnis wieder?
5. Was sind die Folgewirkungen?

Die Fragen 1 und 2 sind eng verbunden und sind in etwa durch das Bisherige erläutert. Es geht darum, die eigenen „Kraftlinien" und Notwendigkeiten immer besser zu erkennen und zu erfüllen; ihnen auch zu folgen und – den Anderen, auch Nahestehenden, immer weniger von diesen feinsten Entwicklungen mitzuteilen. Ausgenommen wäre hier der sehr verwandte oder der weiter fortgeschrittene Mensch. – Und sonst: Förderung der inneren Reinigung, des fließenden Gewährens gegenüber Umwelt und Umständen; Stille bei sich selbst; Gelassenheit und der Blick auf die feine Sphäre. Drei Kernworte: prüfen – aufhellen – abtun.

Hier allein, in diesem weitläufigen und nach Reife und Lage schwankenden Bereich, kann auch immer mehr jene wahre Befriedigung aufkommen, welche der Mensch zu erleben fähig ist; eine seelische Unabhängigkeit; eine Unbedürftigkeit seitens der sinnlichen, wie oft auch schon der „übersinnlichen" Angebote, Bedrängungen und Beunruhigungen. Das stille und fast leere Bewußtsein schwebt in einer gelockerten und absichtslosen Sammlung. Der dann große Abstand zum Gesamt des Geschehens – ein meditativer, kontemplativer Bewußtseinsstand wird (zu Zeiten) natürlicherweise erreicht.

Als besonders gut und förderlich erscheint die von mir sogenannte „Überhangszeit", die Zeit gleich nach einem Höhepunkt unseres Lebens: „Hoch" der Lebensschwingungen (Biorhythmen); äußerer Erfolg oder Freudigkeit; Abschluß einer schöpferischen Tätigkeit; oder eben ein Fortschritt in Sammlung und Vertiefung. Aber auch Zeiten und Augenblicke nach einer stärkeren Selbstüberwindung; auch nach einem Trauerfall oder einem Schock. Zu solchen Zeiten kann alles tief gelöst sein und kann wie von selbst gehen

Wie ist es (oder kann es sein)? – Ein tiefes, abgelöstes inneres Schweigen; nichts stört mehr; Gleichmut. Es kann so sein, daß man irgendwo steht (oder sitzt) und jetzt gar nichts mehr tun will; fast nichts mehr tun kann. Es ist hier der Abstand zum Prozeß, wie von selbst sehr stark geworden: die Abgeschiedenheit (Meister Eckhart). Es ist eine Stille des Lebens, in der Konflikte und Probleme nicht mehr gespürt sind. Man möchte nichts ändern, ohne daß ein ausgesprochenes Gefühl der üblichen Zufriedenheit da wäre. Die Beurteilung fehlt, so Vergleich, Kritik, Wiederholung von Gedanken: eine Art von Selbstvergessenheit. Hier ist diese Art von wachbewußter Vertiefung, ein feines Versinken in ein bindungsloseres, ein abgelöstes Sein. Man steht einfach darin, im Fühlen und Wissen. Es ist der klarste und gewisseste Zustand; denn, wenn das Angebot der sechs Sinnenbereiche einmal nicht mehr stört, kaum mehr berührt, oder nicht mehr wahrgenommen wird, dann bleibt jener sehr klarbewußte und zugleich unberührbare Zustand (mit feiner Befriedigung und Gleichmut); dann ist das breite Samadhi da.

Es herrscht auch eine starke körperliche Beschwichtigung – geringer Atem - Leichtigkeitsgefühl – keine Müdigkeit. Und es ist da weiter kein Beobachter und auch kein Erfahrer; kein inneres Sprechen mehr; fast keine Bewegungen des Geistigen. Es ist alles wie verändert im Gespür, in der leisen Erfahrung. Wenn man im Zustand dieses besonderen Samadhi auf die Dinge schaut (vielleicht schaut man überhaupt nicht hin), sind sie anders oft; manchmal tief, abgelöst, ungeheuer und ungewohnt; und das auch ohne Meskalin und andere Mittel. So etwa die Erlebnisse in beiden „Rückerinnerungen" (siehe den Vorband „Buddha und Mutter Erde", Teil II): Wasser und Wüstensand. Ich erlebe solches später im stillvertieften und absichtslosen „Schauen“ auf etwa ein kleines Muster einer gehäkelten Decke o.ä.; wobei der Sinn, ein inneres Sehen in die Schattenteile „hineinfällt“. Das ist dann reifes Samadhi, und es ist auch zunehmend nahe der Schwelle zu mancherlei Wandlungen. Doch es kann sich solches alles nur aus einer größeren menschlichen Reife ergeben und aus guten Bedingungen heraus – so es echt ist.

Warum weicht es? – Es kann durch äußerliche Störungen geschehen; aber viel entscheidender ist das Innere, das Gesamtbefinden; körperlich wie seelisch. Wir sind noch vielen Schwankungen unterworfen, so vor allem denen der eigenen Physis: Magen, Verdauung; Müdigkeit; geminderte Höhe der körperlichen Gesundheit. Auch Neugierde, Wissenwollen, Festhaltenwollen (!), eben wieder Dünkel und Unruhe des „Ich“ können es aufheben.

Die Folgewirkung wird weitgehend vom eigenen Verhalten abhängen. Fördernd wird es sein, wenn man das erlebte Feinere immer öfter in bejahender Weise vor Augen hat. Die langsam zu größerer Reife kommende kontemplative Versenkung kann dann immer wieder und immer besser – gleich oder später – genutzt werden für Erkenntnis, Erfahrung, Klarheit wie auch für seelischen Antrieb, Kraftgewinn und für die Magie; je nach dem, wie einer es anlegt.

So vielleicht:

- Zu handeln, ohne an den Zweck des Handelns zu denken, ohne herumzudeuteln; Angelegenheiten zu fördern, ohne ihre Mühen zu fühlen.
- Wenn man aus dem innersten Zentrum handelt, so bewahrt man die vitalen Kräfte und wird auch fähig zu immer größerer, wirkungsvollerer Leistung an Anderen.
- Im rechten Gleichmut (aus Ruhe und tiefem Erkennen) schwebt ein kaum sichtbarer, nur ahnbarer Rest von Lächeln.
- Augenblicke der Zeitlosigkeit entstehen auch aus intensivstem selbstvergessenen Erleben heraus; so etwa bei schöpferischer Tätigkeit, in gesammelt-vertieften Zuständen nach einem Schock, auch vor dem Tod, (sowie vielleicht) nach Betäubungen oder nach Scheintod.

- Es ist eine Vereinigung des Lebens in der ruhenden Mitte; das Erreichen einer neuen Ebene des Bewußtseins; ein neues und anderes Verständnis der Zeit; ein ganz anderes Ich-Gefühl: ein augenblickliches „ewiges Leben“.

Samadhi – der sich noch leicht wandelnde Zustand der tiefen inneren Sammlung und Einigung des ganzen Menschen. Der Mensch geht in die große Ruhe, in den Abstand zur Welt und Ich. Alle Vermögen sind im Maß, in einer stillen Mitte, im Frieden. Und doch – es ist auch dieser Zustand noch ein Vorübergehendes; ist eine nur „zeitliche Befreiung“ (Buddha), ist dem Strom des Wandels unterworfen – als Zustand; nicht dagegen als eine immer feiner, sicherer, reifer werdende Gesamthaltung des Menschen. Alles das will immer wieder von neuem in der geduldigen Kleinarbeit und in der Besinnung des Alltages vorbereitet und erworben sein.

Wir schreiten fort zu weiteren Erfahrungen – und das in Bereiche, in Zustände, die sich langsam aber sicher vom Vergänglichen entfernen; die gegründet sind in der wirklichen Verwandlung des Wesens, der Lösung und der Befreiung des menschlichen Seelen- und Geistfeldes.

Wesens-Wirkworte

– wie ich solche Worthilfen nenne – sind es, die mich schon lange und immer wieder bewegt haben, in der Bedeutung für die Tiefe des Wesens. Im Anschluß an die bisherigen inneren Bemühungen und um der Wandlung der menschlichen Tiefenbereiche willen, sind hier Begriffe und Wortfolgen beispielhaft durchleuchtet, die als eine Art von hilfreichen Medizinen und Weghilfen dienen können. Manche von ihnen werden unmittelbar, vom Wortwesen her, vom Klang und vom sprachlichen Zusammenhang, auf Seele und Gemüt einwirken. Für andere ist der mittelbare Weg über den Verstand notwendig. Dieser vermag aber bei solcher seelischer Fein- und Tiefenwirkung höchstens noch einige Vorarbeit zu leisten; die tiefgehende Wirkung vollzieht sich über das Unterbewußte, das intuitiv erspürt und sich wandelt. In der Nähe der „Mitte" muß der unruhige und zweifelnde Verstand erheblich zurücktreten, um dem Lauschen, Spüren, Schauen und Ahnen Raum zu geben: den inneren Möglichkeiten der Belebung und Vertiefung des menschlichen Geistes.

Ein neues Sprechen – auch zu sich selbst,
wird anders sein, wesentlich, tiefwirkend;
auch in besonderen, sehr einfachen Wirk-Worten,
solche anwendend, anklingend, aussprechend –,
damit Tiefe des Menschen wandelnd im Klang
Wirkung von Worten, Fremdworten, allzu gewohnt
und auch ungewohnter, blass-theoretischer Art ...;
solche können nur wirken auf unser tieferes Sein,
wenn sie mit deutschen Grundworten, Begriffen
umschrieben, umtönt und „angereichert" sind,
oder auch gleich von solchen deutschen ersetzt.
Nur in der „Rückführung" von wichtigen Worten
auf Begriffe, unserem Inneren lange vertraut,
wird die „Aura" inner-fühlhafter Anklänge
und Wert-Momente wirklich wirkend erreicht.

Bei solchen Wesens-Wirkworten, Wort-Werten, geht es um ein prüfendes Vergegenwärtigen und Ausloten der, für jeden momentan wichtigen Wirk- und Heilbegriffe. Es geht um viele Wiederholungen, um ein Erfüllen des Inneren mit Wortform und Wortsinn. Es sind das Innere wandelnde Wirk-Begriffe. Und so geht es manchmal auch darum, den Wirkbegriff bis in die Einzelheiten hinein ins Innere zu tragen, zu verlegen; so auch als Wort-Bild bis ins innere Sehen hinein, welches dann die tieferen Schichten beeinflussen wird. In der Regel wird man das Wort, die Geist-Formel am besten mit der Einatmung sprechen oder nur denken. Es kann aber auch – und oft mit Nutzen vom Atem ganz abgehoben, in flüssiger Aufeinanderfolge geflüstert oder innerlich gegenwärtig sein.

- Innere Worte, Gedanken, Bilder zu bewegen –
  den Geist, das Gemüt erfüllend – als feinst-suggestive
  Wirkung!   Aktiv das Denken –, passiv das Merken;
  geöffnet der tiefen Wirkung.

Sehr einfach sollte es sein, bei den hier oft notwendigen längeren Wiederholungen; ein bis drei kurze Worte von aufwärtsziehendem oder anfeuerndem Charakter; am Ende möglichst ein Vokal oder eine stark vokalhaltige Silbe. Konsonanten fallen meist fast weg, sind kaum betont, schleifen sich ab. Im Verlauf eines solchen inneren Sprechens-Sehens-Denkens mögen und werden die Formeln ohnehin fast von allein noch einfacher werden. Es geht um eine lautliche Griffigkeit. Man muß spüren, wie die Silben am besten auf Ein- oder (und) Ausatmung fallen. Es sollte „strömend" gehen, mit zunehmend weniger inneren Sprech- und Denkbewegungen.

Das allereinfachste, vielleicht – und nach meiner Erfahrung stärkste Wort ist (etwa) „frei" (AUM, Strahlen, Lösen, Waage, Heilen); verbunden für fast jeden von uns je nach Reife mit einer ganzen großen „Aura" von Sehnsucht und Zielrichtung. Da kann schon einmal „fast alles wegfallen" – für eine kurze Spanne „abwesender" Tiefenwirkung. Es müssen (in der Regel) Worte, Begriffe von weitgehender persönlicher Begreifbarkeit sein, dem Verstehen mit dem Unterbewußtsein aufgeschlossen in langer Einübung. Feines inneres Formulieren verwischt sich mit der Tausendfalt innerer Bilder.

Die folgende Auswahl sollte von jedem schöpferisch ergänzt werden, und auch entsprechend vereinfacht.

Das Überwindende

- Nicht mehr verantwortlich für den unendenden Kleintanz der Dinge!
  Kernwort: **fahren lassen**!
- Desinteresse: (= Nicht-mehr-Dabeisein); das Unbedeutende, Unwesentliche sehen und spüren: **was schon ist dies alles**!
- Der große Überdruß, das Fortwischende – so auch gegenüber eigener Schwäche: **elendig.**
- Geduld – ist höchste Buße: **warten können**.
- Rücknahme (Passivität) bewähren: **abgleiten lassen**.

- Weltwerte entbehren lernen; Wertwelten erschließen lernen. Kernworte: **tief, klar, heiter**.

Die Pfade, die uns weiterführen

- Die große Aufmerksamkeit: **Hab' Acht**!
- Der innere Prüfblick: **Was ist**?
- Die „Zustandsgleichung", das, was man jetzt ist: **Zustand**.
- Der zeitweise Ausgleich: **Waage**!
- Gesamtkörper-Energiedurchflutung; Ungeheuerliches kann sich tun im nervlichen, im Geist-Organismus des Menschen.
  Kernwort: **alle Kraft**!
- Der weite Blick; der lange Atem; die ferne Haltung. Der Abstand wächst zu den Dingen und Wesen dieser Welt, wie zu sich selbst. Das Universale, Gültige mehrt sich und klärt sich; das Nur-Persönliche, Begrenzte bleibt zurück.
  Kernwort: **Fernab – ohne Grenzen**
- Das mächtige Wort **AUM** (OM). – Alles schwingt im All-Rhythmus; der ungeheure „tonlose Ton" des OM wird deutlich zu hören sein im Inneren. Die Wiederholung dieser Silbe ist heilsame und stärkende Wirkung und hohe Schwingungskraft.
- Strom werden – strömen; wesenhaftes Bild für den Heilsweg.
  Kernwort: **Strom, strömen**.
- Möge der Heilungsprozeß von Körper und Geist weitergehen im Strömen, Dulden und Lassen!
  Kernwort: **Heilen, Heil**.

Die größte Gesamtwirkung der Worte: Lös – heil – frei, Ru-he, strömen; auch etwa „Er-da" oder eben „Bud-dha".

Die große Freude und Gewißheit

- Heiterkeit; ohne Bedrückung, Beschwerung, Verdunkelung; unbeklommen. Die lichte Heiterkeit des Geistes.
  Kernworte: **(ganz) hell – leicht – heiter**.

- Leichtigkeit; ein Schwebendes; das Darüberstehen; abgehoben, erhaben; unberührbar (zu Zeiten): **schweben**.
- Das ist jene, so sehr besondere Weise des Ruhenden: im vollen Schutz der eigenen Fähigkeit und Gelassenheiten, im Schutz auch eines sich immer mehr klärenden Schicksals zu verharren: empfangsbereit, horchend, hingebungsvoll; spürsam, schweigend, wunschlos.
  Kernworte: **lösen – schweigen – offen sein.**

Und in derart gelöst-bereitem Warten das Üben mit den Tief-Dauerwirkungen; die Erfüllung von Bewußtsein und von Gemüt mit: **Gelöstheit – Stille – Heiterkeit – Neutralität – Abgeschiedenheit**. Es spüren mit allen Fasern! Spüren, erkennen die Wirkung: es immer besser innen „vor sich tragen". Nicht aufgeben: dranbleiben! Es ist Verwandlung von „Ich" und „Welt"; Tiefen-Wandlung; ein Beitrag zur Verwandlung von Bewußtsein und Wesen –; einem sich wandelnden „Bild des Menschen".

Es ist auch eine tiefgehende **Ruhe** (Ru-he), die weiß, daß alles Äußere und alle merkbar werdende innere Veränderung kommt, kommen wird zu seiner Zeit; wenn es reif wurde – von innen her: **Gelassenheit**!

- Die Reife erwarten können.

Es ist dieses vielleicht die alles umgreifende Art und Weise einfacher und direkter Einwirkung auf das persönliche Spannungsfeld, auf die Zentren des Geistmagnetfeldes; auf die mancherlei Dunkelheiten des Inneren: eben in momentaner kraftvoller Erhellung!

Erwähnt werden muß der „Kontrapunkt" des Vorliegenden, die Gegenhaltung – das „Negativ" dazu. Wenn ich mich nur mühselig oder kaum einschwingen, einfinden kann in ein *positives* Wirkwort, in das innere Spüren überhaupt, dann ist vielleicht anderes nötig und sinnvoll. Man kann innehalten, so nüchtern wie möglich werden und prüfen, was da an Störend-Hinderndem vorhanden ist im gegenwärtigen Zustand von Gefühl, Gemüt, Bewußtsein. Nicht so sehr also die Beeinflussung durch gute Begriffe ist es oft, sondern das fein-tiefe, selbstkritische Erspüren des Unvollkommenen, des (noch)

Störenden – und dessen volle Anerkenntnis –, welches die Besserungen, Heilungen und letztlich die Befreiungen bringen kann.

- Finde die Schatten und Fehler in Dir ...!

Für mich sind es vor allem die folgenden – nur noch feinen Gespüre, auch als Testbegriffe: nervliche und intellektuelle **Unruhe**; Langeweile; feine Bedrängnis; körperliches Unwohlgefühl; Zweifelhaftes; wobei man zwischen direkten und indirekten Störmomenten unterscheiden muß.

Diese Art der negativen Prüfung und Reinigung mag oft sehr hilfreich sein; vielleicht tiefwirksam und vor allem zuallermeist wirklichkeitsgemäß!

- Das Bedrängliche und Unvollkommene als die häufige Prüfung; das Aufbauend-Heilsame dann als Verwandlung und Befreiung.

Studien zur rechten Magie

– wahre Magie: die tiefe Verwandlung des eigenen inneren Wesens.

Magie – ein problematischer Begriff, einer der unklarsten, schillernd und vielfältig, gerade wie das Lebendige selbst. Magie – das sind alle Vorgänge, Geschehnisse, Wirkungen – so handelnd (aktiv) wie erleidend (passiv) –, die ungewöhnlicher Art sind, nicht ohne weiteres mit den gängigen Naturgesetzen erklärbar; herkömmlichen Erklärungsversuchen nicht leicht zugänglich. Es ist die Wirkung und Auswirkung von Vorgängen und Kräften, die nach geistigen Gesetzen ablaufen, geist-magnetisch, geist-elektrisch vielleicht; über die der Mensch kaum je eine echte Kontrolle ausüben kann.

Magie – das ist alle Wirkung von sichtbaren und unsichtbaren Geschehnissen auf den Menschen; und die Wirkungen des Menschen auf die umgebende Welt. Magie, die vom Menschen ausgeht, ist eine Mächtigkeit und Macht im Geist.

Es geht in diesen Ausführungen um grundsätzliche Vorgänge und Möglichkeiten in einer geistigen und „menschlichen" Geistesmacht; geistigen Möglichkeiten, die für viele Bemühte, Suchende faßbar und nützlich werden kann. Doch auch über klassische und besondere Weisen wird weniges zu sagen sein. Es geht um dreierlei:

1. Die Tatsache, daß das Magische sich in einer nahezu völligen Weise durch unser ganzes Leben, durch unseren Alltag, zieht, fast immer unbemerkt freilich; und auch da, wo kaum dergleichen vermutet werden kann von einem unbereiteten Bewußtsein. Letztlich ist der „Mensch" nichts anderes wie eine Verbindung magischer Beziehungen, Verflechtungen und Wirkungen. Denn Magie, das ist (a) die gesamte geistige Welt in ihren Auswirkungen; ist (b) der Versuch des Menschen, handelnd von sich aus, solches Geschehen deutlicher zu machen, oder es auch anzustoßen und herbeizuziehen.
2. Mancherlei magische Möglichkeiten, sowie naheliegende Auswirkungen. Einige greifbare Übungen und Einstellungen gilt es zu besprechen.
3. Vor allem die sogenannte „weiße (gute) Magie" soll näher beleuchtet werden; jene geistig-magischen Wirkungen, die sich auf den guten heilsamen Weg beziehen – seiner selbst wie der ganzen Menschheit. Für mein Verständnis kann sich eine rechte, letztlich sinnvoll-hilfreiche Magie nur auf den Freiheitspfad des Einzelnen beziehen; sie soll diesen ein wenig begleiten, ihn fördern und eben auch beschleunigen helfen. Es geht in jedem Fall (passiv) darum, (1) sein eigenes Gemütsleben zunehmend empfinden und steuern zu können. Es geht weiter (2) um die tätige Überwindung der Schwächen und bleibende Verwandlung des Menschen. Und es ist dann auch (3) die tiefe magisch-direkte Erkenntnis der Wirkungen und der Wandlung. Die größte tätige Magie, das ist schließlich (4) das gelöste, strömende Wohlwollen (Metta) gegenüber (letztlich) aller Welt und dessen Auswirkungen.

Alles Leben ist unerhörte Magie und sie ist wirklich überall wirksam: Einiger Erfolg in solcher Geistmächtigkeit kommt dem Menschen – neben der jeweils gegebenen Anlage (dazu) – durch die zunehmende Breite und Tiefe seines Bewußtseins; und dann durch die Zähigkeit des Festhaltens (Konzentration) von Eindrücken und von Ausdrucksformen des eigenen Willens. Unser Wille ist gar nichts anderes wie ein, freilich weit unterschiedlich kräftiges magisches Vermögen. Der besondere Einsatz der Denk-Energie zieht notwendig die entsprechende Kraft des Willens nach sich. Das Wesen der wirklichen geistigen Tat, das ist jene Anspannung der Aufmerksamkeit, durch die eine Vorstellung deutlich und für länger im Bewußtsein festgehalten wird. Andererseits sind die vielerlei so wichtigen Weisen des Ahnens und Spürens auch nichts anderes wie magische Vorformen eines nur langsam klarer und beherrschter werdenden Hellsehens und Hellfühlens.

Einiges zu den allgemeineren Voraussetzungen und zur Vorbereitung einer anfänglichen Geist-Magie „im eigenen Haus".

„Lern' leben ganz in dir allein;
ein Weltall ist die Seele dein,
wo Zauber und Geheimnis spricht;
sie blendet grelles Tageslicht,
betäubt der Lärm des Lebens; neig'
dein Ohr dem Sphärenklang und schweig'."
(G. Tersteegen)

Der „Sphärenklang" ist nichts anderes wie das mächtige, dem Übenden langsam erfahrbarer, hörbar werdende Brausen des All-OM.

Manches wurde zur rechten Magie schon genannt in den Bereichen der Askese, der Meditation und Kontemplation, so vor allem in „Buddha und Mutter Erde" (2. Band). Vor allem anderen geht es um eine erhebliche und langdauernde Schulung, Verstärkung, Zusammenfassung des Willens im Äußeren wie im Inneren; eine Schulung, die weit über jedes gewöhnliche Maß hinaus geht. Und man muß sagen, daß **Mut** und Verantwortung in ihren vielen Arten allerdings eine entscheidende Voraussetzung für jede weitergehende magische Schulung sind. Ein guter Teil der rechten magischen Schulung und auch deren Ergebnis, das ist die Steigerung der geistigen und auch der feinkörperlichen und körperlichen Kräfte des Menschen; so nervlich und in der Schwingung. Handelnde Magie, das ist ein vereinfachter, zusammengefaßter, geballter Wille, der auf eine Veränderung im Ziel gerichtet ist. Passive Magie, da wird der Wille auch geschult und verstärkt, aber doch nach innen hin in den Haltungen des Wartens, der Entsagung, der Abstandgewinnung von „Ich“ und „Welt“.

- Fasten, Schweigen, Wachen und Warten: auch noch aktiv-wollend; Lauschen, Schauen, Spüren und Ahnen: nur noch aufnehmend, erfahrend.

Vielleicht ist das die Kurzformel der geistigen Magie rechter Art; wobei Fasten vor allem als Festbleiben gegenüber dem Üblichen, der Vielfalt zu sehen ist; aber auch als eine Einschränkung und Beherrschtheit der Ernährung.

- Es geht, klar und deutlich insgesamt, um die Selbsterziehung des „Ich“, des personalen Geistgebildes, um damit jener echten und höheren Mitteilungen teilhaftig werden zu können.
- Werden wir in der Tiefe unseres Wesens lebendig, so hören wir auch die Stimmen der Tiefe. Unser Inneres in Gang bringen, das heißt ja wohl, die mancherlei Hintergründigkeiten anzusprechen und abzutasten.
- Der Mensch ist ein Werdendes und Veränderliches, ein so durchaus Offenes. Geheimnisvolle Kräfte drängen immer wieder nach Betätigung, drängen an die Schwelle des Bewußtwerdens.
- Der Geist (Geistbewußtsein, Bewußtwerdezentrum) soll mehr und mehr zum Spiegel der inneren Bewegungen und kleinen Erleuchtungen werden.

Es geht ganz vorrangig darum, die persönlichen Lebensschwingungen feinstofflicher Art zu steigern. Und dazu ist eine richtige Schulung des Bewußtseins und des Nervensystems nötig, in Klarheit, Beweglichkeit, Stetigkeit, Standfestigkeit und nicht zuletzt auch in Tiefen-Entspannung der Kräfte der Bewußtwerdung. Es geht um mancherlei Konzentrationsaufgaben, bei denen vor allem der Widerstand des bewußten und willentlichen Geistes gegen die Flut der neigungsbedingten Aufkommungen geschult werden muß. „Sich selbst" überwinden lernen! Geistige Energie kultivieren. Wer seine geistigen Möglichkeiten steigern will, darf nichts verabsäumen, was die Kraft, die Empfindlichkeit und die „Natürlichkeit" seines Nervensystems steigern kann.

Hier mag vor allem ein „Wirkungs-Sprechen" helfen. Es ist das ein langsames, gerichtetes, mit der Aufmerksamkeit genau verfolgtes und von Hingabe getragenes und durchpulstes hörbares (oder nur innerlich hörbares) Aussprechen von Willens-Worten. Denn jedes Wort, gesprochen in klarer Bewußtheit und tiefer Sammlung, hat die Kraft und die Richtung der Verwirklichung. Es geht um die häufige Wiederholung solcher vergeistigender und stärkender Worte: Wesens-Wirkworte!

> So etwa: durchhalten, dranbleiben; Zuversicht!
> Oder: heilende Kraft; reine Ätherkraft; („Mutter Erde").
> Oder: lösen, gehenlassen, abschalten.

Es geht darum, wichtige Dinge und Begriffe häufiger gegenwärtig zu haben. So etwa den Wunsch und die Vorstellung der zunehmenden großen Gesundheit körperlicher wie gemüthafter Art, den Wunsch nach einer Verwandlung ungewisser oder bedrängender Lagen.

All solches wird natürlich vor allem durch eine kraftvolle Art innerer Übung gefördert; durch die Eindringlichkeit gerichteter Gedanken, des inneren Sprechens während der stillen Sitzungen und Momente. Hier liegt die entscheidende Bedingung des Erfolges in der immer durchdringenderen und umgreifenderen Selbstbeherrschung, Selbstdurchdringung und auch Wandlung von Teilen der Umwelt. Denn Herrschaft im eigenen Haus ist schon einmal die erste Voraussetzung für eine (mögliche) begrenzte Macht über äußeres Geschehen.

- Magie, das ist gesteigerte, zusammengefaßte geistige Wirkung.

Im Rahmen der Ausbildung und Steigerung der Bewußtheit, der Sammlung und der Willenskraft ist es nötig und förderlich, verschiedene Punkte und Partien des Kopfes – vor allem Augengegend, untere Stirn und Schläfen – mehr und mehr zu spüren. Hier liegt tatsächlich die „Mitte“, das Zentrum so vieler Möglichkeiten; und wenn die Aufmerksamkeit häufig darauf gerichtet wird, so ist sie im günstigsten Fall auf das Ganze gerichtet, auf eine augenblickliche Einheit. Und dann wird (u.a.) die Steigerung und Verteilung der Schwingungsenergie von den Tiefen (oder Höhen) des Unterbewußtseins her gesteuert. Dann erfolgt Verteilung, Abstimmung und Ausgleich durch den ganzen Organismus hindurch; auf dem Weg zur vollkommenen, zur großen Gesundheit.

Die hervorragend geeigneten Objekte hierfür, und um sich an die mittleren und höheren Bereiche herantasten zu können, sind wieder der Atem, die Augen und der Mund. Die Sammlung findet also vorwiegend im „hohen Bereich“ statt, um das Gesicht herum (!); und sie derart hoch zu halten, ist zumeist keine leichte Aufgabe.

Es geht darum, die eigene „Mitte“ immer besser zu finden und öfter darin zu leben. Es gilt, die Einheit des Menschen mit der unbegrenzten Kraft immer deutlicher zu erkennen: All-Kraft und All-Spannung, die feinste Ätherschwingung, die alles durchdringende geistige Schwingung, das geheimnisvolle OM, die geistig-magnetische All- und Überkraft, die tatsächlich ewige Schöpfungskraft. Das ist das wahre einzige „Perpetuum mobile“; gesucht von so vielen Suchern aller Zeiten. Die langsam zunehmende Erschließung dieses All-Kraftfeldes ist die stärkste Grundlage für alle weitergehenden Bemühungen.

- Erkenne immer öfter die Einheit zwischen „Ich“ und OM!
- Nimm es auf dich, folge dem „Ruf“ und suche zu finden und zu halten die Stätte jener Kraft, mit der allein unser ganzes Leben und Schicksal gestillt werden kann.

Denn diese Kraft kann wirklich vom Menschen angezogen werden, eingezogen in sein ganzes Wesen; sie kann erfahren werden und von tiefem Nutzen sein. Die mancherlei inneren Lichterscheinungen sind die weitaus häufigste Weise. Auch wenn man andererseits ruhig und gelöst in die Weite des klaren oder hell-verhangenen Himmels schaut, kann man durchaus winzige Lichtpfeile wahrnehmen, die durcheinander blitzen; je heller diese sind, umso reiner sind Nervensystem und die Aura des Betreffenden. Es kann diese All-

Schwingung vor allem ein Hören-Spüren einer Art von Sausen-Schwingen sein; und das in sehr hoher (Über-)Tonlage oder in einer Art von Tonlosigkeit (siehe vor allem „Buddha und Mutter Erde").

- Das „Summen der faustischen Mütter".
- Der „Sphärenklang" der klassischen Mystik und Magie.
- Die donnernden oder leise rauschenden Wogen des All.
- Geistig atmen, das heißt, im Bewußtsein das zu empfangen, was in den geistigen Äthern ist und vor sich geht. Und solches geschieht vor allem durch eine ruhige und tiefe Aufmerksamkeit des ganzen Menschen.
- Im AUM versinken – im gewaltigen schwingend-strömenden Weltmeer des Kosmos.
- „Fühle, wie der Ton in jedem Gewebe, in jedem Nervenstrang, in jeder Empfindung widerhallt. Jedes Blutkörperchen und jeder Gedanke tanzt auf dem Meer dieser rauschenden Schwingungen." (aus: P. Yogananda, „Autobiographie eines Yogi")

Der Tonus (Ton) unseres Körperlichen ist eine allgemeine und Vorform davon. Auch der Tonus (der Muskeln und Gewebe) kann ja – bei guter und doch gespannter Gesamtverfassung – unter Umständen (zunehmend) gehört, besser vernommen werden. Dieser Körpertonus, eine Auswirkung und Anzeige zunehmend höherer Spannungen und Schwingungen (Frequenzen) bis hin zum ALL-OM, kann so erhalten und gesteigert werden, daß er tatsächlich zunehmend wie von selbst allem Krankhaften widerstehen kann. Es ist das nichts anderes wie das gelegentlich genannte „stepping off of minds vibratory rate" (Yogananda); die Steigerung der persönlichen Lebensschwingung also, ganz klar und ganz einfach. Nur auf diesem Weg geistiger Übung kann der Mensch auch direkt die heute schon häufiger erwähnten höheren Dimensionen des geistigen Kosmos erreichen.

- Das Bewußtsein muß weit hinausschweifen in der (zeitlich) vollkommenen Freiheit von Bindung, Färbung, Trübung, Treibung!

Mit steigender Freiheit des menschlichen Geistbewußtseins wächst zumeist auch die mögliche Fähigkeit, innere, andere höhere Welten zunehmend ins normale, wenn auch erweiterte Bewußtsein zu heben. Doch solche höhere Sinnesbereiche erfordern die entsprechenden innergeistigen Organe: das innere Schauen, innere Hören (Lauschen), Tasten, Spüren und Ahnen. Diese inneren Sinne werden entweder (1) mehr passiv, in der horchenden Stille, oder (2) mit feinem unkörperlichen Willenseinsatz geschult. Letzteres ist ein, gewiß sehr anfängliches „Bewegen der kontemplativen Organe“, welche die feinstofflichen Entsprechungen der Gliedmaßen sind, der Augen und Ohren. Dieses „Bewegen“ ist so etwas wie ein Spüren, Tasten und es geschieht, setzt sich fort dann im inneren Schauen: als ein Verstärken aufkommender begleitender Bilder, oder im willentlichen Erhalten und „Schaffen“ von Bildern. Es ist das alles ein feinstes „Tasten“ (vimamsa) und ein immer feineres Stillhalten im rechten Augenblick (siehe die 4 „Machtgebiete“ des Buddha).

Ausdruck einer solchen Entwicklung sind etwa auch die magischen Träume oder astral-ungewöhnliche Anklänge im Traum, im Halbschlaf oder Wach-traum. Es sind „Verdünnungen“ des stofflichen Widerstandes; eine erhöhte Durchlässigkeit für andere Schwingungen ist gegeben.

Es geht aber auch um eine stärkere Ausbildung der äußeren Sinne, und zwar nur als ein Mittel zum so besonderen Zweck. Schulung des Sehsinnes durch starkes ruhiges Blicken in die Ferne; durch genaues Punktsehen in der Nähe; durch Spüren der Augäpfel, und eine Hinrichtung auf Augen und Sehvorgang selbst. Schulung des Hörsinnes durch „Punkthören“, Verfolgen eines bestimmten Ablaufes von Tönen; etwa im Wahrnehmen des Tickens eines leisen Weckers. Schulung des Tastsinnes dann vor allem und gerade auch im Alltag, indem man sich zeitweise möglichst ganz auf die Tastung verläßt, also vor allem nicht (oder kaum) hinsieht; oder auch im Dunklen. Und dann vor allem das (innere) Bewußtmachen auch sehr feiner Tastungen (Reize) an der Haut, am Gesicht, an den Händen und anderswo.

Grundlegende magische Bemühungen und Einstellungen im Alltag

Alle zunehmende magische Wirkung nach außen wie nach innen beruht auf dem stark-gezielten gesammelten Einsatz einer wie auch immer gearteten verfeinerten **Wunschkraft** des eigenen Geistes. Es ist der Wunsch nach einer Veränderung. Magie ist gesteigerte geistige Wunsch- und Willenskraft. Wir stehen vor dem so entscheidenden Riesengebiet der Selbst-Beeinflussung wie einer mittelbaren (eben magischen) Beeinflussung der Umwelt. Man mag etwa an den Altmeister der einfachen Autosuggestion und Selbsthypnose, **Coué,** denken. Ungeahnte Kräfte, ungehobene Schätze und Rücklagen ruhen hier verborgen und sind fast ungenutzt: bereit, an der Erleichterung und Lösung seiner selbst wie mancher Umwelt zu wirken. Wenn auch solches, in rechter Weise nur in langgeduldiger Bemühung Auswirkungen haben wird.

- **Mensch** – das ist gleich einem geistigen Feld magischer Spannungen und Wirkungen.
- **Wunsch** – das ist die starke innere Bewegung, die aus einer Mangellage heraus auf eine Erleichterung oder Erfüllung zu geht.
- **Magie** – das ist gezielte, gesteigerte geistige Bewegung und Mächtigkeit.

Da alles Innere, Geistige überwiegend geistiges Bild ist, muß auch die natürliche einfache Wunschmagie fast ganz mit den inneren Bildern wirken. Doch auch das – fast bildhafte innere Sprechen oder Tönen sei nicht vergessen. Sich das vorstellen, was man wirklich herbeiziehen, eben verwirklichen möchte; was man wandeln möchte: uraltes Gesetz aller Magie. Und es kann sich solches richten auf:

- eigene Fehler;
- ungünstige äußere Umstände, wie Wetter, Arbeit, Menschen; Schutz vor dem Gesamt-Schicksal (Kollektiv-Karma) und den Vorgängen in der Natur; so etwa in der oft wiederholten willentlich-imaginären (vorgestellten) Bildung eines feinstofflichen Schutzmantels um die eigene Person;

- auf eigene erwünschte Stärken und Fähigkeiten (oder auf die Nahestehender);
- auf die Verwirklichung allgemein günstiger Umstände.

Ein **Wunsch**, das ist eine Spannung und Hinrichtung und damit etwas Magnetisches; es ist ein Geistiges und ein Strömendes; etwas, das, wenn einmal in Gang gebracht, immer weiter strömt. Die besondere magische Kraft ergibt sich durch die Zielrichtung, die beharrliche Ausdauer und Konzentration. Hinter jeder erfolgreichen magischen Wirkung wird und muß immer ein tief-lebendiges Interesse der betreffenden Person stehen; der dringliche Wunsch nach einer Veränderung. Größte Vorsicht gilt es einzusetzen gegenüber unguten oder sich vielleicht ungut auswirkenden Dingen und Wünschen; denn bei der Wunschmagie kann es sich allzu leicht um eine Abwehr, um eine Wehr gegen etwas handeln und damit leicht um Angriff und auch Schädigung.

Zur Wunschkraft kommt die Gedankenkraft, die verstandesmäßige, willensmäßige, zielgerichtete Weise der geistigen Aktion. Wunschkraft, das ist eine tiefe gefühlsmäßige Bejahung oder Verneinung. Gedankenkraft, das ist der geistige Vorstoß, die Verbindung von Wunsch und Gedanken, deren Bündelung der klar bewußte Einsatz auf Ziele und Wandlungen zu.

Man kann die Kraft gezielter Wünsche und Gedanken in einer zunehmenden zeitlichen Dichte und Kraft einsetzen; und solches innere Wirken wird häufig der natürliche und unmittelbare Weg der Wandlung sein. Hierher gehören mögliche „Bitten" und Wunschausstrahlungen an die „Hohen Geister" – eine wirklichkeitsgemäße Parallele zum Gebet zu Gott und den Engeln. Und so sind auch die mancherlei Wunderheilungen aller Zeiten eine direkte Auswirkung und Verbindung von Bitte, Wunsch und Glaube einerseits und dann von strahlender Tiefen-Wirkung; wurzeltiefe Wirkung von Seiten eines so sehr seltenen wirklichen Heilenden.

Und es sei als Dritte im Bunde, die Sperrkraft hinzugefügt, die Gedankenkraft als eine Abwehr; die Fähigkeit und Möglichkeit, sich gegenüber äußeren Einflüssen abzusperren, zeitweise zu trennen und zu sichern. Beispiele:

1. einen „Schutzmantel“ überstreifen gegen Gefahren (im Verkehr etwa);
2. sich selbst vor anderen in eine Art „Schleier“ hüllen, um zeitweise (so gut wie) nicht beachtet, gesehen oder nicht belästigt zu werden;
3. eine Sperre vor den Raum legen, in dem man sich aufhält;
4. allgemeine Störungen abhalten – Einsamkeit verstärken.
5. Stärkste Hilfe: der echte Wunsch, allein gelassen zu werden. Dann mag sich eine geheimnisvolle gute Aura zeitweiser rechter Einsamkeit bilden.

Die guten Weisen einer Vorbereitung der Sperrkraft sind: vereinfachen, klären, aufräumen im eigenen Leben, als eine immer wieder neue notwendige Grundlage; dann Zielrichtung, Entschlossenheit und Bündelung; Vertrauen weiter und innere Ausgleichsgedanken, wie ausgleichende Bilder; und endlich der große Gleichmut, das Nicht-Beteiligtsein und Gehenlassen der innerlich und äußerlich störenden Dinge. Das Beste ist immer wieder das Loslassen, die Wunschlosigkeit. Die Magie des Lassens, das ist die einzige geistnatürliche Weise!

Die abstoßenden und verhindernden und die herbeiziehenden Bemühungen werden zumeist getrennt vor sich gehen müssen, selten eng miteinander verbunden. Gute Gedanken gilt es immer wieder einzusetzen: möge Ruhe werden (etwa)! Möge sich diese oder jene hilfreiche Möglichkeit für mich oder für die Anderen verwirklichen! – Über allem der feine, stille Wunsch: möge es sich fügen nach feinerem Recht, nach tieferer Harmonie und wirklicher Heilsamkeit! Möge heilen, was krank und schwach und schmerzhaft sich gebärdet! Möge jeder, möge der Andere **Muße**, **Mut** und **innere Lösung** finden, um seinen, so schwankenden Menschenweg durchhalten zu können; um sich zu scheiden von Krankhaftem; aus jenem feineren, spürsamen Gewissen, aus welchem allein die tiefe Heilung der Natur und des Geistes hervorgehen kann.

Und solches ist nicht nur wahrhaft aufbauende Geistwirkung, eine Heil-Magie, sondern ist auch die wahre „All-Güte“. Und diese wird zunehmend hohe, günstige Auswirkungen haben. – „Ein solcher schläft und träumt gut; das Essen bekommt ihm, den Menschen ist er lieb und wert; er ist beschützt vor Waffen, Gift und mancherlei Gefahren; seine Lebensbedingungen verbessern sich allgemein; sein Gesicht und sein Körper werden reiner und schöner." (frei nach einer Aussage des Buddha zu den Auswirkungen der Metta-Übung). Das ist die magische Wirkung des guten Willens und guten Gewissens; des wohlwollenden Geistes.

Die höheren Fähigkeiten (iddhis, siddhis)

– wie sie im Buddhismus, aber ähnlich auch anderswo genannt und beschrieben werden.

Es gilt nun, auch diesen Bereich noch kurz anzuleuchten, obwohl er zweifellos zuallermeist außerhalb der Möglichkeiten liegen wird. Es ist aber so, daß sich auch für den gewöhnlichen Sterblichen auf seinen, noch mehr anfänglichen Wegstrecken doch schon mancherlei leichte und oft ungewollte Berührungen – ganz überraschend, kaum erkannt, wie von selbst – mit diesen geheimnisvollen Bereichen ergeben können. Sie ergeben sich im Reifen vor allem aus den vier Stillungen, Vertiefungen, Versenkungen (jhana) und aus einer immer steigenden Konzentrations- und Willenskraft. Viel Zeit, Muße und Übung sind aufzubringen für solche Ziele. Der Buddha sagt im Anguttara-Nikaya (Ang.-N. VI/80) – „Macht in geistigen Dingen" (gek.): nötig sind „große Geistesklarheit, große Hingebung, große Begeisterung, starke Unbefriedigung (mit bisher Erreichtem); nie nachlässig werden im Guten und immer höher streben"; – wenn man eben in dieser „Geistigen Macht" weiterkommen will.

Von den öfter genannten, mindestens sechs Arten oder Bereichen „höherer Kräfte" sind für uns heute vor allem drei, hier beispielhaft gestreifte Bereiche von gewissem Interesse und wenigstens einiger Faßlichkeit.

a. Das „Hellsehen" in seinen vielen und bunten Arten und Möglichkeiten. Denn solches – wenn überhaupt echt – kommt immer und auch heute nicht allzu selten tatsächlich vor; wenn auch sehr geschwächt und oft verfälscht durch die innere Unruhe und

Ungeistigkeit der Zeit und meist zu große Subjektivität und Gebundenheit des Betreffenden. Es mag schon ins Leben mitgebracht oder erst hier erworben sein. Es sind da die Möglichkeiten des Sehens von Vorgängen: von Gegenwärtigem an anderen Orten; von Kommendem; von Geschehnissen in anderen Spannungsebenen (Himmel, Götter, Geisterwelten, Abgeschiedene).

b. Die Fähigkeit, Wünsche, Wollungen, Ängste von anderen Menschen zu erkennen, zu erspüren: das Gemüt anderer zu durchdringen. Hierher gehört alle tiefere und zunehmend unmittelbare Menschenkenntnis; gehört das plötzliche Wissen, Erinnern, Einfallen von Notwendigkeiten, etwas für Andere, für den jetzt vielleicht gerade Nächsten tun zu müssen und ähnliches. Gewiß ist auch dieses alles kaum vom großen Bereich des Hellsehens und Hellspürens zu trennen.

c. Und schließlich sei noch die sogenannte Rückerinnerung, die Erinnerung an vergangene Leben und Daseinsformen genannt. Ganz erhebliche Bemühungen sind angestellt worden, um die Tatsache an sich und die Gesetzlichkeiten einer fortlaufenden Wiederkehr der Wesen, über vereinzelte Beispiele – immer wieder nicht voll beweisbarer Art, zu durchdringen, festzulegen und zu erhärten. Und es gibt heute schon eine Reihe von „Techniken" und Methoden, die vor allem auf Tief-Entspannung durch Suggestion beruhen. Doch solches muß als zweifelhaft, vielleicht auch schädlich angesehen werden.

Es gibt aber einen anderen, den unmittelbaren, wenn auch zurzeit nur sehr selten gangbaren Weg; den Weg, der durch die echte innere Reinigung und Stillung – auch durch die Abnahme der Anteilnahme an diesem laufenden Dasein, Abstandnahme und Lockerung des Inneren, erschlossen werden kann. Es ist die tatsächliche Eigenerfahrung dieser Rückerinnerungen, wie es vom Buddha so eindeutig nahegelegt ist. Denn alle solche vergangenen Erfahrungen *sind* aufgespeichert (wie auch anders?!) als Bild- und „Filmmaterial"; und zwar nicht „in" unserem Gehirn, sondern wie alles geistige Gedächtnis in einem feinstofflich-aurischen Bereich, den wir schon mehrfach als das „Geistmagnetfeld" eingeführt haben (hierzu die ausführlichen Erfahrungen des Verfassers in „Buddha und Mutter Erde").

> Es ist das alles wie „eine Strebung nach unbewußten oder wie vergessenen, tief verborgenen Zielen, die sich der Stimmung zu unserer eigenen Verwunderung bemächtigt und das Ichgefühl beinahe zum vollen Stillstand seiner Schwingungen bringt. Es ist, als suche man gleichsam verstruppte Seitenpfade zu dem eben aufleuchtenden Weg, den ein früheres „Ich" einst pilgerartig durchschritten hat". (C.L. Schleich)

Das buddhistische „himmlische Auge" schließlich ist ein mächtiger Sammelbegriff und -bereich für die höheren Arten des Hellsehens: Vergangenheit und Zukunft; sowie das Sehen und Erkennen der Abläufe im Leben Anderer.

All solches Hellsehen ist ein Beleuchten und Belichten von Gegebenheiten, Inhalten, Schwingungen, die fast immer im Dunklen liegen. Für unseren Zweck geht es aber viel mehr um die wirklich einigermaßen erreichbaren, anwendbaren, ungefährlichen und hilfreich-heilsamen Formen der Magie des Alltages; einer Geistigkeit, die einem weiterhilft, die das eigene Innere in der rechten Weise beeinflussen kann. Wahres Hellsehen, das heißt nicht, Gestalten, Formen und Lichter sehen, sondern es ist ein Wahrnehmen, die klare durchdringende Vision des eigenen Gemütes, des unendlich vielfältigen Treibens und Getriebenwerdens. Und hier sei schließlich die klare Aussage und Warnung des Buddha wie des Jesus von Nazareth und anderer Großer angefügt, daß jede Art und Weise einer noch im Ichhaften befangenen magischen Geistesentfaltung sehr hinderlich sein muß für die Erreichung echter Ziele auf dem Freiheitspfad. In der echten Buddha-Schulung, dem Satipatthana-vipassana (Klarbewußtsein und „Hellblick") kommt es unter Umständen zu mancherlei Erscheinungen (Lichter, Farben, Levitation u.a.), die verlockend sind, bei denen der Übende jedoch keineswegs irgend länger verharren sollte (siehe „Buddha und Mutter Erde").

Ein aphoristischer Abschluß

- Magie und geistig-magische Wirkung mag einem nur als Hilfe, als Mittel zu feineren Zwecken dienen; zum Zweck der Kräftigung auch, um nicht flau und müde zu werden auf den langen und oft so beschwerlichen Wegen durch das Leben und auf dem „Pfad". Das Magische mag eine anspornende „Einlage" im Einerlei der Vorgänge sein.
- Stößt man nun durch magisch-gezieltes Denken, Wollen und Spüren ein, im Unterbewußtsein der Zeit, der Umgebung, eines Menschen Vorhandenes an? Oder spürt man das Kommende nur voraus, – eben weil da schon feinste Vorwirkungen ausgehen und „da sind"? – Grundlegende, aber wohl kaum je ganz zu lösende Fragen zum Vorgang magischer Ein- und Auswirkungen sind es.
- Verwünscht das Blenden der Erscheinung!
Es hindert dich hinauszusteigen
in ätherweite Stufenfolgen,
in geistdurchhellte Raumesnacht.
- Alles geht in uns viel eher vor als es „geschieht".
- Mit steigender Wachheit und wachsendem Abstand wird die „overall-connectedness" immer deutlicher, die zwischen-dimensionale Verbindung aller Dinge und Vorgänge.
- Nach innen geht der geheimnisvolle Weg!
In uns, oder nirgends, ist die Ewigkeit;
sind alle „Welten";
in uns Vergangenheit und Zukunft.
- Auf den aus der Tiefe kommenden Strom achten! Er kommt von jenseits des „Persönlichkeitsgehäuses".
- Wenn das Absolute auftritt, es einfach strömen lassen voller Vertrauen und Ruhe! Das ist das Entscheidende, um die so seltenen feineren Erlebnisse nicht wieder abzudrängen durch die jeweils aufkommende Unruhe des kleinen Geistes.
- Raumstrahlen – Strahlraum; die wachsende Kraft und tiefleuchtende Stille erfassen und durchdringen immer weitere Räume.
- Strahl-Strom: Symbol letzter und höchster Vorgänge im Makrokosmos und dann auch im Mikrokosmos der Persönlichkeit.

- Tief-Leuchtendes –, Durchleuchtiges; illuminiert (= im Licht stehend); luminos; Durchlaucht; das aus der Stille heraus selbstleuchtende Herz. Der Gang in die leuchtende Stille.
- Immer durchgehender leben in jener Stimmung der gewissen Erwartung; der Stimmung des Geheimnisvollen, des Außergewöhnlichen.
- Den Wunsch nach dem Licht der Erkenntnis spüren und pflegen; nach dem Leuchten des innersten Wesens; nach Leichtigkeit des ganzen Organismus; nach Wissen, Reinheit und Reife; und dann auch nach guten und kongenialen äußeren Bedingungen; diesen tiefinneren Wunsch immer öfter und stärker spüren und verwirklichen! Das ist die Magie des Vertrauens.
- Wenn das Bewußtsein einmal Eines wird mit dem „unendlichen Objekt" (eben unserer „Mitte", der Mitte des Bewußtwerdeprozesses), dann wird es selbst unendlich. Grenzen, Zeit und Raum lösen sich auf.
- Und das ist die ganze rechte Magie: die Vision der Freiheit – und was an Teilzielen immer – festhalten! Jeder Gedanke, jedes Wort, jede Handlung sollte, müßte, könnte und wird einmal dieser Vision entsprechen, damit sie sich tatsächlich erfülle.

Es ist dieses ein unheimlich weiter und fast immer sehr undeutlicher Bereich: dieses Magische: die Erfahrung oder die Bestätigung von Möglichkeiten des Lebens, die außerhalb jeder üblichen und gewöhnlich zugänglichen Erlebnisweise stehen. Jeder Suchende, Strebende, freiheitlich Bemühte ist gehalten, das für ihn zuträgliche Maß, die Mitte zu finden zwischen vor allem diesen vier Bereichen:

1. die klargeduldige Bemühung und Kleinarbeit der laufenden täglichen Befreiung und Erlösung;
2. die Erfahrungen aus dem besonderen Bereich von Tieflösung, Vertiefung und übersinnlicher Freude;
3. die „magischen Markierungen" (Begleiterscheinungen), die unter anderem auch eine fortschreitende Macht über sich selbst und die Umstände anzeigen können; und
4. diese fortschreitende „Selbst-Losigkeit", „Ich-Losigkeit" – eben die wirkliche Lockerung der Ich-Strukturen, die durch die drei ersten Bereiche vorbereitet, gefördert, ermöglicht wird.

Magie – so –, als Geheimnis, Herrschaft in sich selbst und Befreiung in einem.

Von der „Lösung“ und vom „Durchbruch“

Der große, so entscheidende Teil von den „Pfeilern der Freiheit“ neigt sich dem Ende zu. Ein letzter Bereich von Begriffen, Zuständen und Erkenntnissen mag hier angeleuchtet werden: der Bereich des „Überweltlichen“ oder besser des „Außerweltlichen“ (Nirwana); denn da geht es eben nicht mehr in himmlische, freudvolle, visionäre oder rein geistige Daseinsebenen hinein. Es geht radikal und in der folgerichtigen Verlängerung der gegenwärtigen Achtsamkeit (Satipatthana) und der Vertiefung (Samadhi) hinaus aus den Bedingtheiten; in etwa senkrecht hinaus aus den Ebenen und Möglichkeiten der, wenn auch noch so feinen, feinsinnlichen Wahrnehmung und Beeinflussung. Und hier liegt auch der ganz besondere, unverwechselbare, unvergleichliche Bereich von Übungen und Erfahrungen, der vom Buddha, dem Voll-Erwachten, überliefert ist.

Die sehr besondere Stufenfolge, die jeweils auf das Außerweltliche zuführt und die zugleich auch grundsätzlich schon im weiteren Bereich des Außerweltlichen steht, ist der „hohe, außerweltliche Pfad“ (aryia magga), die vier oder besser acht Stufen und Bereiche. Dieser „Pfad der Edlen“ ist grundsätzlich jedem Menschen offen. Es beginnt schon vor dem „Strom-Eintritt“ (sotapatti), der endgültigen Sicherung des Menschen vor daseinsmäßigem Abstieg und mit der Sicherheit der Beendigung des „Kreislaufes“ in begrenzter Zeit; und zwar mit der ersten der acht Stufen, dem Weg zum Stromeintritt hin. Dieser ganze Ariya-Magga (Stromeintritt, Einmal-Wiederkehr, Nicht-Wiederkehr und endgültige Befreiung) ist schon nicht mehr „von dieser Welt“. Der „Weg“ (magga) ist jeweils die Zeit und Stufe des „Anlaufes“, der Herauslösung und Lösung („Lös“) auf den Übergang, auf die nächste Stufe zu. Das erstaunliche und ungeheure Ergebnis von alledem ist dann gleich dem „Durchbruch“ (Verf.), den man aber auch, oder besser als das (zumeist) blitzartige Geschehen, eines „Einbruches“ (des Bewußtwerdens) eben jenes höchsten und außerweltlichen Zustandes bezeichnen kann (dazu vor allem das Kapitel „Durchbruch“ in Band II „Buddha und Mutter Erde“). Die „Frucht“ dessen sind die anschließenden Zustände oder Perioden einer „Erreichung“ („Ernte“) und eines völligen, aber doch noch bedingten Ruhezustandes. Dieser weicht bald wieder und verliert sich. Vielleicht wird der Betreffende dann von neuem erhebliche und ganz bestimmt-gerichtete Anstrengungen ansetzen: der Pfad zur nächsten Durchbruchsstufe.

Es soll hier absichtlich nicht auf die möglichen Parallelen zwischen dem so klaren und einfachen Begriff des „Durchbruches“ (in ein gänzlich anderes Bewußtsein – Nicht-Bewußtsein) und den notwendig immer unklaren Begriffen wie „Erleuchtung“ (v.a. indische Mystik und Yoga), Satori (Zen), „Summum bonum“ (christliche Mystik) und „Wahnerlöschung“ (buddhistisch) eingegangen werden (siehe Kapitel „Wichtige und wesenhaften Begriffe“ in Teil II dieses Bandes).

Der „Ariya“ (Arier) nun, der „edle Jünger“, das ist ein Wesen, das auf die endgültige Freiheit hingerichtet und auch schon mit ihr verbunden ist. Es ist die Gruppe oder der Bereich von Wesen, die dem Weltlichen und dem „Himmlischen“ grundsätzlich abgesagt haben; welche die ersten (oder mehrere) entscheidend-tiefe Erfahrungen hatten mit dem Wesen des Außerweltlichen, des letztlich Wirklichen, des Nirwanas; die von daher „angerührt“ wurden.

Die „Mitte“, nun, von der so viel gesprochen wird und mit der man gewiß in der tieferen Übung viel zu tun haben wird, ist ein entscheidender meditativ-erfahrbarer Begriff. Die Mitte ist *das* vom Menschen, was man überhaupt und in etwa als den wesenhaften Kernpunkt oder Bereich bezeichnen kann. Doch – klar gesagt und nach den langen Erfahrungen und Prüfungen des Verfassers, handelt es sich eben nicht um eine wirkliche Mitte, die festliegend wäre und genauer zu orten. Schon immer wurde von Einzelnen und Kreisen, Richtungen und Religionen etwas Festes, Unveränderliches, Dauerndes, Höheres, Göttliches (göttlicher Funke) angenommen und umrissen und anscheinend manchmal auch erfahren. Als „Hohes Ich“, „Selbst“, „Seele“ u.a.m. wurde und wird es bezeichnet.

Der Buddha ist der Einzige, in dessen Wirklichkeitslehre diese Annahme nicht vorkommt. Der Buddha rät uns, seine Hinweise, Ratschläge, Übungen zu befolgen, lange; immer genauer hinzuschauen und zu prüfen, was sich da tut, was erscheint; ob es sich verändert, ob vielleicht nur vom Gefühl her bestimmt. Es geht nicht an – in dieser „Luft der klaren Wirklichkeit" –, Überlieferungen, Systeme, Begriffe ungeprüft zu übernehmen –, zu glauben. Und in den langen Zeiten meiner eigenen Übungen, Erfahrungen und Erkenntnisse habe ich geprüft – unvoreingenommen.

Das, was sich für uns, für viele, die meisten, unter solchen hohen Begriffen verbirgt, ist gewiß das Äußerste, Freieste was man sich überhaupt vorstellen kann. Doch mit der Vor-Stellung (Vorausnahme) ist zuallermeist jener langgezogene und beharrliche Versuch verbunden, nicht mehr irgend weiter zu denken, zu forschen, aufzumerken und zu suchen. Die Macht der kollektiven Halluzination, des allgemeinen Irrtums, ist allemal riesengroß, die Macht der meist festgefügten Überlieferungen und der Zwang, der „mediale" Zwang von Schrifttum und „lebender Literatur". Man unterschätze solche Zwänge und Verfestigungen keineswegs.

Es gibt gewiß so etwas wie die Persönlichkeit und auch ein (lange eingeübtes) „Selbst". Und es hat solches, für jedes – auch nur etwa übliche „Sehen" und Denken so etwas an sich wie eine „Ewigkeit, die zeitlich ist"; und das heißt zwar nicht ewig, aber doch „ewig" für lange Räume der Entwicklung; – eben als ein starker Anhaltspunkt im Treiben der Dinge.

Für mich (siehe weiter unten) sind solche alles Arbeitsbegriffe, die sich in geduldiger Übung immer besser klären werden. Und es ist eine Ich- und Wesenlosigkeit ja die Voraussetzung, daß der Mensch sich lösen und einmal auch auflösen kann in eine – in mehreren Stufen endgültige Freiheit hinein. Die genannten heute schon fast „üblichen" und unklaren Begriffe, Strebungen und Übungen führen bestenfalls in „göttliche Welten" hinein (Wiedererscheinen), haben von dort her ihren Zugpunkt. Diese Anschauungen sind weitgehend vom Gefühl und von Hoffnungen her genährt und geben sicher vielen einen höheren Halt. Sie mögen somit eine weiterführende Aufgabe haben. Wer, freilich, solchem anhängt und nachhängt, wird es vielleicht schwer haben, diesen letzten und höchsten Trost einmal wieder loszuwerden.

Was in diesen Schriften als Mitte bezeichnet wird, ist weit mehr ein gewisses Gesamtgefühl starker Verinnerlichung und Harmonie, das sich aus Körperlichem, Nervlichem, von der Empfindung und weniger auch vom Geistigen her ergibt. Besondere Örtlichkeit ist einmal der Raum hinter den Augen (Hypophyse), in etwa das Bewußtwerde-Zentrum, auch der Ort des Ich-Gespürs, wo alle Reize und Erregungen zusammenlaufen, beziehungsweise die Bilder und Feinstanstöße ihren kaum erkennbaren Ausgang nehmen. Etwas tiefer, über dem Gaumendach, kann das so entscheidende Denk- und Sprachzentrum geortet werden. Eine „Willens-Mitte" liegt im Bereich des Mundes und der Wangen (Jochbögen). Und schließlich und vor allem ist es die obere Leibesmitte, eben am Solarplexus mit dem so wichtigen Nervus sympathikus; der Bereich, auf den sich die meditative, übende Aufmerksamkeit hauptsächlich richten sollte. Es sei noch auf die, obigem in etwa verbundene Lehre von den „Chakras" hingewiesen, die für diesen sehr anders gearteten Weg aber nur einen sehr begrenzten Nutzen bringen kann. Die oben genannten zentralen Bereiche sind zugleich die wichtigsten, und sie werden zeitweise und bei besonderer Einstellung auch ein solches Gefühl von Mitte mit sich bringen. Es geht um die eigene, wirkliche und wirklichkeitsgemäße Erfahrung und nicht um irgendein System, das einem von außen und theoretisch angetragen wird.

Die Mitte, die bisher auch in diesen Studien angesprochen wurde, ist also viel mehr ein angenommener, ein Arbeitsbegriff, der jenes verinnerlichte Gesamtgespür der Ruhe und Abgeschiedenheit, vielleicht auch Reinheit umfassen sollte.

Die „Leere" nun, dieser geheimnisvoll-unklare Begriff, von der es mindestens zwei sehr verschiedene rechte Arten gibt. Einmal ist es die überwiegend verstandes- und willensmäßigen Weise der – dann auch immer tiefer und fruchtbarer möglichen Betrachtung und Erkenntnis der Leerheit dieses ganzen Daseins. Leer ist es nämlich von wirklich selbständigen Geist-Einheiten, von klar umrissenen, von frei und unabhängig handelnden Wesenheiten. Es sind die tausendfältigen Kräfte und Bewegungen des Wünschens, Begehrens und Wollens, die alles aufrechterhalten; so vor allem und unterlagernd, der Drang nach **Geltung**, der Drang nach **Wohl** (welcher Art auch immer) und schließlich der Wunsch, dieses **Leben zu erhalten**, so lange wie immer möglich.

Es ist das ein Sich-vor-Augen-Halten der Ichlosigkeit, Kernlosigkeit, des fließend-unwirklichen Charakters dieser „Welt". Mächtige und weitgreifende Ablösungen sind hier – je nach Reife – durchaus möglich. Ja, bei rechtem Einsatz, hohen „Kampfeskräften" und guten äußeren Bedingungen, mag hierbei das entscheidende Pfad-Erlebnis einmal in greifbarer Nähe liegen. Denn wir sind vom Nirwana-Zustand (Nicht-Zustand, Zuständlichkeit) grundsätzlich nicht getrennt. Diese letzte Wirklichkeit ist und muß ja immer „um den Menschen" sein. Im Gesamthaushalt der kosmischen Wirklichkeit gibt es keine echten Grenzen und abgetrennten Zustände. Es ist alles im (schöpferischen) Fluß, in der ewigen Wandlung.

Der Mensch steht „mitten inne" in den größten Möglichkeiten.
Er ist nicht abgetrennt vom „Wunder der Wandlung"!

Die zweite Weise rechter Leere ist die Art eines tatsächlichen Zustandes, in den man – bei gegebener Reife und Bedingungen – einmal fast unbemerkt hineingleiten kann. Hier ist dann Abwesenheit all der „Unruhe-Schwingungen" des gewöhnlichen Lebens gegeben. Die Person, das Ich und alles andere, ist hier ausgeschaltet; und damit herrscht der wahre Zustand der Wirklichkeit (siehe auch das vorletzte Kapitel „Von der Freiheit des inneren Seins und Bewußtseins"). Es ist nicht Vertiefung, Ekstase, Samadhi, sondern in etwa das „Nirwana bei Lebzeiten"; ganz gewiß von einer nur punktförmigen und beispielhaften Art.

Nirwana – Nicht-Wähnen, Nicht-Wollen, Nirgends-Wohnen; Nicht-Umgeben-Sein vom Wald der unzähligen Möglichkeiten und Störungen, die unseren „Geist" gewöhnlich mehr oder weniger stark verdunkeln. Wenn man sich einmal weitgehend einer (zeitweisen)

Wunschlosigkeit angenähert hat, dann wird Nirwanisches fast wie von selbst zu spüren sein. Wenn man einmal dahin kommt, hier und da vielleicht langsam öfter, daß man dasteht und nicht mehr weiß, was man tun soll, ohne daß Betäubung, falsche Langeweile oder zerstreute Geistesabwesenheit anwesend sind: dann steht man in den rechten Voraussetzungen; dann ist man nahe der Pforte zu entscheidenden Erfahrungen. Nirwanisches deutet sich an, vor allem auch im Erfahren des inneren Tones; der tonlose Ton, der kosmische Laut. Es ist die ungeformte, die allerwirksamste, alles durchdringende Weltäther-Kraft; es ist das „Strömende" an sich; ist aber auch die Leere, wo alles zur Ruhe gekommen ist: der absolute Nullpunkt; ganz wie der Nullpunkt der Temperatur, die Dunkelheit und Stille im feinmateriellen und materiellen Weltall. Das Nirwana ist also auch als das geistige „**All im Einen**" zu umschreiben.

Hier noch diese einfachen, aber alles umgreifenden Kennzeichnungen nicht herkömmlicher Art:

- das ganz Natürliche; das Selbstverständliche;
- das Allgegenwärtige;
- die Reinheit, die Leere;
- das Geheimnisvolle, das Unendliche, das Absolute;
- und schließlich das Freie!

- ○ Fühle, wie der kosmische Laut in jedem Gewebe, in jeder Empfindung, in jedem Nervenstrang widerhallt; und beobachte, wie er sich an Umfang, Klang, Klarheit, Reinheit immer weiter ausdehnt.
- ○ „Schwimme weit hinaus in das Meer des Seins und wisse, daß du eines Tages nicht mehr an das Ufer zurückkehren wirst." (Henry Benrath, „Unendlichkeit")
- ○ „Es geht der gewaltigen All-Heimat zu." (G.L. Schleich)
- ○ Irgendwie vereinen sich feinstoffliches und geistiges All zum kosmischen All: im Nirwana.

„Lös“ – die Voraussetzungen

Wenn die Ich-Vorstellung einmal nicht mehr gebraucht wird ...; wenn man spürt, erkennt, weiß, daß da nichts ist wie ein riesiges Gefüge von Daten, von Prozessen, getrieben vom Wollen, vom Interesse, letztlich vom Durst ...! –

- Wenn Wollen (momentan) endet, dann endet auch das Ich.
- Im Alltag häufig einmal nicht „dabeisein“; dafür in der abgezogenen Mitte; wie tastend; in der Schwere tiefer Entspannung und der Leere der Wunschlosigkeit.
- Das Interesse endet, etwas darzustellen, aufrechtzuerhalten. Es ist das Ende des Dranges nach Anerkennung, Tätigkeit, Wissenwollen, Ändernwollen, Habenwollen. Nur dann sind Wohl und Frieden und auch die große Klarheit ganz nahe; **sind** das Sein!
- Die stets erneuerte Geburt des großen Willens zur Reinigung des Geistes und Herstellung der ursprünglichen Natur des Menschen.
- Es ist ein Sich-Zurückziehen, Ent-Sagen; und auch jene „heilige Einfalt“ (und nicht mehr Vielfalt).
- Inneres Schweigen und Unbeteiligtheit immer häufiger gewähren und bewahren: das ist hier das Wichtigste.
- Suche, Geist, das Vergessen – und warte auf das „Andere“.
- Lösung – Auflösung – Ablösung; dann ist es schon getan. Spüren – mit allen Fasern –, wie die Stille tief hineinfällt in Gemüt und Geist; wie die **Lösung** (die Zauberformel) wirkt, fließt, da ist.

- **Im Dulden (Sieg über Lust und Unlust), im vollen Strömen (Furchtlosigkeit und tiefe Entspannung), im Lassen (Zufriedenheit und Ablösung), als den Ausdrucksformen der großen Gelassenheit, liegen die entscheidenden Voraussetzungen für Einigung und Durchbruch in ein freies Sein.**

Der Entscheidung entgegen

Es geht darum, das gewohnheitsmäßige, fast automatische Bewegen und Tun oft und wirklich auszusetzen; denn das ist Beherrschung. Zu bestimmten Zeiten sogar das Wollen im Voraus merken! Die Handlungen laufen dann unter klarer Beobachtung ab. Dieses alles wird sehr erleichtert, wenn man öfter starke Verlangsamung einschaltet, um dann wie „tastend-unbestimmt" zu denken und zu handeln. Und dabei kann man schon einmal die Möglichkeit der Lösung in den Zustand der überall und immer vorhandenen All-Energieschwingung hinein erkennen und spüren. Das ist Aufgeben –, ist Schweben.

Für die Möglichkeit eines „Durchbruches" ist eine gewisse, nicht starke Müdigkeit, Dämpfung, aber auch begrenzte Überwachheit und eine besondere Spannung günstig. Daher sind die Stunden des Spätnachmittags oder abends, mit leichten Müdigkeitserscheinungen und der dann gegebenen Hochspannung von Geist und Organismus zu nutzen. Bekannt ist die oft erhebliche Besonderheit der nächtlichen Stunden (Mitternacht). Weniger Schlaf mag zu solchen Zeiten nützlich sein.

Wenn man Besonderes erreichen will, sind längere Perioden (60 bis 75 Minuten) im Meditationssitz zu üben, in einer strengen, aufrechten, wenn auch immer wieder sich entspannenden Haltung, möglichst im rechten „Kreuzsitz", den eigenen Möglichkeiten angepaßt. Aber auch auf einem Stuhl, nur vorne aufsitzend, mag man üben. Zu benutzen wäre auch ein kleines, sehr niedriges Holzbänkchen, mit einer leicht nach Vorn abfallenden Sitzfläche, unter der man die Beine gerade noch nach hinten durchschieben kann. Dieser Sitz kann Raffung und Entspannung miteinander verbinden. Ein solches Bänkchen gibt es zu kaufen; oder man kann es sich anfertigen lassen.

Als eine der letzten inneren Vorbereitungen wird dann ein „Abkehr-Samadhi" dienen. Man wird in geraffter Weise das tief erkannte Elend der einen oder anderen Art, eben die unverfälschte Wirklichkeit in voller Wucht und Deutlichkeit vor das innerste Auge stellen; so etwa das Elend eigener Schwäche, vor allem des so sehr lästigen

Unruh-Bewußtseins selbst. Es gilt, ganz von innen heraus, aus der Abkehrhaltung alles ablaufen zu lassen und nicht zu verkrampfen.

- In dieser kühlen, klaren, nüchternen, von allen Einbildungen befreiten Durch-Schauung löst sich der Geist von den Anfechtungen und Bindungen, auch feinerer Art.
- Das Ich immer stärker eingrenzen und dann ausgrenzen; ins „Nichts schalten"; den Strom spüren.

Man hat sich dem rechten Chaos genähert, einem Zustand tiefer geistiger Tatsächlichkeit, Offenheit und Unbestimmtheit. Es ist ein still-unangelegenes, den wahren inneren Anstößen Entgegenwarten. Und in dieser stark ausgerichteten Lage geht es darum, das noch vorüberwischende Geist-Geschehen immer besser fortzulassen; denn nur so kann der „Geist", die Bewußtwerdung, einmal jene Leere der Selbstbewußtheit erreichen, was einem „Durchbruch" zu einer höheren Freiheitsstufe, oder eben dem „Einbruch" (Eintritt) der letzten Wirklichkeit, jeweils vorausgehen muß. Das Entscheidende ist die ganz klare Bewußtmachung der unmittelbaren Gesamtlage des eigenen tief-wirklichen Wesens; die innere Abkehr – Überdruß. Es folgt das Entlassen von „Welt" (Vergangenheit) und Ich-Wollen (Zukunft). Zu verharren, still und aufmerksam im Geschehen der inneren Gegenwart; in zunehmendem, durchdringendem Gleichmut gegenüber allem, was überhaupt noch „anrühren" könnte.

Und hier wird der Übende auch fähig, den Ablauf seines Geistgeschehens zeitweise (fast) völlig zu beherrschen, in Ruhe zu halten. Es ist das eine Leere, zugleich eine durchgreifend kraftvolle und hohe Haltung des Bewußtseins, die in dieser stillen Freiheit wunschlos verharren kann, in der Gnade (der Umstände) einer bloßen, einer offenen Stille.

Das Hauptmittel für diese Erreichung ist der hohe Mitte-Innenblick mit (fast) ganz geschlossenen Augen. Es ist der Weg zum „Mittelpunkt" – auch zum „Nullpunkt" (in sich selbst) oder zu der Lebens-Tatsache des Bewußtseins selbst, die (letztlich) den Menschen auf das „Rad der unaufhörlichen Umdrehungen gebunden hält". Diese hohe (hochliegende) Mitte, der innere Bewußtwerdepunkt feinster

Aufmerksamkeit und des Merkens –, das ist es; und es ist großes Können, die Aufmerksamkeit zeitweise hier festzuheften. Solches hat mit vorsichtiger Steigerung zu geschehen und es ist gewiß nur dem Reifend-Gereiften anzuraten. Mancherlei sehr feine Spannung, Anspannung und Energie kann man hier einsetzen, und das auch dann, wenn nicht mehr zu „kämpfen" ist.

Diese Bemühungen um Gesicht und Vorderkopf sind eine Sache längerer Entwicklung. Es findet eine stärkere Anregung entscheidender Punkte statt. Keine leichte Übung, denn der innere Blick sackt immer wieder ab; kann das „hohe Niveau" nicht halten. Es gilt dieses „Hochliegende" zu üben, lange, geduldig und geschickt zu pflegen. Man kann den Aufmerksamkeitsstrahl „oben festbinden" und dann leise wandern lassen. Feinste Gespüre, Empfindungen, werden bewußt und werden zu weiterer Sammlung genutzt. In dieser hoch sensiblen Lage werden vielleicht diese sonderbaren feinsten „elektrischen Schläge" auftreten. Anzeichen ist es dann für die Reife der jeweiligen Lage und für die Mitte-Nähe. Der sehr verfeinerte Atem wird wieder feinste Hilfe sein.

Nach den immer doch noch vorbereitenden Abwendungen, geht es „jetzt und hier" um eine Gesamt-Abwendung mit dem ganzen Gemüt; es ist eine angespannte Mund-Brustraum-Solarplexus-Verbindung, die in etwa alles umgreift. Der Atem dient noch als Hintergrunds-Objekt und der Mund, das besondere Gesamt des Mundraumes, als die beste Beherrschung der wenigen inneren Aufkommungen. Die feinen Gesichtstastungen werden in der Mitte oder hinter dem Gesicht etwas oberhalb von Mund-Gaumen zusammengezogen. Die geistigen Bewegtheiten sind zum Erliegen gekommen. Man kann in das Tastgefühl (Mund, Gesicht, Gemüt) wie „hineinkriechen", so stark mag die Hinrichtung sein.

In solcher Lage gilt es, diese Hoch-Spannung wieder locker zu lassen. Es ist das so etwas wie ein indirekter Mitteblick. Der innere Blick, die Ausrichtung bekommt etwas Unbestimmtes, Suchendes, „Fernes". Steigerung der abgewandten und abgelösten Einkehr also noch durch ein tastendes Sich-Lösen; durch ein Hinrichten auf „unmögliche" Punkte; auf etwas, was man nicht kennt, was man vergaß oder nicht (mehr) weiß. Es ist die „All-Wartehaltung“ (Verf.). Es ist das auch wie ein immer engeres Kreisen um einen Schwerpunkt, um die „Mitte“. Diese hohen, fernen Erlebnisse sind zu erreichen und zu ertragen, um der Befreiungsstufe teilhaftig werden zu können.

Erst im tiefsten, im völligen Lassen werden sich dann – immer die Reife vorausgesetzt – mehrere letztmögliche Erlebnisse einstellen. Entweder ein Zustand der völligen Ruhe, Stille und tiefen Abgeschiedenheit – vielleicht eine Ruhe des Lebendigen an sich, des bloßen Seiens; oder ein Zustand einer „kristallklaren“ Sicht, in der die zurzeit (oder vorher) im Bewußtsein befindlichen Dinge intuitiv-hellsichtig durchschaut werden. Die dritte Möglichkeit ist die alles Entscheidende. Es kann da (meist blitzartig) eine völlige Leere des „Menschen“, des Bewußtseins und damit die Wirklichkeit selbst eintreten. Und mit dieser, nicht mehr direkt erfaßten Leere fällt der Aufmerksamkeitsstrahl ganz in sich zurück: der große Moment der „Atomzertrümmerung“, der Unterbrechung jeglichen weltlichen Bewußtseins im weitesten Sinn. Das **Außerweltliche** mag für den Bruchteil einer Sekunde nur (Zeit?) alles überfluten mit der Macht eines unfaßbaren, neuen, ganz anderen Bewußtseins. Und wenn dieser Augenblick, diese Leere für eine weitere fein „schwankende Sekunde“ gehalten werden kann, dann wird das kleine, restliche, noch einmal kurz aufflammende Ichbewußtsein vom mächtigen „Strom“ ergriffen („Strom-Eintritt“) und mit fortgerissen für eine (kürzere oder wenig längere) Zeit der völligen Abwesenheit jeglichen (gewöhnlichen) Bewußtseins. Dann ist <u>nur</u> der „Strom“, das Strömen da, welches vielleicht nachträglich in etwa als solche Erfahrung erfaßt werden kann.

Das **Nirwana** wurde angerührt, wenn auch für eine sehr kurze Zeit. Die Schranken wurden (erstmalig) durchbrochen, ein kurzes Mal nur und doch schon grundsätzlich und für immer. Und dieses **Unbedingte**, mitten in allem Bedingten, wird „im Nu“ zur Krone aller vorherigen Bemühungen; und das Vorspiel für mögliche noch größere Freiheiten.

- Der Möglichkeiten Letzte ist erschienen.
  Vom Blitz getroffen ward‘ des Lebens Baum,
  der ast- und wurzelreiche, vielverstrickte.

Der Blitzstrahl hat erreicht des Quellgrunds Tiefe
und verwoben, eins für all,
Erkenntnisstrahl und – kraft des Mutterschoßes,
dem tiefsten Ruhemaß von Sein und Übersein.

Hierzu muß sehr deutlich Entscheidendes gesagt werden. Die Bestätigung für die Richtigkeit und Gültigkeit dieses Erlebnisses, eben für die dann wirklich erreichte Freiheitsstufe und entsprechende Reife, kann und muß man selber ablesen und erkennen können. Die Bestätigung liegt darin, daß der Betreffende sogleich, wie auch in der Folge erkennt und bemerkt, daß „er", sein Inneres, seine „Antworten" und Neigungen, tatsächlich und unbedingt *anders* geworden sind. Es sind *unumkehrbare* Ergebnisse eingetreten und diese sind vom Buddha beschrieben. Bei der ersten Stufe, dem „Strom-Eintritt" sind es (1) unbedingtes Vertrauen in die Lehre des Buddha, in den „Pfad" und in die eigenen Möglichkeiten; und damit auch die endgültige Überwindung der tiefen Furcht und Lebensangst, die den „normalen" Menschen durchaus bestimmt; (2) die endgültige Abkehr und Überwindung von jeglichen „Riten und Regeln" üblicher religiöser Art im weitesten Sinn; (3) die erste, aber entscheidende Veränderung des Ich-Bewußtseins, eben so, daß man grundsätzlich nicht mehr an ein festes „Ich" glauben oder an einem solchen – für irgend länger hangen kann. Die endgültige Beendigung des Scheines und Wahnes der Ichheit, freilich, ergibt sich erst nach der vierten Stufe, der endgültigen Befreiung.

Die zweite Durchbruchsstufe bringt eine starke Verminderung und Abschwächung von sinnlichem Begehren und Genießenwollen, sowie von Ablehnung, Zorn, Haß mit sich. Mit der dritten Stufe werden die Arten der Zu- und Abwendung endgültig überwunden und beendet. Die vierte Stufe – sehr fern – bringt die Auflösung des restlichen Wünschens geistiger Art, die endgültige Durchschauung und Auflösung der fünf „höheren Fesseln": Begehren nach feinstofflichem Dasein (nach dem Tod!); Begehren nach unstofflichem Dasein (mentale Sphären); Stolz und Dünkel; Unruhe; letztes Nichtwissen.

Vor und nach einer Durchbruchsstufe wird es vor allem darum gehen, zunehmend und immer besser das zu verwirklichen, was auf dem „Pfad“ zu üben, zu verändern, zu finden ist; was in den drei Bänden ausführlich dargestellt ist. Erst alle diese breiten und eindringlichen Bemühungen zusammen können die Befreiungsstufen bewirken und sie weiter fruchtbar werden lassen. Nur dann wird man sich dem höchsten Ziel nähern können, das manchmal als das „Nirwana bei Lebzeiten“ bezeichnet wurde. Dieser erste (zweite) Eintritt in „Nirwanisches“ ist gewiß nicht das „Nirwana bei Lebzeiten“; solches ist sehr hohes Ziel, eben die letzte Befreiung nach der vierten Stufe, und entspricht unserem Ideal einer völlig ausgewogenen, fast ständig abgehobenen und doch klarbewußen Gesamthaltung dieses (restlichen) Lebens. Es ist eine völlig gefestigte und vertiefte Bewußtseinslage, auf dem der Geist dann immer klarbewußt, in Ruhe und Frieden ist, auch wenn Äußerliches und Körperliches aus altem Rest-Karma noch bedrängen wird.

- Einen Zustand der Gesundheit, der Heilheit erreichen,
wie ihn unsere Welt nicht für möglich hält:
ein Zustand unzerstörbarer, keiner Gegensätzlichkeit
mehr unterworfener geistiger Gesundheit.
- Freibleibend: frei – Gast
gleichbleibend: still – Mönch
leichtbleibend: heiter – Geist

Hier tritt Verwandlung, die letztlich einzig wahre und heilsame Magie, in voller Klarheit hervor. Dem Wesen Mensch sind viele Möglichkeiten anheimgestellt, und es liegt an ihm, diese Möglichkeiten auch zu ergreifen. Die wirklich bleibende Verwandlung des Lebens ist auf die Dauer nur durch Lassen, durch klarbewußtes Loslassen von immer mehr Wünschen und Hoffnungen, Einbildungen und Ängsten, dieser bedrängenden Welt des Begehrens möglich. Diese immer zunehmende Klarheit, das ist die entscheidende Aufgabe vorliegender Studien und Versuche in den vorliegenden drei Bänden; und mit der Klarheit dann auch die tatsächlichen Möglichkeiten und Auswege aus den Bedrängnissen des menschlichen Daseins, wie sie – höhepunktartig – in den „Pfeilern der Freiheit“ aufgezeigt wurden.

Klarheit – Ruhe – Überwindung

All das Geschilderte – zutiefst erkannt und erfahren –, ist mit Tiefen- und Dauerwirkung wohl nur in einer, zumindest in etwa mönchisch geprägten (Mönch; monos, griech. allein) Lebensphase oder Umwelt zu erreichen; wenn der Mensch, wenigstens zeitweise mit seinem Wesen, seiner Art und mit seinem Streben zu einer Einheit und Einheitlichkeit finden kann. Nur dann kann ihm wirkliche Befriedigung werden, wirklicher Frieden. Und er wird klarer werden und spüren, wohin es wirklich mit ihm gehen soll. Wenn die entsprechende Reife da oder nahe ist, beginnt „es zu fließen", eben der Strom des OM, aus welchem mächtig-hintergründigen Geschehen, **SEIN**, sich die rechten Klarheiten für den Menschen ergeben können; über das Wie, Woher, Warum und Wozu? Auch hier, oder gerade noch mehr denn je, gilt: loslassen – sich bescheiden – warten können.

- Denn ohne langes und gutes Warten, geduldiges Stillhalten, kann kaum wahrhaft Erlösendes an unserem **Wesen** geschehen.

Das mönchische Lebenselement ist mir schicksalhaft „auf den Leib und in den Geist geschrieben". Wirklich – und in der Tiefe wohl und in meinem Element habe ich mich auf Dauer nur in mönchischen oder doch ähnlichen Lagen, in Einsamkeiten und Einfachheiten meines Lebens gefühlt; und so hatte sich mein ganzes Wesen derart rasch, natürlich und dauerhaft in den Umkreis der „Wirklichkeitslehre" (des Buddha), des Lebens und der alltäglichen Übung eingefügt. Der Geist buddhistischen Mönchstums hat sich mir freilich um einiges wandeln müssen. Ich habe begriffen und erfahren, daß der eigene Weg und „Pfad" einer karmischen Bewältigung am besten in *der* Umwelt zu finden und zu gehen ist, in die wir *notwendig* hineingeboren wurden, weil vergangene Wünsche und Vorlieben oder Verfehlungen das „Geistmagnetfeld" eben hierher gezogen haben. Und nur hier ist die rechte Auflösung möglich.

- Die rechten, freiheitlichen Grundsätze, ein nüchtern-klares Betrachten des Geschehens, eine lange Ausdauer, unermüdliche Übung, das sind wohl die Hauptkennzeichen dieses Pfades in eine persönliche Freiheit hinein: der klare Blick, der lange Atem und jener heitere Gleichmut.

– angesprochen, aufgezeigt, gewollt, gesucht so oft im Lauf der Geistesgeschichte – und so viel seltener wirklich geübt und befolgt. Der Weg zwischen den Übertreibungen, Extremen, in der Einbeziehung verschiedener wesentlicher Teile und Bereiche menschlichen Lebens und Geisteslebens. Eine Ausgewogenheit wird angesprochen, ein Maß, eine „Ordnung" – im Fortschreiten geistiger und freiheitlicher Entwicklung –; in den Grenzen und Möglichkeiten einer schicksalhaften, karmischen Entwicklung, so persönlich, wie in größeren Gruppen und Bereichen des geschichtlichen Ablaufes.

Der Weg des Buddha, seine Lehre, werden als Weg der Mitte bezeichnet – so zwischen harter Entsagung und Übertreibung, wie einem üblichen Wohlleben und Vergessen der wahrhaft menschenwürdigen Möglichkeiten des Daseins. Und doch umschließt auch der echte Buddhaweg wohl nicht alles, was in der heutigen, vor allem geistig so dramatisch verschlechterten und haltlosen Gesamtlage noch oder schon wieder möglich und not-wendig, eben sinnvoll angepaßt sein könnte; Möglichkeiten, Wege, entscheidende Hilfen, Ausgleichendes für Menschen in Europas Mitte in dieser Welt-Stunde.

Drei große Haltepunkte haben sich mir ergeben – in langer Entwicklung; und – fast als Krönung noch die acht „Sphären" geistiger Meisterung und Erfüllung. – Der **Buddha**, als die erste Konstante – der Klarheit und Herbheit, der letzten Nüchternheit und Freiheit – **Mutter Erde** als das zweite, als der wunderbare Ausgleich – in Tiefe, Stille, Wärme, Geborgenheit und Reinheit. Die **Kristalliner** dann als Drittes, als eine vielleicht entscheidende Verwirklichung eines geistigen Freiheitsweges, zusammen mit den lebendigen Notwendigkeiten dieses Daseins; so auch körperlicher und seelischer Art; so auch im Zusammenwirken praktisch-lebendiger, wie geistiger Art zwischen Weiblichkeit und Männlichkeit. – Die acht „Sphären" schließlich, als ein guter und so ganz verläßlicher Rahmen und Inhalt dem Leben der Menschen in Europas Mitte. Immer zur Hand, und gut im Bewußtsein haftend, wenn es not ist – im Drang des Lebensganges. Eine Art

Zusammenfassung, Vereinfachung, Verwesentlichung; vielleicht auch Vertiefung mancher Bereiche der drei großen Ansätze der Überhöhung in eine geistige Meisterung des Daseins – immer zur Hand in Wirkbegriffen hoher Kraft und Verständlichkeit. Die vier folgenden Kapitel sind in ihrer Kürze wieder ganz offen der feinen Wertung und schöpferischen Fortentwicklung.

Zur Lebensnähe und Helferkraft der Lehre des Buddha

Aus der indischen religiösen Fabelwelt, mit ihren so tausendfältigen und bunten Bildern heraus, aus dem Humus der unzähligen indischen Sucher und Dulder, hat sich ein ganz Neues entwickelt, ein unerhört Klares, Mächtiges, ein Vereinfachendes – und zutiefst Helfendes und Heilendes: der historische Buddha, als Person und in seiner Wirklichkeitslehre. – Wie, nun, steht diese mächtige Erscheinung in ihrer klaren Nüchternheit zum weiten Bereich des geheimnisvoll Hintergründigen, wie wir es sehen und immer wieder anzuleuchten versuchen? – Wie „wurde" dieses Wesen, diese Menschengestalt; wie wurde er zum „Buddha"; wie war, ist, vielleicht für immer der gewaltige Auftrag dieser Gestalt? –

Es war ein sehr langer Weg durch die Vielzahl der Wiedergeburten, eine fast endlose Schulung, Hinrichtung, Hinführung – aus einem, gewiß rätselhaften Antrieb, einem zutiefst sitzenden Stachel, einer sonderbaren Verantwortung für alles Menschliche. Angestoßen solches alles vielleicht vor Urzeiten, vielleicht schon längst vergangener Zeitalter, vielleicht von einem (der möglichen) Vorgänger in einer Kette von menschheitsreinigenden und -befreienden Lichtgeistern, Geistesgrößen. Eine Fackel wurde übernommen, und es geschah wie eine Leuchtfunkenbahn des Geistes, die mit kosmischer Präzision die Groß-Zeitalter durchläuft.

In der Überlieferung ist der Buddha und sein Leben in eine – manchmal schwer erträgliche, eine naive Geheimnishaftigkeit, eben die indische Mythik und Mystik eingewoben; Widerklang vielleicht auch eines viel tieferen, viel echteren, viel wirklicheren Geheimnisses, das in diesem Erscheinen – wie im „Leben an sich" liegen könnte. Doch es steht das Leben des Buddha im Wesentlichen historisch gesichert vor uns; wie viel besser noch, gesichert, vielfach vergleichend, alle wesentlichen Inhalte der Lehre. Sagte der Buddha selbst doch vor seinem Abscheiden, daß er kein Geheimnis in seinen weit geöffneten Händen halte, da er alles gegeben habe.

Der Charakter des Geheimnisvollen, des in Tiefstes hinein Erstaunlichen, des Umwandelnden, alles Verändernden muß in einer anderen Betrachtung und Gewichtung – und Wirkung liegen. Es ist der Weg, der „Pfad", es ist die unerhörte Folgerichtigkeit dieser Lehre, ihrer Ausübung aus der sich erst und nur im geduldig-geschickten Üben und Vorwärtsschreiten auf dem Pfad (des Einzelnen) jenes Geheimnisvolle einstellen wird. Eben, daß der wirklich und ganz Übende, der Hingegebene, wenn er die Oberfläche, die Vordergründe, immer häufiger durchdringen kann, dann erst und Schritt für Schritt alles das erkennen, erfahren und verwirklichen wird, wovon der Buddha sagt, daß es (eben) „nur auf dem Pfad zu finden sei".

Der Buddha wirkte auf die Menschen, sowohl über Vernunft, Einsicht, Besonnenheit, wie dann aber – tiefer noch – durch ein persönliches Insgesamt, durch welches er sicher zentrale Bereiche der meist noch verdeckten (latenten) Geistigkeit des Anderen erreichen konnte. Ein Erstaunliches war es, daß er mit einem alles durchdringenden Blick den jeweils gegebenen menschlichen Hintergrund, das derzeitige wie das tiefere Wesen, die Notwendigkeiten des Anderen erkennen und direkt verwerten konnte für befreiende Wirkung.

Es ist wohl das Geheimnis der unerhörten Universalität und schicksalhaften Reife, dem umfassenden Wissen und Können, der völligen Loslösung von den Bindungen an „Ich" und „Welt" – und einer umgreifenden Menschenfreundlichkeit!

Um die Wirklichkeit und die Zeitlosigkeit dieser, auch heute noch so ganz lebendigen Botschaft geht es hier. Kerngehalte und Kernhilfen, die alles entscheidenden, gilt es einfach, klar und zusammenfassend darzustellen; wie es im Einzelnen dem Denken und Leben heutiger Menschen bis in die feinste Praxis hinein aufgeschlossen ist in den drei vorliegenden Bänden. Denn die Lehre Buddha ist eben nichts

Erdachtes, Bizarres, Ungewöhnliches, steht in der zeitlosen Wirklichkeit. Sie zeigt auf, bietet an und überwindet die leidhafte Verstrickung des Menschen in vielen organischen Schritten.

Der historische Gautama Buddha war vor allem ein nüchtern-klarer Wegweiser; ein unbedingter Realist und eindringlicher Praktiker und damit echter Helfer des Menschen auf dem Weg zu sich selbst; auf dem Weg zunehmender Freiheit. Er wollte nur das, was er in seinen vier umfassenden Wahrheiten darstellte und was er – aufs Kürzeste – so zusammenfaßte: „Ich lehre von den Ursachen des universalen Leidens und von der (vielfältigen) Überwindung dieser Ursachen und dieses Leidens.“ – „Der Ausweg – wahrlich ist gefunden!“ – Der Blick des Buddha war der große, klare und alles durchdringende Blick auf die letztliche Vergeblichkeit fast allen Beginnens; auf die Hilflosigkeit ewigen Weiterkreisens; eben des unabänderlichen Werdens und Vergehens. Und es war der Blick auf die Last an den Dingen („das Leidhaft-Unvollkommene überwiegt“) und auf die nur zu sehr relative, zumeist kurzatmig-kurzsichtige Freude, Lust und Befriedigung; der Blick auf das Vordergründige und Illusionäre fast aller Vorgänge.

Noch einmal seien die vier großen daseinsmäßigen Gesetzlichkeiten, das Grundgerüst des Lebens und des Weges der Befreiung, in ihrem tiefen und ihrem so naheliegenden Sinn in eigenen Worten kurz beleuchtet und durchdrungen; in ihrer Anstoßwirkung für die jeweiligen Bemühungen auf dem weiterlaufenden Pfad der Befreiung des Wesens.

(1) Das unveränderliche **Gesetz** allen Daseins**,** (2) der Grund und Anlaß für alles Leben, Leiden, Sterben und Wiedergeborenwerden, (3) das Vorhandensein einer letzten Freiheit als grundsätzliche Möglichkeit, als das **Ziel** aller rechten und feineren Bemühungen – Befreiung von Neuem wollen, Unerschütterlichkeit: **das Nirwana**; und (4) der gangbare Weg dahin, der **Pfad**, der immer besser und wirksamer auf dieses Ziel zuführt. – Aus dieser Vielzahl ergibt sich das Hintergründige unseres Daseins; und aus der Besinnung, der Prüfung des dahinströmenden Seins und Bewußtseins erwächst dann zunehmend tieferes Verstehen dieser Wahrheiten. Die erste Wahrheit; näher gesehen:

- das daseinsmäßig Vorhandene: Unbestand und Nicht-Ich;
- das daseinsmäßig vorhandene Leidhafte: Last und Unvollkommenheit.

Anicca; alles Ding ist *unbeständig*, flüchtig, zerfallend, zerrinnend; so auch der „Geist", das Höhere, das anscheinend Unvergängliche.

Dukkha; alles Ding ist letztlich leidhaft, lasthaft; jammervoll, erbärmlich, schmerzhaft. Es ist die Not und Nötigung des Lebens; es ist Getriebenwerden vom Zwang der Umstände; Geburt, Altern, Krankheit und Tod; Verzweiflung vieler Arten; es ist auch das Zusammensein mit Unerwünschtem und das Getrenntsein von Erwünschtem.

Anatta; alles Ding ist letztlich immer wieder ohnmächtig, bedingt, nicht beherrschbar, uneigen (die Unfreiheit des Willens des Menschen); kernlos, mittelos; ein Prozeß; letztlich wesenlos und nichtig: kein Ich, keine ewige Seele, kein „Super-Ich". „Seele", genau gesehen, als ein Strom sich dauernd verwandelnder Strebungen, Ballungen, Färbungen und Spannungen.

Hier, in diesen immer tiefer dringenden, und oft überwältigenden Erkenntnissen, in diesem Verstehen, Begreifen, Durchdringen und zunehmend lebendigen Erfahren, hier liegt das Gold vergraben. Hier allein ist und muß immer wieder der entscheidende Ausgangspunkt sein für alle erfolgsträchtigen Ansätze der Entwicklung und Befreiung unserer Person. So, wie der Buddha selbst, als junger Fürstensohn mächtig realistisch ansetzte, nachdem er, Zug um Zug, erstmals scharf mit den Grundwahrheiten unseres Daseins konfrontiert worden war: in der Gestalt eines Kranken, eines Bettlers, eines Toten und eines echten Mönches.

Die Erkenntnis der tieferen, der unumgänglichen Leidhaftigkeit kann zum durchdringenden Ansporn, zum nie erlahmenden Motor werden: der „Pessimismus" der ersten und zweiten Wahrheit. Dazu kommt der große „Optimismus", die Weisung der Freiheit in der dritten und vierten Wahrheit; diese Möglichkeit, das Erspürte und Erkannte mehr und mehr in Sein wandeln zu können. Und hierin geht die „Lehre" entscheidend weiter als alle bekannten Heilslehren.

- „Nicht Pessimismus ist es, sondern der erkennende Blick in das allumgreifend Leidhafte. Dieser Blick selbst vollzieht sich in heiterer Verfassung, denn im Wissen geschieht (schon) die Befreiung." (Karl Jaspers)
- Das feinste „Lächeln des Buddha" als die seinsgewordene Dauer von Weisheit, Gelöstheit und Freiheit.

Vieles, was körperlich oder gemütsmäßig bedrängt und Leid bereitet, ist aus eigenen Fehlern der jüngeren Vergangenheit aufgekommen, so Fehler in der Ernährung etwa; vieles rührt aus Unachtsamkeit her, von Überlastung, aus Fehleinschätzungen der Mitwelt, der eigenen Möglichkeiten; Fehlverhalten im Moralischen. All das abgestrichen, bleibt die Vielzahl ererbter Schwächen und Leiden; die oft kaum zu bessern sind. Schwächen des Charakters dann vor allem und ihre nachgezogenen Schicksalsschläge. Eingebunden und verhaftet ist der Mensch in das Auf und Ab von Perioden und Schwankungen in die Vielzahl der mit dem körperlichen Prozeß verbundenen, unabweisbar vorhandenen und oft so unerfreulichen Notwendigkeiten und Zwängen. Schließlich das Verwobensein, ja, Verstricktsein in eine menschlich-zivilisatorische Umwelt – mit den unendenden Bedrängnissen und Begehrlichkeiten.

- Begehren –, das ist durchaus und wirklich ein **Vakuum**, eine Leere; denn was wäre Begehren, Neigung, Tendenz, auch sehr feiner Art, anderes als Mangelgefühl, eine inhaltliche Leere im Menschen? – Freilich kann man das Begehren auch als einen Überdruck ansehen, so vor allem bei mehr aktiven Menschen, wo tatsächlich so viel Kraft, Wollen und Möglichkeiten vorhanden sind, daß derjenige nicht anders kann, wie um sich greifen und sich auswirken. Bedürfnis, Wunsch, Begehren – das ist die alleinige, tiefe Wurzel alles „Leidens", Elends, aller Verhaftung in die Kreisläufe. Und diese eben gilt sehr vielen Menschen Südasiens als das letzte, das unterlagernde Leid, die letztliche Aussichtslosigkeit menschlichen Lebens und Strebens.

- Es ist der Wesen Los: die Wiederkehr
  in ew'ger Folge und Gebundenheit,
  wie das Gesetz es wirkt.

Es gilt vor allem, die Folgerichtigkeit, somit Gerechtigkeit hinter allem Geschehen zu finden: umgreifende Gerechtigkeit von Ursache und Wirkung! Großes und entscheidendes Gesetz des Daseins: die Summe der Wirkungen unseres Fühlens, Denkens und Handelns ist unser Selbstgericht. Hierhin wird uns tiefe Erkenntnis, immer gültige Erklärung, größte Hilfe; geschieht unerbittliche Zurechtweisung und auch Bestätigung für heilsames Denken und Tun.

Bei diesem ehernen Karma-Gesetz, dem umfassenden Vorgang der Wirkung und Auswirkung, bis hin geradezu feinsten geistigen und gefühlsmäßigen Geschehnissen – freilich weit hinaus über dieses eine Leben –, hier gibt es kein Wenn und Aber, keine Schattierungen und Abschwächungen. Noch lange nicht tief genug ist solches eingedrungen in unseren geistigen Haushalt. Wer aber diese Grundsätze und Zusammenhänge tief anerkennt, annimmt, der hat damit schon einen erheblichen Schritt in seiner Erkenntnis getan. Und diese Erkenntnis nötigt ihn, sich von nun an immer besser danach auszurichten; immer achtsamer und selbstkritischer, wie dann moralischer, edler, feiner zu leben.

Hier mag eingefügt sein, wie vor allem das „Leiden“, die Belastungen und Unvollkommenheiten des Daseins, gesehen werden kann und soll; und daß – das Leidhafte abfedernd – gewiß eine Fülle von steigernden, reifenden, freudhaften Erfahrungen und Begleiterscheinungen auftreten werden auf dem Pfad einer still-einfachen und geduldigen Überwindung der tausend Fesseln von „Welt“ und „Ich“; Freudevolles und Bestätigendes, Anspornendes, das in diesen Schriften oft in besonderer Weise betrachtet wird. Es ist gewiß, daß alle Askese – innere Übung, Entsagung und Über-Windung – nur zusammen mit freilich sehr wechselnden Zuständen der Befriedigung, der inneren Freudigkeit und der wachsenden Leichtigkeit wirklich sinnvoll, möglich – überhaupt nur denkbar ist. Der Strebende und

Erkennende wird viele Stufen „nach aufwärts" durchschreiten müssen, eben in der Reifung – auch noch in dieser Welt und in manchen Aufgaben. Die Persönlichkeit wird noch zunehmen müssen (bei fast jedem), bis einmal Bereiche rechter „Ichlosigkeit" erreicht werden können.

Die Last des Daseins als solchem: das ist das Unabänderliche, das im Lebensgang Vorhandene und Erschwerende. Es geht darum, daß man diese Last sieht, sie annimmt, sie nicht mehr für irgend länger vergißt und trotzdem Zeit und Mut gewinnt, sich immer mehr der entscheidenden Kleinarbeit und Feinbedrängnis der alltäglichen und höchstpersönlichen Lasten und Leiden, Angehungen und Vorspiegelungen, Hoffnungen und Befriedigungen zuzuwenden.

Jede Überwindung von äußerem und innerem Leidhaft-Unvollkommenen bringt rechte und bleibende, still-innere Freudigkeit, Befriedigung und Freiheit!

Was ist die Lehre?

Was alles können wir im Rahmen der Lehre zusammenfassen und erkennen; was alles umfaßt dieses mächtige lebenserhellende, lebenserleichternde und auch lebenserleuchtende Gesamt? –

- Da sind die Grundbestandteile der echten **Philosophie**, als Weisheitslehre;
- die Grundlinien der echten **Religion**, als der Suche nach den eigenen wie den kosmischen Quellen und Wirklichkeiten;
- einer tiefdringenden **Karitas**, eines Helfertums bis zum Grunde hin und für immer;
- der ganz alltäglichen, wie der feinsten und verborgensten **Psychologie**, der Seelenkunde und Typenlehre;
- die Bestandteile reiner, klarer und einfacher **Ethik**, als dem Bemühen um charakterlich-moralische Vervollkommnung im Rahmen der sittlichen Menschheitsgesetze;
- die Zeichen eines königlich-mächtigen **Universalismus**; einer Lehre, die das Gesamt der Lebensäußerungen kosmischer

Daseinsweisen umfaßt, den Kosmos mit allen seinen Ebenen, Veränderungen, Lebenswirkungen;

- die echten Hilfen, schließlich, zur Überwindung von „Ich" und „Welt"; der Befreiung des Menschenwesens von immer mehr und letztlich von allen Behinderungen auf dem Weg in eine große, letztmögliche Freiheit hinein.

Und als was können wir diese Lehre von Leben und Freiheit insgesamt bezeichnen und umgreifen? – Wir entscheiden uns für zwei eindeutige Begriffe: Wirklichkeitslehre und Heilslehre. Denn dieses Groß-Klar-Überwindende ist nicht zu fassen mit einem der großen Lebensbereiche; ist nicht zu bannen in das immer wieder künstliche Gehäuse menschlich-intellektueller Konstruktionen. Die Aufweisung der Wirklichkeit (dieses Menschenlebens vor allem) in allen ihren Höhen und Tiefen; Begründung und Ursprung dieser Wirklichkeit; die Überwindung der Un-Wirklichkeit und endlich der **Pfad**, der mittlere Pfad, der zur Überwindung und Befreiung führt. Das – immer wieder –, die vier Grundwahrheiten allen Lebens – sind im Grund einziger, großartiger und unübertrefflicher Rahmen und Inhalt von Leben und Lehre eines Voll-Erwachten. Und der Buddha sagt etwa so: für den Verständigen sind Wirklichkeit und Befreiung (sogar) von selbst und bei sich selbst, eben auf dem Pfad zu finden; in der Klarheit und der tiefen Erfahrung.

Viele Stufen hat dieser Weg des werdenden Menschen, des Geistes-Menschen; und so auch der, innerhalb seiner Glieder wieder weit gestufte Freiheitspfad des Buddha. Zu den acht „regulären" Stufen kommen zwei weitere als die (jeweilige) Vollendung der Bemühungen einer zunehmenden Gewißheit und Sicherheit. Denn jede der zehn Stufen wird mit anderen ineinandergreifen, es wird sich, in häufigen Wiederholungen ein langsam aufwärtskreisendes Gesamt bilden.

1. Die rechte **Anschauung** – Erkennen, Zutrauen, Verstehen.
2. Die rechte **Entschließung** – Gesinnung, Planung, Wille.
3. Die rechte **Rede** – wahr, sanft, andere schonend, zurückhaltend und kontrolliert.

4. Das rechte **Handeln** – nicht töten, verletzen, schädigen; nichts Ungegebenes nehmen; Keuschheit im tieferen Sinn; abstehen von berauschenden und berückenden Mitteln.
5. Der rechte **Wandel** – Lebensart und Lebensunterhalt; die Einzelheiten unseres äußeren Lebensganges. (3., 4. und 5. umfassen die Tugendregeln des Buddha).
6. Die rechte **Bemühung** – das Streben, Ringen, Kämpfen um eine immer feinere, stillere, menschenwürdigere Haltung; und um die Beherrschung und Ausrichtung der geistigen Bewegungen: die vier Stufen und Weisen unmittelbarer und gerichteter Überwindung und das Bemühen um ein „Aufsteigen" des Heilsamen.
7. Die rechte **Bewußtwerdung** – Aufmerksamkeit, Gegenwärtigkeit, Beobachtung, Merken, Wachsamkeit; vor allem Abstand zur augenblicklichen Lage; Klärung und Erkennen der „wirklichen" Wirklichkeit, vornehmlich unseres inneren Haushaltes: die entscheidende Stufe der Sammlung und stilleren Übung.
8. Die rechte **Vertiefung** – Versenkung, Gemütsruhe, Innenschau; eine reine Verfassung zeitweiser Welt- und Ich-Ferne; das rechte Bei-sich-Sein. Als Höhepunkte die vier Stufen der „Stillung" (jhana) und Selbstvertiefung.
9. Die rechte **Weisheit** – das überzeugende Sehen und Spüren der Gesetzlichkeiten des Daseins, in die wir so sehr fest eingebunden sind. Die zunehmend intuitive Erkenntnis und Schau, die dann einmal zum Bestandteil der inneren Person wird.
10. Die rechte **Befreiung** – in der Ablösung von immer mehr belastenden inneren Störungen und Schwankungen; Befreiung unseres feineren Wesens, unserer letzten Tiefe von mancherlei Schalen und Trübungen; und endlich die echten „Durchbrüche zur Freiheit.

Von den weiteren wichtigen Weghilfen, Merkpunkten und Übungen der Lehre mögen nur noch die vier „göttlichen Verweilungen" (Brahma-vihara, „Strahlungen") etwas ausführlicher beschrieben sein; diese Stufen, Zustände, tiefstrahlender Reinigung, weil diese eine immer zu erneuernde Grundlage für die höheren Pfadbemühungen bilden und weil sie auch für den anfänglich Übenden im Alltag zwanglos anzuwenden sind. Es ist die Reinigung, Erhellung und damit Entspannung unseres tieferen Wesens durch ein umfassend-feines und gütiges, ein innerliches, sehr bewußtes und spürsames Verhältnis zu unserer, vor allem näheren Umgebung. Es ist eine Art von zunehmend tieferer Reinigung und der Reinheit des innersten Wesens. Die vier Stufen – All-Güte, All-Erbarmen, All-Freudigkeit und All-Gleichmut – sind Zustände einer Offenheit, Zuwendung, Selbstlosigkeit.

Der Übende mag anfangs eher in Ruhehaltung darauf achten, ob ihm von selbst der eine oder andere Mensch ins Bewußtsein kommt, zu dem er vor allem ein ungünstiges Verhältnis (Ablehnung, Neid, Vorbehalte, Angst) und in der prüfenden Stille Gefühle der Bedrängnis hat. Hier kann man fein-vorsichtig einsetzen mit der Gegenwirkung von Verstehen, Güte, Erbarmen oder – im besonderen Fall auch einmal mit dem großen Gleichmut. Man kann sich den Anderen lebhaft vorstellen, ihn richtig vor sich sehen, dabei auch innerlich sprechen. Dann kommen auch die tatsächlichen vorhandenen Gefühle und Einstellungen zum Tragen. Für den anfänglich Übenden wird es gut sein, sich nicht ohne weiteres und zu Beginn mit ausgesprochen schwierigen Personen zu beschäftigen, oder mit Menschen, die einem allzu lieb oder wichtig sind; denn diese innere und einsame Gegenüberstellung ist oft nicht leicht zu bewältigen.

Auch innerhalb der vier „Strahlungen" vollzieht sich eine deutliche und wichtige Stufung, Wandlung und Steigerung. Diese Entwicklungslinie der Vier geht von stärkerer Zuwendung, Anteilnahme und mancherlei äußerlich-weltlichen Kundgebungen zu einer immer größeren Verinnerlichung, einer nachlassenden Aktivität und Sichtbarkeit nach außen.

Die Reihe der Vier beginnt mit **Metta**, der universalen All-Liebe, dem großen Wohlwollen, das den Formen strengerer Übung und Askese vorausgeht, vorausgehen muß: dieser Bereich der Güte und Freundlichkeit, der Helligkeit und strömenden Gelöstheit in Bezug auf unsere Umwelt. Metta ist Freundschaft und Brudersinn; Wohlwollen und Freundeshand; Entgegenkommen, Rücksicht und Respekt; Sanftheit, Geltenlassen und Toleranz; und schließlich sogar Verantwortlichkeit und tieferes Geöffnetsein. Den Anderen mehr und mehr als „gleich" zu sehen – in der grundsätzlichen Artung und Menschlichkeit freilich nur: das ist hohes und auch so dringend-lebensnahes Ziel. Und damit ist diese Haltung, innere Verfassung dann ein **Gleichschwingendes**.

Es gibt so etwas wie All-Güte wirklich, und es ist das ein sehr hoher und reiner Zustand, der so gut wie nicht mehr mit den üblichen Haltungen und Weisen, Gutes zu wünschen und zu tun, zusammenhängt. Solche sind ohnehin selbstverständliche Grundlage aller rechten Heilslehren. Die Metta-Güte (und das „Erbarmen") ist ein meditativer Zustand, eine umfassende innere Freiheit und Freundlichkeit; ist freilich auch Zuwendung und Hinwendung einer feineren Art. Aber man sollte diese Haltung und Übung vielmehr als eine Selbstübung im Prüfen und Loslassen und in der Reinigung ansehen denn als eine Hilfe oder gar als ein Opfer. Der Buddha selbst hat eine eindrucksvolle Aussage über die Auswirkung einer solchen rechten und häufigen Übung gemacht, die dann gewiß immer mehr zum Wesen des Betreffenden wird.

Der Segen der All-Güte

„Hat man diese All-Güte, die gemütserlösende, gepflegt, entfaltet, häufig geübt, zum Förderungsmittel und zur Grundlage gemacht, sie gefestigt, großgezogen und zur rechten Vollendung gebracht, so hat man acht Segnungen zu erwarten: man schläft friedlich, erwacht friedlich, hat keine unguten Träume; ist den Menschen lieb, ist den Geistern lieb, die Gottheiten beschützen einen; Feuer, Gift und Waffen können einem nicht schaden; und sollte man nicht zu noch Höherem durchdringen, so erscheint man in der Brahmawelt (hohe überirdische Sphäre, Verf.) wieder." (Ang.-N. VIII/1)

Karuna, das (All-)Erbarmen (und nicht Mitleid!) im tief-direkten Erkennen der Leidhaftigkeit dieser Welt und des Einzel-Schicksales. Es ist das ein breit-aktives Sich-Entäußern, eine weiter zunehmende Selbstlosigkeit. Der stille Charakter der Entwicklungslinie dieser Vier beginnt hervorzutreten. Es ist Hinschauen, Erkennen; Mut auch, zur

Seite stehen und (seelisches) Mittragen – aus weitgehend geistiger Strahlung heraus.

- Das rechte, reife Erbarmen sieht die Bedrängnis und die Gefangenschaft der Wesen; unbeteiligt wohl, nicht bedrängt oder „mitgenommen“, aber doch in weich- und tiefströmendem Wohlwollen; der großen Gesetzlichkeiten voll bewußt.

Mudita, die tief-innere, fast schon „überweltliche“ Freudigkeit (und nicht erstrangig Mitfreude!), die immer unabhängiger wird von äußeren Angehungen, Objekten, Hinrichtungen auf Erwünschtes. Eine Haltung, in der sich die zunehmende Unabhängigkeit des Inneren zeigt. Eine strahlende und wärmende Aktivität hat sich im Inneren gebildet, die dann notwendig auch nach außen hin – oft unerkannt – wohltätig wirken wird.

Upekha; Gleichmut, Gelassenheit und Gleichgewicht: Unerschütterlichkeit, die sich schon viel weniger auf die Umwelt und ihre Veränderungen, Erschütterungen, Übertreibungen, Hoffnungslosigkeiten bezieht, sondern ruhig und fest in sich selbst geworden ist; die ihre Kraft aus einem Waagepunkt bezieht, der von außen (fast) nicht mehr erschüttert werden kann. Es ist das eine große Abgeschiedenheit und Balance des Gemütes.

- Seine eigene beste Schutzwehr und die Weise, in der er Anderen wirklich helfen kann, ist es, im eigenen Inneren ein ruhiges und leidenschaftsloses Zentrum des Wohlwollens und der Ausgeglichenheit zu schaffen.
- Von der durchdringenden Stille dieses Gleichmutes her kann er ausstrahlen – die heilende Kraft seines eigenen Friedens.
- Das große, gesamtheitliche Loslassen und Leichtern steht vor uns, wird immer vertrauter als Vorgabe, wie dann als alltäglich gegenwärtige Hilfe und einzige echte Stütze.
- Im Ernst, in der klar-ernsten Bewußtheit, erkennen wir die Last an den Dingen und vertiefen damit auch wieder den Ernst.
- In der Heiterkeit überwinden wir, verspüren wir Freiheit und steigern damit wieder die heitere Ablösung.

Freude mag immer wieder einmal aufkommen, immer öfter, aus dem stillen Erkennen und Durchdringen und damit beginnenden Meistern des Lebens; aus zunehmenden Erleichterungen; aus Kräften, die uns „zuwachsen".

Als der große Zentralbegriff erscheint die Gelassenheit; nahe stehen: Gleichmut –Untreffbarkeit – Lauterkeit – Abgeschiedenheit – meditatives Gesamt-Niveau – Demut (als Hinnehmen, Annehmen) – „Armut" (als Leerheit) – Ruhe, das Ruhende, das „Nicht-mehr" – Frieden. Alle diese Begriffe sind auch Umschreibungen für dieses Gewaltige und zuallermeist doch sehr „Ferne", das als Nirwana, das Wahn- und Triebfreie, bezeichnet wird.

- Schwebend-sichere Abseits-Vollhaltung: schönster Ausdruck für große und letzte Gewißheit.

„Ich und Seele"

Unendend vieles ist geschrieben, konstruiert, spekuliert über die Fragen der „Seele", von „Ich" und „Über-Ich" und vom „höheren Selbst", über die „Person", den „Kern" der Person und die Persönlichkeit. Und auch unter Buddhisten und Kennern der Lehre und östlicher Weisheit und Überlieferung gab es schon immer verschiedene Meinungen, Deutungen, Auslegungen, Schwerpunkte, sowie Gefühle und Ehrfürchte. Es ist dieses alles ein spätes Werk der Epigonen verschiedenster Anschauung; derer (und ihrer Nachbeter), die eben nicht mehr selbst die geduldigen praktischen Wege gingen, gehen wollten und konnten.

Vom Buddha ist zu solchen Spekulationen, Annahmen nur weniges überliefert. Ganz selten sprach er davon und dann recht abweisend. Er mahnte immer wieder zu erproben, zu erspüren, anzuwenden und schließlich klar zu werden –, im tiefen Durchblicken der Lebensvorgänge. Aber dieses Nicht-Ich (anatta) ist ein Höhepunkt und ein sehr Besonderes auf dem Weg langen Übens. Und es ist solches – klar und deutlich – nur beim Buddha zu finden: die letztliche Freiheit auch von jenen illusionären, auch höchsten Ichgebilden, die wahrlich unsere stärkste und naheliegendste Fessel sind. Und wenn nun so mancher Leser Sorge, Befremdung, Angst empfinden mag, angesichts einer solchen „Auflösung“ der Ich-Person, so sei auf die Tatsache hingewiesen, daß der Buddha selbst, wie viele andere Befreite – zum Teil auch in anderen Religionen – sich durchaus nicht „verflüchtigten“, sondern oft in gesteigerter – eben befreiter Weise der suchenden Mitwelt entscheidende Anstöße und Hilfen geben konnten. Der Buddha hat solches unermüdlich während 45 Jahren getan.

Für mich hat sich in langer Praxis immer deutlicher ergeben: wir können „dieses da“ durchschauen, relativieren, also auf mancherlei Bestandteile (!) zurückführen, solche erleben, sie lockern und immer wieder loslassen. Es wird weniger und dünner dieses „Ich“. Es ist da doch nur der Strom der Bewußtwerdungen. Es wurde erschaut und erfahren ins Tiefste hinein; daß eine solche Seele nicht sein kann; daß von einer souveränen, eigenständigen und in etwa freien Persönlichkeit kaum etwas übrig bleibt. Daß solches eben nur Hilfsbegriffe sind, um überhaupt von einem festen Punkt ausgehen zu können.

Aber – und das immer wieder – es ist dem Studiosus noch lange ein guter Raum gelassen für die Verfeinerungen und auch die Stärkungen seiner echten Persönlichkeit; für so manche wichtige Aufgabe, hohe Ideale vielleicht, aus denen sich eine bessere, eine natürliche und zugleich geistige Welt entwickeln könnte. Hier haben Hoffnung, Zuversicht, hohes Gefühl und seelischer Aufschwung ihre große Bedeutung und Berechtigung. Und es ist gewiß nicht nur die Erkenntnis der Ichlosigkeit ein Ausgangspunkt für die Wege in eine Vervollkommnung und Ablösung. Jeder wird, ganz nach seinem Typ und seinem Geschick, andere Hauptanzugspunkte haben. Doch es bleibt das **Anatta** die unbedingt erforderliche, die mehr und mehr zu erkennende und zu erfahrende Grundtatsache, so jedenfalls für die höheren Pfade der Befreiung.

Eine erhebliche Gefahr liegt in der häufigen Meinung oder Anweisung, daß man „nur“ zu verstehen brauche, nur klar zu erkennen brauche im Leben und auf dem Pfad, um entscheidende Sprünge machen zu können. Es ist die Überschätzung des – wenn auch tiefen

Verstehens – vor allem der Grundwahrheiten des Daseins und so vor allem auch der Ichlosigkeit. Es ist die Gefahr des Erkennens ohne wirklichkeitsgemäße und geduldige Wandlung des Charakters. In diesem „Nur" ist alles ausgedrückt; alle Naivität, Kurzatmigkeit, Dogmatik, Buchstabentreue älterer, jüngerer und jüngster Zeit. Denn was Alles steht hinter diesen Worten: an möglicher und nötiger Tiefe: erkennen und verstehen! – Einmal ist solches doch nur die immer wieder anfängliche Zeit auf den Pfaden. Erst die zunehmende beharrliche, unendlich geduldige, die selbstüberwindende Übung wird einmal echte Erfolge bringen.

Und zum anderen ist es eine Unterschätzung der tatsächlichen Schwierigkeiten auf den Pfaden, die vom Buddha selbst niemals verharmlost wurden. Wenn damals, in der Hoch-Zeit, so mancher Nachfolger sehr rasche und eben durch (letztes) meist intuitives Verstehen, das hohe oder höchste Ziel erreichte, so war das begründet in der bereits vorher erreichten Reinheit des Charakters und der Ruhe des Gemütes; und vor allem auch in der Gegenwart – oder doch der Atmosphäre des Buddha auch nicht zuletzt in einem mächtigen Vertrauen der mancherlei Arten.

Gefahr droht dem Bemühten auch aus zu großem, teils blindem und damit unrechtem Glauben und Vertrauen, das bei uns im Abendland so oft auch romantisch-idealistisch-christliche Merkmale, Anklänge und Gefühle aufweist. In der Lehre des Buddha sind Emotionen und Undeutlichkeiten weitmöglich ausgeschaltet. Gerade das ist eines der entscheidenden Unterscheidungsmerkmale zu anderen Philosophien, Religionen und Kulturen. Das buddhistische Saddha, Vertrauen, Zutrauen ist tatsächlich etwas recht anderes wie der christliche (u.a.) Glaube. Es ist so, daß der Pfad der Befreiung weitgehend auf dem zunehmenden Verständnis aufbauen soll und muß; doch wird es gewiß auch wieder manche Charaktere geben, die den rechten Zutritt auch hier fast allein über den Glauben und Vertrauen der mancherlei Arten finden können. Der Weg in die Lehre des Buddha – und damit in die Wirklichkeit des Befreiungsweges baut sich allemal auf einer starken Selbstverantwortung, auf Klarheit, Nüchternheit und der zunehmenden Selbstverwandlung auf. Der Buddha hat sehr klar gemacht, daß der von ihm gewiesene praktische und erkenntnismäßige Ausweg, wenn auch wohl immer nur für wenige – die tatsächliche Erlösung, Befreiung von dem ewigen Druck eines drängenden Ichs und einer drängenden Welt sein kann, sein wird.

Über alle solche Bemühungen um Klarheit hinaus ist der Buddha-Weg – gleichnishaft gesehen – der Weg schlechthin nach innen, der Weg der Rückkehr in untrennbare und unerkennbare Sphären, der Ent-Wirklichung auch. Ein Weg, der – unabhängig von aller religiös-historischen Prägung zum Dasein als solchem gehört; und hier, vor diesem Geheimnis (Mysterium) – zeitlos und grenzenlos – endet das Suchen in der Bescheidung. Der Geist des Menschen verliert sich im unendlichen Raum des „inneren Universums“. Es bleibt die Anerkenntnis unserer Begrenzung. Wenn nur schon einmal ein wirkliches Verstehen aufkommt, grundsätzlich; und ein sonderbares, ein tragendes Vertrauen, vielleicht auch eine Sehnsucht: dann ist viel bewirkt in der Tiefe des Wesens; ist vieles angestoßen auf dem langen Weg.

Ein Anhang zum Buddha-Kapitel

– besondere Anmerkungen zur Lehre und etwas längere kennzeichnende Auszüge und Zitate aus der Lehre. Diese mögen Ergänzung und Arbeitsunterlage sein für solche, die näher einzudringen wünschen. Die Zitate kommen (fast) alle aus dem Anguttara-Nikaya (‚Angereihte Sammlung‘), der mehrmals ins Deutsche übersetzt und verlegt worden ist. Hier finden wir vor allem die wirkliche und eindringliche Schulung in meist kurzer und einprägsamer Form. Sehr hilfreich ist die ausführliche Inhaltsübersicht. Nur weniges kann hier wörtlich und ausführlich gebracht werden. Ich habe es zusammengefaßt und teilweise kurz erläutert.

Es sind diese Aussagen und Lehrreden des Buddha (selten von einem führenden Altmönch) durchweg so sehr gut gesprochen, ausgedrückt; präzise und umfassend; alles berücksichtigend; zweckmäßig aufgebaut und harmonisch. Es wurde damals nur auswendig gelernt und weitergegeben mehr oder weniger begrenzt im Umfang,

Niederschreiben war verpönt. Eine gewaltige und meist sehr genaue Leistung jener Menschen, die noch nicht in der wirren Vielfalt und Belastung unserer Tage standen.

Heute dagegen liegt uns die Überfülle allzu handlich und angenehm vor. Das birgt erhebliche Gefahr; denn allzu reichliche Kost mag zu falscher Sicherheit, zu Trägheit und zu mangelnder wirklicher Anwendung führen. Für uns gilt es, den „Mut zur Lücke“ zu bewähren, einzusetzen. Die vorliegende Lehre mag außerdem für uns Heutige nicht immer ausreichend erläutert und gewichtet sein; nicht völlig aufgeschlossen für die gesteigerten und sehr persönlichen Schwierigkeiten dieser Zeit. Zu Illusionen mag etwa die gewisse Leichtigkeit verleiten, mit der zu jener Zeit, der Hoch-Zeit des Buddha, die jeweiligen Stufen der Vollendung erreicht wurden. Heute aber fehlt uns so manches: das lebendige Vorbild, die Kompromisslosigkeit des Geistes und eine zeitweilige Dauer-Übung, die letztlich doch nur in sehr bescheidenen und abseitigen Verhältnissen voll durchgelebt werden kann. Damals konnte der Buddha sagen: es ist diese Lehre, dieses Gesetz dem Verständigen (Klug-Prüfenden, dem gesunden Menschenverstand) in vielen Einzelheiten und Anwendungen im Alltag von selbst zu finden (!), oder auch ohne größere Erklärungen verständlich und einsichtig.

Ergänzungen – Zitate – Anmerkungen zur Lehre

Unverzichtbare Grundlage ist eine immer tiefergehende Kenntnis von Unbestand und Unvollkommenheit, der Wunsch nach Erlösung von den Daseinsbanden und die zunehmende Überwindung von „Ich“ und „Welt“. Das sind die eigentlichen Anliegen der vier Grund-Wirklichkeiten. Diese können heute in manchem anders gesehen, anders beleuchtet werden, vor allem, was die drei Kennzeichen allen Daseins und auch das Begehren, den „Durst“ (2. Wahrheit) angeht. Es ist immer klarer geworden, über Jahrzehnte hin, daß diese sehr harte und unbedingte Art der überlieferten (oft nicht breiter dargestellten) Aussagen für uns Heutige einer anderen, einer sanfteren, auch individuelleren Ausführung und Ausdeutung bedürfen. Wir Heutigen sind in eine derart uferlose innere und äußere Vielfalt verwoben, stehen fast immer in einem Gespinst seelischer und psychologischer Regungen, Erwartungen, Ängste, Einbildungen, daß der Versuch einer Aufgliederung und Einpassung der Lehre immer wieder unternommen werden muß.

Der heutige westliche Mensch – und anders auch der östliche – braucht ein erhebliches Maß an „Zuckerbrot“, an Anziehungspunkten, an Aufmunterungen, damit er die „Peitsche“ seines oft so sehr bedränglichen Alltages, die Strenge einer sehr klaren Daseinssicht sowie die notwendige Übung einigermaßen verkraften kann. Die so entscheidenden Elemente der Metta-Allgüte, der erbarmenden Teilnahme und der langsam aus dem Inneren aufsteigenden Freudigkeit sind das unerläßliche „Öl im Getriebe“, sind Reinigung, Sänftigung, Übergang in die stilleren und entspannten Lebensformen hinein.

Hier einer der so sehr vielen tiefen Blicke des Buddha in die Wirklichkeit innerer Vorgänge.

„Die Furcht“ (Ang.-N. IV/121, stark gekürzt): - Aus Furcht vor Selbstvorwürfen übt der Mensch „guten Wandel in Werken, Worten und Gedanken und bewahrt sein Herz in Reinheit“. – Aus Furcht vor fremden Vorwürfen übt er „guten Wandel in Werken, Worten und Gedanken und bewahrt sein Herz in Reinheit“. – Aus Furcht vor Strafen aller Art „geht er nicht darauf aus, andere ihres Besitzes zu berauben“. – Aus Furcht vor leidvoller Wiedergeburt (!) übt er „einen guten Wandel in Werken, Worten und Gedanken und bewahrt sein Herz in Reinheit“. Die vier Hauptantriebe der Übung, umfassend, psychologisch eindeutig; eine Steigerung in der Wertigkeit.

„Todesfurcht und Angst“ (Ang.-N. IV/184, gek.): „Wer aber (...) gerät vor dem Tode in Furcht und Angst?“ – Einer, der bei Berührung mit den Dingen (Menschen) in Wunsch, Begehren oder Ablehnung verfällt.- Einer, der beim (eigenen) Körper nicht frei ist von Wunsch und Wahn.- Einer, der das Tun von guten, heilsamen und friedfertigen Werken versäumt hat. – Einer, der ein Zweifler, ein Schwankender ist hinsichtlich der Guten Lehre; der damit noch nicht zur Klarheit gekommen ist.

Die menschlichen Aspekte in den Aussagen des Buddha

Die Eltern sind für den Buddha von großer Bedeutung. In Ang.-N. II/34 heißt es: „Zweien, sage ich, kann man das Gute schwerlich vergelten; welchen zweien? Vater und Mutter."

Zur Familie gibt es nur wenige, aber treffende und sehr positive Aussprüche. In großer Deutlichkeit und Vielfalt spricht der Buddha die Beziehungen zwischen Mann und Frau an, sehr unterschiedlich gewichtet für den Laien und dann für den Übenden und den Mönch. In Ang.-N. I/1 heißt es, „daß keine Gestalt, keine Stimme, Geruch, Geschmack und Berührung für den Mann so angenehm sei wie die Gestalt (usw.) des Weibes – und umgekehrt". Das ist die bloße und entscheidende Wirklichkeit, objektiv und nüchtern; und durchaus nicht abwertend; wenn auch warnend. – In „Mann und Frau" (Ang.-N. VIII/17) heißt es: „Durch acht Dinge fesselt das Weib den Mann: Weinen, Lachen, Sprechen, Kleidung; durch einen im Wald gepflückten Strauß; durch den Duft, den Geschmack und schließlich durch die Berührung."

Der **Freund** ist von sehr großer Bedeutung in den Aussagen des Buddha; so der „wahre Freund" (Ang.-N. III/136, gek.). „Mit einem Freunde (...), der drei Eigenschaften besitzt, mag man Verkehr pflegen (...). Da gibt ein Freund, was schwer zu geben ist, er tut, was schwer zu tun ist, erträgt, was schwer zu ertragen ist." Es heißt auch, der wahre Freund redet nie etwas Ungünstiges gegenüber anderen Menschen. „Seine Geheimnisse vertraut er einem an; das Geheimzuhaltende hält er geheim; er verläßt einen nicht im Unglück." (Ang.-N. VII/35, gek.) „Der wahre Freund" (Ang.-N. VII/36, gek.): „Er ist liebevoll und gefällig, ernst, verehrungswürdig; gibt Belehrungen und nimmt Ermahnungen an; führt tiefsinnige Gespräche und verleitet nicht zu Verkehrtem."

„Den Anderen erkennen" (Ang.-N. IV/192, gek.); dort heißt es, daß man folgende vier Eigenschaften bei vier Gelegenheiten erkennen kann: – im Zusammenleben erkennt man die Sitte und die Art; aber dies ist erst nach langer Zeit möglich, und zwar nicht ohne Beobachtung im Verkehr: durch ein schwankendes Benehmen; anders benimmt er sich hier und da; bei verschiedenen Menschen; anders gegenüber einem, zweien, dreien oder vielen; – im Unglück: man erkennt die Standfestigkeit und Geduld; – bei der Unterhaltung: nach seinen Äußerungen, ob sie tief und verständlich sind.

„Die vier Liebesdienste“ – das sind: Gaben, liebevolle Worte, heilsamer Rat (für den Weg der Freiheit) und Brudersinn oder „Unpersönlichkeit“: so als Selbstlosigkeit. Es gibt vier Arten in der Reinheit der Gabe und damit auch der karmischen Wirksamkeit des Gebens für Geber und Empfänger, ob sie sittenrein und gut sind; und ob sie gern und mit offenem Herzen geben. (Ang.-N. IV/78)

Ein Netz von jeweils angepaßten praktischen Hilfen –

Ein solches wirklichkeitsgemäßes, praktisches und dauerhaftes Netz ist die Buddha-Lehre, das den Strebenden hält, festhält, aufrecht hält. Das Üben kann nur Erfolg haben als ein beweglicher, kluger, ein offener und spürender Weg zur Freiheit des Geistes und einmal auch zu der des ganzen Menschen. Das Folgende ist der Versuch, in einer sehr begrenzten Auswahl eine Übersicht und Hilfe zu geben.

– Aus der „Rede an die Kalamer“ (Ang.-N. III/66): „Geht nicht nach Hörensagen, nicht nach Überlieferungen, nicht nach Tagesmeinungen, nicht nach der Autorität heiliger Schriften, nicht nach bloßen Vernunftgründen und logischen Schlüssen, nicht nach erdachten Theorien und bevorzugten Meinungen, nicht nach dem Eindruck persönlicher Vorzüge, nicht nach der Autorität eines Meisters! Wenn ihr aber selber erkennt: ‚Dinge sind unheilsam, werden von Verständigen getadelt und wenn übernommen und ausgeführt, führen sie zu Unheil und Leiden‘, dann möget ihr sie aufgeben. (...) Und wenn ihr selber erkennt: ‚Diese Dinge sind heilsam, untadelig, werden von Verständigen gepriesen und wenn ausgeführt und unternommen, führen sie zu Segen und Wohl‘, dann möget ihr sie euch zu eigen machen.“

Hier haben wir die berühmte „Toleranz-Rede“, die das ganze Wesen der Buddha-Lehre aufzeigt: Lockerheit, Nüchternheit, Abstand,

Selbstverantwortung und prüfende Klarheit der eigenen Erfahrung. Sehr fern von allem bloßen Autoritätsglauben und Personenkult.

– **Selber seid euch Schutz und Zuflucht**! (Auszug aus Digha-Nikaya (‚Längere Sammlung') 26): „Selber, ihr Mönche, seid euch Schutz und Zuflucht; nichts anderes sei eure Zuflucht! Die Lehre sei euch Schutz und Zuflucht; nichts anderes sei euch Zuflucht. Und wie, ihr Mönche, ist ein Mensch sich selber Zuflucht und nichts anderes seine Zuflucht? Wie ist ihm die Lehre Zuflucht und nichts anderes als seine Zuflucht? – Da weilt, ihr Mönche, ein Mensch beim Körper in genauer Betrachtung des Körpers, nachdem er das Elend weltlichen Begehrens und Bekümmerns überwunden hat; weilt er bei den Empfindungen in genauer Betrachtung der Empfindungen; bei den Geisteszuständen in genauer Betrachtung der Geisteszustände; bei den Geistobjekten in genauer Betrachtung der Geistobjekte, nachdem er das Elend weltlichen Begehrens und Bekümmerns überwunden hat."

Hier ist die große Mittelpunkts-Übung des Buddha angesprochen: Satipatthana – die gegenwärtige Achtsamkeit und Wissensklarheit, in ihren vier Stufen, die alles Vorhandene umgreifen.

Das „**Metta-Sutta**" (übersetzt von Nyanaponika, leicht gekürzt); ist von überragender Bedeutung in der Lehre und im Leben.

- Dies soll erwirken, wer des Heiles kundig und wer die Friedensstätte zu verstehen wünscht: stark soll er sein und aufrecht. Aufrecht voll und ganz; zugänglich sei er, – sanft und ohne Hochmut.
- Genügsam sei er und leicht befriedigt, nicht viel geschäftig und bedürfnislos; die Sinne still, klar der Verstand; nicht dreist, nicht gierig geht er unter Menschen.
- Auch nicht im Kleinsten soll er sich vergehen, wofür ihn andere, Verständige, tadeln möchten. Sie mögen glücklich und voll Frieden sein, die Wesen allen! Glück erfüll' ihr Herz!
- Und keiner soll den Andern hintergehen, weshalb auch immer; keinen möge man verachten! Aus Ärger und aus feindlicher Gesinnung soll Übles man einander nimmer wünschen!

Voll Güte zu der ganzen Welt, entfalte ohne Schranken man den Geist: nach oben hin, nach unten, quer inmitten, von Herzensenge, Haß und Feindschaft frei!

- Ob gehend, stehend, sitzend oder liegend, wie immer er, von Schlaffheit frei, auf diese (Art der) Achtsamkeit soll man sich gründen. Als göttlich' Weilen gilt dies schon hienieden.
- „**Eines auf das Andere gestützt**" (Ang.-N. VII/61, gek.) „Gleichwie (...) an einem, der Zweige und Blätter beraubten Baum auch Borke, Haut, Kernholz und Grünholz sich nicht vollkommen entwickeln können; ebenso auch ist bei Mangel an **Schamgefühl** und **Gewissen** (1) die **Sinnenzügelung** (2) ohne Stütze. Ohne Sinnenzügelung aber ist die **Sittlichkeit** (3) ohne Stütze. Ohne Sittlichkeit aber ist die **Sammlung** (4) ohne Stütze. Ohne rechte Sammlung (Samadhi) aber ist der wahrheitsgemäße **Erkenntnisblick** (5) ohne Stütze. Ohne den wahrheitsgemäßen Erkenntnisblick aber sind der Daseinsüberdruß und die **Abwendung** (6) ohne Stütze. Ohne Abwendung aber ist der Erkenntnisblick der **Erlösung** (7) ohne Stütze." – (5) ist der angehende Hellblick in und nach der Übung. (7) ist die endgültige Erlösung in der jeweiligen Pfadstufe („Durchbruch").

Hier ist der ganze praktische Weg in größter Kürze und umfassend dargestellt. Eines ist immer Voraussetzung und „Stütze" für das Nächste. Der wahrheitsgemäße Erkenntnisblick, das ist – immer wiederholter, mehr oder weniger starker Einblick, Durchblick einzelner Vorgänge und Geschehnisse, der dann (u.U.) jeweils zum Daseinsüberdruß und gezielter Abwendung führen wird. Aus dieser tiefbewegenden Haltung mag dann einmal auch der „Durchbruch" und der anschließende „Erkenntnisblick der Erlösung" hervorgehen.

– „**Aller Leidenschaften Überkommung**" (Ang.-N. VI/58, gek.): Eine zentrale, überragend wichtige und ausführliche Rede. „Mit sechs Eigenschaften ausgestattet ist der Mönch (Mensch) würdig der Opfer, des ehrfurchtsvollen Grußes, der beste Boden für verdienstvolle Werke."

1. Die Überkommung der Leidenschaften durch **Zügelung** der Sinne; durch Bewachung der Sinnestore.

2. Die Überkommung der Leidenschaften durch **Pflege**: des Gewandes, nur zum Schutz, nicht zum Gefallen, – der Nahrung – nur zur Erhaltung des Körpers, um Schaden zu verhüten und um den heiligen Wandel führen zu können; – der Lagerstatt (Wohnung), eben nur um Schaden zu verhüten und um das Glück der Abgeschiedenheit erleben zu können; – der Heilmittel und Arzneien, eben nur um quälende und verzehrende Leiden abzuwenden.
3. Die Überkommung der Leidenschaften durch **Geduld**: da erträgt der Mönch (Mensch), weise bedacht, Hitze und Kälte, Hunger und Durst, Belästigung durch lästige Insekten, Wind und Sonne; voll Geduld bleibt er bei gehässigen, unerfreulichen Worten, bei aufgestiegenen Schmerzgefühlen, bei stechenden, brennenden, beschwerlichen und lebensgefährlichen.
4. Die Überkommung der Leidenschaften durch **Vermeidung**: da meidet der Mönch, weise bedacht, wilde Tiere, die Unwirtlichkeiten des Geländes; Plätze, unpassend für das Gehen und Sitzen; und meidet, weise bedacht, böse, störende, unpassende Menschen.
5. Die Überkommung der Leidenschaften durch **Vertreibung**: da läßt der Mönch, weise bedacht, einen aufgestiegenen Gedanken der Begierde, des Übelwollens nicht Fuß fassen, läßt üble, schuldvolle Dinge nicht Fuß fassen; überwindet, vertreibt, unterdrückt sie und bringt sie zum Schwinden.
6. Die Überkommung der Leidenschaften durch **Geistesentfaltung**; da entfaltet der Mensch, weise bedacht, das auf Entsagung, Abwendung und Erlöschung gerichtete und zur Erlösung führende Erwachungsglied Achtsamkeit – Wirklichkeitsblick – Willenskraft – Verzückung – Ruhe – Sammlung – Gleichmut.

– „**Das Richten der Achtsamkeit auf den Körper**." (Ang.-N. I/36, gek.): Es gibt eine Übung, die entfaltet und häufig geübt zu starker Ergriffenheit führt, zu hohem Heil, zu unvergänglicher Sicherheit, zu Achtsamkeit und Wissensklarheit, zur Gewinnung des Erkenntnisblickes, zum unmittelbaren Wohl, zur Frucht der Wissenserlösung. Es ist die Übung der Achtsamkeit auf den Körper.

Es gibt eine Übung, die den Körper beruhigt, den Geist beruhigt, Gedankenfassen und Erwägen beruhigt und sämtliche, zum vollen Wissen hinführenden Dinge zur vollen Entfaltung bringt.

Es gibt eine Übung, die Unwissenheit vertreibt, Einsicht erweckt, den Ichdünkel auflöst, die Haftensneigung ausmerzt und die Daseinsfesseln zersprengt. Welches ist die Übung? – Es ist „das Richten der Achtsamkeit auf den Körper".

– „**Sieben Rüstzeuge zur Erlösung.**" (Ang.-N. VII/57) „Mit sieben Eigenschaften ausgerüstet mag der Mensch nach gar nicht langer Zeit, durch die Versiegung der Leidenschaften, schon bei Lebzeiten die leidenschaftslose Gemütserlösung und Weisheitserlösung selber erkennen, verwirklichen und sich zu eigen machen: Vertrauen – Sittlichkeit – großes Wissen – Abgeschiedenheit – Willenskraft – Achtsamkeit – Einsicht" (in das wahre Wesen der Dinge).

Aus der Fülle der Hinweise und Erfahrungen des Buddha zum wirklichen Gang des Lebens und zu den freiheitlichen Bemühungen sei hier nur noch eine entscheidende Rede angeführt.

– „**Keines Rückschritts fähig**" (Ang.-N. IV/37, gek.): „Der Mensch, dem folgende vier Tugenden eignen, ist keines Rückschritts auf dem Freiheitspfad mehr fähig:

1. Vollkommenheit im Wandel; im Umgang; schreckt zurück auch vor geringen Verfehlungen im Bereich der Tugenden.
2. Er hat seine Sinne in Gewalt. Erblickt er mit dem Auge eine Form, so haftet er weder am Ganzen noch an den Einzelheiten. Da ihn, unbewußten Auges verweilend, Begehren und Kummer (Abneigung), üble, unheilsame Geisteszustände überkommen möchten, hütet er das Auge." Und in dieser Weise auch für die anderen fünf Sinne und für den Geist.
3. Das Maß beim Mahle. Da nimmt der Mensch, weise bedenkend, Nahrung zu sich, nicht zum Vergnügen oder zum Genuß, sondern eben nur zur Erhaltung des Körpers, um Schaden zu verhüten, um den heiligen Wandel zu ermöglichen.
4. Wie aber befleißigt sich der Mensch der Wachsamkeit? – Da läutert er tagsüber, gehend oder sitzend, sein Inneres von

lähmenden Dingen. Er läutert sein Inneres zu Beginn der Nacht ...; in den mittleren Stunden der Nacht pflegt er der Ruhe, auf der rechten Seite liegend, nachdem er klar bewußt der Zeit des Aufstehens gedacht hat. Gegen Morgen nimmt er die Läuterung wieder auf.

Es ist klar, daß vieles von dem vor allem in einem rechten mönchischen Leben, oder doch einem menschlichen Leben erheblicher Einfachheit, teilweiser Zurückgezogenheit und tiefer Geistigkeit befolgt werden kann. Ein Mönchstum als solches ist jedoch keinesfalls schon Garantie für ein heilsames Leben, Mühen und Überwinden; und so auch innerhalb des Buddhismus. Es ist aber vielen von uns die eine oder andere Möglichkeit derartiger Übung und Bewährung viel häufiger gegeben, als man meist denken mag; wenn vor allem dieses gegeben ist: eine große, tiefreichende Sehnsucht, ein sich fortsetzendes Erkennen, ein Mut zu neuen Möglichkeiten des Lebens und Überwindens, – **in einem Hören, Vertrauen, Folgen und Erfahren.**

„Mutter Erde" – der große Ausgleich auf dem Weg der Mitte

– eine Betrachtung tiefer natürlicher Grundlagen unseres Daseins.

Es war wie eine ganz natürliche, eine von selbst geschehende Hinlenkung – über Jahre hin – auf diese tieferen, hintergründigen Elemente und „Geistheiten" aus dem erdhaft-mütterlichen Raum. Der „Wanderer", der Gärtner, der Horchende, diese Lebenshaltungen brachten es zum Schwingen, das Geist-Natur-Wesen, das mütterliche Element von Erde-Humus, von erdhafter Verhaftung, von „Ewig-Weiblichem", von der „Großen Mutter" des Seienden. Aus der Ehrfurcht gegenüber dem Erdhaften und dem Mutter-Frau-Haften stieg ein Ahnen, das sich eigenartig verdichtete, im Gespür erst. Ein Bild stieg dann auf im Inneren und bald darauf formten sich die Worte: Mutter Erde. Wie angesprochen war ich von unsichtbarer Wesenheit, die immer deutlicher zu entscheidender Daseinsmacht wurde.

Was ist die Aufgabe, die immer wieder neue und beanspruchende Aufgabe, die dem Empfangenden, Denkenden, Schreibenden wie dem solches Hörenden gestellt ist? – Das Gegenwärtige ist deutlich dem, der klaren Sinn und starkes Herz zu erwerben bemüht ist; das Gegenwärtige in aller Verworrenheit, Störung, Befleckung, Zerstörung und tödlicher Not. Das Kommende, die Not-Wende, solches ist aufzunehmen, zu erforschen, aufzuheben und anzuleuchten; auf daß es helle und festige und stille den Weg des Menschen in die Zukunft einer heileren Welt. Ein Heil nur kann es sein, das nahe kommt und nahe west der mütterlichen Erde und der geist-magnetischen Heilkraft von „Mutter Erde“. Mögen die Nebel weichen, die Nebel, die den neuen Tag anzeigen, ihm vorausgehen, dem neuen Erdentag, dem neuen Leben zwischen Erde und Himmel; ruhend an der Erde, hebend sich zu den hellen Sphären wolkenhafter Leichtigkeit.

Möge deutlicher werden das Antlitz von „Mutter Erde“,
das uns Grund und Schutz und Ausweg werden kann.

„Mutter Erde“ – das ist irdischer Körper, ist lebensspendende Verbindung der Elemente; es ist kosmischer Körper in mächtigen Verbindungen zu allem schwingenden Sein; und es ist feinstoffliche Entsprechung diesseitiger Erscheinung, unsichtbar zumeist; undschließlich geistiges Weben aus dem Hintergründigen. Es ist der „Humus“ –, die Erdkugel als umgreifender Organismus- und es ist eine geheimnisvolle geistkosmische Wesenheit, die unser Seelen- und Gemütsleben beeinflussen, befruchten und harmonisieren kann und „will“. Der Mensch fand seine Heimat hier. Er fand den „Mutterboden“, schafft ihn vielfältig neu, belebt ihn wieder; so er noch oder wieder weiß oder ahnt um sein Geschick, um diese seine Heimat; um die Möglichkeit, sich wahrhaft als Mensch und Geistwesen zu bewegen, sich zu erhalten – vielleicht auch zu vollenden.

Die großen Wirkungen dieser weiten Mütterlichkeit sind Einfachheit und natürliches Sein, sind Ruhe, Lösung und Tiefe des geist-seelischen Seins. Der Mensch kann sich hinrichten auf diese Werke des Ewig-Seienden; er kann sich wenden aus seiner Heimatlosigkeit, Natur- und Geistferne heraus. Es gibt diese Freiheit der Verwandlung, eben Umgewöhnung; die Einpassung seiner körperlichen, seelischen und geistigen Möglichkeiten in das natürliche Geschehen. Lernen kann der Mensch vom Organismus Erd-Natur dieses: Geduld, Warten, Schlichtheit, Anpassung, Gleichmut; jeder Begriff eine Wert-Welt für sich.

Die Erde – und das in allen Vorgängen – mag stehen als Symbol für Vergänglichkeit und auch für steten Neubeginn, für Bewegung und Ruhe. Die Polhaftigkeit, die Ausgeglichenheit der Gegensätze ist entscheidend. Sie ist Ausdruck des Gezogenwerdens, mächtiger Bewegungen und Garant für Ausgleich und Gleichgewicht. Und diese, in feinstem Magnetismus geregelte „Zweiteilung" des Erdballes ist das Wesen der kosmischen Kugel –, dem Symbol ausgewogener Vollkommenheit. Alles wandelt sich, wechselt ab, so vor allem Licht und Dunkelheit, Wärme und Kälte, Feuchte und Trockenheit. Und dieser Wechsel ist zugleich Ausgleich und Zuverlässigkeit: unser irdisches Leben!

Zusammenhang und Zusammenklang bestimmen das ganze große „kosmische Getriebe". Ein Unerhörtes ist es in seinen Wechselwirkungen, der Verläßlichkeit und Präzision, so im Stofflichen, im Erkennbaren, wie viel mehr noch in uns Unerkennbarem, Unsichtbaren. Welten „spielen" miteinander – im Großen wie im Kleinsten; zerstören sich auch im gewaltigen Auf und Ab. Geduldig paßt sich die fruchtbare und geduldige „Mutter Erde", dieses ganze geist-stoffliche Organ, unser Erdball, in das Geschehen ein.

In manchen früheren Zeiten waren etwa kosmische Laute und Tonfolgen – die „Sphärenklänge" des All –, sonderbare Gespüre von Kraftfeldern oder die Schau von Wesenheiten viel lebendiger als heute irgend möglich. Doch derartige Wahrnehmungen werden im Stillen, im beschaulichen Leben langsam offenbarer; denn es gibt vielerlei Sonderbares und Geheimnisvolles um uns, im Weltraum und auf unserem Erdball. Der Mensch ist noch weit zurück in seiner kosmischen Entwicklung; doch es mögen Wandlungen des Bewußtseins wie der ganzen Natur bevorstehen.

Die Frau, das weibliche Element in allen seinen Möglichkeiten und Tugenden, als Ausprägung des Mütterlichen im Erdleben. Erdhaftigkeit und Verwurzelung sind die Stärken der Frau im echten Sinn.

Die Heimaterde, die Heimat überhaupt, ist Element der Frau; und sie stellt es – das Heim, die Heimat – dar, belebt es, erfüllt es. Vereinigung von Fruchtbarkeit und Weisheit und das im Körperlichen wie in den feineren Bereichen, ist sehr hohes Ergebnis des Menschen, der Frau; dann freilich, wenn sie ihr Leben vom Unsichtbaren her befruchten läßt. Wundertiefe Lebensmacht überwältigt den staunendtastenden, den wahrhaft offenen Sinn. Volle Reinheit wächst und strahlt aus echter Weiblichkeit der geistbetonten Frau. Große Stille fällt ein, ist da; und mit der Stille die Geborgenheit, ein letztes In-Frieden-Sein. Liebevolle Hände streichen die Stirn und rühren den Sinn in der Tiefe des Seienden. Alles ist atmender Einklang im Schoß und am gütigen Herzen der ewigen Mutter-Frau.

- Es war wie ein inneres Schwingen – und die Lippen,
  das innere Sprechen wiederholte – lange die Worte:
  Mutter Erde alles heilt.

Eines, ein ganz stilles und ganz mächtiges Gebot zugleich, können wir – so schien es immer wieder lernen; müssen wir vielleicht noch lernen, wenn wir überleben wollen, wenn wieder Sinn, Maß, Ordnung – und eine begrenzte Freiheit das Leben der Menschen erfüllen sollen; **Wunschlosigkeit** – einer tieferen Art; Bescheidenheit und Geduld; daß der Mensch es lerne, zu warten – auf das viele, das ihm „angeboten" ist und wird in einer weiten kosmischen Entwicklung.

Die natürlich-erdhafte Bindung wächst; Menschen sind auf dem Wege, erfahren Bestätigungen, antworten auf ihr spürendes Suchen. Menschliches Geist-Bewußtsein will sich dem Erd-Bewußtsein vereinen. Im Schutze der großen Gesetzlichkeiten schreiten wir voran; erfüllt von tiefem Vertrauen in schicksalhaftes Geschehen. Durchströmt wird der Mensch von einem wahrhaft **kosmischen Vertrauen**. Die große Gesundheit wächst aus dem Untergrund her; wächst aus tiefer Beachtung erdhaft-natürlicher Gesetze. Die große Gesundheit des Körperlichen will sich verwirklichen. „Mens sana in corpore sano" –, auch der Geist und das Gemüt des Menschen werden heilen in der Wechselwirkung. Der Mensch wird sein eigener Arzt sein, die Nächsten gegenseitig und das im inneren Wissen um kreisend-heilendes Geschehen im Erdleben. **All-Heilkraft aus dem Geist** und der **erdhaften Natur**; aus dem fruchtbaren Humus!

> Eine große reine Freude wird sein; und ein tiefer Dank, daß der Weg soweit gegangen werden konnte, und die Freiheit immer deutlicher wird.

Wir sind Kinder, entsprossen der schweigenden Tiefe. Und wir tragen tief-innen den Anruf der Tiefe, den Anruf tiefer Geborgenheit mit uns. Das Mutter-Ideal steht vor uns, die reife Weiblichkeit; die Unausschöpfliche, die spürsame, intuitive; geistiger Schöpfung verbunden.

Hohes Lied für dich, o Erde,
steigt in unseren Herzen auf,
denn der Dinge Lauf,
ew'ges „Stirb und Werde",
trägt uns schicksalhaft
der Vollendung zu.
Außen – Innen,
Erd' und Himmel,
sind in Ein's.

Lob und Dank – diese sind vor allem hohe Aufforderung und Mahnung; Erinnerung, Bewußtwerdung der entscheidenden Hilfen, die uns aus dem Erdhaften zuströmen. Lob und Dank, das sei das große Ja zu neuen Anstößen und Entwicklungen; Lob und Dank, die tiefe Lösung, aus Freude geboren, übergehend in das große Vertrauen. Lob und Dank schließlich für den Strom echter, schicksalhafter Geschehnisse, Begegnungen, Anwehungen. Wenn wir „in's Strömen kommen", dann tritt das „Ich" immer weiter zurück; und der Mensch wird zum dienenden Organ der Vollendung.

Dank ist unsre beste Gabe,
Dank, der zur Bewährung mahnt.

Mutter Erde alles heilt;
heilt in sonderbarer Weise;
heilt das Wesen, heilt Natur;

heilt den Menschen in der Tiefe,
so öffnet sich der Strom.
Mutter Erde strebt zum Ziel,
hin zum Ziel des neuen Menschen,
der auf der Erde lebt.

Dieses Vorliegende hat mein Inneres bewegt, erschüttert, durchdrungen, so, wie wohl wahrhaft Neues gebären muß. Es ist wie ein Gang der Reinheit und Klarheit, der die Menschen, ihre Geister und Seelen durchströmen wird mit noch fast unbekannter Kraft und Schönheit. Es hat mich begleitet schon durch manche Jahre und Wechsel als die große „Konstante" des „Hintergründigen", die dabei ist, das irdisch-menschliche Leben und seine feiner-seelischen Möglichkeiten zu verändern. Der Buddha und seine Lehre waren für mich der erste große Haltepunkt (Konstante), die unwahrscheinlich ergriff und wirkte, alles veränderte – ungeahnten Ausgleich schon brachte dem geistigen Leben und den „persönlichen Kurs" endgültig festlegte. Mit „Mutter Erde" wird der noch weitere und tiefere Ausgleich, die Waage zwischen „Himmel" und „Erde" angesprochen, aufgewiesen und in diesem Lebensgang auch weitgehend vollzogen.

Schönste und mächtigste Symbolik: kristalline Klarheit
und Festigkeit vereint mit lösend-gelöster Hingabe in
den Strom kosmisch-natürlicher Geschehnisse.

Der Mensch ist auf dem Wege – immer wieder neu.

Die „Kristalliner" – Gemeinschaft der inneren Linie

– der „**Weg der Mitte**" schließt sich in den „**Kristallinern**".

Lange schon lebte der Gedanke, vielleicht mehr ein tiefes sonderbares Gespür oder Ahnen einer Notwendigkeit, einer Möglichkeit für die Zukunft; einer rettenden Notwendigkeit menschlicher Entwicklung, Reinigung, Befreiung. Wie denn sonst sollte es weiter gehen? – So schon um 1958, dem tiefdringenden Geistesblitz. Tiefe und wechselnde Erfahrungen für den Heranreifenden; immer wieder auch das zutiefst „Sonderbare“, die Ansprache aus den „Hintergründen“.

Damals – im August 1963 im Bergwald von Ceylon war es, geschah es dem buddhistischen Mönch Sivánkara; und das so ganz unerwartet: die große Vision, blitzartig einschlagend in den stillen Geist. Ungeheures „Erleben“ war da –, aus anderer Sphäre „eingebrochen“; weit voraus „reißend“ den sehenden Geistesblick: jenes Kolossal-Gemälde - zweifach - aus äußerster Gefahr, Katastrophe, Zerstörung .... und dem wunderbaren, nüchternen, menschliches Leben reinerer Art aufweisend. Der blitzartige Aufriß schlichter, geistzugewandter Menschen beiderlei Geschlechts in einer ordenshaften Lebensform. Aus schwerster Prüfung, Niederbruch, „Überwältigung“ heraus – die vollständige Verwandlung, Rettung und Befreiung.

Nicht lange danach ergab sich zwanglos –, wie alles dazu und wie anderes derart Wesentlich-Entscheidendes, der Name der Gemeinschaft und erste Ansätze praktischer Möglichkeit und Ausführung: die **Kristalliner**, eine – Ordensgemeinschaft der inneren Linie; und dazu das, auch ganz intuitive Motto: „und wenden sich voll der Freiheit zu“. Als Begründung und großer Entwurf, die wichtigste Aufgabe dieser Zeit: das kontemplative, beschauliche, still-innere Leben im engeren, weiteren und weitesten Sinne in der Menschheit in hoher Weise zu ermöglichen, zu stärken; und das als ein Gegengewicht der unerhörten Unruhe, Unstetheit und Vielfalt, eben der fast völligen Außenwendung mit allen bekannten Gefahren, Übersteigerungen, Zerstörungen und Ausweglosigkeit.

Eng verbunden nun und vielleicht herauswachsend aus dieser kristallinen Vision, scheint sich die dritte „Konstante“ geistig entwickelt zu haben, zwanglos und über Jahre hin; so nach dem „Buddha und Mutter Erde“. Vielleicht etwas wie eine dynamische Entwicklung, der tätig werdende und ausgreifende Vorgang, der „neben“ der „Welt“ und auch durch die Menschenwelt und durch die menschliche Entwicklung hindurchführt, führen kann. Es ist der Aufbruch, als ein inneres und ein äußeres Aufbrechen auf dem Weg der Menschheitsentwicklung; wie auch das Aufbrechen innerster Möglichkeiten des Menschen als solchem. Es ist der Aufbruch, der von Vertrauen, Mut,

Zuversicht und tiefer Gewißheit getragene Versuch, menschliches Leben – mitten in der großen Auflösung menschheitlicher Strukturen des Geistigen an sich – wieder auf eine klare, einfache, befreiende Linie hinzuführen.

Kristalliner: dem Kristall sich annähernd, um dessen Eigenschaften, Wertigkeiten sich bemühend; diese vor sich zu tragen, in sich vor allem; unermüdlich, selbstkritisch und auf das Heile hin ausgerichtet: Heil für sich, wie für andere Bemühte. Ordensgemeinschaft; äußerlich geordnet, innerlich sich ordnend; sich einordnend in die klaren Notwendigkeiten und Ziele der „inneren Linie". Es ist die eindeutige Linie der Freiheit, geistiger, menschlicher Freiheit. Dieser zugewandt gilt es: entscheiden – bereiten – überwinden; es tragen durch den Alltag und die hohen Stunden innerer Feier.

Warum ist dieses gezeigt und warum mag es einmal Wirklichkeit werden? – Es ist der Gang und der Zwang der Menschlichkeitsentwicklung; sich steigernd, beschleunigend, dramatisierend, in die unerläßliche, unaufschiebbare, die unbedingte Entscheidung, die Scheidung, Reinigung, Rettung, Wandlung hinein.

Es war und ist vor allem der „Verrat am Geist", der diese Zeit nun voll in die Krise geführt hat, in etwa aller Lebenserscheinungen; der die „Auflösung der Werte", der Übersicht, der Tiefenbindung bewirkt hat. Mit all dem und mit den beginnenden Katastrophen geht einher eine Überfülle geistig-reformerischer Versuche; ehrlicher oder unehrlicher Art; tauglicher oder weniger tauglich. Es ist gesagt, daß viele falsche Propheten aufstehen werden unter den Menschen; viele halb- oder dreiviertelfalsche wohl auch, so muß man sagen – im klaren Blick.

- Erst in Zeiten hoffnungsloser Auflösung wird der Zwang zur Entscheidung immer größer, kommen Einwirkungen hoher geistiger, wie auch geist-materialer Kräfte und Strömungen ans Licht, damit innere Kraft und die Hoffnung in Geist und Gemüt vieler Menschen bestärkt werden. Wende, Wunder-Wende, völlige

Verwandlung – wie vielleicht nie zuvor; so nur kann es sein, muß es sein.

Wozu – wird diese Gemeinschaft dienen? – Rahmen und Halt kann sie werden; eine Verbindlichkeit, eine verbindliche Antwort auf die Mahnungen einwirkender Welt-Kräfte. Denn es wird schwer, fast unmöglich sein solches Rettend-Neue allein und in der Stille auszuleben, zu verwirklichen.

Was ist es, was muß es sein? – Eine Auslese neuer Art, die sowohl schicksalhaft, – gezogen wie aus eigenem Antrieb, aus einer Gewißheit heraus diesen Weg antritt. Ein vielfältiger Orden, der manche Extreme verbindet, Übertreibungen vermeidet; die Weltabwendung – wie die rechte Zuwendung, Bereitschaft, Offenheit in vielen Bereichen wahrer Kultur, der einfachen Menschlichkeit, der Vervollkommnung der dem Menschen innwohnenden geistigen Möglichkeiten. Die männliche und die weibliche Wesenheit werden erstmals wirklich und wirkend zusammengehen, vor allem freilich verpflichtet dem Ideal der Freiwerdung von den sinnlosen äußeren Lasten und der Befreiung von den Fesseln der Ichhaftigkeit; so in gleichen Rechten und Pflichten; auf eine Vermenschlichung, eine Harmonisierung, eine Befreiung zu.

Der Kleinraum (Mikrokosmos) Mensch wird sich in dieser Bewegung der Innerlichkeit immer eindeutiger und enger verweben mit der Fülle der, noch fast unsichtbaren oder kaum spürbaren Vorgänge und Wesenheiten im Großraum (Makrokosmos) der umgebenden Äußerungen natürlicher und geistiger Kräfte. Es wird eine starke und lebendige Verbindung entstehen zu feinen Gesetzen und Wesenheiten, die dann immer besser mithelfen werden auf dem Weg einer Reinigung und Vergeistigung; bei der Schaffung eines natürlichen und friedvollen Zusammenlebens.

- Ein ganzes Gewebe von Zielen, die einander harmonisch ergänzen wie die Organe in einem lebenden Organismus.
- Es gibt höhere und not-wendigere Aufgaben und Ziele, als dienend-belastet in üblicher bürgerlicher, materiell-ausgerichteter Gesellschaft zu stehen.

Die Grundlinien

– wie ist es, wie kann es sein? Wenn ein Leben der Innerlichkeit, der Geistigkeit und der unmittelbaren Menschlichkeit bestimmend werden soll, kann es nur ganz allmählich geschehen. Eine kleine Zahl von bereits Gereiften wird es zunächst sein, die zusammen eine Gemeinschaft bilden. Eine solche könnte durch Mitglieder, die dafür besonders begabt und geeignet sind, eine oder mehrere andere Kleinstgruppen bilden. Und so würde der Schwung sich fortsetzen, bis ein tiefer Wandel der äußeren und der geistigen Lebensbedingungen einträte.

- Kleine und kleinste Gruppen (Zellen) werden es sein; selbständig und für sich.
- Eine geistig und weitgehend auch materiell unabhängige und selbstverantwortliche Gemeinschaft beruhend auf unbedingter Freiwilligkeit, gesteuert und gehalten von der Einordung in äußere (festgesetzte) Regeln; und mehr noch von lebendiger Eingewöhnung in die innergesetzlichen Zusammenhänge und Notwendigkeiten; und auch in einer freiwilligen und freien Entscheidung des Augenblicks.

Die Leitlinien

die sich aus der Wirklichkeit, aus tiefem Weistum und aus der rechten Verwirklichung ergeben; die den „Schüler geistiger Freiheit“ in hohe Klarheit und tiefe Ruhe hineinführen werden; offen stets den feinen Anstößen, Winken und Hilfen. Die Leitung also aus der Eingebung, aus dem Schatz menschlicher Erfahrungen und gewiß aus den eigenen Möglichkeiten, dem eigenen Gewissen heraus.

Das **Innere**, die Idee, der Kern und sein Gehalt. Die Würde des Menschen, als fortschreitende Aufgabe dauernder Verantwortung; als die Möglichkeit eines jeden, früher oder später ein geistiges Leben für sich und andere verwirklichen zu können. Ein Vorrang der geistigen Tat – in sich, an sich, am allgemeinen Geistigen.

- Geist steht über Materie.
- Werk über „Ich“ – Helfen über Genießen; das kleine ichhafte Ich beginnt sich einzuordnen; sieht die weiten Möglichkeiten in der geistigen Entwicklung; stellt sich bescheiden in das große Wachstum hinein.
- Der geistige Zusammenhalt; Charakter der Bruder- und Schwesternschaft; in dem es möglich werden muß, diese Beziehung auf ganz neue Ziele hinzurichten.
- Der Kontakt zur kosmischen Ordnung („innere Linie“).
- Die klare Sicht der Vorgänge des Lebens, in der Begrenztheit und steten Bedränglichkeit des Daseins.
- Freiheit für sich, für die „Ausscheidenden“; denn sie leben als „Gast“ nur noch; im Geist der Lösung aus den Fesseln vom „Ich“ und Ichhaftem. Anstöße der Freiheit dann für Andere, die offen sind; aus Mitgefühl und menschlicher Verantwortung.

Die persönlichen Voraussetzungen

Einer, der mit der Idee oder mit Menschen dieser Art, Kristallinern, in Berührung kam und dem hier ein erstes Aufleuchten geschah von einer tiefen Geistigkeit –, der wird in Ruhe und Bedachtsamkeit eine Reihe von Überlegungen anstellen müssen; Voraussetzungen schaffen, erfüllen, so manche Prüfung an sich vollziehen. Er wird sich klar werden müssen, daß es sich um eine grundlegende, ja, „grundstürzende“ Frage, Bereitung, Entwicklung handelt. Er wird vor allem seine derzeitigen Verhältnisse prüfen müssen, inwieweit größere Veränderung überhaupt möglich werden kann. Er muß seine schicksalhaften Voraussetzungen, Gegebenheiten klar und nüchtern prüfen, bedenken, ob er wirklich solchem Weg folgen möchte, ja, muß.

So wird er sich – etwa nach folgender Aufstellung und über einen etwas längeren Zeitraum prüfen, wird ausloten so manche Tiefe und Untiefe, so manche Illusion, Wunschbild, Enttäuschung und die mögliche Flucht aus bedränglichen Verhältnissen. Seine Selbsterkenntnis muß einen hohen Stand erreichen.

Diese sorgfältige Prüfung mag vor allem die folgenden Bereiche umfassen: Es sind Begriffe und Bereiche, die den ganzen Freiheitspfad einer solchen kristallinen Art begleiten werden.

- Ein tiefer Drang, ein Gezogenwerden, die Sehnsucht.
  Das Erkennen der eigenen Beweggründe für solches.
- Ein vielfältiges, tiefgehendes **Vertrauen**, auf Erfahrung, Erkenntnis und tiefem Gespür beruhend; so zu den Wegweisungen und Zielen; zu den Menschen einer Gemeinschaft; zur eignen Kraft und Schicksalshaftigkeit; das „Kosmische Vertrauen" dann.
- Eine Natürlichkeit, Bescheidenheit und Offenheit zum Geschehenden; Bereitschaft zu einer steten Verwandlung.
- Die Fähigkeit, mit Anderen zusammenwirken zu können.
- Interesse auch für das Äußere (Küche, Garten, Holz).
- Eine erhebliche und steigende Einsatzbereitschaft in allem.
- Die Fähigkeit der Selbstüberwindung und Selbstverwandlung.
- Innere und äußere Disziplin – in hoher Freiwilligkeit.
- Und als umfassende Gesamthaltung – in der Zeit der Prüfung und Vorbereitung, wie dann auf dem kristallinen Weg selbst: eine große Geduld – Wartenkönnen – Stillsein – Spüren.

„Was tut not": Bereitung – Weg – Einsatz – Überwindung! Diese beruhen auf: Suchen, Versuchen – Wirken – beherrschtem Spüren der Möglichkeiten – Austausch der Erfahrungen – Ausgleich bei sich selbst wie zu den Mitgehenden.

Es gilt, alle Entschlußkraft zusammenzunehmen und sich mit einem starken Vertrauen zu wappnen, um die unermüdliche Arbeit an sich selbst mit Einsatz aller Möglichkeiten zu beginnen und durchzuhalten. Man muß den Mut aufbringen, fast alles einmal (wieder) in Frage zu stellen. Das körperliche, seelische und geistige Verhalten muß einer neuen Ordnung und strengen Selbst-Zucht unterworfen werden. – Dafür bedarf es eines grundlegenden Vertrauens in das eigene Geschick; das ist gleich Erfolg. Es muß echtes und lebendiges Vertrauen sein, aufrichtig und rein, einfach und durchführbar, stark und fruchtbar, unerschütterlich und geduldig; fähig das Widerstehende zu überwinden.

1. Alles Erlernte kann man fahren lassen, die vielen – angenommenen Zustände des Inneren wie Äußeren, die üblichen Vorgänge. Das Leben neu anfangen –immer wieder – bei einem einfach-stillen Beginn; und solches im Rahmen der neuen Lebensführung.
2. Eine Bereitschaft, die jederzeit fähig ist, aus den Bedingungen des Lebens die Wahrheit zu empfangen.
3. Es ist die immer dichtere Einfügung der persönlichen Möglichkeiten in die Richtung des „Hintergründigen", des Unhemmbaren, das uns zur Dauerhilfe der Vollendung und Befreiung wird.
4. Einen Zustand erreichen, aus dem heraus man so sein und handeln kann, wie man – gemäß den Gesetzen und Richtlinien der Freiheit handeln und sein sollte.
5. Laß den inneren und äußeren Menschen eins werden, auf daß diese neue Einheit sich dann wirkend entfalten kann.
6. Das ist Leben einer so sehr besonderen Art: diese innerste Unantastbarkeit und Überlegenheit über widrige oder ablenkende innere und äußere Einflüsse; diese unerschütterliche Widerstandskraft; diese unverbitterliche Tätigkeit oder Ruhe – auf dem Pfad einer immer zunehmenden Befreiung.

Der Rahmen für die Gemeinschaft

Die Grundlage und entscheidende Regel für den Tageslauf wie für den Lebenslauf ist der Wechsel und das fruchtbare Zusammenspiel der Möglichkeiten; die Ausgleichung der Ausschläge; das Zurückschwingen des Pendels zur Mitte oder durch die Mitte. Bisher oft Unvereinbares sollte vereinbar werden.

- Disziplin – Freiheit; Einordnung – Persönlichkeitssphäre.
- Leistung – „Enthebung"; Arbeit, Einsatz – Freizeit – Lösung.
- Gruppe – Einzelner; Selbstäußerung – Selbstfindung.
- Schulung – Stillung; Energie – Loslassen.
- Nahrung – Fastung; „zunehmen" – „abnehmen".

- Vervollkommnung der Persönlichkeit – Auflösung der Ichhaftigkeit; überhöht in der Paarschaft von Frau und Mann und damit in fruchtbarer Spannung und Vereinigung.

Der Tageslauf also als fließender Wechsel zwischen Leistung und Ruhe, Gemeinsamkeit und Einsamkeit, Einordnung und Lösung.

Eine gewisse Aufgliederung, eine Stufenleiter vor allem der Verantwortlichkeiten wird sich ergeben; doch wird sich solches sinnvoll erst im tatsächlichem Ordensleben festlegen lassen. Ein „Kristall", eine Zelle, sollte im Höchstfall aus acht Personen bestehen, wobei der Achte immer schon „auf Abruf" für eine neue Aufgabe stehen mag. Kinder und (Jugendliche) wachsen hinein.

Allgemeine und innere Aufgaben und Möglichkeiten an der Zeit und an sich selbst werden getragen von guten, verläßlichen Gewohnheiten, erprobt im Alltag und in stillen Stunden; gespeist von einer ständigen geistigen Durchdringung des Ganzen und seinen Einzelheiten. Es geht um stets erneute Klärung und Vereinfachung so aus Vernunft und gesundem Menschenverstand – Vielseitigkeit in der Einheit.

Bei der Wirkung auf die Umwelt werden neue, vor allem einfache Wege und Weisen zu finden, zu gehen, zu nutzen sein; und so auf vielen Gebieten, etwa:

- in Vorträgen, Lehrgesprächen, Übungen;
- in praktischer Hilfe; Hilfe zur Selbsthilfe für Alltag und Feiertag; für Gewöhnliches wie für Ungewöhnliches;
- in gütiger, zutiefst wohlwollender seelisch-geistiger Wirkung und Hilfe; stets jedoch auf dem Hintergrund des „Pfades zur inneren Freiheit".

Es mag bei alledem um eine Art von Tasten, Entwickeln, Schöpfen, Wagen gehen; frei von Zwängen, schöpferisch. Mit sehr wenig Aufwand wird eine echte und bleibende Wirkung erzielt werden können.

Schwierigkeiten und Widerstände

- persönlicher Art, so vor allem Unkenntnis über sich selbst: äußere und innere Belastungen und Bedrängnisse; Stolz und Dünkel; Überschätzung der eigenen Person;
- interner Art, in der Gemeinschaft, so Einstellung, Einpassung und Selbstbehauptung. Sich selbst und die Anderen kennenlernen, hinsehen und hinhören lernen;
- gegenüber der Umwelt: Geduld, Gelassenheit, Zuwarten; Offenhalten im Verein mit feiner Zurückhaltung und Beherrschtheit: Erfahrungsaustausch; klares Erkennen der Gegebenheiten; Duldung, Großzügigkeit und letztlich immer wieder: bescheidene Zurücknahme.

Besinnung und Ansporn

– durch feine „Geistfunken" und „Kontrolllichter", die uns aufmerken lassen, Korrektur bringen; Mut machen. Welche entscheidenden Regeln und Ausblicke können wir in uns tragen und sorgfältig weiterentwickeln?

- Horchende Stille – zunehmend den Alltag durchwebend.
- Aufmerkende, tastende Bescheidenheit in der Zurücknahme des „Ich".
- Dauernde Bereitschaft zum Lernen, zu neuem Erkennen und Wandeln.
- Die große Geduld und Ausdauer; das Wartenkönnen; denn ohne Warten und Stillhalten geschieht nichts wirklich Erlösendes an uns und den Nächsten.
- Stille und Lösung sind die tragenden Säulen; aus ihnen entsteht Kraft für die Mitwelt, wie für die großen Ziele der „Freiheit".

Wir harren der mancherlei Winke und Hilfen auf dem langen Weg einer werthaften, geistbezogenen – einer wahrhaft lebenswerten Entwicklung der Menschheit. Wir bereiten uns für den lebendigen Strom einsetzender Wandlungen. Wir finden uns im großen Vertrauen, im Mut zur Zukunft, in der Strahlung eines neuen kosmischen Zeitalters.

Die acht „Sphären“ - eine Tiefenbetrachtung,

– als Abrundung und Erfüllung des „Weges der Mitte“.

Vor wenigen Jahren geschah es: eine ganz gewöhnliche Lage, äußerlich eher bedrängt für den Wanderer durch die Welten eines geistigen Lebens. Urplötzlich – so aus der Tiefe des geistigen Raumes stand es auf, war es da: der werdende Buddha, der suchende und kämpfende **Mensch**, der das Ziel der Befreiung erreicht, der neu ansetzt – wie aus dem Nichts heraus – zu gewaltigem Siegeszug des Geistes; so ganz aus sich selbst heraus. – Eine momentane Einsamkeit, ein schwerwiegendes Buch über den Buddha, eine gewisse persönliche Leere, eine Wunsch- und Absichtslosigkeit sind es, die stilltief Gewaltiges hervor-rufen aus dem großen Sammelbecken des karmischen, des schicksalhaften Geschehens der Tiefe. – Der Mensch, sein Geistiges, geht für volle acht Tage, erfüllte Stunden, durch eine Achtzahl sehr verschiedener Zustände –, Erfahrungen einer fast sphärisch-unwirklichen Art, sich zwanglos ergebend – wie von selbst; auch von selbst sich benennend – und alles getragen von einer sonderbaren – unfaßlichen Präzision.

Als Eingang geschieht die große „**Ruhe**“, das tiefe Gehenlassen des ganzen Wesens. Das Tief-Stille breitet sich aus. – Immer mehr dann – am zweiten Tag – von jener „**Kraft**“ – als innere Stärke und Festigkeit, die den Menschen leiten kann und begleiten, tragen und schützen. – Und eine zunehmende Sorgenfreiheit dann, als Drittes, eine Schwerelosigkeit, **Leichtigkeit**, eben: „**Heiterkeit**“ allen Seins und Daseins. – Immer mehr dann – als Viertes – von einer „**Offenheit**“ des Seins und Bereitschaft des Menschen – und Güte, gegenüber letztlich allem, was lebt und webt, sich müht – irgendwie nach Befreiung strebt. –

Am fünften Tag – und wie auf höher-geistiger Ebene – geschieht eine „**Abgeschiedenheit**“, eine feine Rücknahme in das eigene Innere; die geheimnisvolle „**Tiefe**“, dann – als Sechstes– das Eintauchen in eigene und umgebende geheimnisvolle Tiefen; folgend die große geistige „**Klarheit**“, als der tiefe und unbeeinflußte Blick auf alles Geschehende; zuletzt und zuhöchst – als „Acht“! – die „**Wirklichkeit**“, als das Erfahren eben von „Wesen an sich“.

Und Sphären sind es, sonderbar sphärisch-hüllende „Bereiche“ eines sich weitenden Daseins; eine aus der anderen sich entwickelnd, mit den anderen verbunden – bei aller Eigenständigkeit – in dieser Weise eines Ganges durch die entscheidenden Bereiche des Lebens und vor allem des Freiheitspfades.

So haben die Sphären sich entwickelt über die Monate und Jahre hin zu einem wirklichen, einem zutief verläßlichen „Mantel“, vielleicht einem „bio-energetischen“ und auch „geistmagnetischen“ „Schutzmantel“, der den Menschen umgeben kann

- in der Ausrichtung, Vereinfachung, Stillung des Wesens;
- in der tiefen, der karmischen Reinigung;
- in der Klärung und Festigung aller seiner Vermögen.

Die erste Abfolge von Gedanken – damals – zu den acht „Sphären der Meisterung des Daseins“ beginnt in die gesicherte Erfahrung einzugehen. So mag eine tiefere Beschreibung, Durchleuchtung, Aufschlüsselung folgen, ganz einfach und tiefgründig zugleich – bis zum Grunde hin, zur Anwendbarkeit, Einsatzmöglichkeit und Auswirkung dieser inneren Haltungen, die den **ganzen** Menschen prägen werden.

- Die erste und Eingangsstufe dieser Reihe ist die Sphäre der „Ruhe“; eine tiefe, eine besondere Ruhe, die vor allem aus einer zunehmenden, anfangs bewußt gesuchten **Entspannung** des Körperlichen herrührt, wie – zunehmend dann von Gemüt und geistigen Bewegungen. Eine besondere Ruhe durch einfache Entspannung des ganzen Wesens! Und solche tiefe Lösung, ein Loslassen damit auch, kann nur recht geschehen durch eine zunehmende zeitweise Wunschlosigkeit gegenüber den Abertausend Strebungen und Bedenkungen.
- „Ruhe“ – ihre höchste, reinste Stufe: die stille Gegenwart, Unbewegtheit; und das dann ohne beobachtendes Bewußtsein, ganz eingebettet in die gegebene Lage.

- „Ruhe“ – das ist ein „Bad“, ist eine Reinigung, Erleichterung; ist Vorbereitung auch für alles Weitere.

So ist die Ruhe Ausgangspunkt immer wieder, auch Rückzugsmöglichkeit; ist auch verbindendes Element; ist jedenfalls der so vielgesuchte, dringend erforderliche Abstand zum „Prozeß“, der dem Bemühten immer wieder erst die Möglichkeit des Einstieges in ein meditativ-kontemplatives Bewußtsein, oder auch nur in eine gezielte Bemühung, so in Hinrichtung, Prüfung, Läuterung und Überwindung bringen kann.

Als All-Eigenschaften mögen sie bezeichnet sein, alles Wesentliche auf dem Freiheits-Pfad umfassend, die den Menschen begleiten können hin zur Reife seines Lebens, des Mühens, Erkennens und Überwindens. Eine die andere und alle berührend, befruchtend, als ein wunderbares Netzwerk tiefgestaffelten Reifens, immer wieder wirklich greifbar, klar verstehbar, leicht zu erkennen, zu beeinflussen und zu beherrschen; wenn, ja, wenn es dem Bemühten häufig möglich wird, sich auf derart einfache Begriffe und Übungen auszurichten, einzustellen im Gang seiner Tage.

Für diese acht inneren Einstellungen, Bemühungen –, Zustände dann auch, gilt, daß es eine längere Entwicklung geben wird; daß viele Ebenen auf dem Weg der Meisterung durchlaufen werden. Aber Üben, das kann jeder und zu jeder Zeit, ohne Hemmungen, Ängste, Zweifel. Denn es ist gerade, daß wir hier ein umfassendes, stets verfügbares und ausführliches Mittel für die immer erneute Übung von Bewußtheit, Willenskraft, Beruhigung und Klärung an der Hand haben, dem kaum Grenzen gesetzt sind in Erweiterung, Vertiefung und Befreiung.

Aus dieser „Ruhe“ beginnt sich irgendwann – willentlich oder wie von selbst – die „**Kraft**“ zu erheben, eine ruhevolle Kraft dann aus einer Unabhängigkeit und Stärke des Geistes. Und diese Kraft, die wir anfangs sehr willentlich-bewußt in der Übung einsetzen, sie wird sich langsam – auch einmal ganz überraschend verändern, weiten in die „Kraft“, die dann das „Persönlichkeitsgehäuse“ überschreitet; die aus dem „Sphärischen“ kommt und tiefe Wirkung tut. In der Sphäre der Kraft ist der Mensch angeschlossen an viele, meist so verborgene Gegebenheiten, sowohl seines eigenen tieferen Seins und Wesens, wie eben auch – und immer mehr – an solche des SEINS, des Schicksals, des Karma, die uns (in Wirklichkeit) schon immer trugen, leiteten; und die zunehmend wirken werden, indem sie uns tragen, leiten, heilen und schützen. Die uns immer besser bereiten werden, aufbereiten für größere, weitere Möglichkeiten auf dem inneren und dem äußeren Weg.

- „Kraft", das ist Stärke, Festigkeit, Durchhalten, es ist Entschlossenheit, Ausrichtung, Hinrichtung. Diese Kraft ist gegründet vor allem im Vertrauen tieferer Art; daraus Gelöstheit, daraus Neutralität, daraus Furchtlosigkeit; dann Selbstverständlichkeit und endlich **Direktheit**, als unmittelbares Spüren, Handeln, – Sein; wie im Strom stehend. Diese im Sein enthaltene Kraft steht in etwa hinter der zweiten Sphäre; und kann und wird sich weiten und füllen in die Mächtigkeit eines strömenden Geschehens –, Geschehen-Lassens; **wenn wir uns einmal wahrhaft hingeben können an die innere Kraft in ihrer unmittelbaren Wirkung.**
- Die Kraft kann sich, wie von selbst in alle anderen Sphären verwandeln, kann und wird diese durchkraften.
- Die Sphäre der Kraft, das ist die Fülle der Kräfte, sind die Möglichkeiten des Unterbewußten, die uns – und oft am besten führen können und ist auch eine zunehmende Festigkeit des willentlich gegenwärtigen Handelns, als auch die Lebenskraft an sich.
- Die Kraft spüren, erkennen, wirken lassen; sie umsetzen im eigenen Lebensgang.
- Diese Kraft ist immer da; aber sie kann und soll dann in und durch uns wirken, deutlich werden.
- Die „Kraft" ist sicher einheitlich, aus einer letztlichen Quelle des Kosmischen hervorgehend, wirkt sich aber so sehr verschieden aus, nach unserer Lage, Reife und dem Einsatz.

Das Spüren und Deutlichwerden von „Ruhe" und „Kraft" ist Voraussetzung für die **Heiterkeit**, die *dritte Sphäre*; eine zunehmende Freiheit von Beschwernissen und Sorgen, persönlicher wie weitergehender Art; damit eine Leichtigkeit des Seiens; erwachsend solches alles aus Ruhe und Kraft, die schon mehr zum Wesen des Menschen wurden, die ihn tragen und damit diese Leichtigkeit mit sich bringen. Eine solche Unbeschwertheit, eine Mühelosigkeit, aber das „Von-selbst-Gehen“ – sind ganz sicher immer wieder ein nur langsam ins Wesen eingehendes Bemühen mancher Art und langer Geduld; des bewußten Loslassens auch.

Man fühlt sich „hell“; es ist ein Lächelndes; so etwas wie (ein rechtes) Erhobensein – über das kleine Ich und die – immer wieder so bedränglichen Umstände. Heiterkeit des Himmels, Hochdruck, leichteres Sein; ganz so auch für Gemüt und Geist des Übenden: **innere Klarheit, Heiterkeit, Leichtigkeit**.

„**Offenheit**“, die *vierte Sphäre*, eine ganz andere Grundhaltung, erwachsend aber aus den drei Ersten. Spürend-horchende Offenheit ist es gegenüber inneren und „äußeren“ Geschehnissen und gegenüber „Bewegungen“, die noch nicht offenbar sind; Öffnung und zunehmende Offenheit gegenüber der Umwelt: Zuwendung, Wohlwollen, Bereitschaft, seelisch-geistige Hilfe und Rat. Es ist das „große Ohr“ und das „offene Auge“ des Geistes. Es ist auch ein Mut – eben in der Zuwendung zu Schwierigkeiten des Anderen; es ist Erspüren, Erkennen, Prüfen –, Ahnen so oft nur der inneren Lage des Mitmenschen. Ein tiefes, reifes Erbarmen ist wirksam, das sich in die gütige, die vielleicht jetzt wirklich selbstlose Zuwendung wandeln kann.

> „Offenheit“: die große Bereitschaft, der selbstlose Blick.
>
> Rechte Güte, das ist klar-stilles Wohl-Wollen, im Gespür von innerem Suchen des Anderen, von Mangel, Not und Notwendigkeit.
> Tieferes Offensein gegenüber allem Lebendigen und vor allem gegenüber unsichtbaren Geschehnissen; bescheidene Bereitschaft – ganz einfach so – zum Empfangen, zum Lernen und zum Weitergeben.

Die Folge der ersten vier Sphären ist hier abgeschlossen. Die zweiten Vier haben einen anderen, noch stärkeren Charakter; tiefer, stiller, nach innen, auf den Kern der Dinge, auf das Wesen bezogen; sie können die Wirklichkeit und die zunehmende Freiheit wirken und deutlicher werden lassen. Nach der großen Öffnung ist es die starke Rücknahme auf sich selbst, auf das Innere, Eigene, auf das mittlere Wesen; Einkehr, Innenwendung, Abscheidung – **Abgeschiedenheit**. Das Geistige beginnt sich „abzuschotten" – zeitweise – gegenüber der Vielfalt, gegen Störung, Anforderung, Veränderung. Die Stille des bloßen Seiens mag deutlicher werden, etwas von Leere wohl auch. „Auf sich selber steht er da ganz allein ...", in und bei sich selbst, denn da steht wahrhaftig keiner mehr für ihn ein. Es ist das alles nicht leicht. Es ist der Beginn einer „höheren Schule", einer tieferen auch: Oberstufe auf dem Weg zur Wirklichkeit (Realität) und Freiheit. Diese Einwendung und Abgeschiedenheit ist eine Haltung, eine Einstellung, die neue, noch tiefere Kräfte vermitteln kann, Kräfte, die aus einer zunehmenden „Wirklichkeits-Nähe" wachsen; eine andere Art der Festigkeit, eine ungewohnte Unabhängigkeit: Festigkeit in sich selbst! Und dann ist es auch Bereitung auf weitere Schritte und Stufen.

Aus dieser Einwendung des eigenen Wesens ergibt sich eine Richtung, ein Wunsch, ein Streben nach größerer **Tiefe**, die *sechste Sphäre*: Geheimnisse des „Eigenen", wie der unermeßlichen Weiten eines unendlichen Seins –, im sich ständig weitenden, klärenden, lösenden Be-wußtsein. Auszuweiten sind hier die Möglichkeiten – in ruhigen Schritten, tastend nur mehr, in manchmal sehr ungewohnte und ungewisse Bereiche: Gespür, Erspüren, Schauen, Lauschen der „Stimmen"; das Reich der Eingebung-Intuition, Inspiration, ein ahnender Seins-Gang. – Ein Mut ist not, eine Klarheit, eine Festigkeit des Eigenen – bei aller tastend-spürenden Weichheit. Das ist große Kunst; ist auch eine „Technik" der feinsten inneren Bewegungen und Antworten, die auf dem bisherigen Weg der geduldigen Übung erworben wurde. Eine sehr tiefe Lösung also für den schon Gereiften; damit auch ein Abstreifen so mancher „Reste"; ein „Bad in der Tiefe", eine Katharsis, Reinigung nach so mancher Krise; nach Überwindungen im weiten Raum des Ichhaften und karmischer Bindungen.

- **In der „Tiefe" werden die „Stimmen der Mütter" hörbar.**

- **„Tiefe", das ist der weite Raum alles dessen, was einmal war: unterbewußt, unbewußt im Hintergründigen.**

Aufzuspüren sind zu Zeiten verborgene Wunden, tiefe Ängste, Einbildungen und Träume.

Des Menschen Geistiges, sein Tiefen-Bewußtsein, seine sonderbare Gegenwärtigkeit steigt empor – stiller und horchender geworden; in einer noch besseren Bereitschaft für die **Klarheit**, die *siebte Sphäre*. Hier herrscht wieder die rechte Nüchternheit, die Bereitschaft, die Dinge und Vorgänge so zu sehen, zu erfahren, zu durchschauen, wie sie ihrem Wesen nach sind, sein müssen: einfach so, so für sich und von selbst verständlich. Der Vorgang des Lebens läuft ab vor dem so lange geschulten Blick des Geistes, der hindurchdringt, weil er aus dem großen Abstand kommt.

Der weite Blick, der lange Atem, das kühle Herz.

Letzte große Vorbereitung ist die Klarheit für die Sphäre der wirklichen Wirklichkeit des eigenen Inneren, wie der Welt umher. Dieser Klarheit fallen die Hindernisse zum Opfer: die vielen Formen einer unguten Routine, die den Menschen beherrschten, so lange umgreifend und oft so unsichtbarlich fein. Routine wird bewußt, löst sich willentlich und auch schon wie von selbst; Routine der äußeren Vorgänge, wieviel schwerwiegender die der abertausend Verstrickungen unseres Ichgefühls in sich selbst, wie in die allgemeinen Arten der Routine einer Außenwelt der großen Vorspiegelungen und Unwissenheiten.

Das Loslassen, auch der „Klarheit" noch, führt in die *achte Sphäre*. Wenn unser Ganzes wirklich loszulassen beginnt, wenn das große Lös zur Auflösung und Erlösung wird; wenn so mancher Zwang sich löst in die Freudigkeit wachsender Freiheit: dann werden alle Sphären deutlicher, werden natürlicher, treten auch von selbst ein, gehen ineinander über, bestärken sich; sind das tägliche Brot des übenden Menschen; werden zur nicht mehr gebundenen Freudigkeit und oft auch schon zur unmittelbaren Freiheit in Gemüt und Bewußtsein. Sie sind dann auch vielmehr als der gewöhnliche, wenn auch tiefe Zustand von Ruhe, Kraft und den anderen.

Die Sphäre der **Wirklichkeit** hebt an, gewiß auch in vielen kleinen, anfangs nicht recht beachteten Vorgängen, Winken und eben dem, dann spürbaren sonderbaren Abstand zum Geschehen. In der Nähe der „Wirklichkeit“ mögen sich manche erstrebenswerte Spürungen, Haltungen, Erfüllungen ausbreiten: Zufriedenheit; das Gefühl „angekommen“ zu sein; damit der Vielfalt entkommen zu sein; damit auch das sichere Wissen um das, was noch zu geschehen hat und was nicht mehr.

Diese „Wirklichkeit“, das Wesen der *achten Sphäre*, hat so gut wie nichts zu tun mit den mancherlei Formen, Möglichkeiten (oder nur Annahmen!) von anderen Bewußtseinsebenen, Astral-Welt, „vierte Dimension“, wie solches heute von vielen „Spirituellen“, von Autoren, „Lehrern“, Gurus, Schamanen und anderen (oder auch nur von geschickten Nachbetern) „postuliert“ und als die unbedingt erstrebenswerte, in etwa höchste Möglichkeit des Menschen hingestellt wird. Solche Bewußtseinszustände sind durchaus vorhanden und sie stellen eine erhebliche Verfeinerung und Ablösung von vielem Unguten dieser Weltebene dar. – Die „Wirklichkeit“ aber, die wir in den drei Bänden umschrieben oder erlebnismäßig dargestellt haben, ist etwas sehr anderes. Wir sehen dieses als einen, oder in der Erfahrung auch mehrere „Zustände“, die sich „feinsäuberlich“ gelöst haben – zeitweise oder länger – von jederlei Begehren und Wünschen, von aller Ablehnung und vom großen Wähnen des Menschen um diese, so unentbehrliche Welt, um höhere Welten und um sein sehr liebes, aber eben doch illusionär-hinderliches „Ich“. So gesehen ist die Wirklichkeit gleich dem Zustand der, dann allerdings weitgehenden Freiheit von Voreingenommenheit, Vorstellung; vom gewohnten Denken der unfreien Art. Es ist das grundsätzlich gleich dem Nirwana, der Einheit von Geist-Bewußtsein und Sein, in der Stille und dem Wohl und der Sicherheit, in der alle Regungen der Wünsche versiegt sind.

„Welt“ gibt es direkt nicht! Alles ist vielfältiger Reflex über die Sinne und das Nervensystem; vielfältig und zuhöchst gefärbt und verändert vom unheimlichen und meist unterschwelligen Haushalt der „Tendenzen“, der Neigungen, Abneigungen und Illusionen; zur sehr festen Gewohnheit geworden und damit zum ohne weiteres Leitenden.

Die achte Sphäre ist das „weiße Licht" des ganzen Spektrums.

Die acht Sphären werden – grundsätzlich und in der Vollendung tatsächlich zu All-Zuständen; so daß die Ruhe (etwa) dann alles umfaßt, alles durchdringt und auch in allem gefunden, gespürt, erkannt wird. Für solche Ruhe, Kraft und die anderen gibt es keine Grenzen mehr, so daß der sehr geübte und abgelöste Menschen-Geist (zeitweise) zu dieser Ruhe wird.

Es mag eine Vereinheitlichung, Vereinigung möglich werden, letztlich aller acht Sphären in einem so sehr besonderen Zustand des fein-beharrlich übenden Geistes, in dem diese höchst sonderbare Vereinigung erfahren, erspürt, tief erkannt, werden kann: der Mensch dann in etwa im Schnittpunkt dieser, deutlicher werdenden Bereiche, Daseinskräfte und als Kristallisation langen Bemühens, Bedenkens, Erfahrens und Einswerdens mit diesen so tief-praktischen „Sphären" eines immer besser gemeisterten Lebens.

Es ist ein sehr sonderbares, erstaunlich ruhendes und zugleich schwingendes Einheitserlebnis, das den Geist überkommen kann, wenn einmal „alles stimmt" – im Außen wie im Innen.

o In der Bewegung die Ruhe,
ruhend im Kraftgefüge bewegten Körpers.
In der Bewegung die innere Ruhe, der Gleichmut;
wenn die Bewegung getragen ist und gelöst.

In der Bewegung die Ruhe spürst du,
wenn ruhend im inneren Sein.
Und Ruhe selbst wird dann Bewegung,
feine Bewegung, fein-gehalten im Ruh'n.

Ruhende und bewegte Kraft finden sich „innen",
ergänzen und verstetigen sich,
zu einem lebendigen mittleren Maß
auf des Menschen Weg in ruhendes Sein.

Allen Sphären gemeinsam mögen folgende Kennzeichnungen und Eigenschaften sein:

- eine **Gegenwärtigkeit** der Bewußtseinslage; ständige Achtsamkeit:
- eine **Nüchternheit**, Neutralität; Gleichmut und Unerregbarkeit;
- ein sehr gewisses **Wissen** um die Lage, die Notwendigkeit, um das Maß, die Ordnung, die Grenze des jetzt Möglichen: Klarheit;
- eine **Mächtigkeit**, Unabhängigkeit; eben Teilhabe an der Kraft;
- eine **Gewißheit** und Sicherheit; das kosmische Vertrauen;
- ein **Tiefruhendes**; gelöst in der Hingabe an das Strömende;
- ein **Erhobensein**, eine Helligkeit und lächelnde Heiterkeit;
- die **Einheit**, Einheitlichkeit; die Übereinkunft von Denken, Sprechen, Handeln und innerem Sein.

Die Acht machen zusammen all das aus, was die „Kraft“ ist und wie sie wirkt: die große – alleserhaltende und einmal allesbefreiende All-Kraft, All-Schwingung, All-Leuchtung: das „Meer der Unendlichkeit“

.

- **Die „Sphären“: Meisterung des Lebens und Bewirken letzter Freiheit!**

TEIL V DES MENSCHEN LEBEN IN DER GROSSEN ORDNUNG

Der Kosmos –, das ist die große,
allesdurchdringende, allesbeherrschende Ordnung,
die – wie von selbst und lange anhaltend
in diesem Ordnungsgefüge bleibt.
Der Mensch, als kleiner Kosmos,
als ein im Grunde Universales,
ein – in aller Unvollkommenheit Umfassendes,
hat die Möglichkeit einer bewußten Einordnung, Einfügung
in diesen, so sonderbar geist-natürlichen „Kosmos“,
der ihn – allwaltend umgibt;
dieser Mensch, als ein so vielfältiges Geschehen
mit den Möglichkeiten einer Vervollkommnung
und Befreiung aus Unwissen und Zwang

- Ordnung in sich selbst; Ordnung zur Umwelt;
  Ordnung auf den geistigen Hintergrund zu.

- Ordnung –, das ist das Sich-Einfügen
  in die – schicksalhaften Gegebenheiten.

Studien zur Selbsthilfe und Selbstheilung des Menschen

Motto: Alle Krankheiten, Beschwerden
sind auf Schwächen der Immunkraft –
der Fähigkeit selbsttätiger Abwehr –
und der ***Heilkraft****, dem Vermögen*
zur Reinigung und Ausgleich zurückzuführen;
und so im Körperlichen wie im Geistigen.

Es gibt unbegrenzte Möglichkeiten einer Besserung oder Heilung der meisten Beschwerden unseres Körperlichen und damit auch des Geist-Seelischen, die jeder selbst vornehmen kann, oder auch einmal einen nächsten Menschen dabei brauchen wird.

Daß zu einem, mehr durchgehenden und wirkungsvollen geistigen Üben, Tag für Tag die gute Grundlage der körperlichen Frische und möglichsten Beschwerdefreiheit dringend vonnöten ist –, das ist immer wieder so sehr deutlich. Der Mensch ist eben dieses „Ganze", dieses Neben- und Miteinander der vielen Anteile seiner lebendig-ganzen Wesenheit. Wenn auch nur kleinere Teile, Bereiche oder Punkte die Ruhe, die Sammlung und die immer wieder nötige Grund-Harmonie stören und bedrängen, dann werden Unzufriedenheit und Verzweiflung, Unruhe oder das Ausweichen in eine Geschäftigkeit, die meiste stillere Arbeit, die klare Bewußtheit verhindern.

Gewiß ist in manchen Teilen der vorliegenden drei Bände bereits sehr viel Nützliches zur Eigenbehandlung gesagt. Hier soll eine Gesamtübersicht entwickelt werden, die bis in manche Einzelheiten hinein geht und die zur ganz unmittelbaren und alltäglichen Selbst-Dauerhilfe führen kann. Gerade der geistig offene und bemühte Mensch sollte und könnte sein Körperliches als ein reiches und so sehr ertragreiches Feld für seinen langen Weg in die mancherlei Freiheiten hinein erkennen und schätzen lernen. So wird die heilende Bemühung als solche auch noch zur unmittelbaren Hilfe bei Sammlung, innerem Üben und Erkennen.

Ich schreibe wieder unbedingt aus der langen, ganz eigenen Erkenntnis und Erfahrung und aus den mancherlei feinen „Elementen" – Eingebungen, „Zufälle", Hinweise, die vor allem in „Buddha und Mutter Erde" ausführlicher geschildert sind. Aus der Fülle der langdauernden eigenen Erprobungen soll „Handfestes" geboten werden, das ganz persönlich und in vielen Abstufungen angewandt werden kann. Nach allem, was schon gesagt und durchleuchtet wurde, sollte der um eine Steigerung seiner Lebensmöglichkeiten bemühte Leser und Mensch in der Lage sein, sich hier eine Anzahl von einfachen, sachlichen, und immer bereiten täglichen Hilfen herauszufiltern. Es ist jene langdauernde Geduld, der weite Blick, der „lebenslange Atem", den wir brauchen auf dem „Pfad"! Möge es dir möglich werden, lieber Leser!

Das Bisherige, das schon Vorhandene.

Da in dieser Arbeit auch der Versuch einer Zusammenfassung und Vereinfachung, auch von schon vorliegenden Arten und Weisen der Heilung und Selbstheilung unternommen wird, wie freilich auch einer zusätzlichen Bereicherung, sollen zunächst einige wesentliche Bereiche aufgezeigt werden. Ein Studium dieser Systeme wird aber für die helfende Wirkung, die von dieser Arbeit ausgehen kann, kaum nötig sein, da solches der Weg in eine Vielfalt und Überfülle der Möglichkeiten wäre, zur Verzettelung führte.

Als wichtige Elemente, die hier einbezogen werden, seien die folgenden genannt: der Yoga, westliche Gymnastik; Akupressur; westliche Massage; sportliches Laufen; Ernährung; Autosuggestion; „Autogenes Training"; Konzentration und Meditation in der Lehre des Buddha; sowie vor allem die, von mir entwickelten und verbindenden Sonderformen von Bewußtwerdung (Konzentration), Massage und Vibration (Erschütterung).

1. Vom sehr alten und echten Yoga habe ich in meinem Lebensgang vieles Nützliche übernommen: die viel größere Bewußtheit bei der Übung, die Verlangsamung, Verringerung; eine Reihe von einfachen Grundformen des (körperlichen) Hatha-Yoga sowie heilgymnastische Übungsteile. Es hat sich freilich gezeigt, daß der „reine" und stark aufgefächerte Yoga allgemein und für uns Westliche viel zu weitgehend, aufwendig ist, zu schwierig – und damit zu Verkrampfungen auch geistiger Art führen kann.
2. Die westliche – sportliche oder rhythmische Gymnastik, wie sie sich uns heute bietet, ist meist zu rasch, zu dynamisch zu „äußerlich"; es fehlt die Art der ruhenden Bewußtheit. Und doch spielen auch heute noch manche Teile des mehr Sportlichen in meinen Bemühungen eine Rolle. Eine verfeinerte Dynamik sollte sich mit dem Ruhenden vereinen.
3. Die uralten Arten der östlichen Akupressur (Sonderform: die Reflexzonenmassage) haben für mich entscheidende Bedeutung gewonnen. Die meisten von uns werden solches bei sich selbst – in einfacher Weise anwenden können und das in der

erforderlichen Häufigkeit; eben, weil jeder sich selbst der tatsächliche „Nächste“ ist.

4. Die westliche Massage üblicher Art hat sich für den Hausgebrauch als viel zu aufwendig erwiesen und als keineswegs so wirksam und vor allem heilend wie die Druckmassage (Akupressur). Als Selbstmassage ist sie nur für wenige und nur begrenzt anwendbar. Und dennoch habe ich auch hier wesentliche, einfache Teile miteinbezogen. Es sind die besonderen Weisen des leichten Streichens oder Knetens, so etwa die „Lymphdrainage“ und die „Bindegewebsmassage“.
5. Das leichte Laufen, Geländelauf, „Jogging“ hat sich mir immer wieder und so auch für den älteren Menschen als die entscheidende Gesamtübung des Körpers und Geistes (!) erwiesen.
6. Der Bereich der Ernährung ist ein weiteres Feld für eine grundsätzliche, grundlegende Gesamtübung und Reinigung des Körpers und vor allem für die Vorbeugung gegenüber all den vielen kleineren Beschwerden und Schwächezeiten, die uns Sterbliche so reichlich und im ständigen Auf und Ab bedrängen.
7. Die Autosuggestion, die Selbstbeeinflussung sei einbezogen in ihrer freilich begrenzten oder zeitlich beschränkten Wirkung. Im weiteren Sinn des Wortes finden wir autosuggestive Elemente auch in den meisten anderen Systemen der Heilung.
8. Das „Autogene Training“ ist ein sehr spezieller Bereich der Autosuggestion. Die offizielle Form wird nach meiner Ansicht viel zu streng, zu ausschließlich und mit vielen Warnungen verbunden, angeboten. Es geht wohl darum, diese Ausschließlichkeit in die schlichte und zugängliche, die alltägliche und ungefährliche Selbstheilung einzubauen; die Verbindungen zur „Meditation“ deutlicher zu machen.
9. Konzentration und Meditation, vor allem nach der Lehre des Buddha ist für mich zum Angelpunkt, zur immer wieder entscheidenden Mitte aller solcher Bemühungen geworden. Hierzu ist eine breite Vorarbeit in allen drei Bänden des Werkes geleistet.

Auf die Erwähnung so mancher, sicher auch wesentlicher Besonderheiten dieser Hauptsysteme sei hier verzichtet, da es die Aufgabe ist, aus der Vielfalt der Angebote eine unterliegende „einfache

Einheit" zu finden und zu verdeutlichen. Es geht um eine Zusammenfassung wesentlicher und vor allem direkt hilfreicher Möglichkeiten; eine Umsetzung der vielen, oft doch noch zu unlebendigen Anweisungen, Regeln und Übungen. Es geht um eine Zusammenfassung, eine Verbindung der Elemente, der vielen Grundbausteine, die lange und aus einem gesunden Menschenverstand heraus entwickelt ist. Denn es ist eine der tiefsitzenden Krankheiten des menschlichen Geistes, des Verstandes, des Gefühls, sich von diesem oder jenem, anderes ausschließenden „System", Konstruktion, Interessantheit, allzu unkritisch und ausschließlich einfangen zu lassen.

Zunächst aber die **Analyse** (Auflösung, Aufweisung, lat.); eine kurze Beleuchtung des Menschen, seiner Voraussetzungen, seiner Möglichkeiten und Grenzen; der Heilung; und der Möglichkeiten der Heilung. In diesem Kapitel wird manches aus den Vorbänden aufgenommen und sachlich für die Anwendung durchleuchtet. Der „Mensch", ist ein unendlich Vielfältiges in sich selbst. Er ist in fast allen Belangen unterschieden von seinen Mitmenschen. Hierin liegt die unbedingte Notwendigkeit, sich so gut wie allen Angeboten gegenüber vorsichtig und schöpferisch zugleich, auswählend und ständig prüfend zu verhalten. Und eben diese Haltung ist es, die allzu oft von den Angeboten unterdrückt oder nicht ausreichend berücksichtigt wird. Hier soll solches stets gegenwärtig sein.

Unser Körper, dieses ganze System verborgener Weisheiten, muß uns die gute und verläßliche Grundlage werden für alle geistseelischen Erfahrungen und Versuche. Unser Geist (oft schon näher beleuchtet) ist eben ein Schwankendes und zumeist recht Unzuverlässiges, das der dauernden horchenden Schulung und der Überwachung durch klarer werdende Regeln, Übungen, Prüfungen bedarf. Und wenn sich unser geistiges Bewußtsein immer häufiger auf manche körperlichen Geschehnisse, die Bedrängungen und die Erleichterungen richtet, dann wird der Geist beruhigt und geklärt; der Körper aber kann zunehmend erleichtert und geheilt werden. Das Empfinden, das Gefühl, die Spürsamkeit; hier haben wir die, ebenfalls zu steigernde, zu verfeinernde Möglichkeit, die Veränderungen des Körperlichen – in leidhafter Beschwernis, wie in fein deutlich werdender Heilung zu bemerken; auf daß Vernunft und Erfahrung die nötigen Entschlüsse treffen können. Ein einfaches Motto leuchtet auf: der Mensch ist sich selbst der erste und beste Arzt.

Denn es ist das Erbe eines jeden Menschen, sein Mitgebrachtes, sein Karma (Schaffsal), das er mit sich trägt, lebenslang, Leben-lang (!) und das eben nur er selbst wirklich und wirkend und in langer geduldiger Prüfung und Übung bessern, erleichtern und heilen kann. Die natürlichen Grundlagen eines jeden Menschen sind das einzige wirkliche Kapital, mit dem er wuchern muß – sein Leben lang. Es ist und bleibt die entscheidende, die alles entscheidende Wahrheit und Wirklichkeit, daß der Mensch letztlich sehr alleinsteht, und daß die große Verantwortung, die Antwort auf alle die Fragen des Daseins, ganz bei ihm allein liegt. Es ist die Verantwortung, die er trägt für sein Leben, für seine geistige Entwicklung; und damit immer wieder auch für die Atmosphäre, die er erzeugt und von der die Mitwelt oft weitgehend beeinflußt wird.

Die Möglichkeiten des Einzelnen sind nach dem „Typ“, nach Erbe, Herkunft, Schulung und nach der erreichten Reife ungeheuer verschieden; das sollte deutlich sein. Weiter sind es Alter, körperlicher Zustand und die Art der Belastungen, die seine Lage bestimmen. Und daran scheitern auch die meisten Verallgemeinerungen, die in lebenskünstlerischen Schriften aufgezeigt sind. Dieses Kapitel will in bescheidenem Rahmen versuchen, Anregung und Hilfe zu geben.

Was nun ist **Krankheit**? – Die Grenzen sind so sehr weit gezogen; die Grenzen zwischen gesund und krank; zwischen gesund und indisponiert (nicht aufgelegt, unwohl, bedrückt, bedrängt); zwischen indisponiert und krank. Fast jeder von uns wird die Grenzen und Übergänge zu verschiedenen Zeiten ganz anders erleben. Grenzen gibt es eigentlich nicht im fließenden Leben und so vor allem beim Menschen in seiner empfänglichen Vielfältigkeit. Natürliches Geschehen ist im steten Fluß, in unaufhörlichem Übergang. Solches alles besser erfahren und erkennen zu lernen, die Schwankungen und Zustände unseres Körperlichen und des Geist-Seelischen, das ist eine not-wendige, keine leichte Aufgabe. Wann ist man überhaupt gesund, heil, beschwerdefrei? – Wann ist Krankheit da, Belastung, Schmerz, Bedrücktsein? Und wann setzt Besserung und Heilung ein? – Und was, überhaupt, ist Heilung? – Es ist ein langer, weiter vielgestufter Bereich, der wohl keine Grenzen hat, nicht nach „unten“ – da, wo bescheidene Ansätze der Heilung sind, wie für uns hier aber viel mehr im Geistigen; wenn es leichter wird und heller; wenn die Last zurücktritt, der schwere Nebel sich zu lichten beginnt. – Für den einen mag Heilung (Besserung) ein großer Schritt sein und werden, indem er eine ganz neue Lebenserfahrung bekommt, wenn jenes Leiden von ihm abgefallen ist. Doch in der Regel geht es ja mehr darum, die kleinen Möglichkeiten zu erkennen, zu bejahen und dann die kleinen leidmindernden Wirkungen zu erfahren. Freude wird wachsen aus einer solchen – vor allem aus eigenem Einsatz heraus entstehender Leichterung.

Wenn ich zu Beginn die Ordnung des (eigenen) Lebens ansprach, so ist damit die überhaupt entscheidende Gesetzlichkeit gegeben, und zugleich die Möglichkeit, daß der Mensch diese Ordnung (des SEINS) immer besser erkennen lernt, die ihm gerade angemessene Möglichkeit, Grenze und damit Notwendigkeit der An- und Einpassung in sein „Maß der Dinge“. Die Ordnung liegt im Körperlichen: Handlungen, Gewohnheiten; sie ist innerlich: Harmonie, Ausgleich, Erfülltheit; und sie ist in der umgebenden Natur, dem Kosmos gegeben. Der Mensch muß achten und horchen auf das, was not-wendig ist; Grenze spüren; Ausgleich anstreben, das Maß erreichen. Man kann immer wieder spüren, ob man in der Ordnung ist oder herausgefallen.

- Es gibt eine Ordnung – unsichtbar und doch immer gegenwärtig, immer gültig: große Gesetzlichkeit.
- Je besser man sich in die Ordnung stellt, umso deutlicher wirkt die Ordnung durch das eigene Wesen hindurch auf die Mitwelt. Sich spürsam und sparsam einzufügen in das Notwendige: größte Weisheit!
- „In der Ordnung“: das breite Gespür der Ausgewogenheit, der Übereinstimmung vor allem mit sich selbst.

Wie ist **Heilung** und Erleichterung möglich? Welches sind die direkten Voraussetzungen, welches sind die Mittel und Wege einer unmittelbar wirksamen Vorbeugung, Besserung und Heilung? – In dieser

Studie wird nicht der Anspruch erhoben, daß sich mit den nachfolgenden vielen Arten der Selbsthilfe, Selbstbeeinflussung und Selbstbeherrschung, alle Beschwerden so ohne weiteres bessern oder heilen werden; und das gilt vor allem für chronische und schwer festsitzende, langverschleppte oder eindeutig karmisch bedingte Leiden. Nur eine lange geduldige und geschickte Behandlung und Anwendung vieler Lebenshilfen wird eine ganzheitliche Besserung des Leidens, der Schwäche oder Unvollkommenheit bringen können. Und es wird damit auch die breite Voraussetzung geschaffen für den hilfreichen und besser wirksamen Einsatz anderer, medizinischer Mittel und Eingriffe. Denn auch und gerade Vorbeugung, Linderung, Besserung sind ein weiter, vielgestufter Bereich, der die vielen möglichen Ansätze der Heilung erst möglich macht.

Eine echte, bleibende und auch immer wiederzugewinnende Leichterung und Heilung erfordert – es sei noch einmal sehr deutlich – zuallermeist einen, das übliche Maß übersteigernden Einsatz. Und doch – man möge nicht verzagen – ist es auch schon der kleine Schritt, die Vielzahl der Schritte, der begrenzte Einsatz, mit dem ein geduldiger Weg gebahnt werden kann. Und noch dieses: es sollte alles, was im folgenden aufgezeigt wird, diese Selbsthilfe, (so gut wie) nichts kosten, sollte immer zur Verfügung stehen und (in etwa) von jedem geleistet werden können. Es geht um die Vielzahl anwendbarer Möglichkeiten und Hilfen, die ich auf dem langen Weg durch so sehr wechselvolle Lebenslagen erkannte, übte und ihre Wirkung erfuhr.

1. **Die geistigen Notwendigkeiten und Möglichkeiten.**
   Zusätzlich zu dem, was im bisherigen Werk aufgezeigt ist, soll nur eine kurze Zusammenfassung der wichtigsten Hilfen folgen. Da ist vor allem die klare **Bewußthaftigkeit**, die das Leiden, die Schwierigkeit, die Bedrängnis immer deutlicher erkennt und eingrenzt; das Merken, das unmittelbare Merken und Spüren der Veränderungen und kleinen Besserungen. Es ist dann die **Vereinfachung** der alltäglichen Lebensvorgänge; das Erkennen des Unnötig-Belastenden. Es ist auch eine zunehmende und zeitweise **Stille** des äußeren und inneren Lebensganges. Dazu kommt die **Motivierung**, das Bewußtmachen der Notwendigkeit;

die stets erneute Entschließung und Entschlossenheit, die Abfolge der „kleinen Hilfen“ lange und geduldig zu wiederholen.
Ganz oben steht eine **positive Grundeinstellung**; die oft erneuerte Vorstellung (das heißt: einen Begriff „unter“ das Bewußtsein, also weit mehr ins Unbewußte hinein zu „schieben“); die Autosuggestion also bei der Aufgabe der Selbstheilung. Die **Wesens-Wirkworte** sind es, die in diesem Band weiter vorn behandelt sind, so etwa: Lächeln, Entspannung, Furchtlosigkeit, Unabhängigkeit, Zufriedenheit. Es ist vor allem das Vertrauen der vielen Arten, so in die eigenen Möglichkeiten, in die Heilung als solche und in den heilenden Vorgang. Vertrauen auch in die umgebenen kosmischen Kräfte und Wesenheiten, die man ansprechen und vielleicht erspüren kann, wenn es alles stiller und horchender wurde.
Ich werde versuchen, alle diese geistigen Wirkungen im folgenden Hauptteil und in der abschließenden „Synthese“ enger mit den äußeren und körperlichen Bemühungen und Übungen zu verbinden.

2. **Die äußeren Möglichkeiten, um heilsam auf körperliche Beschwerden und geistige Fehlhaltungen einzuwirken**

In diesem Hauptteil geht es darum, meine eigenen und eben besonderen Anwendungen dazustellen. Ein Hauptkennzeichen ist die **Einfachheit**; es sollte in etwa jederzeit und von jedermann angewandt werden können. Freilich ist das meiste immer wieder abhängig von der verfügbaren Bewußthaftigkeit, dem Sich-Erinnern und von der immer wieder aufblitzenden Aufmerksamkeit; von der verfügbaren Entschlußkraft und Willensstärke. Ich habe grundsätzlich erfahren, daß die schicksalhafte Ausstattung und Lagerung des Menschen und dann die Bemühung um eine karmische Verbesserung, vorzüglich im Geist-Seelischen, meist wichtiger ist als die Durchführung einer ganz bestimmten Behandlung. Der karmisch Gutgelagerte braucht eben weniger Einsatz; ein Anderer muß sich sehr mühen. Nicht jedes äußere, noch so geschickte Heilmittel wird anschlagen bei dem, der ein schweres Erbe mit sich trägt, oder der in der jüngsten Vergangenheit, in der Gegenwart wesentliche Fehler in der inneren

Haltung oder im äußeren Leben machte. Ein anderer mag innere und äußere Fehler machen, ohne daß es sich (zunächst!) auswirken wird (dazu das Kapitel „Karma und Reinkarnation").

- Eine Schulung des gesamten geist-seelischen Haushaltes, des ganzen Menschen in seinem Wesen wird immer die natürlichste und lang-anhaltende Art der Besserung, auch aller äußeren Beschwerden sein.

Die Ernährung

Schon hier allein tun sich weite Möglichkeiten der Heilung auf. Die folgenden Grundsätze haben sich als entscheidend hilfreich erwiesen.

- Hinspüren, ob Hunger aufkommt; hinspüren darauf, wie die Nahrungsmittel angenommen werden und wirken.
- Möglichst immer maßvoll essen; rechtzeitig aufhören; dann sind Fastenzeiten unnötig, denn solche bringen meist große Ausschläge des „Eß-Pendels" mit sich. Es hat sehr lange gedauert und viele Anregungen, Anstöße des Schicksals erfordert, bis ich tief begriffen und endlich verwirklicht habe: der Mensch braucht – überhaupt ohne anstrengende körperliche Arbeit – zumeist nur recht wenig übliche feste Nahrung; der Bedarf sinkt mit diesem Bemühen weiter und sollte immer wieder geprüft werden, so eben oft auf Hunger warten. Eine gewisse Ausnahme sind Obst, rohes Gemüse, Kräuter und andere Ballaststoffe (Kleie), die zu Zeiten durchaus reichlich eingesetzt werden können.
- Möglichst viele Nahrungsmittel sollten einfach und unverändert gegessen werden. Grüne Blätter und Kräuter, selbstgesammelt, waren mir immer hilfreich. Etwas roh geriebene Kartoffel ins fertige Essen oder in die Rohkost. Etwas Zwiebel, überwiegend roh, vor der Mahlzeit oder in die Rohkost. Das Sauerkraut (auch wenn nicht aus dem Reformhaus) scheint sehr hilfreich. Äpfel sind ganz entscheidend. Es sollten möglichst reife, auch im Liegen nachgereifte Früchte sein, inländische und gelb bis rot-gefärbt. Für mich haben sich die einfachen Milch-Produkte maßvoll

– wegen Fett und Eiweiß – als stets bekömmlich und hilfreich erwiesen, so bessere Vollmilch, vom Bauern oder „Frischmilch“, Buttermilch, Dickmilch, der unversetzte Quark und einfache Käse-sorten. Überragende Bedeutung hat die einfache Dickmilch (Setzmilch), die man leicht selbst herstellen kann (bei etwa 17 bis 22 Grad), indem man stets ein wenig fertige Dickmilch in das neue Gefäß (aus Glas!) gibt.

- Getreide (Weizen, Dinkel, Hafer, Roggen, Buchweizen, Hirse) sollte möglichst selbst ziemlich fein gemahlen werden. Man kann es einige Stunden in Wasser einweichen und dann höchstens warmmachen; oder kürzer einweichen und dann bei schwacher Hitze etwa 40 Minuten eben ankochen und noch etwas ziehen lassen. Wichtig ist einfache Bierhefe, Backhefe, die sehr praktischen Bio-Bierhefe-Kapseln (B Komplex!); in dringenden Fällen „cellulär-flüssige“ Bierhefe aus der Apotheke; auch einfache Soja-Produkte.
- Man braucht mehr Flüssigkeit für die rechte Gesundheit, als man denkt und zuallermeist zu sich nimmt. Es sollte also, aus Einsicht heraus, mehrmals während des Tages und der Nacht etwas getrunken werden. Zunächst ist es einfaches Leitungswasser, das heute fast überall besser ist als sein Ruf, das ich frühmorgens lau bis warm langsam pur trinke, vielleicht etwas Salz (Meersalz, Hefesalz), selten anderes zusetze. Vor allem bei zu festem Stuhlgang sollte nachts und morgens früh – nach Fastenarzt Dr. Mayr zwischen Mitternacht und 12 Uhr – viel getrunken werden. Bei mir ist es im Sommer bis 1 1/2 Liter, im Winter etwas weniger, das ich um 6 Uhr herum zu mir nehme. Es sollte zimmerwarm sein. Man kann am Abend zwei Backpflaumen einweichen (oder Feigen). In schwierigen Fällen ist einfaches Bittersalz (Apotheke), über Nacht in wenig Wasser eingeweicht, morgens heiß aufgefüllt, das Beste und Schonendste. Auch viele Arten von Kräutertee sind natürlich gut geeignet. Für mich kommt dazu Dickmilch (etwa 0,6 l am Tag).
- Es gibt den wahren und klugen Ausspruch: „der Tod sitzt im Dickdarm“ – und das vor allem für den, der (anlagemäßig) Schwierigkeiten mit dem Stuhlgang hat. Für mich hat sich in vorgerücktem Alter noch einmal eine rechte Befreiung ergeben, die

sich auf fast alle Vorgänge, auch den Gemütszustand ausgewirkt hat. Der Dickdarm kann nicht nur durch Ernährung und Wasser beeinflußt werden, sondern auch durch häufiges willentliches Bewegen des Unterleibes (aus und ein) tiefes Atmen, leichtes Laufen oder Hüpfen und vor allem eine maßvolle Druckmassage mit den Fingern (Akupressur) im Verlauf des Dickdarmes und schließlich die Reflexzonen-Massage an Füßen und Händen (siehe im folgenden). Auf dem Klo möge man sich Zeit lassen, entspannt und bewußt spüren, was ... sich tut.

- Gewiß werden die Zeiten der Nahrungsaufnahme verschieden sein, auch die Menge. Mancher kann morgens reichlich essen, ein anderer eher etwas fasten. Auch am frühen Abend kann einmal mehr, aber leicht gegessen werden. Die alte Regel: „morgens wie ein König, mittags wie ein Bürger, und abends wie ein Bettelmann", ist aber sehr bedenkenswert.

Für mich hat sich bewährt: früh nur Obst und Dickmilch mit Honig, zwischen 12 und 13 Uhr große Rohkost, reichhaltig und mit Kalorienträger angereichert, danach meistens leichte Kochkost, eventuell etwas Fisch oder Fleisch; um 18 Uhr eine kleine Mahlzeit und bei Hunger Brot mit leicht gekochtem Getreide, Käse, wenig Rohkost. Die Abendmahlzeit kann gelegentlich verkleinert oder weggelassen werden.

Mit 67 hatte ich eine große und entscheidende Erfahrung, vor allem, was „Krankheit" und „Gesundheit" angeht. – Sehr schnell und mit wenig Ankündigung, zunächst auch anscheinend auch ohne Grund –, bekam ich eine zeitliche und örtliche Verbindung von schwerem, akuten Hoden-Krebs und einer gefährlichen Thrombose in der Hauptvene des rechten Oberschenkels; beide Erkrankungen „völlig unmöglich", undenkbar bei meinem Typ und Lebenshaltung. – Doch es war eine große und notwendige Krise, der dann auch – unmittelbar – starke Erkenntnis, Erfahrung – gesundheitlich wie geistig folgte und eine umfassende und tiefgehend Reinigung, (Katharsis) und (noch mehr) eine Umstellung in vielen Dingen und Bereichen.

Der Krebs wurde total operiert, aber Metastasen waren bereits im Unterleib. Eine Chemo-Therapie (5 Tage) – gegen meine Bedenken lief ab, war sogar bereits einigermaßen erfolgreich, brachte aber mein Gesamt-System (Blut, Immunsystem, Tagesrhythmus) tiefgehend aus dem Gleichgewicht – In den sechs Wochen Krankenhaus (durch die Thrombose) mußte ich etwa drei Wochen fast völlig fasten hing an mehreren „Strippen" entleerte Unmengen von unerfreulichen Stoffen aus dem Körperinneren, war in teils sehr übler Lage. Das Fasten, jedoch, brachte – später erkannt – bereits bemerkenswerte Wirkungen, so ein Verschwinden festsitzender, längerer Beschwerden, was mir erst später richtig klar wurde, auch im Rückblick auf entscheidende Zeiten meines Lebens, die russische Kriegsgefangenschaft, die 4 ½ Jahre als buddhistischer Mönch, die beanspruchenden Weltreisen vor allem, Zeiten, in denen es sehr knapp zuging und dennoch teils hohe Leistungsfähigkeit gegeben war, und auch keine Krankheiten auftraten; bei teils großer Gewichtsabnahme. –

Ich verließ das Krankenhaus – auf eigene Initiative – und verfuhr in besonderer Weise, aber ganz im eigenen „Karma" weiter: Spritzenkur mit rein pflanzlichen Mittel gegen den Krebs (extrem erfolgreich!), sehr wenig und sehr natürliche Nahrung, viel Rohkost, Bitterstoffe, selbstgemahlenes Getreide (Dinkel), Hefe; *kaum* Fett, wenig Eiweiß, nichts Süßes: ein Unbedingtes diese Drei, dazu wenig Essen und viel Flüssigkeit für eine derart grundlegende Änderung und Heilung. Krebs und Thrombose wurden schnell und gründlich überwunden. Das Blut wurde immer besser – in allen Werten bis zum Ideal –. Heute ist eine solche – noch gesündere Ernährung und Lebenshaltung längst zum festen Bestand geworden. Eine alte Regel erfüllt sich nun noch besser: ab 50 Jahre jährlich etwas (½ bis 1 Pfund) abnehmen. „Nach unten" sind dem Menschen – wenn derart vernunftbestimmt, maßvoll und breitegelagert vorgegangen wird, so schnell keine Grenzen gesetzt. Es wird alles immer leichter.

Mit 71 bekam ich einen kleinen Anstoß zu der, mir lange bekannten „Trennkost" und hatte dann die Idee, solches mit ganz einfachen und der persönlichen Lage angepaßten Mitteln zu versuchen. – Es geht dabei hauptsächlich um die möglichste Trennung der Kohlehydrate von Fett und Eiweiß, wobei ich herausgefunden habe, daß schon eine Abfolge innerhalb der Mahlzeit, fein gestaffelt nach

„Leichtigkeit“ und „Schwere“ genügen kann; wenn Fett-Eiweiß zum Schluß und im Abstand von etwa einer halben Stunde gegessen wird. Die getrennte „Schichtung“ im Magen und Staffelung des Verdauungsvorganges bringt eine wesentliche Erleichterung der Verdauung und eine größere Ausnutzung des Einzelnen mit sich. Außerdem wird der so entscheidende „Stoffwechsel“ deutlich erleichtert, die Übergänge also von Darm in die Blutbahn und dann schließlich in die einzelnen, zu ernährenden Körperzellen. – Wenn man vor allem am (frühen) Abend nur noch Kohlehydrate ißt, aber nichts Süßes mehr (!), wird eine besonders gute Wirkung eintreten.

Bei genauerer Durchführung wird das Hauptergebnis sein, daß sich das Körpergewicht auf einfache, natürliche und bleibende Weise verringert – und das ohne Medikamente, Kosten, Abhängigkeiten, Schwankungen –, weil es eben kein „richtiges“ Fasten ist, sondern eine vernünftige Dauerhaltung werden kann; und das ganz bei sich selbst, durch sich selbst, in sich selbst – und „an“ sich selbst! – Die warmen Mahlzeiten werden dann ganz ohne Zugabe von Fett bereitet. Maßvoll Milch, vor allem Setzmilch/Dickmilch (u. ä.) gilt als neutral.

Hier einige Merksätze zum täglichen Gebrauch. – Knapper und einfacher essen; wenig Fett, wenig Süßes; dafür aber die mancherlei Bitterstoffe in Kräutern und Rohkost. Wenn möglich, immer auf Hunger warten –, nicht nur Appetit! Leicht Verdauliches zuerst und in kleinen Abständen. Zum Essen möglichst nichts trinken, nur als Zwischenmahlzeit. Morgens viel trinken, aber nur bis mittags. Sehr viele **Ballaststoffe** (grobes Brot, volles Getreide, Rohkost, Kartoffeln auch roh, Weizenkleie, Trockenobst). Möglichst **trockenes** und älteres Brot essen, einspeicheln. Und eben **trennen**, so nach der Art und dem Zeitpunkt. Fett-Eiweiß-Kost vor allem am Morgen, weniger am Mittag. Abends nur noch Kohlehydrate.

- „Trocken Brot, macht Wangen rot!“
- „Hunger ist der beste Koch!“
- „Der Mensch lebt nicht um zu essen, sondern er ißt um zu leben.“
- „In einem gesunden Körper ist auch ein gesunder Geist.“

- Entspannung, Achtsamkeit, Gelassenheit und innere Freundlichkeit sind die besten Würzen und die wahre Grundlage jeder Heilung von Körper und Geist.

Jeder von uns hat es – in Wirklichkeit selbst in der Hand (und im Geist), solche heilsamen Möglichkeiten und Anregungen anzuwenden, zu erfahren, auszuloten – und damit seine Wohlbefindlichkeit und dann auch seine menschlich-geistige Freiheit wesentlich zu steigern.

Bewegung

Wie auch schon im ersten Band geschildert, kann man viele Bewegungen des Alltags als kleine Übungen nutzen, wenn man die Bewußthaftigkeit bewahrt, eine gewisse Wachheit das ganze Geschehen durchzieht. Der bewußte Abstand zum eigenen körperlichen und zeitweise zum geistigen und gefühlsmäßigen Geschehen ist wieder die entscheidende Voraussetzung. Es ist und bleibt der „einzige Weg“ (des Buddha), durch den alles Wissen und alle guten Vorsätze in die Tat umgesetzt werden können.

Für mich haben sich die folgenden „Pole“ herausgebildet, zwischen denen sich der weite Bereich körperlicher Übung abspielen kann. Auf der einen Seite ist es die schwere Arbeit des Sägens, Holzhackens und Umgrabens etwa; sowie dann die Formen des raschen Gehens, des (leichten) sportlichen Laufens im Gelände. Auf der Ruheseite ist es einfacher Yoga, leichte Übungen im Alltag, für mich auch leichte Massage, vor allem als Druckmassage (im folgenden). Wer alle diese Formen nicht zustande bringt, oder keine Gelegenheit sieht, der möge sich mit den harmloseren Zwischenformen mehr alltäglicher Bewegung beschäftigen. Jedes bewußte, vielleicht beschleunigte Gehen, mit bewußter Atmung, jede kleine (gymnastische) Übung leichtes Rumpfdrehen, Schwingen der Arme, in die Kniebeuge und Wippen etwa, kann und wird hilfreich sein. So ist auch fast jede Art von Gartenarbeit der Gesamtgesundheit sehr förderlich, ist geistig-seelisch entscheidender Ausgleich. Es ist die

Grundbeschäftigung, Grundlage eines noch einigermaßen natürlichen Tageslaufes.

Ein feststehender Höhepunkt in meinem Ablauf ist die morgendliche Gymnastik, sowie Frottieren, Bürsten (u.a. siehe Massage). Sie ist schon vor 25 Jahren so festgelegt worden und brauchte nicht mehr geändert zu werden; es sei denn in der Stärke des Einsatzes. Sie dauert 10 bis 15 Minuten, findet vor allem am Boden statt (Bauch- und Rückenlage) und ist vor allem der Wirbelsäule gewidmet. –

Mit 68 wurde ich auf die „5 Tibeter" hingewiesen, recht einfache, aber in vielen Wiederholungen, und über lange Zeit zu übende yogaartige Gymnastik. Diese haben tatsächlich – auf Dauer – erstaunliche Wirkungen. Besonders zum Laufen im Gelände (auch Garten, Feldweg, Sportplatz), wie immer, sei noch gesagt, daß man solches sehr spürsam dem eigenen gegenwärtigen Zustand, auch der Stimmung anzupassen hat. Viel lockerer Wechsel mit Einlagen des Gehens, leichter Gymnastik und des Atmens. Die kühleren und kalten Jahreszeiten sind besonders für ein solches Gesamt-Training geeignet. Auch der Geist und die Sammlung können dabei erheblich angeregt und geschult werden.

Eine wesentliche Sonderform des Übens ist die „Isometrik", das Drücken und Ziehen der Glieder gegeneinander oder (und) gegen eine feststehende Unterlage. Dieses kann immer und auch auf kleinstem Raum, im Bett etwa und auch sehr leicht ausgeführt werden. Zentrale Übungen: Hände auf dem Rücken falten und stark gegeneinander ziehen; etwas (Bank, Wand) mit ganzem Körper wegschieben wollen; mit dem Rücken gegen eine Wand (Kante) drücken; Hände falten und wechselseitig die andere Hand nach hinten wegbiegen; die fünf Finger beider Hände gegeneinander legen und nach hinten durchbiegen.

Vieles von dem, was hier gesagt ist, liegt in dem Bereich von **Spannung** und notwendiger **Entspannung**, der das ganze menschliche Sein und Geschehen umfaßt. Man kann von einer Kunst der rechten Spannung-Entspannung sprechen, dem Maß einer solchen Spannung, die angepaßt geschieht, gelenkt, beherrscht, die immer wieder zurückschwingt in die Lösung. Und gerade dieser Wechsel, diese (schon mehrfach angesprochene) Intervall-Wirkung, kann erhebliche Energien auslösen, entfalten, Steigerung bewirken.

- **Spannung** ist immer Anregung und Anstoß, ist Belebung; **Entspannung** ist Möglichkeit des Strömens, Fließens und damit des Ausgleichens und Heilens.
- Spannung ist immer **Innervation** (Anregung der Nerven!), ein „in die Nerven hineingehen"; ist damit auch **In-Novation**, eine kleine Erneuerung sehr vieler Vorgänge und Bereiche (Blut, Säfte, Fasern u.a.).
- **Spannung und Entspannung, das ist der entscheidende Weg zu Regeneration, der Wiederherstellung eines (vorherigen besseren) Zustandes; der tiefgehenden Aufarbeitung des Vorhandenen auch, das aus dem Gleichgewicht, dem Maß, der Mitte gefallen ist.**

Immer wieder muß ich an tierische Beispiele denken, Katze, Hund vor allem, da uns nahe. Dort geschehen sehr häufig die Hauptformen: Recken, Spannen, Entspannen, Gähnen. Eine mächtige Stärke und Ausdauer wird da entwickelt. Es sind die natürlichsten Vorgänge! Das Besondere nun an diesen unseren Untersuchungen und Bemühungen ist, daß bei bemühten und bewußten Menschen eine immer dichtere und tiefgreifende Wechselwirkung stattfinden wird und muß zwischen den (mehr) körperlichen und (mehr) geistigen Anteilen von Spannung und Entspannung, sowie Durchpulsung und Erneuerung. Geistige Anspannung zieht körperliche Anspannung nach sich und kann dann (bewußt) entspannend wirken. Körperliche Anspannung kann (wird) geistige Entspannung nach sich ziehen. Es ist der ständige Ausgleich, ist gegenseitige Befruchtung und eben auch Heilung. Überbelastung wird vermieden, je – vom Körper oder vom Geist her; und doch ergibt sich eine durchlaufende Schulung vieler Vermögen. Diese Wechselseitigkeit gilt es zu üben: tiefe Lösung des Körperlichen, zusammen mit fein-wacher Durchpulsung und geistiger Bewußtheit.

Tiefe Lösung des Geistigen und des Nervlichen, in der maßvollen Übung des Körperlichen.

Die Massage

in ihren vielen Möglichkeiten soll der Höhepunkt dieser Zusammenstellung sein, und es soll auch das „Neue", die besonderen Kombinationen von Anwendung beleuchtet werden.

Für mich gibt es viele Formen der „Massage", die am eigenen Körper ausgeführt werden können. Vieles davon wird eher leicht, dafür aber häufig und für länger angewandt werden können und müssen.

Auf eine Betrachtung der üblichen westlichen Massage möchte ich verzichten, da sie zumeist den Aufwand nicht lohnt, nicht für länger hilft und für eine Eigenbehandlung und vor allem für eine Heilung oder Schmerzbeseitigung (in der Tiefe) kaum in Frage kommt; ausgenommen die gelegentliche leichte Selbstmassage an verspannten Unter- oder Oberschenkeln, am Hals oder unteren Rücken.

Als sehr nützlich und oft unmittelbar stillend oder heilend haben sich mir die vielen Weisen einfachen Streichens, Drückens, Reibens, gezeigt. Solches geschieht oft ganz automatisch (instinktiv). Auch im Tierreich ist es gut zu beobachten. Es wirkt vor allem durch die erhöhte Durchblutung der Stellen; bringt oft auch nur eine Ablenkung der Aufmerksamkeit von dem nervlichen und Reizgeschehen. Alle nervlichen und sekretorischen Systeme werden durch die Berührung und die Aufmerksamkeit mehr oder weniger in Gang gesetzt und entwickeln die oft genannten Eigenheilungskräfte des Körpers. Und auch die „Strahlung" der eigenen Hand und der Finger als solcher hat – nach uralter Erkenntnis – heilende Wirkung. Als eine Sonderform streichender Massage stellt sich die „Lymphdrainage" dar. Durch längeres gleichmäßiges sanftes Durchkneten der Haut und Ausstreichen der Bereiche mit Haupt-Lymphgefäßen – Innenseiten der Arme und der Beine, sowie der seitlichen Brustpartien etwa – wird durch Anregung dieser Bahnen Erleichterung und Reinigung bewirkt; in der Regel vom Herzen weg.

Als eine besonders starke und ungewöhnliche Form hat sich mir in jüngster Zeit noch das jeweils angepaßte langsame Kratzen der Hautpartien mit den (nicht langen) Fingernägeln ergeben; und das ganz zwanglos. Es hat den Anschein, wie wenn wirklich allgemeine starke Anregung und Hilfe daraus erwächst; vor allem scheint es Muskelverhärtungen (Erwärmung!), Verzerrungen und – besonders wichtig – arthrotische Beschwerden des Knochensystems heilend zu beeinflussen. Auch Überanstrengungen der Unterarme, Reizungen der Sehnen also, werden anscheinend gebessert. Beim Kratzen ist auch weniger Anstrengung nötig als bei sonstigen Arten der Massage. Dasselbe gilt auch für das Kneifen von Haut und Muskeln, wobei eine starke Punkt-Wirkung stattfindet, ähnlich der Wirkung der folgenden Akupressur.

Vor dem Bereich der mehr allgemein anwendbaren Akupressur möchte ich hier den Sonderbereich der „**Reflexzonenmassage**" nennen, die vor allem an Füßen und Händen ausgeübt wird. Man sollte sich hierfür ein einfaches Heftchen und einige Abbildungen beschaffen. Zusätzlich zu dem offiziell dort Beschriebenen möchte ich aus meiner Erfahrung einiges zu bedenken eben. – Entscheidend ist, daß man sich beim Aufsuchen möglicher schmerzhaften Punkte oder kleiner Bereiche viel Zeit läßt; sehr sorgfältig vorgeht. Die entscheidenden „Punkte" (meist ist es wirklich nur ein kleiner Punkt) liegen oft tiefer etwas verborgen. So braucht es anfangs und auch später manchmal Zeit, um sie wirklich aufzufinden. Meist muß gegen eine Knochenpartie gedrückt werden. Der drückende Finger (Knöchel) sollte – am Platz bleibend – leicht hin und her, sowie kreisend bewegt werden. Der Druck mit dem Fingernagel hat sich mir – entgegen offizieller Meinung – als gut möglich und tiefenwirksam erwiesen. Die Füße sind wahrscheinlich der sensiblere und damit wirkungsvollere Bereich des Eingriffs. Ich habe jedoch die Hände als so viel besser zugänglich erfahren, da man sie fast jederzeit „behandeln" kann. Aus Indien und dem asiatischen Osten ist bekannt, daß vor allem ältere Menschen, oft mit einer, wohl mehr instinktiven Bearbeitung ihrer Hände, vor allem der Finger beschäftigt sind.

An allgemeinen und meines Erachtens entscheidenden Griffen am Fuß möchte ich nur wenige nennen, die immer schon eine allgemeine Hilfe bedeuten werden. Da ist das Umgreifen und Walken der Zehen mit der Hand derselben Seite, wobei die Fingerspitzen tief unter die Zehen greifen; und ähnlich mit der anderen Hand das Umgreifen der Zehen und der Fußoberseite (Kreislaufanregung). Die große Zehe ist von erheblicher Bedeutung, wird mit Kopf, Hals, Nacken und dort befindlichen Drüsen (u.a.) gleichgesetzt. Da sie in der Regel am ehesten kalt wird, bewirkt sie – im Reflex – eine Stauung und Hitzung im Oberkopf mit vielen unguten Wirkungen. Die pressende und reibende Rundum-Behandlung, nur allein der Großzehe, kann sehr wohltätige Wirkungen nach sich ziehen; am besten auf einer Bank, ein Bein aufgelegt, Fuß herangezogen, die Zehe stark mit Daumen und Zeigefinger (Nägel) der anderen Seite bearbeiten. Dann ist es das Bearbeiten der mittleren Fußsohle, des „Gewölbes", mit den Fingerspitzen oder -knöcheln der anderen Hand. Und es ist die Fußoberseite (Kreislauf und Atmung), deren Behandlung mit beiden Händen (Daumen) zugleich (leicht zurückgelehnt und Fuß angezogen), oder eine mit der Ferse des anderen Fußes immer eine anregende und erwärmende Wirkung mit sich bringen wird.

Die eigentliche **Akupressur** findet ihre Punkte auf der gesamten Körperoberfläche. Es gibt sicher gutes Schrifttum dazu, wenn diese auch zumeist eine Überfülle von Punkten und Möglichkeiten anbietet. Man sollte und könnte sich sehr einfach halten, da manche entscheidenden Punkte und Bereiche eine übergreifende Wirkung mit sich bringen. – Welche Partien stehen vor allem in meinem „Programm"? Leichte drückende und schiebende Massage des Oberkopfes, der Kopfhaut im und um das Hinterhauptsloch (Energie). Der Nacken: Lockerung und Erwärmung. Um den Kehlkopf: Jodausstoß; Anregung, Verjüngung; bei Erkältungen. Ringe um die Augen herum, Nasenwurzel und Nasenflügel: Kopfschmerzen, Schnupfen. – Ganz wichtig ist der Schläfenbereich. Viele bedrängliche Zustände des Kopfes, der Nerven, aber auch des Magens können hier oft rasch gebessert werden. Man sollte die ganze Schläfenpartie von Zeit zu Zeit intensiv abtasten, reiben und drücken. Auch die Ohren sollten ab und zu miteinbezogen werden: reiben und kneten sowie „wackeln". – Weiter abwärts sind es die vordersten Ecken der Schulterblätter, wo eine knorpelige Stelle kräftig und vor allem kreisend massiert werden sollte (Blutdruck, Kraft, Ausdauer, Vitalität). Hier ist auch oft eine schmerzende Stelle zu spüren.

Nun gelangen wir an den mittehaften und entscheidenden Bereich, das Sonnengeflecht (zwischen den Rippenbögen), wo die so sehr wichtigen Nervensysteme liegen. Dicht rechts davon liegt die Galle, dann die Leber! Man kann, von der Mitte ausgehend, an den Rippenbögen nach außen hindrücken. An diesen selbst liegen meist schmerzhafte Punkte, Magen, Eingeweide, innere Absonderung (Sekretion) werden beeinflußt und ausgeglichen. – Am unteren Rücken sollte man immer mal wieder die Lenden- und Kreuzbeinregion, rechts und links der Wirbelsäule mit den Handknöcheln beider Hände kräftig drücken. Denn auch wer zurzeit keinerlei Beschwerden in/aus diesem Bereich empfindet, kann doch nicht sicher sein, wie es bei ihm einmal gehen wird. Wir haben hier einen der ganz schwachen Punkte der heutigen Menschheit. Von hier ausgehend, kann man mögliche Nervenschmerzen (die beiden Hauptäste des Nervus ischiatikus) nach abwärts verfolgen; ob es nun der „Ischias" auf der Rückseite, oder der zweite große Nerv ist, der auf der äußeren Vorderseite des Beines abwärts führt. Um und unterhalb des Knies liegen wichtige Punkte dieser Nervenbahn. –

Eine sehr wichtige Überlegung und Warnung noch. Die Belastung beider Hände und Unterarme ist tatsächlich groß, wenn ein gewisser Plan durchgehalten werden soll. Es werden Pausen, Lockerungen, Abwechslungen nötig, bei Reflex-Massage wie Akupressur. Eine ganz große Hilfe ist dabei, möglichst viele Punkte und Bereiche ohne Finger- und Handeinsatz zu bearbeiten. Da ist das Drücken und Scheuern des Rückens, auch der Schultern gegen eine Tür- oder Wandkante; auf einem Stuhl sitzend gegen die hölzerne Stuhllehne. Da ist das Drücken der Hände und Finger gegen die Tischkante. Und es ist schließlich das Drücken und Reiben der Füße gegeneinander und das in vielfältiger Weise. Mit Füßen und Fußzehen kann eine erhebliche Geschicklichkeit entwickelt werden. Bei diesen Arten der Druckmassage kann man sich weitere kleine Hilfen geben, Entlastungen erreichen, indem man Arme und Beinen gegeneinander und gegen Widerstände stützen oder aufzulegen lernt. Alles das gilt vor allem für das zunehmende Alter, wenn viel Druckmassage nötig und sinnvoll wird. Vorsicht und Maß, sowie geschickte Verteilung des Druckeinsatzes!

Zum Schluß dieses Bereiches noch einmal die Hände und Finger. Wer es sich angewöhnen kann, häufiger im Lauf des Tages hier anzusetzen, der hat viel gewonnen. Die Hauptübung ist, Hände und Finger lang machen und sie dann gegeneinanderpressen, federn und dann langsam bewußt zur kräftigen Faust ballen und die Fäuste auch noch nach unten abwinkeln. Dieses einige Male wiederholen. Ebenso wichtig ist: Hände falten und abwechselnd mit den Fingerkuppen einer Hand stark und wippend die Oberseite der anderen Hand drücken; oder auch mit dem Daumenballen einer Hand den Handrücken der anderen drücken und reiben. Es entsteht eine Anregung des Kreislaufes, der Wärmeversorgung und anderer Nerven (siehe „Gähnen“). Alle Fingerübungen sind hilfreich, sind einfach und leicht auszuführen, so auch noch das gegenseitige Massieren der Finger, und zwar mit ziehendem und schiebendem Druck von Daumen und Zeigefinger – von der Spitze zum Fingerknöchel.

Das **Luftbad** ist für viele, vor allem für schlanke und empfindliche Menschen, weit bekömmlicher und nützlicher als etwa kaltes Wasser. Ich mache es morgens und abends unbekleidet, indem ich zunächst den Oberkörper mit beide Händen erst reibe, und leicht kratze, auch Hals und Schultern, tiefer atme und mit einigen leichten Gymnastikbewegungen im Haus auf und ab gehe. Sehr wirksam ist auch das starke Frottieren des Rückens mit einem gröberen Handtuch. Und hier schließt sich das „Bürstenbad“ an, das ja auch unbekleidet vorgenommen wird. Man besorge sich zwei normale (ovale) Körperbürsten mit Naturborsten, eine mit Verlängerung für den Rücken. Auch der Luva-Schwamm ist nützlich. Bei mir dauert eine intensive Bürstung des ganzen Körpers am Morgen *vor* der Gymnastik nur etwa fünf Minuten. Man beginnt an Füßen und Beinen, dann die Arme – womöglich zugleich mit beiden Bürsten an einer Partie – und streicht im wesentlichen zum Herzen hin. Wichtig ist wieder die Lendenpartie; mit der verlängerten Bürste den Rücken von oben und von unten. Auch hier gilt wieder: man richte sich ganz auf die jeweils gebürsteten Bereiche.

Wasseranwendungen. – Über gewöhnliche Reinigungsbäder (wenig Seife!) hinaus möchte ich hier nur die Wechselbäder erwähnen. Für mich hat das Fußbad oft eine helfende Rolle gespielt (kalte Füße!): etwa drei Minuten ansteigend heiß, dann etwa 20 Sekunden möglichst kalt; zwei- oder dreimal wiederholen. Das richtige

Wechsel-Duschbad des ganzen Körpers (am Morgen) ist ziemlich aufwendig und anstrengend; es kann den Kreislauf stärker anregen. Kaltes Duschen kommt für den empfindlichen Typ kaum in Frage. Ich dusche sehr warm und heiß und kann dann zweimal auch kurz kalt anschließen. Sehr kühl oder kalt im Becken kommt gelegentlich für die Unterarme, sowie Kopf, Schläfen, Hals und Ohren in Frage. Gelegentliche kühle Augenbäder (in Schüssel kurz untertauchen, mehrmals) können leichte Beschwerden beseitigen und auch kräftigend wirken.

Der große Bereich der **Atmung** soll hier nur noch kurz behandelt sein. Vor allem möchte ich dem Leser einige Sonderformen dieses Gesamtbereiches näherbringen, die gewöhnlich nicht derart beachtet werden. Man kann häufiger bewußt atmen, den Vorgang verfolgen, spüren. Die Ausatmung betonen, mit Einatmung (eher) warten; das fördert die Tief-Entschlackung. Die Atembewegung mit dem Zwerchfell, an Magen und Bauch verstärken, betonen. Der wirkliche erste Beginn der Einatmung liegt im Zwerchfell und zwar durch Nerven-Reflex; eine Sogwirkung entsteht. Die Atmung und ihre Beobachtung also in der Regel möglichst „tief" halten, durch bewußte Entspannung; damit letztere vertiefen. Ganz wichtig: bei Schmerz versuchen, mit dem Atem in die betreffenden Stellen „hineinzugehen"; die Stelle also mit der Atembewegung zusammen deutlicher merken. Bei Anstrengungen (Gymnastik), so ruhig wie möglich weiteratmen. Und das alles möglichst immer mit geschlossenem Mund, also durch die Nase. Bei schnellem Gehen oder Laufen die verstärkte Atmung beachten und das Verhältnis zwischen Aus- und Einatmung: eine starke, nicht leichte Übung. Zur feineren, meditativen Atemführung und -beobachtung ist in drei Bänden genügend gesagt.

Bei den **Sonderformen des Atmens** ergibt sich das eigentliche meiner Erfahrungen und auch reiche Möglichkeit von einfacher Selbsthilfe und Selbstheilung mitten im Alltag. Da ist vor allem der Vorgang des Gähnens, das sich für mich über Jahrzehnte hin zum starken unentbehrlichen Hilfs- und Heilfaktor entwickelt hat. Im zweiten Band ist der Ansatz dazu in den Bergen Burmas geschildert und auch sonst ist es in seiner Bedeutung für die gesamte Übung der

Meditation und für die Steigerung der körperlichen Möglichkeiten häufig erwähnt. Das Gähnen ist ein Reflex (= Wirkung, Rückwirkung, Weiterwirkung), der weitere, entscheidende Reflexe für das gesunden Leben auslöst. Mit diesem Vorgang – je nach Stärke und Dauer – werden in erster Linie die Nerven des Vorderhirns betroffen. Der Blutstrom in diese Bereiche der Wachheit, des Denkens, der Bewußtheit – aber auch die Wärmeversorgung, das allgemeine Wohlbefinden, die Lebenskraft werden mächtig verstärkt. Das oft so flaue Befinden nach Mahlzeiten etwa rührt daher, daß das meiste Blut in die Organe der Verdauung abgezogen ist. Aber auch bei ungünstigen Wetterlagen, hoher (relativer) Luftfeuchtigkeit, bei Schlafentzug, bei mangelnder Bewegung ergeben sich die teils recht üblen Zustände. Für mich ist es so, daß ich zunehmend gelernt habe, es zumeist rechtzeitig zu spüren und zu merken, wenn dieser Zustand sich ausbildet. Es ist das Gefühl, das erst in gesteigerter Aufmerksamkeit recht deutlich wird, wie wenn etwas Schweres, „Leeres" oder Kaltes sich über die Augenpartien legte. Nicht immer wird man es so unmittelbar merken, und ich habe da einige andere Anzeigen für diesen Mangelzustand. Einmal weiß ich meine „Zeiten" recht gut. Dann aber ist das vielfältige Signal des Schmerzes oder Unwohlseins; daß ich nämlich in einem solchen Zustand des Mangels an Gehirndurchblutung deutlichen Schmerz an belastbaren oder leicht krankhaften Stellen verspüre; an Stellen (Zähne, Hühnerauge, Rücken, Kopf), die gewöhnlich nicht zu spüren sind, oder vielleicht nur zurzeit der höchsten Schmerzempfindlichkeit gegen Abend (Bio-Uhr!). Diese Schmerzen, Spannungen oder Druckgefühle werden sich zumeist auflösen, wenn richtig gegähnt wird.

Vor fast 40 Jahren fiel mir ein unscheinbares Büchlein in die Hand, in dem auch das Gähnen als eine entscheidende Art und Weise zu Steigerung fast aller menschlichen Fähigkeiten bezeichnet wurde, also auch der geistigen, der meditativen, der auf die „Freiheit" bezogenen Möglichkeiten. Und solches hat sich mir – schicksalhaft – über eine lange Zeit der Erfahrung hin zu hohem Maß bestätigt. Noch in Rangoon (Burma), in den schweren Tropen, war ich – zusammen mit meinem feinen englischen Mönchsfreund – zu dieser heiter-ernsten Wahrheit gekommen: mit einem siebenmaligen intensiven Gähnen kann man sich aus der „Hölle“ großer Bedrängnis bis in den „Himmel“ erheben, in große Leichtigkeit hinein.

Nach meiner Erfahrung sollte der „Freiheitsbezogene“ nur selten warten, bis es von selbst zu gähnen beginnt; was übrigens bei uns Heutigen meist viel zu spät in Gang kommt. Vielmehr gilt es das Gähnen bewußt und gezielt anzustoßen. Die folgenden Weisen haben sich mir als nützlich erwiesen: das bloße Denken an das Gähnen; das Falten der Hände und kräftige Pressen der Handoberseiten, oder einfach deren gegenseitiges Massieren mit dem Daumen, Massieren der Schläfen, vor allen des „Schläfenloches“; das stärkere Öffnen des Mundes, oder besser das „Breitziehen“ zu einem starken Lächeln; die Hinrichtung des „Aufmerksamkeitsstrahles“ auf eben die dumpfe und oft schmerzende Stirnpartie; ein krampfhaftes Luftholen; das Recken der Schultern und Arme.

Nach so viel Vorarbeit nun noch etwas zur eigentlichen Hauptübung, dieser von mir entwickelten „**Therapie des Gähnens**“, die hier freilich auch nicht in allen Einzelheiten gebracht werden kann. – Der Vorgang, Ablauf des Gähnens ist die Folge aller Vorleistung, denn – einmal angestoßen – läuft es fast wie von selbst ab. Es geht darum – und das kann man nur allein – sich ganz in den Vorgang hineinzurichten, die Einzelheiten zu spüren; das Abklingen der Beschwerden. Man sollte es ganz ausgähnen lassen, keine Hemmungen mehr haben, es durchaus noch fördern. Etwas Vorsicht sollte man bei zu weiter Mundöffnung walten lassen. Ich habe mir schon zweimal etwas im Kieferraum ausgerenkt. Daher ist es besser, den Mund vor allem breit zu ziehen. Man kann sich in etwa bis in die Schläfen hinein dehnen (!).

Wenn diese Zeit von vier bis fünf Minuten ganz bewußt und konzentriert erlebt wird, mögen sich daraus durchaus einmal inner-geistige Erfahrungen ergeben. Der Mensch kann für kurze Zeit ganz abschalten und findet sich vielleicht in einer wirklichen Erleichterung wieder. Durch meine sehr lange Übung und Erfahrung gelingt mir ein solcher „Sprung“ durchaus sehr oft. Das heißt, daß ich mich in fünf Minuten oft fast völlig regenerieren - „wiederherstellen“ kann. Der Erfolg hängt freilich neben Ausmaß und Dauer auch von den sehr wechselnden äußeren (Wetter) und inneren (Biorhythmen, Perioden, schwierigen Zuständen) Gegebenheiten ab; auch vom Lebensalter und vom Blutdruck. Bei niedrigem Druck wird man eher müde oder eben blutarm im Kopf und muß in der Regel häufiger gähnen. Aber der Andere braucht es in Wirklichkeit auch: das Gähnen.

Es ist zu beachten, ob man eher „Morgen- oder Abendtypus“ ist. In der Regel wird jeder morgens zeitig etwas schwierig „in Gang kommen“, also stärker gähnen müssen. Für mich entsteht dann nur selten diese Wirkung der raschen Steigerung. Erst nach einiger Bewegung und vor allem bei der Gymnastik, dem Reiben und Bürsten, kommt es zu gewissen Hochgefühlen. An guten Tagen gähne ich richtig etwa eine Stunde nach dem Aufwachen, eine Stunde nach dem (frühen) Mittagessen, eine Stunde nach der (frühen) Abendmahlzeit und dann direkt vor dem Einschlafen. An körperlich belasteten (indisponierten), oder wetterungünstigen Tagen kann es öfter nötig werden.

Das Gähnen ist ein Vorgang gesamtheitlicher Entspannung, so vor allem bei Spannung und Heißwerden des Vorderkopfes. Diese tiefreichende Entspannung kann nur durch kürzere Anspannung (Energie!) der Glieder und vor allem des Gesichtes erreicht werden. In der nachfolgenden Entspannung ergibt sich der rechte ausgewogene Spanungszustand (Tonus) der Nerven und Organe. Rechtes Gähnen (Recken, Anspannen) wird den Gebrauch von Bohnenkaffee (o.ä.) unnötig machen.

Es folgen einige, für Besserung und Heilung kaum näher erkannte und genutzte Sonderformen der Atmung, die alle entspannend, ausgleichend, reinigend wirken können, die alle gefördert werden durch das spürsame Erkennen des eigenen Zustandes.

Als einfachste und sehr wirkungsvolle „Atemübung“ dient das ganz tiefe Herauspressen der Luft zugleich Einziehen des unteren Bauches; und dann das starke „Atem-Greifen“ mit Vorwölben des Unterbauches. Auch **Stöhnen** ist von Bedeutung, ob in einiger Bedrängnis oder „nur mal so“; oder eben willentlich getan. Die Ausatmung wird erheblich verstärkt. – Ein **lauter Ruf**, oder ein nur hervorgestoßener Laut, der Freude oder des Hochgefühls etwa, wirkt steigernd oder befreiend. Hochleistungssportler stoßen die Luft oft in mächtigem „Schrei" aus, im Moment der größten Spannung-Lösung. – Das **Räuspern**, als ein stoßweises Schüttern und Atmen, kann befreiende Wirkung haben.

Das **Niesen** ist seit alters wohlbekannt und wurde früher mittels Schnupfmittel genutzt. Ich kann im zunehmenden Alter häufiger und leichter niesen. Nach dem Einstreuen von Pfeffer in die Rohkost geschieht es mächtig. Man mag es bedenken: Wer gut niesen kann, fängt „Erkältung" ab. Ein kräftiges Ausniesen ist eines der natürlichen Heilmittel. – Da ist das **Hauchen**, in dem sich Atemform und die direkte Heilwirkung des Hauches auf schmerzende Stellen verbinden. – Daß unsere „Spucke", der **Speichel**, voller Heilkraft steckt, war früher viel mehr bekannt. Ich habe als Biologie-Student unter dem Mikroskop gesehen, welche (u.a.) desinfizierenden Kräfte, vor allem im eigenen Speichel liegen. Indessen habe ich ungezählte, auch größere Wunden mit meiner Spucke geheilt, manche Schmerzen gelindert. Selbst das Spucken ist eine feine Anregung des Atems.

Lachen, oder auch nur ein Lächeln wirkt zumeist entspannend oder steigernd. Die Mimik des Lächelns (breiter Mund) regt die Gehirnpartien an und auch die Atmung. Schon feines inneres Lächeln, kaum sichtbar, wird für den auf dem Übungsweg Befindlichen eine spürbare Wirkung haben: Lösung, Abstand, Gleichgewicht, Harmonie. – Das **Weinen** als innere Bewegung, oder als leichtes Feuchtwerden der Augen kommt viel zu selten zum Tragen. Da liegen ganz große lösende, stillende, reinigende und damit heilende Kräfte! Der **Gesang**, schließlich, ist in seiner Bedeutung klar. Für mich und nach meiner Erfahrung haben sich mehr die Formen halblauten und mehr inneren Vor-sich-hin-Tönens („Harmonisieren") als besonders hilfreich erwiesen. Dabei kann man, vor allem allein, die Stimmung, die eigenen Notwendigkeiten locker ausschwingen lassen. Hierher gehört auch das Summen und Brummen. Vieles von dem Vorstehenden ist im Bereich der **Vibration** angesiedelt. Eine mäßige Erschütterung in vielen Formen – wenn natürlich und rhythmisch – lockert auf, regt an, bringt Stockendes ins Fließen. So sind viele Arten der Gymnastik und des Laufens mit der Vibration verbunden und sollten öfter auch so ausgerichtet sein. Das Schütteln und Rütteln kann hilfreich sein: Gliederschütteln, Hüpfen, langsamer Lauf; im Liegen; in Bauchlage: Wirbelsäule und Gesäß kräftig aus sich selbst herausschütteln.

Schon länger hatten in meinem Lebensgang mancherlei Regungen der **Komik** und **Groteske** – ganz bei sich selbst zumeist – eine gewisse Rolle gespielt; ganz zwanglos, so in Stimmungen der Heiterkeit, wie der Traurigkeit oder des Ärgers: oft eine gute Lockerung. In den letzten Jahren hat sich solches verdichtet, durchzieht den Alltag in fast regelmäßiger Weise; ist tatsächlich zu einer weiteren und vielleicht wichtigen Art der Auflockerung, ja, der Steigerung der seelisch-geistigen Möglichkeiten geworden. Es sind vor allem ungewöhnliche Worte und Bewegungen, eine Komik und Übertreibung, etwas von „Blödeln" manchmal auch, die stark und immer bewußter, aber doch immer zwanglos eingeblendet werden. Diese Bemühungen und kleinen Übungen in Komik und Groteske sind durchaus nicht nur im kritischen Bereich gelegen, da, wo Dinge und Vorgänge (außen wie innen) sozusagen locker-freundlich „ad absurdum" (lat., mißtönend, abgeschmackt, sinnlos, unbrauchbar) geführt werden. Es läuft bei mir eher in einer freundlichen, ja, wohlwollenden Weise ab; lächelnd und verstehend – gegenüber dem kaum Abwendbaren. Eine starke lustige Komponente ist vertreten, etwas Fröhliches manchmal auch: aus einer gewissen Überlegenheit, einem erleichterten Karma, einer guten Verfassung heraus. Man kann sagen, daß mit einer Weiterformung und vor allem Befreiung des Inneren, solches Grotesk-Komische immer mehr in leichtgelöste Weisen der Heiterkeit hineingleitet.

Grotesk-Laute sind es (bei mir) oft nur; ungewöhnliche Abänderungen und Verbindungen mögen sich ergeben, seien sie mit Wortsinn oder nur als „Lautungen". Namen werden abgewandelt unter der Klarsicht auf das (letztlich) Unwesentliche, Kleine, das Groteske oder gar Absurde eines Vorganges, einer Meldung (Nachrichten, Medien, Werbung) etwa; oder auch nur auf sich selbst bezogen – aus dem (dann) großen Abstand. Ja, es wird sich vor allem auf sich selbst oder neutrales Geschehen, weniger und vorsichtig auf die Mitwelt beziehen! Als Beispiele: unmittelbare Vorgänge, Erkennen von

Unschönheit oder Komik; das starke Verziehen des Gesichtes (vor dem Spiegel); Erkennen von Fehlern oder Fehlhandlungen; Erkennen der Belastungen des Alltags; lustige kleine Zurufe, Bestätigungen. Lächelnder Humor gehört hierher; Scherzhaftes, Ironisches auch. Deutsche und englische Wörter werden scherzhaft und mit einer gewissen Überlegenheit miteinander vermischt. Man kann das (äußere) Gesicht zu einem starken Lächeln bringen, das Gesicht verziehen. Aber mehr noch geht es um ein feines, fast ganz inneres Lächeln, das immer Entspannung, Hellung, Auflockerung anzeigen und bringen wird. Mit weiter steigender Reifung und Ablösung treten diese Weisen allerdings immer weiter zurück.

Das Ganze steht vor allem unter dem Motto des Sich-Lustigmachens über das Leben, seinen Gang, über sich selbst und dann vor allem über den menschlichen Körper in seinen, unbestreitbar so unerfreulichen und eben komischen Bedingungen und Vorgängen. Es ist eine Art von groteskem Humor, der auf jeden Fall einen erheblichen Abstand schafft und anzeigt zwischen dem feinen hintergründigen Geistbewußtsein und den Vorgängen des äußeren Lebens. Und hier ist auch der Punkt, eine große Möglichkeit, das zu unterbrechen, aufzulockern, was vor allem im zweiten Band schon als Routine eingeführt wurde. Es ist die negative, die „tote", die ausgeleerte Routine gemeint, die nur aus Gewohnheit, aus Trägheit, Feigheit, aus Ungeistigkeit heraus geschieht. Mit geht es heute aber darum, noch tiefer an das „Eingemachte", an die tiefverwurzelten Abläufe und Gewohnheiten heranzukommen, im besonderen das Ich-Gefühl mit allen seinen unzähligen Verästelungen; sich darstellend vor allem in fast dauernden Regungen des „Sich-Fühlens", des Vergleichens, des Wollens – im inneren Dialog, wie dann in Depression und Wehleidigkeit oder in den vielen kurzatmigen euphorischen „Aufschwüngen". Es geht dabei um Routine-Abläufe, sowohl im Äußerlichen und im Körperlichen wie im Seelischen und im Verstandesmäßigen. Für diese Gewohnheiten und wie von selbst ablaufende Regungen und Handlungen gibt es keine Grenzen – und das ist die ganze, manchmal fast „dämonische" Gefährlichkeit. Alles kann einmal von solcher Gewöhnung, Vereinheitlichung, Sinnentleerung erfaßt, in fast unlebendige Vorgänge einmünden.

Kann man sagen, daß es sich bei allen diesen Bemühungen um so etwas wie eine mögliche Form umgreifender Schulung des geistigen Menschen handelt? – In diesem Bereich der Selbstbetrachtung und Selbstumstellung haben wir eine ganz große Möglichkeit vor uns, unser Ichhaftes aufzulockern, Abstand zu gewinnen (relativieren), mehr in die Tiefe, in den „Hintergrund" vorzudringen. Und vor allem wird solches – recht angewandt, mit Maßen und Lockerheit, sich gerade für unseren Weg in die geistige Freiheit hilfreich erweisen. Sehr deutlich sollte man sehen, daß es bei solchen Arten und Möglichkeiten des „Übens" so individuell wie möglich zugehen sollte. Hier kann – von gewissen Anregungen (Beispielgebung, Therapie-Kurs) abgesehen – jeder nur seine eigene Art darstellen und erleben. Hier liegt die Begrenzung der vielen modernen Erfolgs-Therapien für den zur Unnatürlichkeit verurteilten Menschen dieser späten Zivilisation. Denn hier ist eine der möglichen Quellen einer guten und nützlichen „Kreativität" gegeben, ein bewegliches Schöpfen aus den eigenen, meist noch verborgenen Möglichkeiten: Einfall, Eingebung, Intuition.

Es ist solches alles Unterbrechung der vielfältigen Routine, des Festgefahrenen, Festgelegten. Als besondere und recht weitgehende Art und Weise mögen hier drei Bereiche von Überwindung tiefsitzender eigener Gewohnheiten, Tendenzen (= tiefliegender Fixierungen) genannt sein: der hohe „Standard" einer Reinlichkeit um ihrer selbst willen, so beim Körper, wie um sich herum; der Drang und Zwang zur (Über-) Ordnung, so fast stets als ein Verdrängen wichtiger Momente, der Besinnlichkeit oder der bloßen Ruhe; das Fertig-Werden-Wollen und mehr noch die „Perfektion" in so manchen äußeren Aufgaben und Bereichen. Hier liegt tiefreichende Bindung und Belastung einer eigen-schöpferischen Wirkung. Zu sehen und zu erkennen ist aber auch das Nützliche, das Hilfreiche so mancher Gewohnheit (Routine), die uns Stütze gibt, Anhaltspunkte, Ausrichtung; aber nur, wenn solches immer wieder auch bewußt getan, überprüft und auch einmal gelassen werden kann. Die mehr äußerliche Routine sollte durchaus auch, willentlich, bewußt unterbrochen werden: linke Seite, linke Hand benutzen; andersherum anziehen, hantieren; abstoppen, und den Sinn und Nutzen des Augenblicklichen bedenken: **bewußt sein!**

- Routine ist etwas Ungeheures; positiv – als Stütze und Hilfe, als Verlagerung wichtiger Hilfsvorgänge in einen halbbewußten Bereich; Entlastung also; – negativ – als die die so tiefgehende Versklavung, Entwürdigung –, Entmenschlichung auch.
- Routine ist dann keine „Routine“ mehr, wenn das Denken und Handeln, zumindest häufiger – bewußt und überlegend, vielleicht auch kritisch vollzogen wird, vor sich geht.
- Ungute Routine vergeht vor der gegenwärtigen Achtsamkeit und der Bewußtseinsklarheit.
- Eine heilsame Routine und nützliche Gewohnheit – lange geprobt – kann zu großer Hilfe und Entlastung für Körper und Geist werden.
- Ganz rechte Routine, das ist eine bewegliche und klare Linie eines Denkens und Tuns, das sich immer besser an den Notwendigkeiten des „Weges“ und den Voraussetzungen der gesteckten Ziele ausrichtet.
- Selbsthilfe und Selbstheilung – außen wie innen – werden möglich im bewußten, geduldigen und klugen Einsatz von Unterbrechung und Auflockerung des Lebensganges: die „Dinge“ anders sehen, nehmen; den Alltag häufig „andersherum“ laufen lassen.
- „Der Mensch“ – ist nicht dieses Eine, Abgegrenzte, Festgelegte, Gewohnte, wie es immer wieder scheinen will; aufgedrängt von einer meist erstarrten „Zivilisation“. Unser Wesen enthält viel mehr Möglichkeiten, Vertiefungen und Freiheiten.

Und hier reiht sich ein weiterer Bereich menschlicher Schwäche und Übertreibung an, der unser heutiges Alltagsleben in vielfältiger Weise durchzieht und es so tiefgreifend, oft katastrophal verändert: der **Stress** –, der Zustand meist einseitiger Überlastung unserer Reserven; sei es in mehr aktiver Weise, durch Hetze, Anstrengung, Unruhe, wie aber auch in mehr passiver, „geistiger“ Weise, etwa gegenüber den Medien, dem vielen Fernsehen, bei Gesprächen, Problemen, Sorgen. Das Zuviele, das Angespannte, das „Unverdaute“ muß und wird Druck, Unsicherheit, eben Stress bringen.

Hier tut sich aber auch eine weitere Möglichkeit unserer umfassenden Schulung auf, dann nämlich, wenn es gelingt, die Belastungen von Stresslagen immer bewußter zu sehen, sie zu unterbrechen, aufzulockern, in den Griff zu bekommen. Wir können die Momente von Stress, von Belastungen, zeitweisen Überlastungen, auch positiv sehen; ja, solches vielleicht nutzen lernen. In meinem, gewiß zumeist nur noch gering gestressten Leben ist solches zunehmend möglich geworden. Ich habe die oft erhebliche Bedeutung eines bewußten und gezielten, eben eines freiwilligen Eintrittes in gewisse Be- und Überlastungen, sei es körperlich, geistig oder auch seelisch-gemütsmäßig, vor allem für einen ruhiger und „abständiger" lebenden Menschen erkennen und schätzen gelernt.

- Sich selbst „die Sporen geben", sich unter Spannung setzen, in „Zugzwang"; um einer Steigerung willen, einer Aufgabe.

Die Bedeutung des Stresses für das Geschehen auf dem „Pfad der Freiheit" liegt darin, daß er eine Art von Gegengewicht zu einem mehr (oder weniger stark) „kontemplativen" beschaulichem Leben werden kann; als ein Antrieb, ein Stachel, ein körperliches oder auch geistiges Außer-Atem-Kommen! Wenn bewußt, freiwillig, in Maßen eingesetzt (und ausgesetzt!), wird ein solch stärkerer Druck (pressure) vielleicht auch einmal überraschende Ergebnisse bringen – von körperlicher Anregung abgesehen – in innerer Auflockerung, in neuen Einfällen, Intuitionen, ja, vielleicht sogar „Durchbrüchen" in tiefere oder klarere Möglichkeiten unseres persönlichen Gefüges.

Hier ein entscheidendes und sicher allgemein interessierendes Beispiel körperlicher Überlastung aus der jüngsten Vergangenheit. Meine beiden Unterarme und Hände, wurden vor allem nachts zunehmend schmerzhafter, damit behindernd in bedenklicher Weise: eine Mischung aus vielfältiger Überlastung (Schreibmaschine, Handschrift, Gartenarbeit, Haus- und Küchenarbeit – viel Rohkost), alten Schäden durch Sport, Arbeit und kleinen Verletzungen sowie einer Neigung zur (Knochen-) Arthrose. Ein häufiger Einsatz der linken, noch besseren Hand, sehr viel Abwechslung und häufige Lockerung beider Arme, sowie durch Weglassen so mancher eingelaufener und nicht wirklich erforderlicher Bewegung und Anstrengung gelang es, die Beschwerden in den Griff zu bekommen, so daß ich dann auch wieder vorsichtige Akupressur und Reflex-Massage machen konnte. Durch diese ernstlichen Beschwerden und Behinderungen ist, nach nun schon 45 Jahren der vielseitigen Schulung noch einmal ein ganz großer und hilfreicher Schub der Entwicklung ausgelöst worden, in noch größerer, noch weitergreifender Bewußtheit, Geistesgegenwart und Besonnenheit: der große Abstand zu sich selbst, zum eigenen Geschehen; zu fast unbewußten Handlungen der Routine.

Der Mensch ist sich selbst noch einmal nähergekommen.

Manifest (Manifestation): mani-festare (lat.), deutlich machen, werden; „mit der Hand weisen"! – An unserer *rechten* (linken) Hand zeigt sich sehr vieles von Art und Entwicklungsstand als Mensch. Für uns ist vor allem wichtig, daß die rechte Hand fast alle (!) unsere inneren Bewegungen, Willensmomente, das innere Sprechen in seiner ganzen Breite und Tiefe begleitet und anzeigt in Verbindung zur linken, der aktiven Gehirnhälfte. Wenn es Innen ganz ruhig wurde – der geschulten Achtsamkeit nur erkennbar –, erst dann kommen auch die, im Ruhesitz nur noch sehr geringen Spannungen der rechten Hand zur Ruhe.

In dieser Weise vielfältigen Erkennens und Schulens – und Loslassens! – wird so ziemlich alles durchforstet, aufgelockert, aufgearbeitet – Geist und Körper –, damit entspannt, gelöst, geheilt und einmal auch befreit von den „Banden der Fron" eines schweren und blinden Fortlaufens unbewußt-zwanghafter Vorgänge.

Die Synthese –, das meint die Vereinigung der Vielfalt in besser anwendbaren Weisen.

In diesem Kapitel versuche ich, ein Besonderes und eine besondere Heilwirkung herauszuarbeiten und anzuregen. Es ist das eine Verbindung, das Zusammenwirken von zwei, drei oder mehreren Methoden und Möglichkeiten in der Regel der Selbstbehandlung. Wenige Beispiele mögen dieses verdeutlichen, die von mir selbst entwickelt und lange erprobt sind. Es sollte versucht werden, in einer günstigen Lage miteinander zu verbinden, etwa

(1) möglichste Entspannung,
(2) genaue und spürende Hinrichtung (Konzentration) auf die schmerzende Partie,

(3) Streichen, Drücken, Hand- oder Fingerauflegen,
(4) leises wirkendes Sprechen (Flüstern) und schließlich
(5) die Atemführung. –

In einer solchen Weise entsteht das günstige „Heil-Klima“ – im Seelischen wie im Körperlichen; es entsteht eine erheblich gesteigerte Wärmewirkung im betreffenden Bereich; vom Unterbewußtsein her wird eine kürzer- oder mittelfristige Heilung angeregt (Autosuggestion). Weitere, von mir stärker „belebte“ und verbundene Elemente sind dann:

(6) das Annehmen der Beschwerden in tiefer Weise,
(7) das intensive Gähnen, Ausgähnen,
(8) das Gehen, Hin- und Hergehen, Laufen,
(9) der eigene Speichel, auf Wunden, aber auch auf Prellungen, Entzündungen, bei ziehenden Beschwerden, an den Augen etwa eingesetzt und
(10) das Hauchen, von alters her und bei Kindern gern angewandt.

Hier einige praktische Beispiele aus meinen Heilbemühungen am eigenen Körper, die recht mittehaft sind und bei vielen ähnlich liegen werden.

1. Beispiel: **Kopfschmerzen** (so sie nicht organisch oder durch ein Leiden bedingt sind), die vom Wetter herrühren oder etwa vom Magen, auch Migräne. – Ich spüre die Bedrückung deutlich, versuche geduldig zu bleiben, weiß um den meist vorhandenen Sinn des Leidens, Ich versuche, die Stelle mit der Aufmerksamkeit genauer zu „orten“. Ich lege die Hände auf und beginne ganz bewußt zu reiben und zu drücken, Schläfen, Stirn, um die Augen. Ich spreche leise die Worte „Lösen, Heilen, Leichtern“ (etwa) und lege eine geduldige Beharrlichkeit hinein. Ich verstärke den Atem ein wenig und atme intensiv aus, lasse den Schmerz gehen; löse auf, löse „mich“ ab – spürend – und ... beginne zu gähnen! Solches muß unter Umständen länger, gelassen und fast ein wenig monoton fortgesetzt werden. Ich werde spüren, welche der Behandlungen in diesem Fall besonders hilfreich sein kann.

2. Beispiel: meine sehr empfindlichen (operierten) Augen, vor allem das linke, das äußerst fein auf die umgebende Atmosphäre reagiert. – Ich schließe die **Augen**, richte mich möglichst nach innen, spüre den linken Augapfel – immer deutlicher –, lege alle Finger um beide Augen herum, taste leise und „töne" innen: Augen heilen!

3. Beispiel: **Zahnschmerzen** (wenn es sich um eine nicht zu schwere Stelle handelt, die nicht gleich oder überhaupt nicht so recht behandelt werden kann); etwa ein freiliegender Zahnhals, Druckstellen (o.ä.). Alles ähnlich wie zuvor; starke Speichelbildung und Halten im Mund; sich anspannen (!), den Mund breitziehen, stark aus- und einatmen und mit Gähnen beginnen; „Schmerz weicht"! Mit Daumen und Zeigefinger einer Hand um und über (unter) den Zahn fassen; die zuführenden Nerven spüren und leise reiben. Ich habe ganz deutliche Erfahrungen gemacht, daß zwei Finger – oder nur der Zeigefinger – den Zahnschmerz vergehen ließen.

4. Beispiel: Beschwerden am oberen **Magen** (Sonnengeflecht). Überlegen, woher es wohl kommt; gut hineinrichten; die vier Finger beider Hände hinlegen, drücken; langsam tief einatmen, Atem etwas halten und langsam bewußt ausatmen. Magen und Bauch stärker einziehen und weit herausdrücken; „Lösung, Leichterung"! – Wenn möglich, mit Gähnen beginnen.

5. Beispiel: der (untere) **Rücken**, die große Schwachstelle heutiger Menschen; vor allem (so bei mir) bei arthrotischen Veränderungen der Wirbelfortsätze und entsprechenden Nervenschmerzen. Mit Bandscheiben habe ich keine eigene Erfahrung. – Im Stehen und aufrechten Sitzen sich Hineinrichten, deutlich spüren, wie und wo es schmerzt und auch „wandert"; mit den Fingerknöcheln kreisend drücken, leichte Bewegungen aus der Hüfte; bequem setzen, völlig entspannen; „Heilen ..."; Spüren, Hingabe in das Geschehende.

6. Beispiel: **kalte Füße** oder nur Zehen, vor allem, wenn einseitig. – Gut bewußt werden, auf die Zehen, die Großzehe vor allem richten, sich dort hineinversetzen mit dem Strom des Blutes, mit den Nerven: „Fuß wird warm" – tief entspannen. Solches wäre mehr für eine längerfristige Besserung geeignet. Wenn meine rechten Fußzehen

wieder kalt sind (ältere Schädigung der Nerven und Gefäße vom Rücken her), ziehe ich den Schuh aus, vielleicht auch den Strumpf, ziehe das Bein heran (im Sitz) und lege die Hand der anderen Seite um die Zehen, in zwei verschiedenen Haltungen; reibe etwas und richte mich hinein. Dieses ist nach langer Erfahrung für mich viel besser und länger wirkend, auch andere Regionen wohltätig erfassend, als manche andere Möglichkeiten. Dabei wieder ganz in das Kaltgefühl „hineinkriechen": „strömend warm!" Auch einiges Gähnen ist wieder hilfreich.

7. Beispiel: eine **Wunde**, Schlagstelle, kleine Eiterung etwa. Alles wie vorher; Entspannung, Vertrauen, Furchtlosigkeit. Wenn möglich mit dem Mund an die Stelle gehen, sonst viel Speichel mit den Fingern auf die Stelle bringen, halten, wiederholen; das leise Brennen spüren, später mehrmals wiederholen, ehe man vielleicht Pflaster oder Verband anlegt.

8. Beispiel: Beschwerden mit **Stuhlverhaltung**, Verfestigung. Die länger dauernden Bemühungen sind unter „Ernährung" und anderswo schon behandelt. Hier nur die unmittelbare Lage. Sich vorher Zeit damit lassen, bewußt, spürend; Bauchbewegungen, etwas Wasser trinken. Auf der „Brille": Gelassenheit und Entspannung; dann mäßige Anspannung, Atmung (nur) der Darmregion; kleinste Bewegungen dort spüren, tief im Bauchraum atmen. Mit den Fingern beider Hände den Unterleib leicht eindrücken (Akupressur). Und dann vor allem, „es kommen lassen" – einfach so.

Eine ganz besondere und entscheidend hilfreiche Verbindung sei hier noch einmal an einem Beispiel aufgezeigt, in dem sich vieles vereinen kann; es ist das häufigste und naheliegendste: ein allgemeines meist recht unbestimmtes und unbestimmbares Gefühl der „**Abgeschlagenheit**" und des Unwohlseins, damit auch der geistigen Bedrückung, damit Unruhe und körperliche Hemmung. Der Mensch ist dann – vielleicht nur kurzfristig „ein ganz anderer"; man kennt sich selbst nicht mehr; Depression, Ärger oder die Fülle der Betäubungen werden folgen!

Wir versuchen (1) uns (allein) „zurückzunehmen“, nach innen zu horchen, auf das „Zentrum“ hin, das mittlere Geschehen; wenn es nicht gar schon schwindet, lockern (2) wir uns ganz, entspannen, spüren Wirkung; und dann (3) spannen wir das „Ganze“ an – unsere Aufmerksamkeit, Energie, Heilwunsch – und kommen den Ursachen immer näher; um dann (4) das Gespürte, das Geortete, wieder „mit ganzer Seele“ gehen zu lassen. – Mächtige Durchblutung, kurzes Krisengespür, Atem. Gähnen, Bejahung und Zuversicht! Und (5) entweder einfach hinlegen oder gehen, kräftig und mit leichten Übungen. (6) Dankbarkeit und die „lange Geduld“ in der Annahme des Gegebenen; Tiefen-Gespür der Not-Wendigkeit; Neubeginn!

Nach meiner Erfahrung gibt es meist drei stärkere Beschwerdenbereiche oder Unvollkommenheiten im Körperlichen und Gesundheitlichen. Die Behandlung sollte sich vor allem auf diese Hauptschwierigkeiten richten, denn oft ist es so, daß mit deren Besserung auch andere Beschwerden verschwinden. Und es wird oft auch nur um die Erreichung eines erträglichen Zustandes gehen, so daß die unmittelbare Störung des Wohlseins verschwindet.

Und hier mag sich noch anschließen – abrundend, alles „erfüllend“, krönend auch – die große Frage, die wunderbare Möglichkeit eines gründlichen Übens der Steigerung unserer Schwingung; so von Körperlichem und Geistigem; der persönlichen Lebensschwingung und des Bewußtseins. Es geht um das Erkennen der großen, allumgreifenden OM-Kraft, der objektiv „überall“ vorhandenen All-Energie; um eine zunehmende und geschickter werdende Öffnung gegenüber den Wirkungen, den Auswirkungen und des geheimnisvollen OM, dem Treibenden, dem Ur-Beweger. Öffnung also zunächst und immer wieder gegenüber dem Helfend-Heilenden, dem, was immer und überall und immer gleich vorhanden ist, um uns webt und wirkt. Und dann die möglichen – mehr besonderen Übungen, tätige Übungen zur Ausgleichung und Steigerung des persönlichen „Feldes“, in Reinigung, Klärung, Stärkung; in der Erhöhung von Spannung und Schwingung.

So wie es die **Isometrik** gibt, als gymnastisches Üben, die sich gegenseitig ausgleichende Spannung (Druck, Zug) zweier äußerer

Kräfte, so gibt es eine **Iso-Tonie**. Tonus (Ton), das ist vor allem der Muskel-Tonus. Und Tonus heißt Strick, Saite, Spannung und eben „Ton“. Doch es gibt dann – und das ist entscheidend im Bemühen um die mancherlei Freiheiten – die höheren Schwingungen (Frequenzen) von „Tonus“, bis hin zur alles umfassenden Spannung des „einen tonlosen Tones“, was hier wie in „Buddha und Mutter Erde“ ausführlicher geschildert ist.

Iso-Tonie ist also vor allem ein Angleichen und Ausgleichen von innerkörperlichen, wie dann sogar wichtiger noch von feinstofflichen, damit von seelisch-geistigen Spannungen, Schwingungen, Zuständen. Iso-Tonie, das ist vor allem

- maßvolle Innervation, willentliche Durchpulsung also durch mehr äußere, wie mehr innere Übungen;
- die Beeinflussung des „Tonus“ durch Bewußtheit, Sammlung (Konzentration) und Willenskraft;
- die Beeinflussung der Gesamtgesundheit durch die verstetigte und verstärkte Spannkraft (Tonus) der mancherlei Arten;
- die Beeinflussung des ganzen Wesens „Mensch“;
- und endlich der Brückenschlag zum „All-Tonus“ und dem rein geistigen OM.
- Die wirkungsvollste Voraussetzung – wie so oft: Wunschlosigkeit.
- Ein Wunsch (Begehren oder Abwehr) ist eine Spannung – im Seelischen, wie im Körperlichen. Diese Spannung wird mehr oder weniger stark eine Störung erzeugen, – wie fein auch immer –, eine Blockade im großen Strömen der kosmischen Kräfte; und auch der seelischen Bewegungen, die aus einer „reinen Tiefe“ des Seins in unser Wesen gelangen wollen und können.
- Wunschlosigkeit also, aus immer bewußter werdender Wunsch-Versiegung heraus –, das ist die wahre und letztlich einzige Hilfe; Voraussetzung für alle wirkliche tief-karmisch-kosmische Hilfe; für die rechte Gnade, für das Geheimnisvolle – für das Wunder: die in das Leben eintreten können.

Die tatsächliche „Öffnung“ in das Strömende hinein geschieht vor allem in der Ruhe und Stille; in horchender Hinrichtung, in den drei

Möglichkeiten: Lauschen, Schauen, Spüren; diese also „passiv" aufzunehmen, zu bemerken; in sich zu verstärken.

Dann aber ist eine Reihe „aktiver" Bemühungen nötig, so (1) bei der inneren Übung der Konzentration: Merken der eigenen Lage nach Schwäche, Stärke, Schwingung; und so vor allem wieder um das (am) „Gesicht", weil hier die entsprechenden Nervenbahnen und Zentren liegen; so vor allem um die Augen, Schläfen, Stirn; auch Ohren und Hinterkopf. Es geht (2) um die bewußte, gezielte Führung des Atems; langsam, tief, bewußt. „Ein" gleich „Ansaugen" des OM; „aus" gleich Lösen von Verspannungen, Hinderungen also für Eintritt und Durchlauf dieser stärkenden und belebenden Ströme. Es geht (3) um einfache Massage, so vor allem Akupressur am Hals, den Schläfen, an den Händen vor allem. Und dann sind einige besondere Übungen nötig und möglich; so vor allem wechselnde Spannungen und Lösungen, vor allem der Hände (Füße), der Mund-Schläfen-Region, des ganzen Gesichtes. Es sollte sehr langsam vor sich gehen; man kann etwas in der Spannung verharren und dann wieder lösen und – lächeln! Weiter die Augenübungen (4), so als Bewußtmachen, dann mit Berühren und auch leichtem Massieren oder Drücken; auch im Drehen und Wenden, wobei man kurzfristig immer wieder lösen sollte.

Aus allem dann (5) das „große Gähnen", das Allheilmittel, als eine Verbindung der vier genannten Teile und aus einer solchen entstehend. Dazu geht es immer wieder um ein Innehalten, das immer bessere Merken der Veränderungen und auftretender Schwierigkeiten.

Eine solche „Aufladung" mit den Kräften des OD (als Äther, Feinstoffliches, Strömendes) und des OM, als der mächtigen All-Schwingung, wird ein langer und oft noch wechselhafter Weg sein. Doch ganz klar ist mir geworden, daß ein solcher Einsatz – ohne jeden Zweifel – der überhaupt entscheidende sein wird, sein muß; der sich immer und bleibend lohnen wird, sich erweisen wird als ein Weg, der nicht mehr wirklich verloren werden kann. Denn diese Möglichkeit – mit allen genannten und ungenannten Spürungen, Übungen und Erprobungen – ist tatsächlich eine grundsätzliche Möglichkeit, das eigene Karma in der „Tiefe des Seins" zu erleichtern, zu wandeln, zu lösen. In immer tieferer Verbindung mit den Auswirkungen des OM liegt ein guter Teil aller wirklichen körperlichen Heilung; und liegt letztlich das, was man als eine wirkliche „Geist-Heilung“ bezeichnen kann. Und selbst das, was man als „Wunder“ und Wunderheilung bezeichnet, wird in der stark erhöhten Spannung-Schwingung möglich für den zu heilenden Menschen, so aus Verzweiflung, inbrünstigem Glauben, starker Hingabe und Hinrichtung (Konzentration) – vielleicht auch aus gutem Karma neuerer Zeit; und mit alledem in Wirklichkeit immer als eine (Art von) Selbstheilung!

Am Ende mag mancher fragen, woher man wohl die viele Zeit und Kraft nehmen soll, um die Fülle der Aufgaben zu bewältigen. Es ist gewiß ein erheblicher Einsatz nötig, auch ein weiter Mut, so manches wegzulassen an bisher Gewohntem; Zeit und Raum zu gewinnen für dieses Gesamt-Werk der Reinigung, Erhellung und Befreiung von Körper und Geist. Doch vieles ist dem Menschen möglich, wenn er erst einmal diese tiefe und unstillbare Anteilnahme, die innerste Hinwendung gewonnen hat – am Erfahren, Erkennen, am Überwinden und Befreien seiner Wesenheit.

- Der Mensch kann viel – sehr viel erreichen.

Das Besondere dieser umfassenden Selbst-Hilfe

Wir gewinnen Übersicht, wägen ab; spüren langsam immer besser, wo und wann es drückt, warum es drückt und wie man sich klug und geduldig auf die Beschwerden einstellen, an sie heranpirschen kann. Es wird viel Erfahrung und feiner werdendes Gespür nötig sein, um langsam immer besser die besonderen Weisen der Behandlung herauszufinden. Eine Spürsamkeit ist nötig, möglich, ein durchlaufendes Gespür für den eigenen Weg; für das, was jetzt und hier wirklich „gegeben“, was möglich, nötig und befreiend sein kann. Und so ist zum Abschluß zu sagen, daß die vielen aufgezeigten Möglichkeiten und Übungen nicht jedes Leiden werden heilen können. Es gibt viele hartnäckige und heftige oder auch geringe, aber entnervende Beschwerden, die – zumindest für eine Weile – nur mit ärztlicher oder medikamentöser Hilfe gebremst, gestillt und oft, wenn auch nur oberflächlich „geheilt" werden müssen. Zu weit ist die heutige Menschheit aus der körperlichen und geistigen „Ordnung" herausgefallen! Und zum anderen muß bedacht sein, daß durch die Selbsthilfe oft keine kurzfristige, manchmal auch keine längerfristige Heilung, vielleicht aber doch eine allgemeine Erleichterung möglich sein wird.

Wir erkennen immer deutlicher, daß jedes Leiden irgendwann einmal geschaffen wurde und wird, daß es ganz in der eigenen Verantwortung liegt, und daß letztlich nur jeder selbst, ganz bei und aus sich selbst die wirkliche, wirkende – und einmal endgültige Hilfe und Heilung finden und schaffen kann. Dieser unmittelbare und **höchstpersönliche Einsatz** ist – nach meiner Erfahrung und Erkenntnis – allemal die schicksalhaft weitaus beste und langfristige Hilfe. „Denn vor den Preis haben die Götter den Schweiß gesetzt" – eben der häufige Einsatz der gesamten Person. Solches ist die echte Verbesserung des Gesamt-Feldes der karmischen Lage; und nur so wird einmal echte Tiefenheilung möglich.

An dem weltreichenden Werk der Selbstheilung immer wieder zu wirken, zu prüfen, zu erfahren, das ist letztlich jedem von uns möglich und es ist zugleich auch eine geistige, eine daseinshafte Aufgabe: die Aufgabe der Selbstverantwortlichkeit, der Selbstbestimmung und – in vielen Stufen – auch der Befreiung, Heilung des Körperlichen – und damit fast gleichlaufend auch des „Geistigen" durch: Erspüren – Annehmen – Lösen – „Rücknahme", Abstand, Überwindung – in der „Ordnung". Und diese Ordnung, am Anfang erwähnt, sie ist es, in die der Mensch hineinfinden *muß*, wenn er die erstrebten Erleichterungen und Befreiungen wirklich einmal erreichen will. Und Ordnung, das ist vor allem ein Gleichgewicht, so eine Einheitlichkeit als Vorsatz (Ideal), als Gefühl und dann als Vermögen: körperlich – seelisch – geistig.

So sollte und müßte es auch das ganze Leben sein, der ganze Gang durch die Alltage und Feiertage hindurch, das zur Aufgabe wird für den, der tiefer und tiefer begriffen hat, wo die vielen Schäden in etwa herkommen, wie sie anzugehen sind, welche lange Geduld dabei erforderlich ist, und woran man dann die Besserungen und Heilungen erkennen kann.

Das menschliche Leben verläuft zwischen Spannung und Entspannung; und es gehört eine Könnerschaft dazu, dieses Grundverhältnis immer bewußter zu sehen und einzusetzen, es beherrschter ablaufen zu lassen. Eine große Energieentfaltung rechter Art wird möglich, körperlich, seelisch, geistig; wechselseitig zwischen Geist und Körper: geistige Anspannung bei körperlicher Entspannung; körperliche Anspannung bei geistiger Entspannung. Es wird zum großen Ausgleich, zur Befruchtung; zu Entlastung und Steigerung. Entlastung entsteht, eine durchlaufende Schulung und ein Freiwerden für die alles entscheidenden Aufgaben und Wirkungen.

Das „Neue" also an diesen Weisen der Selbstheilung, das ist, daß der ganze Mensch, in allen seinen Anteilen einbezogen wird; und daß dieser Mensch zum vielfältigsten Heilenden seiner selbst wird. Und ein weiteres „Neues", das ist – und es ist gar nicht neu –, daß der Geist des Menschen sehr deutlich die Führung übernehmen muß; und „der Geist", das ist die große Vielfalt der inneren Erfahrungen und Erkenntnisse, ist Gelerntes und selbst Erfahrenes. Das „geistige Element" soll die Führung übernehmen, die geistige Haltung und Gesamteinstellung des Menschen. Es sollte das eine Haltung sein, die deutlich weiß, daß die Heilung letztlich nur vom Erkennen und dann vom Annehmen, vom Erdulden und Austragen herkommen kann. Und solches ist dann wirklich und letztlich die (zunächst mehr) geistige Verwandlung unseres Geist-Feldes, unseres Karmas, unseres „Mitgebrachten", einst Geschaffenen, dem auch die körperliche Reinigung, Besserung und Leichterung einmal nachfolgen wird, wie der Schatten jedem Menschen folgt.

Esoterik

Der große Gesamtvorgang von Besserung und Heilung steht in einem weiten Zusammenhang mit vielen Voraussetzungen, Notwendigkeiten und Bemühungen. Der große Überblick, der Blick auf die großen Linien, über die Grenzen hinweg und in die Tiefe des eigenen Seins – mag zusammenfassend noch einmal das Entscheidende aufzeigen. Krankheit, Bedrückung, Leiden, Unvollkommenheit, Entartung –, diese sind es, die den Menschen so häufig bedrängen, ihn aber auch aufrütteln können und werden, Möglichkeiten und Kräfte wecken, um Heilendes zu erfahren. Jede Krankheit, Unpäßlichkeit, Schmerzhaftigkeit ist immer eine mögliche und oft mächtige Gesamterfahrung, die den menschlichen Geist und das Gemüt verändern können – und das auch müssen –, wenn ein Sinn darin sein soll.

Alles **Heilende**, jede Besserung, jeder Neuanfang – und so auch bei Krebserkrankungen – geschieht durch:

- die eigene Natur, auf der Grundlage der karmischen Möglichkeiten;
- eigener Einsatz, Energie – im Körperlichen und im Geistigen;
- Vertrauen der vielen Arten – und daraus zunehmende Entspannung;
- natürliche Mittel –, Heilmittel, Nahrungsmittel, einfache Übungen;
- Selbstbeeinflussung durch Wesens-Wirkworte und Zeil-Denken;
- Hilfen aus dem Unsichtbaren, dem „Hintergrund" – und solches wieder auf der Grundlage des Karmas und seiner Verbesserung;
- das **eigene Karma** – in der Änderung des inneren Wesens durch Übung und eine zunehmende echte und tiefgehende Selbstüberwindung.

Im Einzelnen ist es:

- die körperliche Raffung, Anspannung, Durcharbeitung;
- die geistige Erkenntnis von Fehlern und Irrtümer;
- das Aussetzen der „Routine", Verändern der Schwerpunkte;
- es ist tiefer und entscheidend, zunehmende Selbsterkenntnis;
- und damit tiefe Erkenntnis von Abhängigkeiten und Notwendigkeiten;
- ein größerer und wachsender Abstand zum Leben und seiner Fülle;
- und es ist, schließlich, die Möglichkeit großer Veränderung und Verwandlung, der Metamorphose und Neuwerdung aus der Tiefe.

Endziel aller Heilung des Körperlichen – ist **Immunität** –, dieses Zauberwort aus dem Lateinischen, so (wörtlich) im Schutz

- der eigenen **Geistigkeit**, einer gereiften rechten Anschauung;
- des eigenen **Gewissens** als Ausdruck gefestigter Lebensauffassung;
- der gebändigten, bewußten, geprüften **Gefühle**, Empfindungen;
- einer gefestigten, natürlich gewordenen **Körperlichkeit**;
- dem Maß und der Ordnung des äußeren Lebens und Einsatzes.

Immun werden durch:

- die rechte **Ernährung** –, knapp, leicht, dem Bedarf angepaßt;
- vielfältige **Selbstmassage** und durch Punktdrücken (Akupressur);
- vielseitige **gymnastische** Bemühungen und reichliche Bewegung;
- rechte Hinrichtung auf die eigenen körperlichen Vorgänge;
- vertrauensvolles **Annehmen** des „Zufallenden", des Schicksals.

Immun werden gegenüber:

- äußeren Gefahren, Bazillen, Erkältungen, Strahlen u. a. m.;
- Belastungen, Anforderungen –, Zumutungen durch die Umwelt;
- innere Tendenzen, Gewohnheiten, Reizungen, Trübungen;
- sogar noch gegenüber inneren Stimmungen und Schwankungen;

Den Schutz der eigenen still-mittleren Zustände, Haltungen immer wieder ausbauen und verstärken;

- den „bioenergetischen" und „geistmagnetischen" Schutzmantel schaffen, so aus tiefen karmischen Verwandlungen heraus;
- das eigene natürliche Geschehen auf einen hohen Stand bringen.

Längerdauernde Immunität also durch geduldige –, energetische und tiefgehende Wirkung aller dieser heilenden und stärkenden Möglichkeiten. Die **große Immunität** ist dann die „feste Burg", in der, aus der heraus einmal „unheimlich" vieles möglich werden kann. Und es ist, letztlich, die „**Ordnung**", die große, natürliche, die karmische Ordnung, die den Menschengeist begleiten muß –, führen, heilen und einmal auch befreien. Es gilt, die Linie seines tieferen Lebensschicksals zu finden, auf ihr zu bleiben –, denn das erst wirkt und ist Heilung des ganzen Menschen, so aus der „Mitte" und in der Tiefe seines Daseins und des Seins.

- Ein Schmerz, eine Bedrückung, die vollbewußt ertragen werden, müssen und werden eine läuternde und stärkende Wirkung haben.
- Was mich nicht umwirft, zerbricht, aufgeben läßt, das kann zum Weg der Lösung, der Überwindung des Ichhaften werden: Erlösung!
- „Immun" werden, sein, gegenüber der Fülle des Bedrängenden! In-mun (lat.): im Schutz, in der Befestigung (Mauerbau) der eigenen Möglichkeiten und Kräfte stehen, die man immer geschickter, ausdauernder, eindringlicher zu schulen begonnen hat.
- Die letzte und größtmögliche Immunität geschieht aus und in der großen Ordnung –, der sich der Mensch einfügen muß, wenn er schon in diesem Leben heil werden, also aus der großen Quälerei des Üblichen herauskommen will.
- Je besser man sich in die Ordnung des Geschehenden und ihrer Gesetze zu stellen vermag, umso deutlicher wird die Ordnung durch das eigene Wesen hindurch auf die Mitwelt wirken. Die „Ordnung" ist immer Heilung – seiner selbst wie der Mitwelt.

Gesetzlichkeit und Ordnung im karmischen Geschehen

– Das ist unser Entwurf: eine Ordnung, die sich nicht erschöpft in mehr vordergründigen und kurzlebigen Versuchen, die eigenen, karmisch gegebenen Möglichkeiten dem Umgebenden einzupassen, bei der Gesundheit etwa, harmonischem Lebensgang und helfendem Bemühen. Es geht um Tieferes, Hintergründiges, Wurzelhaftes, das uns – zum guten Teil aus unterbewußten Bereichen, Verhaftungen und Antrieben herleitet; manchmal freilich auch fehlleitet, eben, weil es alte, uralten Anteile, so Wünsche, Ängste, Irrtümer, Illusionen sind, die längst nicht mehr einer klaren Erkenntnis und Beherrschung unterliegen. Es ist der weite Raum, das Geflecht, die Bindung unseres Karmas – Schicksal und Schaffsal. Solches alles aufzuspüren, zu erkennen, ihm spürsam zu folgen, oder es abzutun als hinderlich, unnötig, unheilsam. Es geht um Gesetzlichkeit, Ordnung und Überwindung in der Tiefe des eigenen Seins.

Wenn auch zu Beginn des Buches und immer wieder schon auf Karma Bezug genommen ist, so kann jedoch erst jetzt dieses allesentscheidende Thema voll angegangen und in Einzelheiten hinein verfolgt werden. Zu den entscheidenden Voraussetzungen einer möglichen Befreiung des Menschen aus den Daseins-Banden gehört es vor allem, daß er das Problem des Lebens erkennen lernt – immer tiefer und selbständiger – als Gegebenheit des Leidhaften: das Ausgesetztsein gegenüber dem Dasein, gegenüber der eigenen Vergangenheit. Und es geht darum, die unermeßliche menschliche Bedrängnis, Fragwürdigkeit und Fehlerhaftigkeit wirklich auf die großen Gesetze des Universums zu beziehen; das eigene Leben einzugliedern in die geist-natürliche, die kosmische **Ordnung**. Und das heißt, die Gerechtigkeit und Folgerichtigkeit hinter *allem* Geschehen zu finden: die umfassende Gerechtigkeit von Ursache und Wirkung!

Großes und entscheidendes Gesetz der Erkenntnis: die Summe der Wirkungen unseres Fühlens, Denkens und Handelns ist unser Selbstgericht. Und das allein ist zugleich das Karma-Gesetz; und diese Gesetzlichkeit – scheinbar heute schon recht selbstverständlich für die zahlreichen „esoterisch-aufgeklärten“ westlichen Menschen –, dieses Groß-Gesetz ist von unheimlich-ungeheurer Tragweite. Noch lange nicht tief genug ist es eingedrungen in unseren geistigen Haushalt und in die Wirklichkeit unseres Lebens. Denn hier, bei diesem eisernen und umfassenden Gesetz von Ursache und Wirkung – freilich weit hinaus über dieses eine Leben –, hier gibt es kein Wenn und Aber, keine Schattierungen und Ausflüchte. Und wer diese Zusammenhänge und Grundsätze echt anerkennt, annimmt, der hat damit schon einen ganz erheblichen Schritt in seiner Erkenntnis getan. Und diese Erkenntnis nötigt ihn, sich von nun an tatsächlich immer besser danach auszurichten; immer achtsamer, selbsterkennender, moralischer, ethischer, feinsinniger zu leben.

Wir stehen unter Schutz und Geißel der Gesetze –, in der „Ordnung" eben. Geißel sind sie, weil sie unerbittlich jede einzelne Übertretung ahnden; Schutz sind sie vor allem dem Herausstrebenden, weil sie, ebenso unbeeinflußbar alle Bemühungen aufzeichnen, alle Fortschritte und fein-heilsamen Wirkungen, die sich ebenso sicher einmal einstellen.

> Die Bestimmtheit der Gesetze – unaufhörlich, unaufhaltsam, lückenlos in Ursache und Wirkung.

Die entscheidende Frage und Aufgabe: wie löse ich Karma auf, wie vermeide ich die Bildung neuen Karmas? – Antwort, breitgefächerte und tiefreichende Antwort sind alle rechten, von der rechten Anschauung des Daseins und dem Erkennen seiner Gesetze getragenen Bemühungen und Erfahrungen. Es ist das alles wie ein „Schmoren im eigenen Saft", in der Fülle eben der karmischen Tendenzen, der fein-unsichtbaren Neigungen, stets bereit zur Einmischung in das Erscheinende.

Karma, das ist ein Magnetismus durchdringender Art; eine Kraft, die zumeist (noch) wegzerrt von der Klarheit, der Stille und Gelassenheit. In der weitgehenden Unsichtbarkeit, meist Unwägbarkeit dieser Kräfte, dieser Strömungen und Treibungen liegt die Erschwernis und die Gefährlichkeit. Es ist so etwas wie eine sich selbst fortsetzende Wirkung; es geschieht „das alles" zumeist noch ohne unser Einverständnis. Es sind „Linien", Magnet-Linien, die den Menschen, sein Geist-Magnetfeld, verbinden mit der Fülle des „Wabernden" des eigenen inneren Haushaltes, wie auch mit der Unendlichkeit des Ganzen an uns herum. Karmische Linien sind es, auf denen Menschen und Ereignisse, aber auch nur innere Bilder, Gefühle, Gedanken, entlanggleiten, sich begegnen, sich stören oder helfend verstärken; ganz so, wie sich physikalische Schwingungen verhalten. Und immer mehr Menschen werden es spüren – aus der Krise, der Scheidung heraus, werden lernen, in einer geduldig-übenden Reinigung

(Katharsis) und Verwandlung (Metamorphose) – eine solche Klärung und Bereinigung der karmischen Linien herbeizuführen.

Alles geistige Geschehen ist voller, oft so feiner Bedeutung – und Wirkung auch. „Nomen est Omen“ (lat.). Auch der Name ist ein Zeichenhaftes; der Anklang, in der Bedeutung und Schwingung. Manchen Menschen kommt ein Vor-Name zu, der Tieferes spiegelt, der Hinweis sein kann. Die Namensgebung kann rein oberflächlich und konventionell erfolgen, oder aus tiefer Überlegung, aus feinem Gespür, oft aber nur ganz „zufällig“. Magnet-Linien mögen dahinter wirksam sein.

Der Name schwingt – mehr noch als vieles andere –, eben weil er so häufig benutzt wird, eigentlich „immer da ist“. Er schwingt durch alles hindurch; seine Wirkung geht so bald nicht verloren. Es ist der schicksalhafte Begleitklang, vielleicht mit feiner magisch-modelnder Wirkung. Der wahre Name eines Menschen „tönt hindurch“ (personat, lat.), ist und bildet Persönlichkeit in der Tiefe des Unterbewußten. Er bindet den Menschen, „ruft“ vielleicht auch – und reift. Er mag Aufforderung oder Verpflichtung sein oder werden. Und so sollte der richtige, der eigentliche Vorname möglichst erhalten bleiben, immer benutzt werden. Denn im rechten Namen ist auch die Verbindung zu den tief-schicksalhaften Kräften und Bewegungen des Hintergründigen gegeben.

Die entscheidenden **Anteile des Menschen**, das sind vor allem

- seine Neigungen (Karma, Erbe), mitgebracht und sich wandelnd;
- seine rechte, tiefdringende Anschauung, der Maßstab, die Vernunft, das Erkennen und Befolgen der Gesetzlichkeiten; der Blick auf die Freiheit;
- Fügung und Führung, die ihm – mit steigender Reife deutlicher zukommen, zufallen.

Die Aufarbeitung der vielen Verhaftungen an „Ich“ und „Welt“ kann nur durch die beiden letzteren geschehen: Geduld im Annehmen einmal und Einsatz der Anschauung, des Gewissens, in Entschluß und Überwindung. Je weiter sich ein Mensch fortentwickelt von seiner Ichhaftigkeit und Illusion, umso mehr Hilfen werden ihm kommen; auf dem Weg der Befreiung, wie dann vor allem für ein mögliches Werk von allgemeiner geistiger Bedeutung. Und eine Führung – so sie wirklich von derzeit unsichtbaren Geistwesen kommt – mag aus einem „höheren Interesse“ an einem Einsatz des Gereiften für eine Aufgabe an Menschen – wie bedeutend immer – entspringen. In jedem Fall ist so manche – kurz- oder langfristige karmische Vorarbeit zu leisten: Jahre – viel eher jahrzehntelanges Horchen, Wirken, Überwinden, ehe solches sich im Erkennbaren auswirken kann. Ein solches Zusammenfließen der Umstände, eine Gunst des Schicksals mag auch die wirkliche Erfüllung eines Werkes, in der Idee und als Aufgabe bringen; überhöht in geheimnisvollen Hilfen aus dem Hintergründigen.

Aus Neigungen, reifender Anschauung und aus Anstößen der Führung entwickelt sich das **Gewissen** des Menschen. Ein gewaltiger Begriff, einmal ganz stark gewußt im Weistum vergangener Zeiten, immer wieder auftauchend, klarer oder nur verschwommen. Das Gewissen der üblichen Betrachtung ist nur eine schwankende und ungewisse „Instanz“. Das rechte Gewissen ist ein immer Werdendes, sich weiter Wandelndes, sich reinigend, sich klärend vielleicht einmal zu großer Feinheit und Klarheit. Erst, wenn hinter dem Gewissen ein festes, ein sicheres Gerüst steht, eine gefestigte, eine nicht mehr ich-bezogene, eine übergreifende Ordnung, Anschauung – die rechte und freiheitsbezogene eben; und wenn, weiter, Willenskraft gewachsen ist und ein größerer Abstand zu allem Ichhaften, dann ist das Gewissen die verläßliche Dauer-Kontrolle, das ständige Wächteramt geworden; wie ein „Leitstrahl“, der uns dem Ziel näherbringt.

Nur sich gedulden und stillhalten – wie es von manchen Richtungen empfohlen wird – ist gewißlich nicht ausreichend; nur entsagen, ist es auch nicht; und nur aktiv „Aufarbeiten“ kann es auch nicht bewältigen. **Eine hauptsächlich gültige Dreiheit ist es also: – Geduld haben; – loslassen, aufgeben, verkleinern; – kritisch wirken, kämpfen, verwandeln.** Es sind die großen griechischen Worte: die Krise (Scheidung), die erduldet und durchgestanden wird; die Katharsis (Reinigung), in der es abfließt, in der wir uns scheiden vom Schädlichen, Hindernden, von den Verunreinigungen unseres tieferen

Wesens; Metamorphose (Verwandlung) schließlich, das (wörtlich) Verändern der Gestalt, der Übergang in ein Anderes, Neues.

Durch die, so sehr lange Reihe von kleinen oder größeren Krisen läuft der Weg des Freiheitsbewußten – mehr oder weniger unvollkommen – hinein in langdauernde Reinigung und Wandlung des körperlichen, seelischen und geistigen Seins. Krise, als das Kritische, wo sich die Entscheidung anbahnt, das Hervortreten des Krankhaften, Unvollkommenen, Störenden; und dann – nach dem „Höhepunkt" das Abscheiden. Krise als Anstoß, Stoß, als Krampf und oft hilfloser Kampf; als ein Einbruch, Zusammenbruch, als Überwältigung – und dann vielleicht als Durchbruch. Aber Krise auch als (fast) dauernde „zeitliche Unruhe" und zugleich als Ansatz und Möglichkeit zu bleibender Ruhe, Zufriedenheit und Frieden, welche aber erst nach dem reinigenden Ausscheiden, Abscheiden, sich Bescheiden – und nach der Wandlung, im Vereinfachen, Fasten und Verwesentlichen erreicht werden können.

Es gilt, alle Entschlußkraft zusammenzunehmen, um die unermüdliche Arbeit an sich selbst durchhalten zu können. Man muß den Mut aufbringen, fast alles in Frage zu stellen. Das körperliche, seelische und geistige Verhalten muß einer neuen Ordnung und einem neuen Menschenbild unterstellt werden. Und dafür bedarf es eines grundlegenden Vertrauens in das eigene Geschick; eines echten und lebendigen Vertrauens, stark und fruchtbar, aufrichtig und rein, einfach und praktisch (durchführbar), unerschütterlich und wirksam; fähig, alle widerstehenden Kräfte dieser Welt zu überwinden.

Vertrauen auch in eine Fügung und eine Entschlossenheit, die sich der Führung immer wieder anheimstellt. Denn es wird viel Fügung nötig sein und sie wird einmal deutlicher werden –, in der sich die Linie unseres Schicksals andeutet, in der die zunehmende sonderbare **Gesamt-Kraft** des hintergründigen Seins hilfreich spürbar wird.

Helft mir, Ihr Hohen Geister!
Helft mit beim Werk
und gebet Weisung,

wenn es möglich ist,
dem Handelnden und Fingerzeig!

Das immer wieder: Offenheit – Bescheidenheit – Dankbarkeit.

Ganz schwierig und letztlich unersprießlich ist wohl die Frage, wenn intellektuell-neugierig gestellt, inwieweit außerirdische, höhere, jenseitige Wesenheiten, Mächte, Strömungen in unser Einzel-Schicksal hineinwirken: gute und hilfreiche („Gott“, „Engel“), wie düster-bedrängliche („teuflische“, dämonische) Wesenheiten; inwieweit direkte oder indirekte Hilfen aus einem, für uns Unsichtbaren kommen können. Die Frage also – so sehr vieler Menschen aller Zeiten –, inwieweit Momente der „Gnade“ wie der „Verdammung“ hineinwirken. Schon im zweiten Vorband, „Buddha und Mutter Erde“, bin ich öfter darauf eingegangen; im Verlauf wird es noch deutlicher werden.

Gewiß kann und muß man von einem mehr unmittelbaren – eben verständlichen, greifbaren, ableitbaren Karma und dann mehr mittelbaren –, weit und undeutlich sich verlierenden Anteilen sprechen. Wie vieles von dem, was zumeist als Gnade, als höhere Gnade bezeichnet wird, liegt in Bereichen des Dogmatischen, Rituellen, Eingebildeten, des Gewollten gar; dann im Riesenbereich des Undeutlichen, des nicht Erklärbaren; und schließlich so oft im Subjektiven, in der Ich-Gebundenheit, so aus Wunsch, Furcht oder Übersteigerung geboren. Dieser ganze Raum kann tatsächlich vom Menschengeist nur selten, nur in günstigen Reifemomenten angeklärt werden. Wenn wir geduldig, unverzagt immer wieder weiter machen mit der inneren (und äußeren) Klärung, Durchleuchtung –, dann werden uns die wirklich notwendigen, hilfreichen Durchblicke entstehen; werden da sein: aus der Reife.

Die „Gnade“ –, als Fügung und Führung, also vor allem als ein Zusammengesetztes, als Ergebnis, ein irgendwie und letztlich doch immer wieder Verdientes – vom Karma her. Die karmisch wirksame Vorarbeit geschieht lange fast unbesehen, denn „Gottes Mühlen mahlen (manchmal) langsam, mahlen aber trefflich fein!“ Als eine Gunst der augenblicklich, wie auch der karmisch insgesamt gegebenen Umstände wollen wir es vor allem sehen, erkennen. Und auch wenn personenhafte Geistigkeiten mitwirken sollten, Geschehnisse „arrangieren“, so kann solches „Gnadenhafte“ doch (wahrscheinlich) nicht *gegen* die Ordnung und Gesetzlichkeit geschehen. Es kommt aber so sehr oft überraschend, kaum oder nicht angekündigt, anscheinend unverdient. Dieses Überraschende, Stoßhafte, mag vor allem von der Nicht-Ausgeglichenheit des jeweiligen Karmas und der augenblicklichen Lage abhängen. Es geschieht so etwas wie das Überschreiten einer Schwelle, so wie nach einem Stau; ein Reifemoment also, das die unerwartete – günstige Veränderung bewirkt und auslöst.

Zu dem, was in „Buddha und Mutter Erde“ dazu gesagt ist, noch so viel, daß ich dieses Geschehen als ein Gesamt der so sehr vielen Voraussetzungen und Einflüsse sehen muß, dem der Betroffene mit großer Aufgeschlossenheit, wie in feiner Bescheidenheit und Dankbarkeit gegenüber den schicksalhaften Wirkungen begegnen sollte. Ein Ich, das sich etwa solches (teils) zuschreiben könnte, das ist ja gedanklich und wunschmäßig gerade nicht (mehr) vorhanden; und die Ichhaftigkeit mag man auch schon weitgehend entlassen haben.

- Gewiß hat der Reifende und stetig Bemühte,
  immer selbstloser, ichloser lebend, so manche Möglichkeit,
  derartige Hilfen, Weichenstellungen bei und für sich –
  ein wenig auch für andere auch herbeizurufen.
  Karmische Reife, das ist die große Voraussetzung für jeden
  Eingriff aus dem Hintergründigen (Omen, Omina u.a.).

  Karmische Notwendigkeiten, Möglichkeiten, Bemühungen,
  zusammen mit hintergründigen Hilfs- und Schutzwirkungen:
  ist es das? –

  So wächst sich alles zurecht
  im großen Garten der Wahrheit.
  Nichts – ohne zureichenden Grund.

Es gibt so etwas wie einen Schutz und einen Segen, einen Schutzschild, eine Schutzhülle, die den mit Ausdauer Strebenden nach und nach umgeben wird. Das ist so etwas wie eine bio-energetische

Umwandlung geübter, gelebter Tugenden, Haltungen, Entsagungen, in der Menschen karmischer Grundausrichtung – in ein wirkliches Strahlungsfeld. Und hier liegt – letztlich – aller Segen, alle Hilfe, alles Unerwartete aus dem Raum des Hintergründigen, das sich im „Vordergrund“ ergibt.

Engel – Genien – Schutzgeister, das „Hohe Selbst“ –, hier sind gewiß wunderhafte, erstaunliche, geheimnisvolle Geschehnisse, die der Menschengeist kaum je klären, höchstens anrühren kann. Der „Engel“ –; ist diese sonderbare Gestalt so etwas wie ein Begleiter, ein Vorbild, vielleicht auch Spiegelbild des Betreffenden? – „Engel“ mögen Wegbereiter sein, Auslöser von (notwendigen) Geschehnissen, Entwicklungen; Vollstrecker des Karmas vielleicht: – der „Engel mit dem Flammenschwert“!

Es ist ein Vielfältiges am Engelhaften; eine Fülle von Beziehungen und Verbindungen zwischen „Engel“ und „Mensch“. Engel können „hinter“ den Menschen stehen; ihnen hier und da einen „Wink“ geben, so der Mensch „hören“ und „sehen“ lernt. Es ist der Wink aus der höheren Schwingungsebene, in der weiter und klarer gesehen werden kann. Wirkliche Entscheidungen aber kann der Engel dem Menschen nicht abnehmen; geistige Veränderungen müssen immer im Menschen selbst fallen. Da liegt die fein-unsichtbare Grenze aller Gnade! Und es ist wohl eine entscheidende astrale Eigenschaft der Engel: die Wunschlosigkeit im Eigenen und damit fast völlige Offenheit, Bereitschaft, Fähigkeit, den Menschen so zu sehen, wie er ist; und das anzustoßen, was not ist. Fließend mag die Grenze sein zwischen Menschlichem und Engelhaftem; denn der Mensch, er kann sich ja auch „aufheben zu feinen Höhen“. Er kann wachsen in die Sphären von Selbstlosigkeit, Klarheit, Offenheit und einer schicksalhaften Bereitschaft zu einem Werk, einem Dienst an seiner Mitwelt.

Die rechte Begegnung zwischen Menschen, vor allem zwischen zwei Menschen und besonders noch, wenn solches auf rechten karmischen Linien geschieht –, das ist allemal eine große und schöne Möglichkeit der gegenseitigen Befruchtung, des Wachsens und Wirkens in eine bessere Bewußtseins-Welt hinein. Eine Universalergänzung mag entstehen – so zwischen Frau und Mann, eine

Gemeinschaft der Seelen, der Ausgleich der Gegensätze im Anderen, wie in sich selbst; eine entscheidende Förderung in der Tiefe des Menschlichen. Aus einer immer reifer, menschlicher und selbständiger werdenden Freundschaft und Liebe –, Paarschaft, wird immer wieder und immer mehr die Hinrichtung auf das „Werk“, die Hilfe am Menschengeschlecht, auf das Rettende in Geist und Tat.

Liebe und Paarschaft – in der schicksalhaften Verbindung der vielen Möglichkeiten. Erfüllungen und Überwindungen.

Den Nächsten lieben, wie sich selbst: vorzüglich diese „andere Hälfte des Wesens“; und auch diese – jetzt gerade notwendige hilfreiche Verbesserung und Ergänzung eigener Unvollkommenheit.
So ist eine rechte, tiefe, natürliche, eine karmisch-kosmische Liebe und Ergänzung ganz sicher die große Neuwerdung!

Ungeheure karmische Bewegungen beginnen, eine weitgreifende Neuordnung der irdischen Verhältnisse; die Entwirrung vielleicht im Riesengeflecht, vor allem der menschlichen Beziehungen; wahre Verwandtschaft – Freundschaft – rechte Paarschaft.

Eine große Dreiheit bestimmt den Lebensgang des Bemühten, Reifenden, des einer größeren Verantwortung Bewußten. Es sind drei Bereiche von – dann – alles ausfüllender Bedeutung und Wirkung:

- „Liebe“ und „Paarschaft“, wie Freundschaft – in einer Findung und Bindung, einem gemeinsamen Helfen, Verantworten und Befreien;
- das „Werk“ – als der Gesamtausdruck dessen, was den Verantwortungsbewußten – auf welcher Ebene und Art auch immer – zunehmend erfüllt und bestimmt;
- die „Freiheit“ – als der Ausdruck des – innerlich prägenden Wissens um so manche, dem Ausgang zuführende Freiheiten des Bewußtseins, des Geistes, der ganzen Person.

Solches alles kann dann zum Wunderhaften führen, das die Grenzen und Möglichkeiten des „Ich“ übersteigen wird: im Wunder liebender Bindung und Verbindung, das zum Wunder des Werkes führt und dieses zum Wunder der Freiheit. Und die drei Bereiche werden sich gegenseitig ausgleichen, werden sich manches Mal auch opfern müssen, je eines für ein anderes. So vielleicht: über das Opfer der (persönlichen) Freiheit, einer Verlangsamung der Bemühungen um die große Freiheit eben für die Freundschaft und Liebe und für das Werk hin zum Wunder menschlicher Reifung und Tiefe.

Die Frage, wie stehen Einheit der Person und diese große, umgreifende Dreiheit zueinander –, wie ist solches zu sehen, zu bewältigen? – Der Mensch kann in diesen Dreien so recht nur leben, wirken und sich befreien –, wenn er zutiefst begriffen hat: das Dasein und die Freiheit.

Befriedigung: erwächst im Werk des Lebens; in der geist-liebevollen Beziehung zum Anderen; im Gespür einer langsam wachsenden Freiheit. In diesen drei Tiefenbereichen des Daseins wird er seine **Einheit** finden.

- Liebe und Freundschaft mögen dem Werk dienen; das Werk dient der Freiheit.
- Drum prüfe, wes Geistes Kind du bist; wie dein Wesen, wie dein Weg sich anzeigt – in der Ordnung!

Der große Weise und Praktiker der Lebenskunst, **Kungfutse**, sagte:

„Ein Mensch muß zuerst den Platz kennen, den er in der Welt einzunehmen gedenkt. Damit legt er seine Stimmung fest. Ist dies der Fall, werden alle seelischen Erregungen aufhören. Sind diese abgeklungen, tritt eine unendliche Ruhe in ihm ein. Erst dann wird er die Befähigung besitzen, wirklich geistige Arbeit zu leisten.“

Wir haben die „Ordnung“ angesprochen,
angeleuchtet in vieler Weise:
Ordnung des großen Seins –
Ordnung im persönlichen Dasein.

Des Menschen **Leben** muß sich einfügen,
muß die Gesetze der Ordnung
erkennen und nutzen lernen;
sie befolgen ins Feinste hinein.
Dann wird die Ordnung zum großen,
zum alles einschließenden Segen,
bringt Erfüllung, leitet immer weiter,
zeigt die Wege und Pfade.
Ja, die Ordnung kann und wird sich
immer wieder einmal auch zum Wunder,
zum Wunderhaften weiten –,
immer wieder voller Geheimnis und Tiefe,
der wir uns – dann – ahnend
und vertrauensvoll hingeben können.

Von der Freiheit des inneren Seins und Bewußtseins

Sehr vieles im Vorangegangenen ist ausgerichtet auf tiefe und immer wachsende Verwesentlichung, damit verbunden auf Vereinfachung, auf Klärung, mündend dann in Beruhigung, Stillung des Geistes, einer häufigen Rücknahme vom Tanz der äußeren und inneren Dinge, in der Hinrichtung auf Eigenes und auch auf „Mittehaftes". Zustände von Leere, Leichtigkeit und Freiheit werden sich – oft wie von selbst ergeben und werden die Frage wecken, wie es wohl weitergeht auf den Pfaden eines suchenden und übenden Lebensganges, der sich immer versteht als vorläufig, offen; bereit zu prüfen, Neues anzunehmen, es umzusetzen, – übend und erkennend – in lebendige Erfahrung und bleibendes Wissen.

Wie, nun, mag ein alltägliches Leben laufen in der schon erheblich verringerten Zahl und Dringlichkeit der Aufgaben, der Pflichten und Verpflichtungen, der Wünsche und Bedürfnisse? Wie mag das alles weiterlaufen, wenn ein Mensch, sein Geist sich den Bereichen innerer Übung und Erfahrung angenähert hat, wenn er Einschneidendes erfuhr; wenn sich Steigerungen der persönlichen Schwingung ergaben? – Dann mag die Notwendigkeit einer Verstetigung, Festigung und häufigen Anwendung des Erreichten naheliegen. Denn, wenn man das innere Wesen nicht gründlich, breit und immer wieder absichert –, dann ist augenblicklichen Erfolgen die Folgewirkung zumeist nicht gesichert. Was kann weiterführen in einem Alltag, der vielleicht nur selten die Möglichkeit längerer ruhender Übung offen läßt? Es geht um Haltungen, Einstellungen, Übungen, die durch den Alltag getragen werden, die durchgehender im Innern vorhanden sind. Der eigene Weg, die sehr angepaßten eigenen Möglichkeiten, Ansätze, Befriedigungen, Verstetigungen sollen gefunden werden – und das in einer wünschenswerten Einfachheit des äußeren und inneren Geschehens.

Alles Bisherige, so eindringlich und angewöhnlich, hilfreich und auch schon befreiend – wie immer, ist gewiß noch nicht tiefgehende Lebensweise, noch nicht das schöne und immer greifbare Ziel eines weiten Strebens. Es sind immer wieder Anstöße und es gilt weiter zu erfahren, Veränderung zu prüfen, sich selbst auf den Fersen zu bleiben; denn dieser Weg, der Weg des Einzelnen, kann nur ein Weg beweglicher, kluger, zäher Bemühungen sein: der weite Blick, der lange Atem, der klare Verstand. So geht der Weg, die Entwicklung; und wenn man es wagt – immer wieder – innezuhalten, „auszusetzen", den Gang seiner Stunden und Tage, auszudünnen so vieles Denken und Tun –, werden sich feinere Dinge und Wirkungen herauslösen – wie von selbst. Denn es ist nun einmal der „Mut zur Lücke", dieses entscheidende Gebot, das alles freiheitliche Mühen und Erkennen leiten muß und begleiten von Erfahrung zu Erfahrung, von Ziel zu Ziel. Und diese Befreiung vielleicht sehr vieles, sehr Neues, sehr Belebendes nach sich ziehen kann, das ist schon sichere Erfahrung und klares Wissen geworden in einer langgeduldigen, folgerichtigen, mutigen und zutiefst vertrauend-zuversichtlichen Bemühung auf diesem Weg des leichteren, freieren, des helleren und recht eigentlich geistigen Lebens.

> Das Leben als einen Gesamtversuch zu sehen – in der zeitlichen Unruhe, aber der ewigen Ruhe verbunden, in dieser schon gepolt.

Ein Anderes hat sich angedeutet, wurde angeleuchtet und erfahren, über die inneren Bemühungen üblicher und gewohnter Meditation hinaus:

> eine sonderbare **Bewußtheit** – mehr durchgehend;
> eine **Lockerung** des Daseins, noch mehr Abstand auch;
> ruhend in einem tiefer und breiter werdenden **Vertrauen**;
> einer, schon wesensgemäßen **Einfachheit** von Leben und Denken;
> in einer mehr durchgehenden **Entspannung** von Körper und Geist; einer sehr häufigen, fast selbsttätigen **Selbsterkenntnis**.

Und es ist wie ein **Horchen** auf innere Bewegungen, feine Zeichen; und schließlich so etwas wie eine **Geistigkeit** des Lebensganges; eine Art **Abgehobensein** von der dauernden Last und der so tiefdringenden Anziehungskraft des Materiellen und des Körperlichen, des „Weltlichen". Es ist wie eine **Rücknahme** in sich selbst, von Eile und Aktion, von der Unruhe und der Abhängigkeit. Es ist ein mehrfältiges, selbstverständliches, ein reifer gewordenes Bemühen, das den Alltag zu tragen begonnen hat.

Gute Gelegenheiten, Erleichterungen des Äußeren, „Luft" und „Raum" – werden immer wieder nötig sein, die man plant, auch unmittelbar spontan, aus der Lage heraus ergreift und nutzt. So war es auch in meinem Gang durch den Alltag und in besonderen Zeiten und Momenten, daß ich auf Verstetigung und weitere wirksame Vertiefung des Geübten und Erfahrenen hingewiesen wurde; daß ein **Zustand**, besser eine kleine Folge solcher sich anzeigte, verdeutlichte, in den Bannkreis stärkerer, mehr bewußter Bemühung geriet. Ein Zustand, der in Andeutungen, besonderen Erfahrungen auch schon zuvor sehr selten erlebt wurde: etwas wie reines Bewußtsein, vielleicht reines Sein; Freiheit des inneren Seins –; eine langsam bewußter und beherrschter werdende Erfülltheit dieses Lebensganges in immer mehr Teilen und Zeiten.

Es gibt eine Reihe von wichtigen, für das Üben hilfreichen Begriffen, die von mittehafter Art sind, die solches Geschehen umgreifen, die dabei mitwirken, den „Zustand" bestimmen:

- das **Gelagertsein**, das vor allem geistige, menschliche Gesamt-Niveau;
- die allgemeine, längerfristige **Verfassung**, so körperlich, nervlich;
- die **Haltung**, geistig, moralisch; Beherrschung, Bewußtheit;
- die **Stimmung**, als augenblickliches Zumute-Sein und Gemüt;
- der **Zustand**, als der augenblickliche Gesamt-Zustand;
- die **Ganzheit**, als länger anhaltende Einheit der Person;
- das **Mittehafte**, als ein – wie Schwebendes, Freies.

Eine Reihe, sich steigernd immer weiter zum Wesen, zur Mitte, zur Freiheit. Innerhalb dieser vollzieht sich der noch näher zu durchleuchtende Zustand besonderer Art.

Es geht um das zu prüfende Erkennen der jeweiligen inneren Lage, wozu diese Begriffe hilfreich sein können; deren Bedenken oder Vorhandensein immer hinführt zu einem Maß an Einheit und Ganzheit. Wenn man ein Maß an Mittehaftigkeit finden kann, wenn es bestimmender wurde, wird dabei eine eigentümliche Stille, Klarheit, eine große Unbedürftigkeit aufkommen; Unabhängigkeit, vor allem, und – leise Freude; sich ergebend aus feiner Bewußtheit, Lockerung und Abstand, die natürlicher werden. Es ist das wohl auch noch Meditation, so vor allem als **Übung im Stillhalten und in der achtsamen Klarheit**; als Suchen, Ertasten solcher Momente der Mitte, solcher Bereiche des inneren Wesens, die ein länger anhaltendes Gleichgewicht mit sich bringen, die in einer Unabhängigkeit stehen von Wenn und Aber, Für und Wider; von äußerem Zuspruch oder Ablehnung auch. Solches wird erfahren, und es ist anders, mehr, ist bleibender als Bisheriges.

Meditation – weitgespanntes Sammelwort –, unklar so oft; eng verknüpft in unserem Zustand mit Konzentration, als einer **Übung aufmerksamer Hinrichtung und starker Vereinheitlichung** des inneren Erlebens; mit Kontemplation, als **gelöste Weise der inneren Übung,** dem reinen Gewahrwerden und zeitweiligen Einssein; große Harmonie, dann, der körperlichen Vorgänge und der inneren Strebungen. Unsere mittehafte Haltung, als Zustand besonderer Lösung und des Abstandes, mag vor allem beruhen auf einem äußeren, wie mehr noch inneren Lockerlassen, einem Unbeteiligtsein, daraus einer Unbestimmtheit des Geistigen, eben in der gelösten Gesamthaltung. Hier mag das Spüren tieferer Anteile des Wesens deutlicher werden, die vielleicht noch in einer Ordnung gelagert sind, deren Erspüren unseren Lebensgang fast wie von selbst steuern könnte.

Spüren, wie das SEIN sich rührt,
wie der Strom ins Dasein drängt;
wie ein tiefer Geist dich führt;
wie Bewußtsein sich verengt
auf das Wesen tiefer Kräfte,
die dich führen;
die du spüren kannst,
wenn ganz allein du weilst –
im eigenen Wesen.

Man spürt den besonderen Zustand – in feinen Veränderungen – und fragt, was es wohl ist, wo es ist, wie es ist; diese sonderbare Gesamt-Konzentration, – Seins-Haltung; welches die entscheidenden Kennzeichen sind? – Es muß solches vor allem *unabhängig* sein von äußeren Hilfen und Anstößen; also in der völligen Selbständigkeit stehen. Es muß grundsätzlich *stets erreichbar* sein –, werden, wenn eine gute Gelegenheit kommt oder geschaffen wird. Es muß solches etwas ganz *Ausgeglichenes* sein, etwas Ausgleichendes, eine Haltung großen Gleichgewichts. Und schließlich – solche, noch sehr allgemeine Kennzeichnung abschließend: es muß in rechter Weise *frei* sein, einfach so; frei eben vom Drang nach diesem und dem, vom Inneren wie Äußeren; frei – in einer augenblicklichen oder auch länger anhaltenden Bewußtheit, Stille und Ausgeglichenheit. Daß solcher Zustand ganz bei sich gesammelt sein wird, ist einsichtig; vereint mit den feinsten Zeichen einer Harmonie; und damit schließlich in einer (uns jetzt und so) denkbaren, einer kaum spürbaren **Zufriedenheit**. Es muß solches ganz im eigenen Inneren liegen, ruhen, pendeln, leise vibrieren; das, was ich schon Instase nannte: wirklich innen-gelagert, innengepolt.

Dieser Zustand, Befindlichkeit, Haltung, Gegenwärtiges – ist das mittlere, bestenfalls überhaupt erreichbare bewußte Geschehen oder Nicht-Geschehen; es ist die entscheidende Erfahrung; dieses, vielleicht nur kurze Erreichen des reinen und stillen Zustandes von Bewußtsein, geistigen Bewegungen, von Gefühl und Gemüt.

Und der Zustand beginnt sich zu verdeutlichen, sich aufzugliedern. Es ist Einheit, aber auch – Vielfalt feinster Wirkungen.

- **Ruhe** –, jene sonderbare Tiefruhe, in der körperlichen Entspannung und gemütsmäßigen Lösung;
- **Kraft** –, jene sonderbare Kraft des Seienden, in einer ruhigfesten Sicherheit des Gespürs;
- **Heiterkeit** –, als eine Unbeschwertheit, spannungsfreie Leichtigkeit und innere Helligkeit des gegenwärtigen Seiens;
- **Offenheit** –, als eine ruhende Bereitschaft gegenüber allem Seienden; Geöffnetsein dem innerlich Strömenden;
- **Abgeschiedenheit** –, als jene sonderbare Einheit des eigenen Wesens;
- **Tiefe** des Hintergründigen – im Lösen und Lassen –, als höchst sonderbare Erfülltheit und Geborgenheit;
- **Klarheit** –, im (dann kaum noch) unterscheidenden Erkennen und direkten Überwinden der gewohnten und neigungsbedingten Bewußtwerdungen von „Ich“ und „Welt“;
- **Wirklichkeit** –, als Wissen – Sein – Strom – Unendlichkeit.

Es sind wieder die acht „Sphären“, die sich in Einheit und Vielheit offenbaren und verwirklichen. Gunst der Stunden ist es, in denen das Menschenwesen zu still-natürlicher Einheit findet.

- Wenn man auf der eigenen inneren Wesens-Linie liegt, dann ist Kraft, mehrt sich Kraft. Dann ist Einheitlichkeit; ist kein Un-Natürliches mehr, ist kein Reibungsverlust.
- Nur der – vor allem mit seiner inneren Verfassung voll Zufriedene hat zu solcher Zeit das undeutliche Gefühl von Leere und (drängender) Langeweile und damit die Unruhe und Eile überwunden.
- Erst die Abwesenheit von Interesse, dem „Dabei-Sein“ der vielen Arten und Grade –, ergibt eine Stille des Lebens und Bewußtseins.

- Die Zwiefalt (Dualität), das innere „Gegenüber“ und „Gegeneinander“ der geistigen Anteile – endet in der tiefen Ruhe und Gelöstheit des Augenblicks, des Zustandes; darin liegt das Zeitlose, das Freie, vielleicht Schwebende.

Wie, nun, kommen wir solchen Zuständen bewußt und willentlich näher? Wie wird solches tatsächlich erreicht? – Der fein-neutrale Zustand kann spontan eintreten, dasein – aus uneinsichtigen Bewegungen, Gegebenheiten unseres Inneren heraus; kann aber auch durch bewußte Innenwendung, Innenspürung –, in der wachsenden Erfahrung – erreicht werden. Es geht anfänglich darum, sich spürend auf eine solche Möglichkeit hinzurichten, auf dieses hinzurichten, auf dieses besondere Geist-Bewußtsein und Zumutesein, so vor allem als Spüren und Merken des „inneren Gesichtes“, zugleich Ausdruck der Lage des Gemütes. Man kann sich tastend darauf vorbereiten; es immer wieder für möglich halten. Es geht um eine Förderung der – so oft besprochenen und geübten Haltungen und Einstellungen der gegenwärtigen Achtsamkeit und der Wissensklarheit (Buddha); eine Aufmerksamkeit dann, die sich wie auf einem Kontrollturm befindet, etwas außerhalb sozusagen auch des inneren Geschehens. Eine Zustandsgewahrwerdung ist es, das feine Spüren und Erkennen dessen, was im Augenblick „da“ ist, vorgeht, vor allem an Störungen, auch feinster Art; denn solche sind es, die das Reine verhindern. Es ist das immer klarere Bewußtwerden, Bewußtmachen der gegebenen Lage: zunehmende Kontrollbewußtheit. Und dann ist es der innere **Zug** in Richtung auf dieses sehr Stille, sehr Ausgeglichene.

Das Bewußtsein merkt den gegenwärtigen Zustand – anfänglich vor allem in Ruhestellung, oder wenn sonst ein größerer Abstand zum Üblichen vorhanden ist. Das Innere tritt deutlicher hervor in diesem Gesamtgespür. Der ganze Ablauf des Geschehens verlangsamt sich. Und hier geht es – von mir in den letzten Jahren immer deutlicher erkannt – kaum noch darum, sich mit positiven Begriffen (Ruhe, Kraft, Entspannung etwa) aufladen und verändern zu wollen, sondern sehr fein und spürsam zu *merken*, was jetzt gerade an unguten, hinderlichen Momenten, nur noch sehr feiner Art im Bewußtsein, im Gemüt oder Geist gegenwärtig ist; Unruhe, Spannung, irgendein

Schmerz, ein Wunsch oder Bedürfnis. Dann ist man bei der eigenen Wirklichkeit; und hier ist immer der rechte Ansatz für fein verändernde, so aufhellende oder beruhigende Wirkung aus diesem sehr feinen Spüren und Erkennen. Von dieser augenblicklichen Wirklichkeit geht der Weg – der oft gar nicht so weit ist – auf eine ausgeglichene Mitte zu. Fest entschlossen, auf „etwas" hingerichtet, auf dieses merkwürdige **Gesamt**, so wird sich der noch fein unvollkommene Zustand festigen. Hier mögen sich erste Erfahrungen ergeben, so eine Helligkeit des Inneren, auch eine Leichtigkeit.

Im Bereich des Zustandes merken wir mehr von unserer ganzen weltläufigen Ich-Befindlichkeit. Da sind nicht nur feinste Gefühle und ganz geringe Schmerzempfindungen, nicht nur das fast immer rege Wirken des Verstandes, sondern da sind noch feinere Bewegungen, die alle stören wollen; sehr frühe Regungen des Ichhaften, auch nur des Ichgefühls (!); anfängliches geringstes Wollen, ausgedrückt meist in Ansätzen zu Bildern und zum inneren Sprechen. Auf dieses bestimmende Ich-Gefühl, das Sich-Fühlen, richten wir die sehr gelöste Aufmerksamkeit, auf das, was da arbeitet, zu arbeiten beginnt: Regung, Gefühl, Wunsch, Wollen, wie die beginnende Verbindung dieser. Das Ichgefühl kann sich mehr in körperlich-nervlicher, in gespürmäßiger Weise, wie mehr in feiner geistiger Bewegung ausdrücken.

Es geht darum, wo immer einer auch steht, sich selbst, sein eigenes Inneres so einfach, schlicht und tief wie möglich anzuerkennen; es zu spüren, bewußt zu machen und es auszugleichen versuchen. Die eigene Person und Persönlichkeit wird fast stets die entscheidende Rolle spielen im großen Lern- und Befreiungsprozeß. Achte auf möglichst Vieles, was in dir aufsteigt: Hauptregel und Ratschlag. Immer wieder bei der eigenen Zuständlichkeit, dem eigenen Zustand zu beginnen mit der stillen Prüfung, das ist Weg und Ziel.

> Alles Erlernte, Angenommene, Aufgebaute – immer wieder auflockern, durchschauen und loslassen.
> Alle anscheinenden Zustände, Notwendigkeiten von Körper,

Seele, Verstand und üblichen Vorgänge fahren lassen und das
Leben neu anfangen – bei seinem einfach-stillen Beginn:
Art und Weise des großen Einfachen, des Stillen, des Leeren.

Wenn man derart ansetzen kann – und es ist gewiß das Schwerste im Gang der Bemühungen um Beherrschung, Vertiefung und Ausgleichung –, dann steht man an der Quelle. Und man kann es wirklich beobachten, dieses alles, aus einem sonderbaren, sicher nur sehr geringen Abstand, der auch schwankend sein wird, meist nicht lange erhalten bleibt. Aber selbst dann bleibt jedes Mal Wirkung und Gewöhnung zurück. Der Zug wird stärker, wirkt häufiger. Und nicht nur auf das Ich-Gefühl und den damit verbundenen Verstand, dieses durchaus Zusammengesetzte, dieses Vergleichende und Verknüpfende, auf dieses, dem geübten Sinn noch einigermaßen erkennbare innere Deuteln und Sprechen, soll sich die Aufmerksamkeit richten, sondern auf das noch Tiefere: die Mitte des Bewußtseins und der ersten, fast noch unterbewußten Tendierungen, Neigungen, Bewertungen.

Es geht also – vor der Erreichung der hier gemeinten fein-neutralen Zustände – um die zeitliche Überwindung und Eindämmung des Eigenen, ein Loslassen, ein inneres Nicht-Tun –; so bei inneren Bildern, Regungen, Tendenzen, Gefühlen; beim inneren Sprechen, Verknüpfen, Planen und Sorgen. Es ist die Rücknahme, der Abstand, soweit möglich ein „Nicht" eben. Fest entschlossen gilt es, sich zu versammeln. Man kann in der Ruheübung selbst – später auch im Alltag – „zurückfallen" vom momentanen Objekt (dem inneren oder auch äußeren Sehen; Hinrichten) auf den „Sehstrahl" selbst, auf die Aufmerksamkeit an sich; und dann auf den Ausgangspunkt dieser geringsten und doch entscheidenden Bewegung.

Es bleiben dann:

das Bewußtseins-Zentrum, Mitte der Bewußtheit,
das „Ich" in der Grund-Bewegung, den allerfeinsten Regungen,
der Zustand selbst, vielleicht als ein Schwebendes.

Der Weg von der Gebundenheit zur zeitlichen Freiheit
ist manchmal nur ein kurzer, ein kleiner Schritt:

die „Welt vor Augen" halten, sehen, ob innerlich oder äußerlich, sie auch ergreifen –;
die „Welt" loslassen – und zurückfallen in die mittlere Waage.

Das eigene, mehr innere Gesicht in seinen Zügen, feinsten Spannungen und Veränderungen wird zum entscheidend hilfreichen Objekt; es ist von einer feinen, aber festen, einer „gesichtshaften" Spannung durchfedert. In der Mitte des Gesichtes zieht sich alles zusammen, um die allerfeinsten Veränderungen – fast unmittelbar zu merken und aufzufangen, und damit einer Störung des sehr feinen inneren Gleichgewichtes, dieser Waagehaltung vorzubeugen. Im Feinsten ist dann nur noch das Gleichgewicht der Aufmerksamkeit selbst: die Waage-Haltung.

Die geistige Haltung und die Gemütshaltung im inneren Gesichtsausdruck werden so zum fein-starken Steuerungsmittel des tief-lösenden, freiheitlichen Übens. Wir erkennen die weite Spanne des inneren Ausdrucks, in einem Spüren-Merken der sehr feinen Veränderungen und Tönungen, die äußerlich so gut wie nicht mehr zu erkennen sind. Und es gibt die Möglichkeit eines Einsatzes, um diese feinsten Veränderungen willentlich zu lenken und damit tatsächlich das „Aussehen" des inneren Zustandes, des Gemüthaften zu verändern. Diese feine Steuerung kann uns hinführen – über die Mitte unseres inneren Gesichtes – zu einer mittleren Lage unseres Geistes: Ganzheit und Einheit. Die entscheidende End-Haltung mag das völlig gelöste, dennoch ganz bewußte, das unendlich leise lächelnde, fast nur noch innere Gesicht sein: das „Lächeln des Buddha" ...; und vielleicht der „Mona Lisa".

Wir können solches alles wirklich schulen, vor allem das äußere und innere **Lächeln** – bewußt und auch eine Zeit anhaltend. Was ist nötig? – Entspannung des Ganzen, vor allem des Gesichtes, das ganz „breit" wird. Wenn nötig, wird ein Gähnen aufkommen. Man kann gelegentlich in den Spiegel sehen, aber weit besser ist, solches unmittelbar innerlich zu spüren. Die Wirkungen sind weit und tief und feinmächtig, so auf das ganze Körperliche, das Nervliche. Der Gefühlsbereich, das Gemüt wird heller, leichter, das Geistige still und wesentlich; schöpferische Möglichkeiten werden angesprochen, geweckt. Im Ruhesitz mag man nach und nach dahin kommen, daß ungeahnt geringe und feine Unterschiede, Veränderungen im stillgleichen Inneren merkbar werden; damit auch ein „Aufsaugen" aller Langeweile und Unruhe. Es entsteht eine wirkliche Bindung an dieses Mittlere. Vielleicht ergeben sich diese Wirkungen eines solchen inneren Lächelns:

- natürliche tiefe Entspannung des ganzen Wesens;
- zunehmende und umgreifende Bewußtheit;
- eine sonderbare Offenheit gegenüber den Vorgängen des Lebens;
- eine Wunschlosigkeit;
- eine Furchtlosigkeit;
- ein einfaches Wohl, umgreifend, unabhängig;
- eine deutliche Leichtigkeit, ein Gefühl von Freisein;
- eine, innen wahrgenommene Helligkeit, ein Leuchtendes.

Dieser mittlere Zustand wird mehr und mehr zur letzten Wirklichkeit, zur einzig erstrebenswerten Möglichkeit der Betrachtung und des Verweilens; das ganze Bewußtsein, das Wesen neigt (oft) dahin. Jede Überlegung – zunehmend fremder werdend – läßt man zu solcher Zeit gehen, geht manchmal schon von selbst. Das Bewußtsein „dümpelt" sozusagen vor sich hin, vibriert im Unbestimmten, tritt auf der Stelle; ist ohne bestimmten Inhalt, ohne Interesse. Es ist wie ein Zurücksinken, auch noch vom Gesicht – in eine Art Mitte, die etwas über dem Gaumendach liegt; damit eine völlige Rücknahme der aktiven Möglichkeiten, ja, allen Vermögens.

Und hier sind wir nahe dem letztmöglichen Zustand menschlichen Geistbewußtseins, der mit allen genannten Schritten und Haltungen vorbereitet wird; der erst die wirkliche, dauernde Erfüllung menschlichen Seins vorbereiten, mit sich führen kann. Es wächst in einem Menschen jenes Gefühl von Mittehaftigkeit, von Ausgeglichenheit und Einheit des Wesens. Eine solche, an sich natürlich gegebene Reinheit, Ruhe, Ursprünglichkeit des Geistes (zentripetal, Mitte erstrebend) wird nur aufgehoben durch die Tausendfalt der, auch feinsten Wünsche und Regungen (zentrifugal; fuga = Flucht!). Wenn das Begehren, das Sich-Beschäftigen endet, kehrt sich notwendig alles zur größeren, zur größten Ruhe und Klarheit. Also –, nicht so sehr, eine als solche nicht vorhandene Mitte suchen, sondern die „fuga" – als Wunsch, Unruhe, Illusion aufgeben!

> Gefühl von Mitte: das schwebeleichte Verharren in
> einer, von feinem Wohl erfüllten Wunsch- und Zeitlosigkeit;
> ^ die schwebende Abseits-Vollhaltung.

Nicht, freilich, hat es sich mir je gezeigt als eine bestimmte, eine faßbare oder persönliche Mitte, sondern eben als Zustand einer, aus vielen feinsten Anteilen zusammengesetzten Waage-Haltung; abhängig vom Maß der zeitweiligen Ablösung des Geistes von Ich und Welt; als ein, immer noch bedingt reines Sein.

Drei Hauptschritte, Zustände, Begriffe habe ich gefunden: bewußte Wunschlosigkeit, eben tätige Wunschversiegung; wunschlose Bewußtheit; der Zustand ichloser Einheit.

Dahin führt vor allem Spannungsfreiheit und große Ruhe der inneren Kräfte und Bewegungen; Harmonie, hier als Übereinstimmung zwischen eigenem gegenwärtigen Bewußtsein, sowie dem Wissen und Gewissen um ein freieres, ein freies Sein.

Und noch einmal, weil so wichtig, so tiefdringend in die ruhende Mitte des Daseins: wie stellt sich dieser „Zustand" im Einzelnen dar; was ist es, wo ist es, wie ist es? Und auch – was ist es nicht? – Dieser Zustand in einiger Reife, der sich auch noch leicht verändert, ist nicht mehr bestimmt von gewollter Abwendung, nicht von Kampf, nicht von Trauer, auch nicht von ekstatischen Regungen, Übertreibung also und Euphorie. Es ist so sehr vieles fremd geworden, eigentlich sinnlos, unnötig, wie gar nicht da.

Es ist eine fließende Verbindung aus einem Merken des Ganzen, so aus allgemeinem sehr feinem Tastgespür, neutralem inneren Sehen und schließlich (bei mir) aus dem inneren Hören des strömenden, singenden, des „tonlosen Über-tones". Der Atem geht ganz leicht, frei, heiter; „mittehaft", unbeeinflußt, gleich; er liegt ganz innen. Die Aufmerksamkeit ist „mittel-hoch". Der Zustand ist nicht abhängig vom Atem.

Es ist dann vor allem eine völlige Ausgewogenheit (Neutralität), die „All-Wartehaltung"; die „Gleiche" – jenseits von Wohl und Wehe; eben ein Zustand der „ichlosen Einheit", in der Ausgeglichenheit, der zeitweisen Unbewegtheit. Es ist ein sonderbarer Ausgleich von Spannung und Entspannung, Kraft und Ruhe, Nüchternheit und einer Offenheit des sehr feinen Empfindens. Es ist wie ein Schwebendes, wie ein immer Seiendes; ein Selbstverständliches dann, einfach und klar.

Und es ist da – aus alledem sich ergebend – eine „Leerheit" (ohne die vielen „Faktoren"); ein „Nicht Sein" endlich, ohne bestimmtes Objekt; ein Frei-Sein. Unterscheiden müssen wir zwischen einer Vielzahl falscher Leerheiten und der rechten Leere. Die ganze Spannweite menschlicher Möglichkeit und Entwicklung klafft zwischen Unausgefülltheit, Unruhe, dem Greifen nach „Welt" – und der vollen geistigen Erfülltheit, damit Unbedürftigkeit, dem bewußten Loslassen und Ruhen. Das Vorüberstreichen leerer Zeit-Momente vor dem Bewußtsein, das ist meist und für die meisten in Wirklichkeit das größte Leiden, das – auch unterschwellig fast immer gegenwärtig ist. Die Langeweile in ihren wechselnden Arten läßt nach allem „Zeit-Vertreib" greifen, eben um die Zeit „totzuschlagen".

Erst im Zustand spürsamer „Leere" – getragen von Aufmerksamkeit, Entspannung, Gleichmut ist der Frieden zu finden.

Darin und damit ist im besten Fall eine (fast) völlige „Offenheit" des Bewußtseins, der Bewußtheit –, des gegenwärtigen Spürens, Erinnerns, Denkens gegeben; weil man ohne Wunsch und auch ohne „Wahn" ist, damit (so gut wie) ganz entspannt, gelöst und damit offen für sehr vieles in der „Realität", der „unendlichen Wirklichkeit" Vorhandene; was allerdings im Zustand selbst (noch) keine Rolle spielt. Ich kann es erleben, aus dieser Mitte des Bewußtseins heraus, etwas wie eine All-Offenheit, in der vieles – aus der Erinnerung, aber auch in der Gegenwart, fast wie gleichzeitig bewußt ist; daß dann wohl die ganze Breite der, etwa 17 Momente je Sekunde mühelos ausgenutzt ist – in dieser ganz großen, weiten Leichtigkeit. Es kann solcher Zustand aber auch zur Belastung und Unruhe führen, wenn nicht weitgehende Abgelöstheit, Wunschlosigkeit und gefestigter Gleichmut gegeben sind.

Es hat dieser Zustand, in einiger Vollkommenheit etwas von dem, was das „Nirwana zu Lebenszeiten“ genannt werden kann. Es mag so etwas sein wie ein Erfahren von „Sein selber“; eben das reine Seiende, das in sich selbst ruht; anhaltend, immerwährend, ausfüllend, erfüllend; ohne Wechsel und Unbestand – wie „ewig“, ganz still; ohne Leid und Unfrieden, als Wohl und Frieden. Es ist die bewußte Erfüllung, angestrebt und bewußt erfahren im Gang der langen Reifung. Es ist auch ein Zustand einer Art von „Überbewußtheit“, auch „Außerbewußtheit“, wie ich ihn bisher nur selten in anderen Lagen – spontan, unter Druck oder im seltenen „Sehr-Besonderen“ erlebt habe. Er umgreift in etwa: Nicht-Tun, reines Sein, Nicht-Sein. Hierher gehörig ergeben sich mir sieben Stufen des Nicht-Ich, die sich alle auseinanderentwickeln und die den Zustand hoher Möglichkeit vorbereiten:

- „Nicht-Wollen“: der Versuch der Wunsch-Versiegung;
- „Nicht-Wünschen“: die zeitweise Wunschlosigkeit;
- „Nicht-Tun“: Tun ohne Wunsch (der Ichheit);
- „Nicht-Denken“: Denken ohne Wunsch (der Ichheit);
- „Nicht-Fühlen“: Fühlen ohne Wunsch (der Ichheit);
- „Nicht-Sein“: das Sein ohne „Ich“, den Wahn des Ich;
  das Ende der feinen Ich-Unruhe;
- „Nicht (mehr)-Sein“: ein Sein ohne bewußtes Bewußtsein.

Ein Geschehen dieses – zunächst ohne Ichhaftes, zunehmend auch ohne Denken und ohne Spüren von Ich-selbst.

Der große Gedanke – Vorwurf des „Nicht“:
nicht etwas tun – ist dabei nötig,
sondern das große Weglassen von allem irgend
Entbehrlichen, Hindernden, Täuschenden.
Denn „Nicht-Tun“ – ist ein wunschloses Tun.

„Nicht-tun“ des Tuns, das ist ein Tun –
spürsam, sparsam, gelassen, besonnen.

„Nicht-Fühlen“ – das heißt wohl,
die Last an den Dingen, Entscheidungen,
zumindest im Geistigen zeitweise nicht zu fühlen.

Das „Tun des Nicht-Tuns“ –, das ist
der strömende Gang der Notwendigkeit.

Im „Nicht-Tun“ werden „Himmel“ und „Erde“
wie von selbst wieder vereint.

Warum nun kann man nicht länger einfach so – in diesem leise schwankenden Zustand von Wachheit, Ruhe und Neutralität verharren ...? Was stört, unterbricht dieses Gefühl mittehafter Einheit ...? Warum weicht ein solcher Zustand wieder, wenn es sich nicht um äußere oder rein körperliche Störungen handelt? –

Es ist alles zusammengesetzt und rasch sich ändernd: Seele, Geist, Ich, Gemüt, Gefühl, innere Bewegungen. Und das heißt, daß dieses leidlich beherrschende „Ich“, der Wille, eben nur sehr begrenzt in der Lage ist, festigend in einer solchen fein-innerlichen Lage zu wirken. Ruhe und Zufriedenheit schwächen sich ab; geringe Unruhe beginnt zu stören. Die beiden Hauptwirkungen der „Großen Schwäche“ des Menschen – einerseits geistige Unruhe oder Langeweile, die oft sogar die Ursache ersterer ist und dann Dumpfheit oder Trägheit; diese kommen auf – unheimlich fein so oft. Auf diese gilt es immer besser zu achten, in der Nähe des Zustandes wie zu anderen Zeiten. Langeweile, vor allem als Unzufriedenheit mit dem momentan – außen oder innen – Gegebenen, als undeutlicher Wunsch, eben Unbefriedigtheit; und dann als Ausgreifen nach „diesem und dem“: das

Allerhäufigste im menschlichen Leben. Trägheit, vielleicht als eine passive Auswirkung der Langeweile, als Mangel an Bewußtheit und Energie.

Es ist schwer, mit „fast nichts" im Bewußtsein auszukommen; es gelingt nur bei sehr guten inneren Bedingungen und ohne äußere Störungen. Besser wird es zumeist sein, sich eine Hilfe zu wählen; vielleicht doch wieder den Atem, innere Oberlippe, Oberkiefer; oder eine der acht „Sphären"; oder etwa die erkannte leise Schwäche (Unruhe oder Dumpfheit); oder einfach „Nicht-Tun", „Nicht-Denken", „Reines Sein" als solches und das als feinster Begriff wie als Gespür.

Wie ist solches Geschehen und Nicht-Geschehen im Überblick zu sehen? – Es mag dieses alles eine andere Weise des meditativen Übens und Wirkens umgreifen und beschreiben, sehr einfach und doch das Letzte umkreisend: **eine einfache und stille Weise übenden Verharrens.** Wir brauchen nicht mehr immer fest zu sitzen, uns auf bestimmte Dinge zu richten. Es ist das so etwas wie ein Freigeben, ein Spüren, Horchen und Schauen auf das, was unser inneres, innerstes Leben wirklich ist. Es ist das laufende Erkennen des Wandels; es ist die bewegliche Weise, die sich auf die geschehende, bewußtwerdende Gesamtlage und den Zustand des eigenen Inneren bezieht; dieses klar, nüchtern merkt und es zur Ruhe kommen läßt. Es liegt dieses alles ganz dicht an den vom Buddha gegebenen Übungen und Einstellungen; nur vielleicht mit noch weniger (historischem) Ballast, als die Kern-Lehre des Buddha ohnehin schon hat – ; den Heutigen in etwa aufgeschlossen; auf vielen Stufen der Reife, in vielen verschiedenen Lagen anwendbar.

Das hohe Ziel ist es, daß sich eine Haltung, Stimmung und Verfassung stiller Besonnenheit und häufiger leichter und natürlicher Vertiefung durch den Alltag zieht. Der Abstand ist erheblich gewachsen zum Treiben und Getriebenwerden, zu Unruhe und Vielfalt. Die immer häufigere und langsam zusammenhängendere Innenwendung (Introversion, Instase) findet statt.

- Als entscheidende Gegenwirkung zum tausendfältigen Begehren muß das natürliche bleibende, breite **Samadhi** kommen, der abgesicherte, durchkraftete, vollgewordene, der tiefbefriedete Zustand.

- **Zu sich selbst finden; bei sich selbst sein** (als Vorgabe). In der Vollendung solcher Übung und Haltung als Seinszustand, eben auf Dauer –, fällt das „Ich“ mit dem „Doppelgänger“, dem Vorbild, Ur-Bild zusammen; löst sich damit als langgewohnte Vorstellung, Schemen auf. Das Geistbewußtsein verliert die Spannung, wird damit wirklich frei. Insofern ist es die Erlösung der letztlich einzig rechten Art.

- Es ist nur die langsame, aber stetige Verwandlung des inneren und innersten „Menschen“, des Geist-Bewußtseins und eben die Auflösung aller Wünsche, Neigungen (Tendenzen), die alles dauerhafte Heil bringen wird. Und insofern ist es letztlich nur diese „Binsenweisheit“, ist es (nur) dieser unermüdliche Eigen-Einsatz in Erkenntnis, Übung und Überwindung, der entscheidend ist; und es ist nicht „all das Andere“, das von irgendeiner (eben doch noch) äußeren „Instanz“ angestoßen oder erwartet wird; und das so lang-gewohnt und abhängig geworden.

> Aus der Ex-istenz, dem Herausgefallensein,
> der In-Formation; dem äußeren Einfluß –,
> zur Ex-Formation, der Herausnahme –
> in die In-Sistenz, die Innenverlagerung! –
> So geht der Weg notwendigen Bemühens;
> der Weg aus der Existenz auf die „innere Linie“,
> die Einheit, die Mitte zu: „In-Sistenz“,
> das immer beständigere in sich Ruhen.

So gilt es, diese „Plattform der Freiheit“ immer besser auszubauen, indem wir uns von verschiedenen Seiten herantasten, solche mittleren Haltungen immer besser in den Gang des Lebens einbeziehen. Die wachsende innere Bewußtheit ist dabei die erste und letzte Voraussetzung; und dann innere Gelöstheit, – Freiheit von Erwartung, damit von Spannung, Unruhe und damit auch der Abstand zum „Prozeß“ – dieses entscheidende Ergebnis und Voraussetzung für alles wirkliche Geschehen auf dem Pfad der Befreiung. Tastende Versuche und laufende feinere Erfahrungen bringen unseren Geist, „uns selbst“ in die rechten Bedingungen.

Drum prüfe, eh‘ du weiterwanderst,
bedenke Schein, erspüre Sein
indem du einfach nur verharrst
in deines Innern klarer Sicht.
Denn wisse, alles Müh‘n und Wenden
vergeht in jenem reinen Sein,
dem nah‘ du bist zu jeder Zeit;
das alles ist und – nichts;
die Freiheit – jetzt und hier.

Der Bezug zu anderen „Zuständen“, anderen Bezeichnungen in der religiös-philosophischen Überlieferung, mag hilfreich sein.

- „Reich Gottes“ und das „summum bonum“ der christlichen Mystiker; immer unklar geblieben, im Gefühlvollen, im Bereich von Glauben und Hoffnung.
- Das „Ewige“ und „Absolute“ vieler philosophischer Ansätze.
- Die „Realität“; oft gebraucht im heutigen „spirituellen“ Schrifttum, als Zustand der unmittelbaren Wirklichkeit, unvermischt noch oder wieder (einmal) mit dem Heer der – zumeist unterbewußten Neigungen, so als Begehren und Furcht, als Täuschung und als die verspannten Schadstellen im Innersten.
- Die „Mitte“ des Menschen; oft gebraucht und viel zu bestimmt gesehen. Es ist also eine Befindlichkeit und nicht „irgendetwas“, „irgendwo“. Es ist ein Abgehobensein im Ausgleich, eine erreichte Harmonie und Erfüllung; im „Zustand“.
- Yang und Ying: das sind die eigentlichen, die wirkenden Ursachen im gewaltigen Lebensgang des Kosmos: hell und dunkel, bejahend positiv und negativ verneinend, Bewegung und Ruhe, Spannung und Lösung, fest und nachgiebig, männlich und weiblich. Yang, der klare, vernunftgeprägte männliche Verstand; Ying die stille nachdenkliche Ruhe des Weisen, das Wesen des

Mütterlichen. – Deren Ausgleich, ja, die Aufhebung (!) geschieht, so scheint es mir, in diesem „Zustand"; und es ist auch der Abglanz des geheimnisvollen TAO: SEIN, reines Sein.

- Lao-Tse, als Kronzeuge, Vater des „Nicht" –; sehr oft unklar geblieben sein nicht weitergehend erklärtes „Nicht-Tun", Nicht-Handeln, Nicht-Denken auch. Es ist nicht etwa (nur) das „Laissez-aller", die Gleichgültigkeit gegenüber allem Geschehenden, vielmehr – das ist unbedingt entscheidend zu klären: es ist ein Herausnehmen der Fülle ichhafter Vorgänge, des Begehrens und Wollens, aus dem eigenen Handeln – und dann mehr noch aus dem Denken und Fühlen. Viel mehr als nur Nicht-Tun ist hier gemeint –, eben die eigentliche innere Gesamteinstellung, die den Menschen tief-hintergründig prägt, und die er nur in Geduld und klugem Stillhalten fruchtbar klären und immer weiter wandeln kann.
- Auch der Zustand der geheimnisvollen Abgeschiedenheit **Meister Eckharts**, weiser Mystiker im Mittelalter, liegt ganz im Raum der großen Rücknahme, des „Nicht"; folgt aus Einsamkeit und Stille, steigert diese und ist durchzogen von unvergleichlichen, den menschlichen Geist, das Gemüt ganz erfüllenden Gefühlen, Erschauungen; ist Erfüllung und Frieden.
  „Himmel" und „Erde" einen sich in solchen Zuständen zu etwas wie unfaßbarem „All-Schwingenden", bei dem der „Mensch", sein Bewußtsein, noch „da" ist, in dem aber alle Dualität, Zweigeteiltheit aufgehoben ist in ein geheimnisvolles „Ganzes".
- Auch zum „Nirwana" des geschichtlichen Gautama Buddha –, vielumdeutelter, kaum recht erklärter Endzustand eines unerhört folgerichtigen Pfadgeschehens, ein „Nicht-Zustand" dem TAO Lao-Tse's vergleichbar –, ist von allen genannten und von unserem „Zustand" aus nicht zu weit; das „Nirwana", gesehen als das „ganz Natürliche", das „Selbstverständliche", das „Allgegenwärtige", die „Reinheit", die „Leere", das „Geheimnisvolle", das „Unendliche", das „Absolute", das „Freie".
- „Reines Sein" – ohne bewußt zu sein, das ist das Letzte –; und auch das buddhistische „Pari-Nirwana", „Zustand" nach dem letzten Abscheiden des befreiten Menschen –, seines Geistigen; „Weder Sein, noch Nicht-Sein".

- „Unerreichbar nahe" –; ganz nah und – doch wie unerreichbar, so steht der Mensch – zu sich selbst, zur Welt, zu den mancherlei Erleuchtungen auch –, zu den Freiheiten, der letzten Freiheit des Inneren; in sich selbst nur zu finden –, fern und nah zugleich. Unerreichbar in Begriffen des bloßen Verstandes; nah jedoch, immer da, immer offen dem fein-beharrlich spürenden Sinn. Wege laufen, so offen und verborgen; Grenzen tun sich auf, werden zum Weg –; Weg in die Grenzenlosigkeit eines unfaßbaren, eines fernen und nahen Seins –; Nicht-Seins –; in der letzten Erlösung.
- Am Ende der Entwicklung wird alles wieder sehr einfach; wie zum „Nichts" –; und zugleich zum „Alles"; weil das „Ich" überwunden ist.
- Nichts mehr von wirklich wesenhafter Bedeutung! Alles ist von Bedeutung für den Weg der Freiheit!
- Das Kleinste wird zum Größten. – Der „Punkt" der Bewußtheit wird zum Hebel für jede Verwandlung.
- Eine sonderbare große, weite Entspannung tritt ein.
- Die „Zeit" steht still –, überwunden – in der großen Lösung.
- In das „Sein an sich" eintreten!
- Durch das „Nichts" gehen – außen wie innen; im Allgespür.

„Das da" – die UR-Meditation (und der Schlüssel dazu). Es ist das – immer wieder anfänglich Seiende –, zugleich das All, das unser Bewußtsein wahrnimmt, wahrnehmen sollte, hinter allem vielfältigsten Geschehen und Bewußtwerden.

Der „Zustand" ist uns grundsätzlich nahe, ist eigentlich immer da; doch es wird eine erhebliche Reife der gesamten Menschlichkeit und Geistigkeit, eine wesentliche Ablösung vom „Tanz der Dinge" erbracht werden müssen. Aber es mag dem Einen oder Anderen schon einmal geschehen, daß sich eine vorübergehende Reife des Augenblicks, dieser bestimmten Stunde ergibt, da er solches anrühren, ein wenig erleben kann.

Immer wieder kommt es unerwartet,
immer wieder ist es da:
Jene starken, tiefen Wogen,
Lebenskraft und Seelenruhe.

Gunst der Stunde hebt den Geist
in die feinen Mitte-Sphären,
in das Zentrum, in das All.

Hier unter mir die Erde,
der Himmel über mir –;
so steh` ich mitten hinne
im Stirb-und-Werde-Sein.
Da kreisen manche Welten
im großen Werdegang;
die Mitte steht ganz still –
in mir.

Leise spielt die Waage um ein mittleres Sein.

Das wirkliche „Bei-sich-Sein" –;
man ist ja ohnehin immer bei sich selbst!
Man weiß es nur nicht – oder kaum einmal;
man erträgt es nicht –
in der Kleinheit, Enge und Traurigkeit –;
den „Blick der großen Reinheit und Leere",
entblößt vom verfälschenden Überhang ichhafter
Bewertung.

Der Gewöhnliche ist glücklich
durch die Erfüllung von Wünschen
und Abwesenheit von Bedrängnissen.
Das ist abhängiges Glück! –
Der Sich-Befreiende empfindet feines Glück,
besser, Wohl, Frieden –
auch ohne übliche Erfüllung;
bei der Abwesenheit von Wunsch, Sorgen und Erfüllung.
Bedrängnis wird zur übenden Aufgabe,
um Glück in der Überwindung –
und sei es nur in geistiger Bewältigung –,
und in der großen Geduld

- Lebensfreude nicht im Wünschen, sondern in Wunschlosigkeit.

Wie wird solches, rein-neutrale Geschehen fruchtbar in einem feinen und verantwortungsbewußten, vor allem inneren Leben? – Dieser insgesamt geschilderte Zustand ist so etwas wie die Grund-, Haupt- und Endstufe in einem; ein Bereich schwebender Freiheit auch. Die Aufmerksamkeit im „Zustand“ ist ganz auf das augenblickliche Geist-Feld gerichtet, auf die stille Lage des bloßen Seins. Aus diesem zeit- und teilweisen Stillstand der Möglichkeiten heraus mögen sich wenige ähnliche Zustände von allerfeinster Wirksamkeit entwickeln.

Aus diesem einheitlichen Bewußtsein, aus dieser zeitlichen Freiheit des inneren Seins mag die „All-Wartehaltung“ entstehen, eine Art von **Öffnung** auf der abgelösten Ebene. Es ist feinste Bereitschaft, in der Gelöstheit des „Eigenen“ –; ein wenig nach vorn gerichtet, in minimaler Erwartung von etwas noch ganz Unbestimmtem, das vielleicht auf den wunschlos wartenden Geist zukommen könnte. Die drei inneren Sinne öffnen sich hier für feinste Regungen. Um Mund und Augenpartie mag sich erste feine Spannung bilden, gespürt werden. Allererste Versuche, tastend, in direkter Erfahrung, so feine Helligkeit, ein Leuchtendes. Und in dieser geringen Spannung zugleich das „Lös“, die große Voraussetzung solcher Öffnung und Offenheit: zu achten auf die feinsten Spürungen und Wirkungen des „Allhaften“ –, im größtmöglichen Vertrauen in das „Ganze“. Es ist das feinste Spüren der inneren Lage, dieser erneuten Art von Waagehaltung; ein inneres Hinschauen bei einer Mundhaltung, Gesichtshaltung, Bewußtheit, die leicht einwärts-aufwärts gerichtet ist und gänzlich entspannt.

Vorbereitet und begleitet sein muß dieser Folgezustand aber auch von einem „Abwehrenden“, einem nur noch sehr fein gegenwärtigen Bewußtsein bezüglich „all des anderen“, so auch der meisten Erfahrungen aus dem Raum von „Meditation“; es schwindet solches alles wie von selbst. Man kann es das „offene Sein“ nennen; und das wieder in der besonderen, eben anderen Weise wie sonst übliche Meditation. Es ist eine Öffnung, vor allem für die All-Kraft, für die strömenden Kräfte und Vorgänge im umgebenden All-Feld; und das in den drei Weisen: inneres Hören (Lauschen), Sehen (Schauen) und Spüren, feinstes Erspüren.

Mitten hinein ins OM!

Die Öffnung ist so etwas wie die Bereitung einer Grundlage im All-Feld; vielleicht eine erste Vorbereitung für denkbare weitere Aufgaben des Suchend-Bemühten –, außerhalb von allem, was irgend – auch in starker Meditation gewohnt sein mag. Denn in dieser stillen Öffnung nach innen-oben wird eine feine Bereitschaft liegen – in einer völligen Selbstlosigkeit –, sich den not-wendigen Anstößen einer hintergründigen Gesamt-Fügung einzupassen.

Wie nun ist diese Öffnung im Verhältnis zu unserem Grund-Zustand zu sehen? – Sicher werden diese beidem nicht leicht zu trennen sein; es sind fließende Übergänge –, wie fast immer im natürlichen und auch im geist-kosmischen Geschehen. „Öffnung" bedeutet – vom „Zustand" ausgehend – bereits wieder ein Moment einer (noch) ruhenden Wirkung, einer allerersten, sehr begrenzten Anteilnahme. Es ist auch die Bereitschaft für das „Andere", die hintergründige Fügung, die man immer wieder spürt, aber deren man erst jetzt wirkend teilhaftig werden könnte. Es ist ein gelöst-neutrales Warten; eine Offenheit, spürend-schauend-horchend, in der geistigen Ruhelage. Der wirkende Teil (der Öffnung) ist dann die Bereitschaft zum Empfang von Zeichen, erster Möglichkeiten zu einer fein-helfenden, hier rein geistigen Aktion. Eine gewisse Linie liegt darin, noch keine deutlichen Willensmomente. **Es ist der „Strom" karmisch-kosmischer Notwendigkeit, der leiten kann und wird.**

Ein drittes Moment in der kleinen Reihe von Zuständen mag man sich als die **„magische" Haltung** bezeichnen, wenn auch – hier und so – nur eine Vorstufe zu solchem; die erste von (in etwa) vier Stufen magischer Bemühung und Schulung. So ist solches hier ein (noch) ruhendes, aber doch schon ausgreifendes Warten in erhöhter Spannung und geistiger Energie. All-Wartehaltung wieder, aber mit einem gewissen inneren Einsatz und einer Art von „Ziel-Ahnung". Es ist der Beginn einer „Tat", reingeistig noch, wobei die eigentliche „Tat" erst die vierte und letzte Stufe innerhalb des Magischen wäre.

Grundhaltung der Magie: eine kraftvolle Ruhe; die zeitweise fast völlige Beherrschung und Bereitschaft: zu hören, aufzunehmen, wie

– innerlich oder dann auch äußerlich zu handeln. Diese Haltung ist von einem tiefen Ernst durchzogen, von völliger Abkehr vom üblichen Geschehen, zumeist so trauriger Art; geprägt von einer Entschlossenheit, auch von feinsten Wünschen und Wollen, das zunächst rein innerlich auf Änderung, Besserung oder Beendigung von Gegebenheiten zielt.

In dieser Haltung der „Magie" ist zu erleben:

- eine gewisse Anspannung und Beherrschtheit des mittleren Gesichtes, sich ausdrückend vor allem um den Mund – untere Nase, Oberlippe, Oberkiefer und an den Augen. Der ganze Mensch bekommt so etwas wie eine Einsatzhaltung: unbedingte Bereitschaft!
- Die Augen sind gelöst und fast oder ganz geschlossen, nach innen gewandt, die Lippen und Zähne gering geöffnet, wie wenn sich alles in einem selbst (in äußerster Entschlossenheit) einem Entscheidenden (Unbekannten) öffnete, entgegenwartete; vielleicht einer Aufgabe, die sich zu eröffnen beginnt.
- Es ist ein Ernst, ein Unbedingtes, auch ein Abgeschlossenes;
- ein Spürendes, Bereites, zugleich Ausgewogenes jenseits von allem Gewohnten; ohne „Kampf"; bei allem Einsatz doch eine umgreifende Nüchternheit.

Das innere Gesicht immer besser beachten – als Schlüssel; strömend-gelöst, zugleich voller Energie und in wacher Bereitschaft: die magische Grundhaltung, in der vor allem (1) der starke „Wille" gegenwärtig ist, der Antrieb aus einer Tiefenschicht; dem (2) die besondere „Kraft" und Mut um anzufangen, immer wieder weiterzumachen; (3) das „Herz", das Hinneigen mit dem Gefühl, dem ganzen Wesen; und (4) das „Tasten", eben der jeweilige fein-geistige Einsatz folgen, in Überwindung, Entsagung und stets erneutem Mut.

Eine solche rechte und feine, eine geistige Magie ist getragen, durchzogen von

- weitgehender Wunschlosigkeit und tiefem Vertrauen, als Grundlage und große Entspannung;
- von Hingabe an das „Strömende" umgebender Kräfte;

- von innerer Öffnung für feinste Anstöße; von einer ungewöhnlichen „Strahlung“, Strahlungs-Magie;
- von einer „Magie des Werkes“, im inneren Einsatz für eine größere und dringende Aufgabe;
- von unbedingter Gewißheit, dann als durchdringende und durchbrechende Magie.

Und vielleicht kann man noch eine weitere Zustandshaltung erkennen: das „**innere Leuchten**“; erneute Lösung, erneute stärkere Innenwendung; vielleicht als „reinste Erfüllung“; als Gewißheit des „ganz Anderen“; als „Blick und Spüren durch alles hindurch“; als feinste und leiseste Freude auch, die denkbar ist. Eine „All-Lös-Haltung“ ist es, als völlige Hingabe, Er-Füllung; Lösung in die All-Kraft hinein – ins „leuchtende OM“!

Das Leuchtende wird kaum direkt erreicht, eher über die drei Zustände:

- der „Zustand“, als unabhängiges Gesamtgespür;
- die „Öffnung“, als gelöste Bereitschaft;
- das „Magische“, als All-Wartehaltung und geistiger Einsatz.

Die Art des Leuchtenden besteht aus

- der **gelösten** Haltung, – der **sicheren** Haltung, – der **heiteren** Haltung; Erfüllung erspürend, ertastend, das Lichthafte des Inneren, das Lichthafte geistig-seelischer Offenheit.

Es sind das Stufen, Zustände einer sich immer wandelnden und weitenden Erfahrung des Bewußtseins, des Wesens. In der „Durchleuchtung“ wird der Mensch lichter und leichter und ist auch (wieder) in einer größeren Bereitschaft, aus diesem Leuchtenden heraus zu neuen, vielleicht zu tiefgreifend-helfenden Bewegungen zu kommen.

> Das große Leuchten wird alles überströmen;
> wird scheiden die „Geister“, wird abscheiden, ausscheiden,
> im Maße, wie es ertragen und dann auch gelebt werden kann.
>
> Eine Lichthaftigkeit des ganzen Menschen; ein Zustand des
> „Leuchtenden“; die Erfüllung des Wesens mit der geistigen

Lichthaftigkeit –; und das ist auch Sicherheit, Harmonie, Heiterkeit, Überlegenheit, Strömendes, Schwingung.
Die innere Lichthaftigkeit wird in einer gelösten Freudigkeit nach außen vermittelt.

Wir haben versucht, uns mit Vorsicht, Sorgfalt und mit zunehmenden eigenen Erfahrungen in ein Gebiet zu begeben, das man als absolut, un-bedingt, für sich stehend, endgültig bezeichnen muß. Und es ist – trotz aller Feinheit, Ferne, Abgelöstheit – doch ein Bereich eines (letztlich) sehr natürlichen, eines ungekünstelten Geschehens, das dem menschlichen Geist nahe ist – vielleicht vom Ursprung her, den es darstellt und zu dem es hinführen kann.

Ein großes Angebot von persönlich mehr oder weniger notwendigen Erkennungen und Übungen liegt hinter uns, – vor uns. Der Leser und Bemühte hat mit diesen Aufgaben einen mächtigen Vorsatz auf sich genommen; und doch sei gesagt, daß es immer wieder einfache, schlichte, nüchterne und stille Schritte und Pfade sind, die gegangen sein wollen. Ein sehr großes und schweres Hindernis auf diesen Wegen ist der eigene Stolz, der Dünkel, Gefühle von Wichtigkeit und Einzigkeit und von – unreifer und fälschlicher Vollkommenheit. Es ist ein großes Selbstvertrauen nötig, auch das Gefühl und der Gedanke einer größeren Aufgabe, an sich selbst wie an vielen anderen; eine Art von „Berufung" vielleicht, im Erkennen der Not der Menschen, des Menschen als solchem – und auch der Auswege aus der Not. Doch kann solches nur heilsam werden, wenn es in ganzer Schlichtheit, Bescheidenheit und Klarheit vor sich geht.

Es ging und geht bei allen diesen Bemühungen vordringlich um die Erschließung des – immer wieder neuen und wachsenden – Bereiches der **Offenheit**, so als **Bereitschaft, Wachheit, Beweglichkeit, Nicht-festgelegt-Sein**. Diese Offenheit ist ein rechtes den Dingen Entgegenwarten, ein gelöstes Entgegenspüren. Und eine solche Haltung ist nur in einer Lebensweise möglich, die einem reichlich freie Zeit läßt und Gelegenheit für ein lang-atmiges Wartenkönnen: Art und Atmosphäre des „geplanten Nichtstuns" –, des Ruhens, des Spürens, des Horchens –, des Wartenkönnens; eben des rechten inneren Übens, rechter, einfach-klarer Meditation, die schon fast wunschlos ist, nur noch wartet auf immer feinere, immer treffendere und wichtigere Zeichen (Omina) aus dem Hintergrund der eigenen Seinshaftigkeit. Und was wäre wohl dazu nötiger als jenes unablässige und unverbitterliche Streben nach – „nichthafter“ Selbstvervollkommnung – Erkenntnis, Reinigung, Leichterung, Lösung? Und was wäre dazu nötiger als Mut der vielen Arten, Beweglichkeit, planvolles Fortschreiten und vor allem die Freiheit von den Banden und Fesseln des Üblichen, Allzuüblichen; Freiheit damit zum Nichts-Tun jener fein-gesteuerten Weise, die sich dann immer besser speisen wird aus dem endlich gefundenen kosmischen „Perpetuum mobile“ –, dem ewigen Antrieb.

- Die „Stunde zu spüren“ – im Rahmen des „Geplanten“ –
und sie zu nützen als Werkstatt der Freiheit –,
das ist Gebot.
- „Die Leute haben alle etwas zu tun;
nur ich bin müßig – wie ein Taugenichts.“ (Lao-Tse)
- Es lange lernen und üben: zeitweise fast ohne Abwechslung,
ohne die Fülle äußeren Geschehens auszukommen.
Sich weggewöhnen von „Welt“ und „Ich“.
- Der größte, weiteste und zugleich nächste Abstand:
sich immer zusammenhängender Bewußtwerden
des jeweiligen eigenen inneren Zustandes.

Ganz sich in sich selbst versenken,
wirklich fasten, fasten ganz;
festzubleiben in dem Treiben,
sich enthalten diesem, dem –;
so nur kann sich Wunder wirken,
kann das Leben geistig sein.

Und so sind alle diese feinen Zustände eine mögliche Bahn, auf der sich dem Übend-Bemühten – und das auch in der Nähe seines Alltages – jene entscheidenden Werte langsam, aber natürlich erschließen können:

Harmonie – Ausgeglichenheit – Erfüllung – Einheit seines inneren Wesens, seiner letzten Wirklichkeit. Es ist das alles eine

Verwandlung unseres ganzen Menschseins, eine Wandlung, auch auf größere Aufgaben, auf weitere und freiere Räume zu. „Wo“ der Einzelne dabei jeweils steht; das wird nur selten deutlicher werden. Klarheit, Ruhe und Gleichmut führen zu manchen Ablösungen, Abscheidungen – und solches dann immer mehr zur Einheit hin: zur freien Einheit eines sich vollendenden Menschlebens.

Vom Geheimnisvollen auf dem Weg des Menschen in die Freiheit

Geheimnisvoll am lichten Tag –;
es gibt so vieles – anscheinend klar und eindeutig,
das doch dem spürsam-bescheidenen Blick
deutlicher wird als ein zutiefst Geheimnisvolles.

Vom offenbaren Geheimnis –;
es gibt vieles – scheinbar total Uneinsichtige,
Rätselhafte, Geheimnisvolle, das sich doch dem
beharrlichen Geist zu eröffnen, zu klären beginnt.

Wir können‘s nur vorbereiten,
der Himmel den Segen gibt;
so manche Talung durchschreiten,
wenn Zweifel die Seele uns trübt.

Es liegt ein Geheimes, Geheimnisvolles um so viele Dinge, Geschehnisse, – den Menschen selbst auch –, bei aller Klarheit und vielfältigen Möglichkeit des Prüfens und Erkennens. Im Grunde leben wir inmitten des Geheimnisvollen; fast überall bleiben – dem beharrlichen Blick – zumindest feine Undeutlichkeiten an den Grenzen des gegenwärtigen Erkennens. Geheimnisvolles und Erstaunliches begleitet uns, Rätsel- und Wunderhaftes; und das umso mehr, wie wir uns abseitigen, ungewöhnlichen Möglichkeiten zuwenden. Geheimnisvolles auch da, wo solches schon erlebt, in etwa eingeordnet wurde auf den zurückliegenden Wegstrecken. Ein Geheimnisvolles mag es sein, anders wie die Fülle der Unklarheiten, Unwissenheiten „üblicher“ Geheimnisse, gefühlvoller Sensationen oder der Mangel an naturwissenschaftlicher Erklärungen des Geschehens. Geheimnis, wie wir es sehen wollen, das liegt nicht in irgendwelchen, völlig rätselhaften, mysteriösen Geschehnissen; und nicht die verstandesmäßige Entschlüsselung von Geheimnisvollem ist unser Anliegen; auch nicht seine Mystifizierung. Geheimnis, wie es hier gesehen, gespürt, erfahren, gedeutet werden kann, das ist anders; ist nicht absolutes Geheimnis, somit auch nicht „auf ewig“ unerkennbar. Bereiche anzuleuchten, die – bei großer Feinheit, Spürsamkeit, Erfahrung – und Geduld – „angespürt“, eingeordnet und als „klares“ Geheimnisvolles gesehen werden können; als Möglichkeit steter Weiterentwicklung in erstaunlich-geheimnisvolles, aber doch zu durchleuchtendes Erleben und Erkennen hinein. Geheimes und Geheimnisvolles ist es, das sich wohl nur einem Menschen eröffnen und entschlüsseln kann, der die Wege und Pfade ging und geht –; die Tiefen auslotet – in der unerhörten Geduld, dem „Mut zur Zukunft“, einer freieren Zukunft, dem „endlosen Blick“ und dem „kühlen Herzen“; – in der großen Nüchternheit, die bereit wird, die Dinge zu sehen , wie sie in der „Tiefe der Wirklichkeit“ sind und geschehen.

> „Alle Geheimnisse liegen in vollkommener Offenheit vor uns. Nur, wir stufen uns gegen sie ab, vom Stein bis zum Seher. Es gibt kein Geheimnis an sich, es gibt nur Uneingeweihte aller Grade.“ (Christian Morgenstern, „Stufen“)

Das uns so naheliegende Geheimnisvolle, sind wir selbst, der Mikrokosmos, den wir „Mensch“ nennen; dieses immer wieder (doch) noch unbekannte Wesen; mitten innestehend im großen Geheimnisvollen des Makrokosmos, unserer Erde und der Welt; in Gang gehalten von der einen gewaltig-geheimnisvollen Kraft des Hintergründigen: die Kraft überhaupt! Das größte Geheimnis, was bleiben wird, auch wenn man sich diesem Bereich, diesem allumfassenden Geschehen in langer Schulung und immer reinerem Erkennen annäherte; es tiefspürend einbezogen ist in den eigenen Gang

Großes, umgreifendes Gesetz – kaum begreiflich –; daß in diesem Kosmos *alles* erhalten wird, nichts verloren geht, ohne Weiterwirkung bleibt, so im stofflichen, im feinstofflichen (Aura) und – erstaunlich genug auch im geistigen (unstofflichen) Bereich; so als die

Unendlichkeit der Einzeichnung von Daten jeder Art in ein geistiges Feld des Einzelnen, das bleibt – auch in feinsten Einzelheiten – über die Zeiten, vielleicht über viele Leben hin: die karmische Bindung des Menschen, sein Gebundensein an das mächtig-geheimnisvolle Gesamt der Vergangenheiten. Groß- und Weitgeheimnisvolles überall!

Der **Mensch**, sein Herkommen, seine Erscheinung; der menschliche Körper, dieses ganz unerhörte Geschehen, vor allem im Antrieb, in der Steuerung, im stetigen Ausgleich von Störungen, so im gesunden Körper, in der Heilung – durch und in sich selbst. Aber auch das umfassende Festgelegtsein unserer Körperlichkeit im übernommenen Erbgut, in dieser Präzision unserer Gene. Das Gedächtnis des Menschen, die Erinnerung, das Vermögen der oft so blitzschnellen Kombination bewußter und derzeit unterbewußter Bilder und Bewertungen, geschehend in einem, fast immer (so gut wie) unzugänglichen Bereich, das könnte man wohl als das Erstaunlichste überhaupt ansehen: Wunder und Geheimnis von höchster Art. Es ist da (letztlich) und im weitgereiften Menschen eine vollständige Offenheit und vielfältigste Verknüpfung innerhalb des tieferen, jedenfalls höher-dimensionalen Bewußtseins gegeben. So ist das ganze Dasein und Bewußtsein des Menschen ein zutiefst Geheimnisvolles. Das scheinbar so Eindeutige dieses Lebens ist in Wahrheit nur der Ausdruck vielfältiger hintergründiger Kräfte und Antriebe, aus dem persönlichen Karma, aus gesamtheitlichen Bedingtheiten und möglichen Eingriffen feiner Wesenheiten. – Und doch ist das Ganze unseres Bewußtwerdens, so umfassend und tiefdringend es einmal sein mag, eben doch nur Stückwerk, ist begrenzt, behindert durch die Nähe des Menschen, seines Bewußtseins zu sich selbst. Es hat kaum je einen wirklichen Abstand zum Gesamt seiner gefühlsmäßigen und verstandesgemäßen Vorgänge; eine Hilflosigkeit gegenüber den geheimnisvollen und wunderhaften Möglichkeiten des Daseins und möglicher Befreiung.

Die Verbindung dann zu nächsten Menschen, karmisch bedingt – sei es direkt, sei es mehr oder weniger fernwirkend (telepathisch) –, hier setzt sich Geheimnisvolles fort – ins Unendliche; und solches alles ist heute noch immer kaum nüchtern, klar erkannt oder innerlich erschlossen. Die wahre Liebe und Partnerschaft zwischen Frau und

Mann mag den großen Raum des Geheimnisvollen und kaum Begreiflichen erschließen helfen, vor allem, wenn eine solche sich dem Ideal einer karmisch-kosmischen Gesamt-Verbindung genähert hat; wenn zwei Menschen geleitet werden, sich leiten lassen von den „Linien", den unfehlbaren Magnetlinien des karmischen Hintergrundes.

Die Fähigkeit des Menschen, der sich weiterentwickelt geistiger Freiheit zu, so manches zu spüren, vorauszuspüren, zu ahnen; zu achten vielleicht auf mancherlei, oft nur sehr geringe, kleine Zeichen, die da den Weg säumen: weite und geheimnisvolle Möglichkeiten. – Die Verfeinerung solcher Spür- und Ahnensfähigkeit, zusammen mit einem sicherer werdenden Vertrauen, einer gewissen inneren Sicherheit, ist solches wohl die Voraussetzung, um die tatsächlich geschehenden, entgegenkommenden Hilfen, die geheimnisvollen **Omina** immer besser erkennen und nutzen zu können? Ja, sie vielleicht dann erst aus dem Nur-Geheimnisvollen herauslösen zu können; sie zu rufen auch – in der Offenheit und Bereitschaft. – Hier vereinen sich reifende Menschlichkeit, ein klarer Geist, horchende Bescheidenheit, vielleicht das Vermögen einer spürsamen Verknüpfung des Geschehenden und Eingebung – mit geheimnisvollen Vorgängen aus dem Umgebenden. Und auch die Bereiche und Vorgänge des Karma, dieses dem Menschen anhängenden Geheimnisvollen, werden langsam klarer, faßbarer, verständlicher –, wenn auch nicht weniger geheimnisvoll.

Es ist der Mensch „als solcher", als ein höchst sonderbar feinstofflich-geistiges Wesen, in seinen weitreichenden Möglichkeiten, aber auch in den engen Begrenztheiten, in seinen Überwindungen – ein einziges großes Geheimnis, wie alles Leben überhaupt. Und es ist der **Weg** des Menschen, die mögliche Entwicklung als Geheimnis einer dauernd-möglichen Befreiung; vielfältige Begegnung mit dem Geheimnisvollen, das sich dann zwanglos zu enthüllen beginnt. Ein Weg dann auch, der immer selbstverständlicher läuft, wie von selbst sich ergebend. Der Mensch, seine Art, seine Möglichkeiten –; der ewige Weitergang ..., die Befreiung schließlich, dieser mögliche Ausgang aus dem Geschehen, dem **Bewußtwerden** von Geschehen ...: Fülle des Tief-Geheimnisvollen. Und es ist die heranreifende Fähigkeit, Begabung, Berufung auch, sein Gesamt-Inneres geduldig so weit zu reinigen, stärken und dann zu öffnen, daß einmal ein innergeistiges Licht nach außen zu wirken beginnt:

> **das „selbstleuchtende Herz" eines Menschen,**
> **der sein Ich und ichhaftes „Eigentum" aufgegeben hat**
> **– in die Freiheit des Seiens.**

Es ist so wie ein Mut zum „großen Wunderbaren" –, und es mag ein langer Gang der Entwicklung sein, der darauf führt, ein tiefgeistiger Mut vor allem und ein sehr vielverzweigter auch, denn dieser Mut umfaßt beinahe alles auf dem geistigen Weg zunehmender Freiheit; eine lange Reihe der Folgerichtigkeit:

- ein tiefes **Vertrauen** in die hintergründige Schicksalshaftigkeit des eigenen Ganges; tiefes Vertrauen in die Zeichen und Hilfen;
- ein zunehmendes Wissen und ein Mut um **Aufgaben und Ziele**;
- ein immer deutlicher zu spürender Mut zur **Verantwortung**;
- ein tiefer werdendes mutiges Wissen um die **Gesetze des Daseins**;
- eine sich notwendig ausbreitende umfassende **Furchtlosigkeit**;
- eine entschlossene **Einsatzbereitschaft**; damit und notwendig:
- ein Mut zum **Ablassen von der Routine** des Lebens;
- sich erweiternd immer mehr in den großen „**Mut zur Lücke**";
- daraus sich ergebend ein innerer **Schwung** und geduldige Kraft; geschult und gebildet dann in der **Unermüdlichkeit**;
- ein Mut auch zum **Warten** und Abwarten;
- welche alle vorbereiten und möglich machen den noch größeren, den größten Mut des Menschen, den zum tief-inneren **Loslassen** von „Welt" und „Ich" und zur rechten Leere, den Mut zum Aufgeben der „Position";
- daraus schließlich eine zusammenhängende innere **Überlegenheit** über die wechselnden Umstände und die daraus sich ergebenden Stimmungen;
- damit der **Mut zum Geheimnisvollen** –, die letzte Stufe und Voraussetzung für den Eintritt eines **großen Leuchtenden**, in dem das Geheimnisvolle endlich durchsichtiger wird; aufgeschlossen für geistige wie äußere Aufgaben, die dann ruhen;

- in einem Mut des Menschen, der in der ständigen Selbstüberwindung steht: **Mut zum Dienst** an einer Heilwerdung menschlichen Wesens.

Es ist der persönliche schicksalhafte (karmische) Pfad eines jeden Menschen, der ihm nach und nach Hintergrund und Geheimnis seiner selbst, vieler anderer auch, wie der Vorgänge des Daseins aufschließen kann. Der „Pfad“, als die Achse geheimnisvoller Entwicklungen, von Anzeichen, Winken, Weichenstellungen, der aber – im Paradox – zugleich Nüchternheit und Klarheit, Beherrschtheit und Beherrschung des Geschehens bis in lebendige und lebensentscheidende Einzelheiten hinein erbringen wird. Die Reihe des Geheimnisvollen, das auf diesem Wege liegt und vom Menschen zu finden ist, das ist die reiche Fülle der Erfahrungen und Durchblicke, der Überwindungen, Leichtigkeiten und Freiheitszustände, von einen durchaus (noch) erfaßbaren Art. So liegt, hier abschließend, Geheimnis und Geheimnisvolles für den Menschen nicht in einem bestimmten Zustand oder Geschehen, sondern viel mehr in dem folgerichtigen und erstaunlichen Weg dorthin.

Der Mensch – als Weg und Ziel.

Das wirkliche und sich zunehmend offenbarende Geheimnis liegt für den Suchenden, sich Mühenden, den Freiheitsbewußten in einer leuchtenden Reihe mittehafter Gesamt-Haltungen.

- Es ist das „kosmische“ **Vertrauen** – immer wieder – als Grundlage;
- damit eine große **Offenheit** gegenüber dem Entgegenkommenden;
- damit auch die **Haltung** umfassenden Wohlwollens zu aller Welt.
- Es ist der nichtendenwollende **Mut** der vielen Arten;
- und das eng verbunden mit der großen **Geduld**.
- Es ist das große „**Lös**“, das **Loslassen**, vor allem seiner selbst;
- damit verbunden die **Folgerichtigkeit** eines Menschen, der zutiefst begriffen hat; der (dann endlich) nur noch „einem Herrn dienen“ will – bald nur noch kann.

Und es wurde durchlaufen, erlebt und erlitten von dem Menschen, der angetreten war, – anfangs nur in inneren Umrissen erkennbar, spürbar –, weit und tief erfahren, von einem Geist, dem sich die Durchblicke zu weiten begannen, die starken und wohltätigen Bestätigungen, kleinen Befreiungen, oft in geheimnisvollem Gespür; als Mensch, der immer mehr zum In-sich-Gehenden wird, zum „Selbst-Gänger" –, im Geheimnis stehend in der Offenbarung zugleich; dessen „Gang" zu Ruhe kommt und zum Frieden. Solches ist wie Wunder und Geheimnis einer „roten Linie", einer karmisch-kosmischen Notwendigkeit, die durchläuft von Ferne zu Ferne, immer sicherer werdend, gewisser. Eine erstaunlich-wunderbare Leitlinie, eine Geist-Magnetbahn – schon in diesem einen Leben, das in der Fülle dichter werdender Bestätigungen und Wandlungen sich erfüllt; den Gewißheiten aufgeschlossen, dem großen Vorbild; den eigenen klar-einfachen Erfahrungen verbunden.

Das Wesen des Menschen, des Einzelnen, ist immer wieder Geheimnis, und sein Weg läuft durch die Fülle des Geheimnisvollen. Das Wunder der Wandlung, Verwandlung – zielgerichtet – wird immer mehr zu erfahrbarer, erlebbarer Wirklichkeit, die zum Wesen, dem gewandelten des „Selbstgängers" wird; Wesen, das sich erfüllt, sich löst – voll wird – im Geheimnis des Seienden.

Wenn man durch die Natur geht, in guter Verfassung., ohne ein Ziel –; dann manchmal einfach stehen bleibt, vielleicht nach rascherem Gang –; dann mag es sein, daß da etwas zu schwingen beginnt um einen, in einem; daß man deutlicher und wohltuend, alles umfassend, erfüllend-erfüllt spürt, wie dieser Mensch mitten innesteht in den umgebenden geheimnisvollen und doch auch schon vertrauten Vorgängen, Anwehungen –, Wesens-Wirkungen.

> Das ungewöhnliche, Unerwartete, das Geheimnisvolle
> immer wieder für möglich halten!
>
> „Wunder" müssen geschehen – wie von selbst,
> wenn auch stets irgendwie vorbereitet,
> unbewußt oder im bewußten Bereich.
>
> Leise, fast unbemerkt – kommen die großen Dinge.

Die große Kunst: alles (be-)wirken –
und auch wachsen lassen im rechten fein-spürsamen Wechsel
und im Wandel der Entwicklung.

Geheimnis der rechten Stunde –,
in der ein Geheimes sich enthüllen kann;
Geheimnisvolles –; auch im Spüren einer Aufgabe,
in welcher der Mensch Erfüllung findet.

Das rechte *Heim* –, wenn der Mensch es einmal fand –,
als das entscheidende Geheimnis
der Kraft und Unabhängigkeit
und auch für Wohl und Frieden:
Heim und Geheimnis – im eigenen Sein!

Aus dem Geheimnisvollen wächst das Erstaunliche,
„Kaum-Glaubliche"; wächst auch das Wunderbare,
das kleine Wunder, so im Spüren des Seins;
einmal dann auch das große Wunder
der Befreiung des Menschen.

Letztes Geheimnis: die Möglichkeit der Lösung
des „Menschen", seines Geistmagnetfeldes,
in die Unendlichkeit kosmischen Seins.

Rätsel – ist der Mensch, sich und anderen oft;
undeutlich vieles, nur in Konturen –;
doch einmal – wird Lösung, Auflösung,
weichen Nebeldünste, Schleier –,
der Bann des großen Fernen.
Siegel bricht auf, gibt frei der Hülle Kern,
der – o Wunder – gewandelt scheint, ist
und gehüllt in Leuchten;
gefügt nun aus der Nähe und Ferne –,
geworden zum SEIN.

EIN ÜBERGREIFENDER APHORISTISCHER ABSCHLUSS

Der letzte und tiefste Sinn des Daseins ist die endgültige Befreiung des Geistes. Auf diesem langen Weg aber ist der „zweite Sinn“, die Aufgabe, sich in dieser Steigerung und Befreiung auch bereit zu machen, zu halten und immer noch bereiter – dem Einsatz für die Menschen der Umwelt, die Hilfen auf diesem Weg brauchen und wünschen.

Man sollte beides sehen: den Weg der Steigerung der Möglichkeiten auf eine, vielleicht große Aufgabe zu – und den Weg der Minderung, der Lösung und Befreiung. Beide mögen zeit- und teilweise miteinander laufen.

Man kann sich selbst der beste Freund sein –, aber auch der übelste Feind! Es liegt letztlich bei jedem, wohin die Reise geht. In Wirklichkeit kannst nur du selber die Wege zur Befreiung bahnen; und auch nur du selbst bist die eigene Dunkelheit und Illusion; Abweg und Aussichtslosigkeit.

Letztlich ist die langsame, aber stetige Verwandlung des inneren und innersten „Menschen“, des Geist-Bewußtseins und eben die Auflösung aller Wünsche, Neigungen –, die alles Heil bringen wird. Und insofern ist es – die geistige „Binsenwahrheit“ –, ist es dieser unermüdliche Eigen-Einsatz in Erkenntnis, Übung und Überwindung, der entscheidend ist; und nicht „all das Andere“, das von irgendeiner (eben doch noch) äußeren „Instanz“ angeboten oder erwartet wird; so tief-eingepflanzt und langdauernd.

Wer die Linie seines geduldigen, überwindenden Wirkens nicht mehr verläßt, sie durchhält, auch wenn nur wenig Wirkung zu spüren, zu erkennen ist, dem wird sich – notwendig – einmal die helfende Gesamtwirkung der Umstände und des „Hintergründigen“ voll offenbaren. Wie von selbst läuft es dann ab –, das weitere Freiwerden des Geistes und des Körperlichen.

Der Pfad der inneren Freiheit: ein tiefreichendes Gefüge ineinandergreifender Spürungen, Erfahrungen, Erkenntnisse; von Handlungen und Lassungen, von Wandlungen und Lösungen. Erst die Vielzahl der Bemühungen im Alltag und im Inneren – kann die Verwirklichung des tiefen Wesens und der Freiheiten mit sich bringen.

Das Leben als durchgehende Übung –, in der Ausrichtung auf das „Werk" und die „Freiheit" von der vielfältigen Routine. Die wache und bewegliche, die geduldige und ausdauernde Übung: das ist die Überwindung der vielen Schwächen des „Ich".

Heilung wächst stets aus einer Krise, die gesehen und angenommen wird; die zur Scheidung im Erkennen und zur Entscheidung im bewußten Entschluß führt.

Im langegeduldigen und klugen „Abdienen", Überwinden und Ablegen der fast unendlichen Lasten und Verdunklungen – entstehen zunehmende Leichterung und Erlösung.

Und so nähern wir uns Schritt um Schritt jener wahren Selbstbeherrschung, in der Gedanken und Gefühle uns völlig bewußt und wahrhaft „zu eigen" werden.

Zu sich selbst finden, bei sich selbst sein (als Vorgabe). In der Vollendung solcher Übung und Haltung als Seinszustand, eben auf Dauer, fällt das „Ich" mit dem „Doppelgänger", dem Vorbild, Ur-Bild zusammen; löst sich damit (in etwa) auf – als langgewohnte Schemen. Das Geist-Bewußtsein verliert alle Spannung, wird damit wirklich frei. Insofern ist es die Erlösung der einzig rechten Art.

„Tabula rasa" (lat.) –, alles „aufgeräumt", ein leerer Tisch vor einem. Denn es gilt, wahrhaft und sehr bestimmt – außen wie innen „aufzuräumen"; auszumisten auch, Unkraut zu beseitigen. Erst dann kann rechte Pfad-Haltung werden, unbedürftig so vieler Dinge und Vorgänge, der Daten, Phänomene, Prozesse. Wahre Selbständigkeit bildet sich: Souveränität! Man kann „bei sich" sein, ohne Bedrängnis zu empfinden; vielleicht auch schon im Frieden.

„Das Neue meiden –, Vollendung erreichen" – Was für eine entscheidende Vorgabe des großen Lao-Tse (Tao-te-King). Besonders in dieser Zeit ungeheurer Neuerungssucht! „Neues" – das ist *auch*: noch undurchdacht, unkontrollierbar, ungereift, oft störend, Unruhe bringend; ehrgeizig, vor allem nach außen. Es ist Vielfalt, Konkurrenz, immer weiterer Zwang, Wertvolles überdeckend; eben Ausgriff, Neugierde, Nicht-Zufriedenheit, Nicht-Beschränkung.

„Meiden“ – da liegt Rat, Vorwurf, Warnung; hin zu Entsagung, Klugheit, Schonung, Vereinfachung; und das schon im Vorfeld des „Neuen“; Vorbeugen, Entreizen, Sinnlosigkeit und Unnötiges erkennen; und das im Wissen, daß „Vollendung“ nur im Wenigen und Einfachen sein kann. „Vollendung“ – im Rahmen des Möglichen, des schicksalhaft Gegebenen; Voll-Werdung im Seins-Kern, Absättigung; zum Ende kommen, in den Frieden; sich zufriedengeben; „erreichen“ (erringen, erstreben) –, Weg, Pfad; Mühe, Ent-Täuschung; Klarheit über die Schwierigkeiten und die lange Geduld.

Der **weite Blick** geht voraus, der **lange Atem** hält durch, das **kühle Herz** bleibt in einem fein-stillen Abstand zum „Tanz der Dinge“.

- „Lös“, Lösung: die große Formel! Voraussetzung für alles Wesentliche auf dem „Pfad“: Entspannung, Klärung, Wirklichkeit; Ruhe, Stille, Offenheit, Bereitschaft, Tiefe; Eingebung; Leichtigkeit, Selbstverständlichkeit –, letztlich Einfachheit! Auch für das „Nirwana“, für die acht „Sphären“, die dahinführen; letztlich für ein Nicht-Tun, Nicht-Wollen, Nicht-Wissen, Nicht- (Eigenes) Fühlen; auch für ein Nicht-Nehmen und Nicht-Geben. Es führt das „Lös“ aber auch zum tiefen, zum natürlichen und strömenden Wohl-Wollen, zum Erbarmen, zu einer befreiten Freudigkeit und zum alles-ausgleichenden Gleichmut.

- Wenn das Tun wie das Lassen nur noch in der Notwendigkeit der gegenwärtigen Schritte des Lebens stehen –; das ist „Nichttun“! – Wenn man dem großen Drang ausweichen kann ... , dann füllt sich die Zeit, weitet sich der Raum. Es ist das verhaltene Leben, gedämmt, gehalten: wenn man häufiger in Frieden, in der Gelassenheit, in der federnden Bewußtheit –, in der Klarheit bleiben kann ... .

- Der kommt am weitesten, der nicht immer weiß, wo er ist, wohin er geht ...; was – genau – er erreichen kann.

- Vom, mir selbst Geschehenden führen lassen, außen durch innen Werdendes wachsen lassen.

- „Nicht-Tun“ des Tuns ..., ist ein Tun – spürsam, sparsam, gelassen, besonnen.

- Das „Tun des Nicht-Tuns“ –, das ist der „strömende Gang der Notwendigkeit“.

- Zu leben ganz in „schweigender Notwendigkeit“; Warten der „Zeichen“; die „Niederkunft“ abwarten; wachsen, reifen und gebären; gewahr der ständigen Wirkung der Gesetzlichkeiten: unaufhörlich, unaufhaltsam und lückenlos in Ursache und Wirkung.

- Man muß durch das „Nichts“ gehen,
um das „Alles“ erreichen zu können;
gehen, spüren, erkennen, bejahen
dieses Ganze, Ungeteilte, Einfach-Stille.

- Wesen löst sich im „Nicht“;
aus dem „Nichts“ wächst alles Wesen.

- Der „von selbst Gehende“, der spürt und horcht;
dem es wie von selbst geschieht.

- Wer sich auf das „Ganze“ einstellt,
heilt das Ganze an sich und in sich.

- Bei dem ganz Vertrauenden, ganz Offenen, ganz Gelösten –
kann das „mittlere Ganze“ des Seins
voll zur Wirkung kommen:
helfend-heilende Wirkung des Hintergründigen.

- Wer sein eigenes Wissen und Wollen ganz locker läßt,
der steht in der Öffnung zum „Ganzen“;

er kann (dann) „alles" erspüren, erkennen
und es auch in tiefwirkender Weise darlegen.

- Wenn der Mensch als Ganzes, in seinem innersten Wesen
immer mehr zum „Ganzen" findet, „ganz" wird,
dann kommt er immer besser in Verbindung
mit dem „Ganzen" des geist-kosmischen Geschehens.

- Der zum „Ganzen" Geöffnete wird „ganz";
und er steht zugleich auch schon
in der großen Freiheit des „Selbstgehenden".

- Um die Ganzheit geht es, um die Einheit und um die Freiheit; in der letzten Folgerichtigkeit um die Vereinigung des „Kleinen" mit dem „Großen", der Person mit dem Wesen des All. Und auf diesem Weg erkennen wir „Gesetz", spüren wir die stete Notwendigkeit der Schritte, sind wir bemüht, in der „Ordnung" zu bleiben, auf der „Roten Linie" unseres Lebens; sammeln wir unermüdlich die „Kraft", die zuströmt – aus der klar-einfachen Hingabe an das strömende Geschehen der hintergründigen Kraft- und Geist-Felder.

- „Perpetuum mobile" –, der Traum so vieler Sucher und Träumer aller Zeiten: das aus sich selbst heraus bewegte „Ding", das keines Anstoßes bedarf und materielle wie geistige Kraft liefern kann – ins Unendliche. Es ist nicht in der Materie zu finden, auch nicht in der feinsten! – Es ist das OM, eben jenes gewaltige, ungeheuerliche Ur-Geschehen – uns doch so nahe –, das diesem Kosmos – „Alles-seiend" – einbeschlossen, unterlagert ist, ihn erhält; das allem Lebendigen Grundkraft ist. Und diese wahrhaft rätselhafte, geheimnisvolle, aus sich selbst heraus entstehende kosmische Strömung-Schwingung-Leuchtung ist auch die entscheidende Anzeige, daß der Mensch in die unbegrenzte Freiheit des Geist-Raumes einzugehen beginnt.

- Kegel und Pyramide: Symbol für alle geistige Entwicklung! In der Ebene, der unteren Region, am Anfang, ist eine Riesen-

Vielfalt gegeben, Unsicherheit, Zwang, Druck und Mangel an Übersicht und Weitblick. In Spitzennähe wird es immer weniger, leichter, in einer reineren und durchsichtigeren Luft des Geistes. Die Spitze ruht aber auch auf breitem Fundament –, auf langgeduldiger Wirkung in der Breite des Lebens, in der Überwindung von Eile, Eifer und Stolz und der bloßen Illusion von „Höhe" des Menschen.

- Irgendwann einmal wird es – ganz einfach.

Frieden –, der umgreifende, und bleibende –,
stilles Endziel des Suchers, Freiheitsbewußten;
Frieden, so in Wunschlosigkeit, Freisein von Sorge,
von den Einbildungen eines beständigen „Ich";
Frieden und Freiheit von feinsten Ich-Behauptungen;
und damit auch das Ende der feinen inneren Unruhe,
dem Bewegen-Müssen, das Menschen treibt und trübt,
unsichtbar, kaum erkennbar meist in alles „Leben",
alles Greifen und Sorgen –, stets erneute Illusion.

Frieden einer ungeheuren Weite, ungeahnten Tiefe;
Frieden –, als die Lösung in den Ichlosen Gang,
den raumlosen Raum und die zeitlose, natürliche,
die strömend-leichte Bewußtheit – von Frieden.

Das Herz wird mir so helle,
der Leib ist mir ganz leicht;
ist auch der Geist tief-stille:
der Frieden wird erreicht.

Denn, siehe, es ist vollgeworden,
ganz voll und still und offen auch;
sind alle Wege schon bereitet,
die Türen öffnen sich – ganz von allein.
Die Herzen werden wach und willig,
dem großen Leuchten zugewandt.

So entstehen stets aufs Neue

- das **Reich** des Geistes (als Idee und Ansporn)

- die **Kraft** für den Weg (dorthin)

- und die Herrlichkeit der Vollendung
  des **Friedens** bis in die Ewigkeit (des reinen Seins).

O M E N

– Das habt zum Zeichen! –

Das „Mutter – Unser"

O, unsere große Mutter,
die Du west im Urgrund des Seins!
Gelobt sei Dein Name, Dein Wesen!
Deine Weisungen sind uns feinste Richtschnur.
Deine tägliche Lebenshilfe sei mit uns;
und gib heilenden Anstoß beim Überwinden
vergangener Fehler gegenüber Hohen Wesen,
gegenüber der Mitwelt und gegen uns selbst;
wie auch beim Bewältigen der Lasten,
die der Tag uns bringt!

Anhang

Literaturverzeichnis

Veröffentlichungen des Autors, auf die im Text Bezug genommen wird:

Heckmann, Friedrich-Karl: Vom Pfad zur inneren Freiheit. Meditative Studien über die Zwänge des Daseins und über die Möglichkeiten ihrer Überwindung, Bad Münstereifel, IL-Verlag Annelies Petsch, 1985 (1. Band)

–: Buddha und Mutter Erde. Kristalline Zeichen aus dem Hintergründigen, Bad Münstereifel, IL-Verlag Annelies Petsch, 1990 (2. Band)

Alphabetisches Verzeichnis von zitierten Veröffentlichungen, sowie auch einer kleinen Auswahl von Verfassern, Werken und Geistesrichtungen, die dem Autor und seinem Buch (nach eigenen Angaben des Verf.) „in irgendeiner Hinsicht nahestehen". (Entnommen aus dem 1. Band und mit ergänzenden bibliographischen Informationen versehen, Hrsg.):

Angelus Silesius: Cherubinischer Wandersmann, Wiesbaden, Insel, 1934

Baudouin, Charles: Die Macht in uns. Entwicklung einer Lebenskunst im Sinne der neueren Psychologie, Dresden, Sybillen, 1925

Benrath, Henry: Unendlichkeit, Stuttgart, DVA, 1949

Bergson, Henry: Materie und Gedächtnis, Hamburg, Fischer, 1964

Bodamer, Joachim: Der Mensch ohne Ich, der Mensch von heute, Freiburg, Herder, 1962

Die Lehrreden des Buddha aus der Angereihten Sammlung (Anguttara-Nikaya), Braunschweig, Aurum, 1984 (übersetzt von Nyanatiloka, bearbeitet von Nyanaponika)

Die Reden Gotamo Buddhos, Längere Sammlung, Zürich/Wien, Artemis/Paul Zsolnay, 1957 (übersetzt von Karl Eugen Neumann)

Carus, Carl Gustav: Geheimnisvoll am lichten Tag, Leipzig , Reclam, 1944 (online verfügbar in: www.projekt-Gutenberg.com/carus)

Curtis, Adela: Die neue Mystik: Schule des Schweigens, Heidelberg, Kampmann, 1923
Debes, Paul: Meisterung der Existenz durch die Lehre des Buddha I u. II, Bindlach, Buddhistisches Seminar, 1982-1984
Dimnet, Ernest: Die Kunst des Denkens, Frankfurt/M., Josef Knecht, 1956
Dürckheim, Karlfried Graf: Im Zeichen der großen Erfahrung, München, O.W. Barth, 1986
–: Hara – Die Erdmitte des Menschen, München, O.W. Barth, 2003
Ebner-Eschenbach, Marie von: Aphorismen, Wiesbaden, Insel, 1982
Meister Eckhart: Schriften, Jena, Diederichs, 1934
–: Traktate – Die deutschen Werke Bd. 5, Stuttgart, Kohlhammer, 1963
Herrigel, Eugen: Der Zen-Weg, München, O.W. Barth, 1958;
–: Zen in der Kunst des Bogenschießens, München, O.W. Barth, 1986
Das Herzensgebet – die Meditationslehre vom Berg Athos
Hesse, Hermann: Siddharta, Frankfurt/M., Suhrkamp, 1999
–: Das Glasperlenspiel, Frankfurt/M. Suhrkamp, 1981
–: Die Morgenlandfahrt, Frankfurt/M. Suhrkamp, 1982
Humphreys, Christmas: Concentration and Meditation, A Manual of Mind Development, Shaftesbury, Element Books, 1987
I-Ging: Das Buch der Wandlungen
Jaspers, Karl: Die maßgebenden Menschen, München, Piper, 1964
Jung, Carl Gustav: Die Beziehungen zwischen dem Ich und dem Unbewußten, Zürich, Rascher, 1950
Krishnamurti, Jiddu: Reden und Gespräche
Lao-Tse: Tao-te-King
Leonardo da Vinci: Worte Meister Leonardos, Wiesbaden, Insel, 1950
Morgenstern, Christian: Stufen, Aphorismen und Tagebuchnotizen, München, DTB, 1963
Morrow Lindbergh, Anne: Muscheln in meiner Hand, München, Piper, 2011
Müller, Johannes: Die Bergpredigt, Buschhofen, Reichl, 1989
–: Von der Wendung des Menschenloses, Stuttgart, DVA, 1939

Mulford, Prentice: Der Unfug des Lebens und des Sterbens, Berlin, Fischer, 1977
Nyanaponika: Der einzige Weg, Stammbach, Beyerlein & Steinschulte, 2001
–: Geistestraining durch Achtsamkeit, Stammbach, Beyerlein & Steinschulte, 2007
Ortega y Gasset, José: Der Aufstand der Massen, Stuttgart, DVA, 2002
–: Der Mensch und die Leute, München, DTV, 1968
Patanjali: Das Yoga-Sutra
Rilke, Rainer Maria: Briefe an einen jungen Dichter, Wiesbaden, Insel, 1950
Ruusbroeck, Jan van: Van den blinkenden Steene, Nabu Press, 2012
Saint-Exupéry, Antoine de: Wind, Sand und Sterne, Boppard, Karl Rauch, 1960
Scharf, Siegfried: Das große Buch der Herzensmeditation, Freiburg/Br. Aurum, 1979
Schleich, Carl Ludwig: Vom Schaltwerk der Gedanken, Berlin, Fischer, 1916
–: Das Ich und die Dämonien, Berlin, Fischer, 1922
Schopenhauer, Arthur: Das Gesamtwerk
Sonnet, André: Mensch ohne Mitte, Lebensformen unserer Zeit, Heidenheim, Erich Hoffmann, 1961
Spalding, Baird: Leben und Lehren der Meister im Fernen Osten, Bde. 1-3, Darmstadt, Schirner, 2004
Tersteegen, Gerhard: Tropfen zur Gesundheitspflege des neuen Menschen, Lahr, St. Johannis Druckerei, 1948
The Tibetan Book of Wisdom
Wiechert, Ernst: Das einfache Leben, München, Desch, 1953
Yogananda, Paramhansa: Autobiographie eines Yogi, München O.W. Barth, 1967

Autobiographische Skizze vom Verfasser

Ein Lebensgang, sich heraushebend aus gewohntem bürgerlichen-Dasein in eine Öffnung und prüfende Offenheit des Erlebens auch angesichts geheimnisvoller Fügung und Führung. Das Menschliche in seinen Gegebenheiten, seinen Unvollkommenheiten, Gefahren, seinen Grenzen und Möglichkeiten. Diese Zeit in tödlicher Bedrohung und in den Auswegen. Der Mensch zwischen Materialismus und Freiheit des Geistes – in schicksalhafter Spannweite, am Beginn einer neuen Zeit. Die „Stahlgewitter“ des Zweiten Weltkrieges, die unerbittliche Weite Rußlands. Tiefe geistige Ansätze des jungen Menschen. Der „Schwere Weg“, die lange russische Kriegsgefangenschaft, das Leben „jenseits der Linie“ – im Unwirklichen einer chaotischen Zeit. Das verinnerlichte Leben als buddhistischer Mönch im Süden Asiens: der Buddha als der entscheidende Anstoß und Wegweiser. Ein Extrem -, und dann das „einfache Leben“ in deutschen Landen – Künstler, Soldat, Weltwanderer, Mönch, Naturmensch und Gärtner. – Facetten, Stufen auf dem langen Weg. „Mutter Erde“ ist es – nach dem Buddha, die zu Ausgleich und Einheit des Wesens führt. Kristalline Zeichen haben sich verdichtet zu den acht „Sphären“ geistiger Erfüllung. Ausblick und Hoffnung in einer aussichtslosen Zeit – dem klaren, dem tiefen, dem freiheitlichen Blick.

Lebensdaten: Friedrich-Karl Heckmann, geboren 1922 in Breslau in einer weltoffenen und sozial eingestellten Fabrikantenfamilie. 1940 Abitur, vier Jahre Soldat, dreieinhalb Jahre Kriegsgefangenschaft. Universitätsstudium in Hamburg (Geographie, Biologie, Sport, Philosophie, Pädagogik, Psychologie). Referendar. Statt des Lehrberufs, soziale und internationale Tätigkeit. 1959 Fahrradtour nach Indien. 1961-65 buddhistischer Mönch in Burma und Ceylon. Danach Vortragstätigkeit, Arbeit als Schriftsteller, naturwissenschaftlicher Zeichner und als Gärtner. Lebte seit 1986 als Rentner in der Eifel. Gestorben daselbst 2009.

Notiz der Herausgeberin

Für dieses nunmehr posthum veröffentlichte Buch erfolgte bereits im Jahr 1986 eine „Vorankündigung" auf der letzten Seite von Friedrich-Karl Heckmanns „Vom Pfad zu r inneren Freiheit", und zwar mit von der Endfassung abweichendem Titel und Untertitel wie nachfolgend angegeben. Meine Suche danach führte mich zu einem fertig vom Verfasser durchkorrigierten Manuskript in Schreibmaschine und handschriftlichen Korrekturen, das mir der IL-Verlag vertrauensvoll für die Herausgabe überließ. Für die gute und angenehme Zusammenarbeit bin ich Hanns-Günter Grosser unendlich dankbar.

Rosemarie Würtenberg

Bereits vor 35 Jahren so vorangekündigt (im Wortlaut):

Vorankündigung

Bei ausreichendem Widerhall erscheint im IL-Verlag

Friedrich-Karl Heckmann

Hohe Pfade des inneren Seins

Studien zur höheren, tieferen Wirklichkeit des menschlichen Wesens<

Weitere Veröffentlichungen des IL-Verlages Annelies Petsch, Kirchert 2, 53902 Bad Münstereifel; (Bestell-Tel. 02257 1408).

Notizen